Tristan Jones • Die unglaubliche Seereise

Tristan Jones

Die unglaubliche Seereise

pietsch

Paperback edition published in 1996 by Sheridan House, Inc.,
145 Palisade St., Dobbs Ferry, New York 10522, USA, under the title:
The Incredible Voyage. A Personal Odyssey

Copyright © 1977 by Tristan Jones.

Deutsche Fassung: **Willi E. Zeiss**

Einbandgestaltung: Andreas Pflaum

Titelbild: Wilson McLean

Redaktionelle Betreuung: Astrid Breuer-Greiff

ISBN 3-613-50346-8

Copyright © by Pietsch Verlag, Postfach 103743, 70032 Stuttgart
Ein Unternehmen der Paul Pietsch Verlage GmbH + Co
1. Auflage 2000

Lektor: Oliver Schwarz
Innengestaltung: Bernd Peter
Gesamtherstellung: Fotolito LONGO, I-39100 Bozen
Printed in Italy

»I am a part of all I have met.«

(»Ich bin ein Teil von allem, was ich erlebt habe.«)

Alfred, Lord Tennyson
»Ulysses«

Inhalt

Teil 4: **Und durchhalten!**

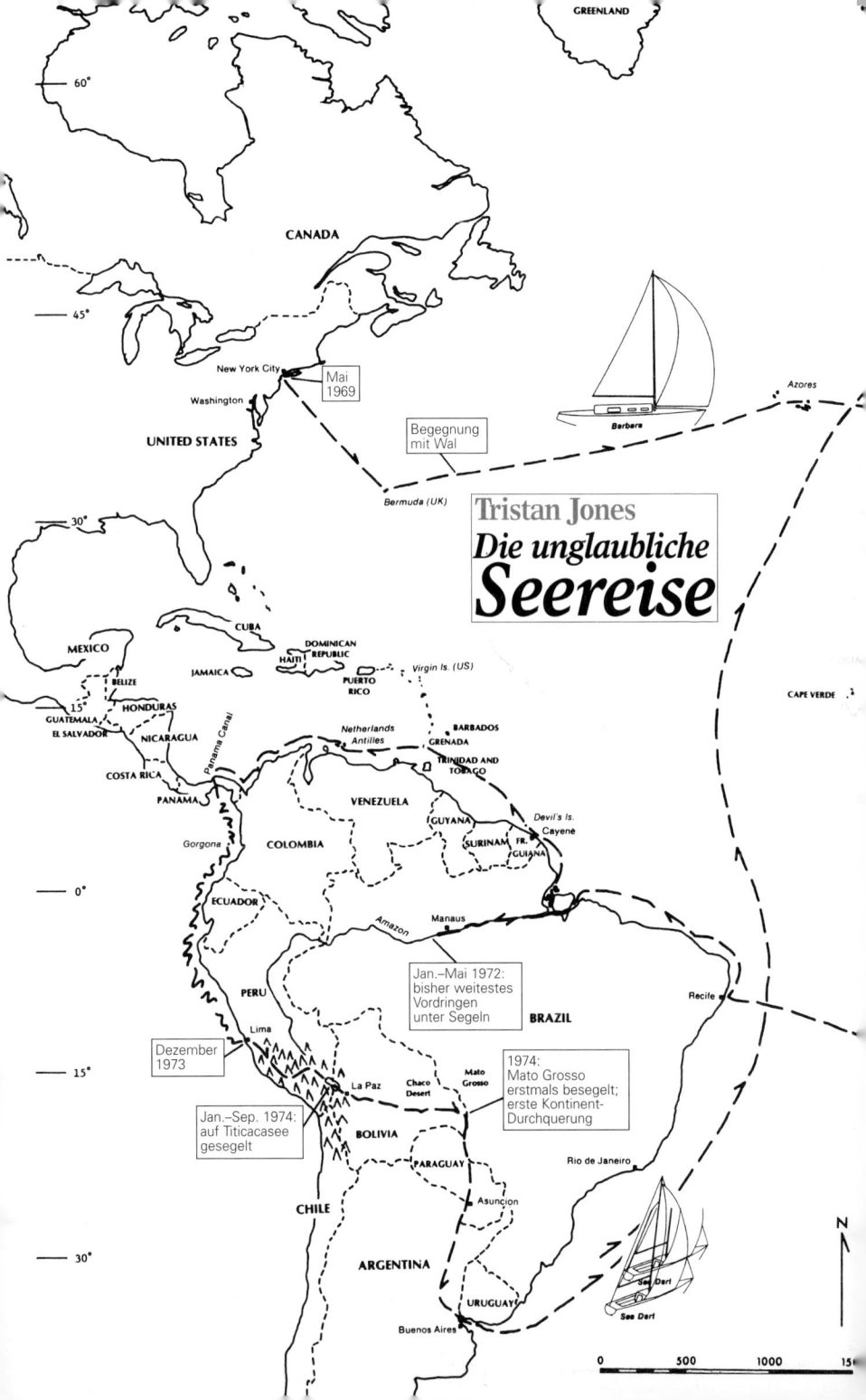

GREENLAND

60°

CANADA

45°

New York City — Mai 1969

Washington

Begegnung mit Wal

UNITED STATES

Azores

Barbera

30°

Bermuda (UK)

Tristan Jones
Die unglaubliche
Seereise

MEXICO

CUBA

DOMINICAN REPUBLIC

HAITI

JAMAICA

PUERTO RICO

Virgin Is. (US)

CAPE VERDE

15°

BELIZE

HONDURAS

GUATEMALA

EL SALVADOR

NICARAGUA

COSTA RICA

PANAMA

Panama Canal

Netherlands Antilles

BARBADOS

GRENADA

TRINIDAD AND TOBAGO

VENEZUELA

GUYANA

SURINAM

FR. GUIANA

Devil's Is.

Cayene

Gorgona

COLOMBIA

0°

ECUADOR

Amazon

Manaus

Recife

PERU

Jan.–Mai 1972: bisher weitestes Vordringen unter Segeln

BRAZIL

Lima

Dezember 1973

La Paz

Chaco Desert

Mato Grosso

1974: Mato Grosso erstmals besegelt; erste Kontinent-Durchquerung

15°

Jan.–Sep. 1974: auf Titicacasee gesegelt

BOLIVIA

PARAGUAY

Rio de Janeiro

CHILE

Asuncion

N

30°

ARGENTINA

See Dart

See Dart

URUGUAY

Buenos Aires

0   500   1000   15

August 1975

Dez. 1970:
Auf Totem Meer
gesegelt

Unter Beschuss

1972:
18. Atlantik-
Überquerung;
Weltrekord

Dezember
1971

Vorwort

ristan Jones begab sich mit einer Eigensinnigkeit, einer überschäumenden Begeisterung und auch mit einer gewissen Naivität auf seine unglaubliche Reise, genau wie die ersten europäischen Entdecker. Seine Schiffe, *Barbara* und *Sea Dart*, waren dabei um ein Vielfaches kleiner als die Schiffe der ersten Entdecker. Der erste Teil seines einzigartigen Abenteuers – vom Roten Meer um das südliche Kap Afrikas herum – legte er in Gegenrichtung von Bartholomeu Dias und den portugiesischen Schiffen zurück, deren Reisen zur Entdeckung der Route nach Indien führten. Doch ab dem Zeitpunkt, an dem Tristan Südamerika erreichte, erinnern mich seine Erfahrungen immer mehr an diese frühen Entdecker.

Nachdem er auf dem Toten Meer gesegelt war, dem tiefstgelegenen schiffbaren Gewässer der Erde, war Tristan entschlossen, mit einem seegehenden Schiff auf dem höchstgelegenen Gewässer der Erde, dem Titicacasee, zu segeln. Für ihn war es eine persönliche Herausforderung, ähnlich der Motivation, die die spanischen Konquistadoren dazu antrieb, nach den sagenhaften Seen im Herzen des südamerikanischen Kontinents zu suchen. Der wohl sagenumwobenste See war der von El Dorado, der See des goldenen Mannes. Man hielt diese Legende für Wirklichkeit. Bis ins späte 15. Jahrhundert hinein führte einer der Chibcha Stämme, die am Rande des heiligen Sees von Guatavita, in der Nähe von Bogotá leben, ein Zeremoniell durch, bei dem der Häuptling eingeölt und mit Goldstaub überzogen wurde. Danach bestieg er ein Floß und warf Opfergaben aus Gold und Juwelen in den See, bis er endlich ins Wasser sprang, um den Goldstaub von seinem Körper abzuwaschen. In dem einzigartigen Goldmuseum von Bogotá kann man winzige goldene Figuren sehen, die Männer bei der Durchführung dieses Zeremoniells darstellen. Tristan Jones hätte sich für dieses Museum begeistert, aber alles, was er von Bogotá sah, waren die Innenmauern einer kolumbianischen Gefängniszelle.

Die spanischen Konquistadoren waren besessen von dem Gedanken, Gold zu finden. Sie befragten und folterten die einheimischen Indianer, um herauszufinden, wo die Schätze liegen sollten. Oft bekamen die Spanier die Legende von El Dorado und dem geheimnisvollen See zu hören. Aber solche Gerüchte waren genug, um die Vorstellungskraft dieser gewalttätigen Entdecker weiter anzuheizen – immerhin hatte Hernan Cortez gerade das Reich der Azteken in Mexiko unterworfen und Franzisko Pizarro hatte sich mit der Erbeutung der Inkaschätze zum reichsten Soldaten im Namen der Christenheit gemacht. Die Deutschen Ambrosius Ehingen und Nikolas Federamann stießen von der karibischen Küste aus ins Inland von Venezuela und Kolumbien vor. Pizarros Leutnant, Sebastian de Benalcazar, unterwarf Quito und den nördlichen Teil des Inkareiches, bevor er sich nach Osten wandte, und im südlichen Kolumbien nach El Dorado suchte. Als die ersten Spanier im Jahre 1542 von Quito aus den Amazonas hinabfuhren, trafen sie auf die Indianer von Manaus, die einen Tauschhandel mit den Einheimischen am Oberlauf des Amazonas betrieben, bei dem goldene Objekte eine Rolle spielten. Die Manaus-Indianer lebten am Rio Negro und erzählten den Spaniern, dass sie dieses Gold von den Indianern noch weiter am Oberlauf ihres Flusses erhielten – es kam aus dem Land der Chibchas. So blieb die Legende bestehen. Es gab Gerüchte um einen großen See am Oberlauf des Orinoco, den die Manaus Indianer Parima oder Manoa nannten. Manche Entdecker mögen auch die jährlichen Überflutungen in diesem Gebiet für einen See gehalten haben. Sir Walter Raleigh versuchte diesen See zu erreichen, indem er den Orinoco hinauf fuhr, und auch andere Entdecker, aus England, Holland, ja sogar aus Irland, versuchten, den See von der Amazonasseite aus zu finden.

Ein weiterer sagenumwobener See lag im Herzen des Kontinents, nicht weit entfernt von dem Ort, an dem Tristan Jones, auf seiner Reise vom Titicacasee hinab, schließlich den Rio Paraguai erreichte. Indianerstämme hatten den Spaniern und Portugiesen erzählt, dass, wenn man erst einmal weit genug den Rio Paraguai hinaufgefahren wäre und die Seen dort erreicht hätte, es nur ein kurzer Weg über Land wäre, bis man Flüsse erreichen konnte, die nach Norden in den Amazonas führten. Im Großen und Ganzen waren diese Informationen korrekt, aber in der Vorstellung der Europäer wuchsen sie zu einem weiteren riesigen See an, der eine Verbindung zwischen den beiden großen Wassereinzugsgebieten Südamerikas, dem des Amazonas und dem des Paraguai, bildete. Bis zum Ende des 17. Jahrhunderts war dieser See tatsächlich auf den Karten eingezeichnet. Man dachte, dort läge die verlorene Stadt der Cäsaren, die Heimat des Weißen Königs, der einen Berg aus reinem Silber beherrschte.

Nachdem er seinen Versuch, den Amazonas hinaufzufahren auf halbem Weg abbrechen musste, brachte die Attacke von Tristan Jones auf sein persönliches El Dorado, den Titicacasee, ihn letztendlich dazu, um die ganze nördliche Hälfte des südamerikanischen Kontinents herum zu segeln, um dann über den Rio Paraguai wieder an den Ozean zu gelangen. Dabei befand er sich oft auf den Wegen der ersten Entdecker, und es ist faszinierend von ihm zu erfahren, mit welchen Strömungen, Stürmen, und mit wie vielen Gefahren diese frühen Seeleute konfrontiert waren.

Als Tristan von Recife aus zum Amazonas segelte, folgte er der Route der ersten Spanier, die Brasilien entdeckten. Vincente Yañez Pinzon, der Kolumbus 1492 auf seiner ersten Reise begleitet hatte, unternahm kurz nach 1500 eine Reise mit vier Karavellen. Ein wenig nördlich von Recife, stießen sie auf Land, und segelten von dort aus in nördlicher Richtung, genau wie später Tristan Jones. Sie notierten die Mündungen von zwei riesigen Flüssen, vermutlich den Pará und den Amazonas, und den letzteren nannten sie »Heilige Maria der süßen See«, vermutlich wegen seiner endlosen Menge an Süßwasser. Amerigo Vespucci, der Mann, nach dessen Vorname später der Kontinent Amerika benannt wurde, mag vielleicht diese beiden Flüsse schon ein paar Monate vorher, im Jahre 1499 entdeckt haben. In einem Brief, den er 1500 schrieb, beschreibt er eine Reise an der südamerikanischen Küste hinab, bei der »wir zwei der gewaltigsten Flüsse sahen, die aus dem Land herausströmten«. Mit dem Beiboot ruderten Vespucci und seine Männer zwei Tage lang den größeren der beiden Flüsse hinauf, und berichten über dichten Dschungel und exotische Vögel.

Der Versuch von Tristan Jones, den Amazonas flussaufwärts zu befahren, erinnert mich aber mehr an die Entdecker, die nach Amerigo Vespucci kamen. Die ersten Spanier, die über die gesamte Länge des Amazonas hinabsegelten, oder sich hinabtreiben ließen, von Quito aus bis zum Atlantik, taten das im Jahre 1542 unter dem Kommando von Francisco de Orellana. Dieser große Entdecker bekam später die Erlaubnis zur Rückkehr und zum Versuch der Kolonialisierung des Flusses, den er hinab gefahren war. Im Jahre 1549 segelte er mit drei Schiffen voll Kolonisten los, zusammen mit deren Frauen und mit

Tieren. Aber der Versuch endete für einige mit Schiffbruch und für Orellana und die anderen mit Tod durch Verhungern in den Sümpfen des unteren Amazonas. Der Amazonas war auch das Ende vieler späterer Expeditionen. Der mächtigste Fluss der Erde besiegte sie, genau so, wie er Tristan Jones oberhalb von Manaus zur Umkehr zwang. Die einzigen Fahrzeuge, die mit der mächtigen Strömung des Amazonas fertig werden können, sind die gepaddelten Kanus der Eingeborenen oder stark motorisierte Schiffe. Ozeanschiffe können den Fluss bis hinauf nach Iquitos in Peru befahren, und ich selbst war auf einigen der antiquierten Schiffe, welche durch die Oberläufe der Flüsse pflügen, bis hinauf nach Pucallpa und anderen Hafenstädten.

Als sich Tristan Jones dazu entschloss, an der nördlichen Küste von Südamerika entlang zu segeln, befand er sich an der ersten Küste, die von Europäern auf diesem Kontinent entdeckt wurde. Es war Christopher Columbus, der dort, auf seiner dritten Reise im August 1498, als erster Europäer das südamerikanische Festland betrat. Seine Flotte ankerte vor der Festlandsküste, die der Insel Trinidad gegenüber lag, und er selbst erforschte einige der Arme des Orinoko Deltas. In den beiden Jahren danach erforschten weitere spanische Expeditionen die Küstenlinie bis hin zum Golf von Darien und der Landenge von Panama.

So wie Vasco Nuñez vor ihm, im Jahre 1513, überquerte Tristan Jones den Kontinent an dieser Stelle, aber er fuhr durch den Panamakanal – er war einer der wenigen Leute, die dies unter Segel schafften.

Einer der Vorteile beim Reisen mit einer Yacht, besonders für einen so neugierigen Skipper wie Tristan Jones, ist die Möglichkeit, abgelegene Inseln zu besuchen. In diesem Buch erfahren wir etwas über solche Inseln wie Sansibar, die Komoren im Indischen Ozean, Saint Helena, und die Teufelsinsel im Atlantik. Tristan Jones ist ein Abenteurer, dem es erlaubt sein möge, seine Zweifel an der Echtheit der Geschichte von Henri Carrière, genannt»Papillon«, zu äußern, wonach dieser aus dem berüchtigten Gefängnis auf der Teufelsinsel entfliehen konnte. Aber mich persönlich fasziniert die von Tristan Jones besuchte Insel Gorgona, vor der Pazifikküste von Kolumbien, am meisten. Er fand heraus, dass es dort eine funktionierende Strafkolonie gab, voll mit vergessenen politischen Gefangenen, ein scheußlicher Platz, und offensichtlich außerhalb der Reichweite von Organisationen wie Amnesty International.

Gorgona war auch ein Anlaufpunkt für Francisco Pizarro, dort erlebte dieser Entdecker einen der schlimmsten Augenblicke in seiner schillernden Karriere. Nachdem die Spanier die Siedlung von Panama, auf der westlichen Seite der Landenge, gegründet hatten, begannen sie, die pazifische Küste von Südamerika zu erforschen. Pizarro war einer dieser Erforscher. Auf seiner zweiten Reise entlang der Küste von Kolumbien, im Jahre 1526, überwinterte er auf der Insel Gallo, in der Nähe von Gorgona. Viele seiner Männer starben durch Krankheit, oder verhungerten. Andere standen kurz vor der Meuterei. Der Gouverneur von Panama gab jedem, der wollte, die Erlaubnis zur Rückkehr. Pizarro erfand eine einzigartige Methode, er zog eine Linie in den Sand und forderte seine Leute dazu heraus, ihm auf die andere Seite zu folgen, in die Gefahren eines unbekannten Landes im Süden hinein, anstelle der sicheren Rückreise nach Panama. Nur dreizehn mutige Männer entschlossen sich dazu, ihrem Anführer zu folgen. Sie fuhren zur Insel Gorgona, und dann weiter. Das Glück war auf ihrer Seite. Sie segelten weiter nach Peru, und ein paar Jahre später eroberten Pizarros Konquistadoren das mächtige Inkareich in Peru und zerstörten es.

Pizarro marschierte ins Land hinein, um Cusco, die prächtige Hauptstadt der Inkas, einzunehmen. Er sandte Späher aus, um den Titicacasee zu erkunden, denn er hatte gehört, dass der See gemäß den Legenden ihrer Entstehung der Ursprung aller Inkastämme war. Er wusste, dass es dort, auf Inseln im Titicacasee, Tempel gab, die dem Gott Kon-Tiki-Viracocha geweiht waren. Es gab auch Gerüchte von großen Ruinen-komplexen bei Tiahuanaco am südlichen Teil des Sees, die aus der Zeit vor den Inkas stammen sollten. Im Jahre 1535 marschierte Pizarros Partner, Diego de Almagro, auf sei-nem Weg nach Chile durch Titicaca. Bald ließen sich viele Siedler an der fruchtbaren Küste des Sees nieder. Hier verlief auch die Hauptstraße für die Silbertransporte von dem Silberberg Potosí her. Außerdem waren die einheimischen Stämme in der Nähe von Titicaca eine ergiebige Quelle für Zwangsarbeiter, die von den Spaniern in den todbrin-genden Minen von Potosì eingesetzt wurden. Die Jesuiten hatten eine wichtige Basis in der Nähe des Titicacasees, eine Schule, in der Padres für ihre missionarischen Einsätze in Paraguay ausgebildet wurden. Im Jahre 1547 gab es sogar eine hitzige Schlacht zwischen zwei rivalisierenden Gruppen der Konquistadoren, in der Nähe der Stelle, an der Tristan Jones *Sea Dart* in bolivianische Gewässer hinein segelte.

Hinter Titicaca reiste Tristan Jones die östlichen Ausläufer der Anden hinab, durch-querte Bolivien und erreichte die Sümpfe des Rio Paraguai. Wie er in seinem Buch selbst erklärt, folgte er dabei der Route eines anderen frühen Entdeckers, Aleixo García, dem portugiesischen Abenteurer, der als erster Europäer einen Zipfel der Inkakultur zu Gesicht bekam. García wurde von einer Horde Chiriguano- und Guarani-Indianer die Berge hinab geleitet, die ein paar Jahre vor Pizarro in das Inkareich eingedrungen waren. Tristan Jones wasserte sein Schiff im Pantanal in den Paraguai ein, im größten Sumpf der Erde, der sich in Hochwasserzeiten über viele Hunderte von Quadratkilometern erstreckt. Tristan Jones fuhr flussabwärts, auf der Route einer weiteren Gruppe von Entdeckern. Im Jahre 1516 hatte eine spanische Flotte unter Juan de Solis das Plata Delta entdeckt, den Ort, an dem Tristans Erzählung endet. Zehn Jahre später erkundete Sebastian Cabot, der aus Venedig stammte, den Paraguai bis weit hinauf. Die Gerüchte um den sagenhaften See im Landesinnern lockten eine Reihe von weiteren Abenteurern an, von denen einer, im Jahre 1539, die Stadt Asunción in Paraguai gründete.

Auf dem Weg zu seinem persönlichen Ziel, seinem See, folgte Tristan Jones also den Spuren von fast allen frühen europäischen Entdeckern in Südamerika. Hätte er im frühen 16. Jahrhundert gelebt, dann wäre er zweifellos selbst einer von diesen gewesen.

JOHN HEMMING
Direktor und Generalsekretär
der Königlichen Geographischen Gesellschaft
London, März 1977

Danksagung

Marinus of Tyre, Pythagoras, Ptolemy of Alexandria, Saint Brendan, Madoc of Merioneth, Leif Ericsson, Ibn Batuta, Henry of Portugal, Vasco da Gama, Cristóbal Colón, Ferdinand Magellan, Juan de Solís, Aleixo Garciá, Francis Drake, Walter Raleigh, Sebastian Cabot, Henry Hudson, Henry Morgan, Simón Bolívar, Bernando O'Higgins, Horatio Nelson, Matthew Summers, Matthew Fontaine Maury, Robert Falcon Scott, Roald Amundsen, Ernest Henry Shackleton, Rudyard Kipling, Albert Einstein und Machamachani, Quipucamayo von Taquila: Sie haben es möglich gemacht.

Edward Allcard, Williams Andrews, Marcel Bardiaux, Peter Beard, Howard Blackburn, Chay Blythe, Alain Bombard, Starling Burgess, Humphrey Barton, Frank Casper, Francis Chichester, Alain Colas, Brian Cooke, Jacques Cousteau, Alec Crowhurst, Tom Follet, Loike Fougeron, Clare Francis, Alain Gerbault, Jean Gau, Robin Lee Graham, John Guzzwell, Blondie Haslar, Mike Henderson, Bill Howell, Eric und Susan Hiscock, Joan de Cat, William King, Robin Knox-Johnson, Jacques Le Toumelin, Robert Manry, Jacques Marin-Marie, Mike McMullen, Bernard Moitessier, Harry Pigeon, Dougal Robertson, Alec Rose, Joshua Slocum, Miles und Beryl Smeeton, Eric Tabarly, Nigel Tetley, Jean-Yves Terlain, Peer Tangvald, Kenichi Horie, Ryusuki Ushijima, Jean Marie Vidal, John Voss, und Otway Waller: Sie sind ihren eigenen Weg gegangen.

Tansy Lee, 1866–1958, Skipper der *Second Apprentice:* Er lehrte mich, die Angst zu überwinden.

Arthur und Ruth Cohen, Bob und Ellie Grosby, David und Magee Shields, aus New York, sowie Barry und Rosie Edgegoose, aus London: Sie reichten einem gestrandeten Vagabunden ihre Hände zur Hilfe.

Den Menschen in den Vereinigten Staaten von Amerika: Die sich immer noch das scheinbar Unmögliche vorstellen können.

Dem Land, dem Meer, dem Himmel und der Dichtung Großbritanniens, die mein Zuhause sind.

Teil 1: Streben

»These who dream in the dusty recesses of their minds wake in the day to find that is was vanity: but the dreamers of the day are dangerous men, for they act their dream with open eyes, to make it possible.«

(»Diejenigen, die in der Nacht in den staubigen Nischen ihres Verstands träumen, wachen am Morgen auf, und erkennen, dass es sinnlos war. Aber die Tagträumer sind gefährliche Menschen, denn sie träumen ihren Traum mit offenen Augen und wollen, dass er Realität wird.«)

T. E. Lawrence
Aus dem (unterschlagenen) Einführungskapitel der »Sieben Pfeiler der Weisheit«.

Dank
an Arthur Cohen

Ich traf Arthur Cohen, den Eigner der *Barbara*, im Frühjahr 1969. Am Anfang war nur geplant, dass ich sein Schiff ins westliche Mittelmeer überführen sollte. Aber als ich ihn dann traf, wurde mir bald klar, dass dies wieder einmal einer der besonderen Zufälle in meinem Leben war, die man mit nüchternem Verstand nicht erklären kann. Arthur war ebenfalls im tiefsten Herzen ein Abenteurer, ein Mann, der das Leben nahm wie es kam und sich den Herausforderungen stellte. Er war ungeheuer energiegeladen, einfallsreich und kreativ. Später, in Madeira, vereinbarten wir, dass er sein Schiff ab und zu für kurze Zeit besuchen würde, während ich meine Reise durch den Mittleren Osten unternahm. Er würde auch den Unterhalt seines Schiffes übernehmen. Das tat er auch, bis das Vorhaben Südamerika für *Barbara* offensichtlich unmöglich war.

Man kann heute nicht mehr nachvollziehen, wer zuerst die Idee hatte, den südamerikanischen Kontinent zu durchqueren. Für mich war es seit 1962 eine fixe Idee, aber ich weiß nicht, wie lange Arthur schon mit dem Gedanken spielte. Möglicherweise hatte er schon viel früher daran gedacht, denn er war der erste Mann, der es Jahrzehnte vorher gewagt hatte, den australischen Kontinent mit einem Motorrad zu durchqueren. Arthur besuchte sein Schiff mehrere Male im Mittelmeer, einmal im Indischen Ozean, einmal in Brasilien, und dann wieder in der Karibik. Wann immer wichtige Entscheidungen zu treffen waren, geschah das immer in voller Offenheit.

Ich hatte völlig freie Hand, was die Reisen und die notwendigen Maßnahmen betraf. Es war so, wie es sein sollte. Immerhin stand ja mein Leben auf dem Spiel.

Ich werde Arthur Cohen auf ewig dankbar sein. Er hat mir die Gelegenheit gegeben, das scheinbar Unmögliche zu versuchen. Ich habe darauf verzichtet, ihn in den ersten beiden Teilen der Geschichte weiterhin zu erwähnen, aber in Wirklichkeit war er immer in Hintergrund anwesend, führend, vorschlagend, organisierend und Mut machend. Kurz nachdem ich den Titicacasee erreichte, verstarb Arthur in Arizona. Zu meinem großen Bedauern konnte er mich nicht, wie geplant, dort treffen. Als ein kleines Zeichen meiner Dankbarkeit und meiner Bewunderung für ihn, möchte ich ihm diesen Teil der Geschichte widmen. Er hat mein Vorhaben überhaupt erst möglich gemacht, und hat mir mit seinen Ideen und Ratschlägen ungemein geholfen.

Er war ein großer Mann, ein Seemann durch und durch.

1
Ein mutiger Plan

Meine sechzehnte Atlantiküberquerung unter Segel war ziemlich ereignislos, außer der Sichtung eines großen Wals, etwa sechshundert Meilen östlich von Bermuda. Ich war auf Arthur Cohens Yawl *Barbara,* einer stäbigen Ketsch von achtunddreißig Fuß Länge unterwegs. Sie war von der Alden Werft in den Vereinigten Staaten gebaut worden und lief wie eine Straßenbahn. Ihr einziger Nachteil war, dass sie keine zuverlässige Selbststeuerung hatte und ich deshalb Crew mitnehmen musste. Das bedeutete hohe Kosten für den Proviant und besondere Aufmerksamkeit beim Wasserverbrauch. Meine Crew bestand aus guten Seeleuten, mit denen ich mich ausgezeichnet verstand. Und das wiegt schon viele kleine Nachteile auf.

Anton Elbers war ein fünfzigjähriger Holländer, ein ehemaliger Offizier der niederländischen Marine, und Dan Milton war früher erster Offizier bei der US Handelsmarine gewesen. Sie waren beide Mitglieder im Corinthian Yacht Club, einer Organisation, die Crews für Segelschiffe vermittelt.

Anton, Dan und ich verließen Newport, Connecticut am 25. Juni 1969 ohne Fanfaren, oder sonstige Feierlichkeiten. Offiziell lief *Barbara* zu einer Kreuzfahrt ins Mittelmeer aus, aber ihr wahres Ziel war viel aufregender – das Tote Meer und der Titicacasee. Ich hatte nichts Unbedeutenderes vor, als einen weltweiten Höhenrekord für Seeschiffe aufzustellen. Diese beiden Gewässer sind abgelegen und haben einen Höhenunterschied von mehr als viertausend Meter. Das Tote Meer liegt 395 Meter unter dem Meeresspiegel, an der Grenze zwischen Israel und Jordanien. Der Titicacasee liegt 3810 Meter über dem Meeresspiegel, mehr als zwei Seemeilen hoch, in den Bergen der Anden in Südamerika.

Die Entfernung zwischen diesen beiden Gewässern beträgt ungefähr neuntausend Seemeilen Luftlinie. Die Strecke, die ein kleines Segelschiff dabei zurücklegt, ist um ein Vielfaches größer.

Weder das Tote Meer, noch der Titicacasee waren je zuvor von einem seetauglichen Schiff befahren worden, kein Seefahrer hatte jemals beide Gewässer besucht, und für beide gab es keine exakten Karten. Niemand, dem ich von meinem Vorhaben erzählte, hatte eine Idee, wie man einen solchen Plan umsetzen könnte und welches der beiden Ziele man zuerst in Angriff nehmen sollte.

Nachdem ich mich über zwei Jahre lang damit beschäftigt hatte, entschied ich mich dafür, zuerst das Tote Meer zu besuchen. Es war bei weitem das einfachere der beiden Ziele. Wäre ich erst einmal in Israel angekommen, bestünde das einzige größere Hindernis in der Überwindung der Negev Wüste – aber durch die führen heute ausgezeichnete Straßen. Dagegen waren die politischen Schwierigkeiten, die es zu überwinden galt, wesentlich größer. Jeden Moment konnte ein Krieg zwischen Israel und seinen arabischen Nachbarn ausbrechen. Daher entschied ich mich dazu, im Mittelmeer herumzukreuzen und den geeigneten Augenblick für den Transport über Land abzuwarten.

Auf dem Schlag zu den Azoren hatte *Barbara* guten Wind von achtern und von Steuerbord, sie rollte leichtfüßig dahin. Die einzigen Zwischenfälle, die sich ereigneten, waren der zweifache Bruch des Spinnakerbaums und der Verlust des nachgeschleppten Logpropellers, der wahrscheinlich von einem Hai oder einem anderen großen Fisch abgebissen wurde. Abgesehen von drei großen Schiffen, denen wir unterwegs begegneten, gab es während der einunddreißigtägigen Überfahrt von Westport nach Setúbal, einem kleinen Fischereihafen, etwa dreißig Meilen südlich von Lissabon, wenig zu notieren. Aber dort gab es den besten Fisch in Portugal.

Anton und Dan verließen mich hier. Mit Arthur und einem Freund segelte ich in südlicher Richtung weiter nach Gibraltar. In Sagres und Cádiz legten wir Station ein. Es war eine verhältnismäßig raue Reise; sie dauerte sechs Tage.

Weil die Segelsaison schon weit fortgeschritten war und die Wintermonate im Mittelmeer sehr stürmisch sein können, war ich entschlossen, diese Zeit außerhalb der Straße von Gibraltar zu verbringen. Ich segelte in langsamen ruhigen Schlägen an der marokkanischen Küste bis Agadir hinunter und lief unterwegs einige sehr interessante kleine Häfen an. Dann segelte ich zwei Monate lang mit Arthur in den Kanarischen Inseln und schaute mir die weniger überlaufenen Häfen von Gomera und Hierro an.

Im März 1970 erwischte ich mit Glück einen Südwestwind und schaffte die Passage von Gran Canaria nach Funchal auf Madeira in nur zwei Tagen. Dort traf ich mich mit Arthur und besuchte Freunde auf der *Queen Elizabeth II*. Dann legte ich wieder einmal Kurs auf Gibraltar an.

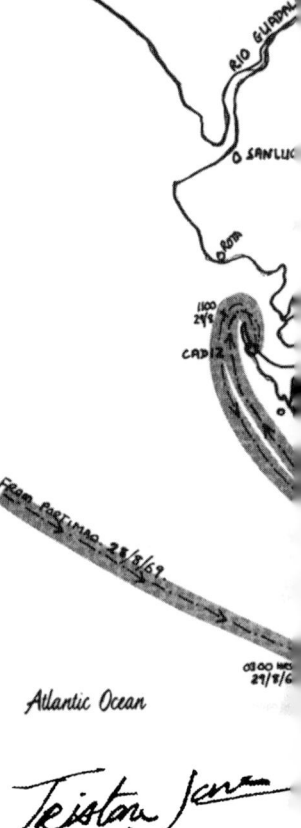

Auf diesem Schlag lief ich sechs Tage lang unter Spinnaker. Bis dahin hatte *Barbara* 8240 Seemeilen zurückgelegt, 4000 davon hatte ich als Einhandsegler bewältigt, und die Reise hatte noch gar nicht richtig angefangen! Nun entschied ich mich dazu, Generalkurs Israel anzulegen, und mein erstes Ziel – das Tote Meer – in Angriff zu nehmen.

Den Sommer und den Herbst hindurch zigeunerte ich mit *Barbara* im Mittelmeer herum – Ibiza, Korsika, Malta, Jugoslawien, die griechischen Inseln und die choleraverseuchte Südküste der Türkei – eine der schönsten Küsten der Welt. Irgendwann erreichte ich Zypern, aber die Hafenbehörden verweigerten mir die Einreise mit der Begründung, ich könnte die Cholera einschleppen. Der wahre Grund war natürlich der, dass ich vorher in der Türkei gewesen war, bei dem Erzfeind der griechischen Regierung auf Zypern.

In Malta traf ich einen jungen Engländer, Conrad Jelinek. Er suchte nach einer Passage in den Mittleren Osten. Sein Ziel war irgendwie unbestimmt, vielleicht Nepal oder so was Ähnliches. Sein Aufzug kam mir nicht gerade seemännisch vor; er sah eher aus wie ein Zigeuner. Aber irgend etwas an seiner Art gefiel mir, besonders sein Sinn für Humor. Also nahm ich ihn mit, als Mädchen für alles und als Bootsmann. Conrad ent-

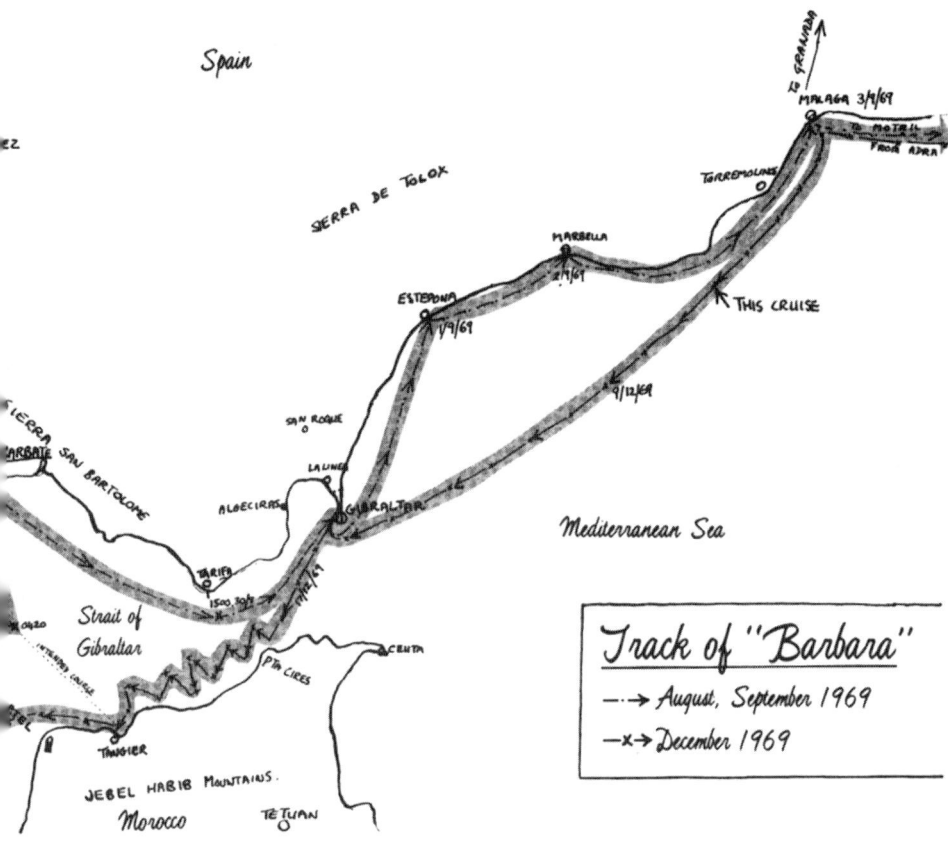

Spain

SERRA DE TOLOX

SIERRA SAN BARTOLOME

SAN ROQUE

ALGECIRAS

TARIFA

1500 50ft

Strait of
Gibraltar

Pto CIRES

TANGIER

JEBEL HABIB MOUNTAINS

Morocco   TETUAN

MARBELLA

ESTEPONA
1/9/69

LA LINEA

GIBRALTAR

CEUTA

TORREMOLINOS

to GRANADA
MALAGA 3/9/69

MOTRIL
FROM ADRA

THIS CRUISE

9/12/69

Mediterranean Sea

Track of "Barbara"
— → August, September 1969
—x→ December 1969

puppte sich als die ideale Gesellschaft auf einem kleinen Schiff, schlagfertig und doch ruhig. Er war sehr stark und gleichzeitig sanftmütig, er war höflich, aber entschlossen. Als wir uns trafen, war er ein blutiger Anfänger. Aber zwei Jahre später konnte er exakt mit dem Sextanten navigieren, ein gebrochenes Fall reparieren, in einem ausgewachsenen Sturm in den bockenden Mast hinaufentern und die kompliziertesten Spleiße machen. Während unserer langen Ozeanreisen redeten wir oft tagelang kein Wort miteinander, weil keine Worte nötig waren, denn wir verstanden uns auch ohne diesen Aufwand. Er hatte eine große Vorliebe für die Sterne, und er war, wie ich später herausfand, so sehr mit der Natur verwachsen wie der Wind selbst.

Ich hatte in den Seemannskneipen am Kai in Valletta und in Sliema gesucht, aber niemanden gefunden, der an einer Reise in den Mittleren Osten und durch das Rote Meer interessiert war. Warum sollte ein gewöhnlicher Yachtie-Mitsegler auf solch eine Reise scharf sein, wenn er ein Schiff erwischen konnte, das zu den »romantischen« Häfen in Südfrankreich oder Jugoslawien auslief, wo er oder sie, die Muskeln oder sonst 'was für die schwachsinnigen Idioten dort zur Schau stellen konnten. Es könnte sich ja vielleicht einer finden, der reich war und ihn oder sie über den Winter durchfüttern würde. Schließlich beschränkte sich meine Suche darauf, dass ich ein Schild am Schiff aufhängte. Ich war mit dem Heck zum Ufer im Fluss Siema festgemacht. Auf dem Schild stand: Suche Crew – normale Funktion von Körper und Verstand Voraussetzung. Ungewöhnlicher Törn. Vorstellung drinnen.

Irgendwann tauchte Conrad auf. Er war etwas außer Atem, weil er über die halbe Insel gerannt war, nachdem ihm einer seiner Hippiefreunde von dem Schild erzählt hatte.

»Ahoi! Jemand an Bord?«, rief er. Ich war im Cockpit, und er konnte mich sehen.

»Nein, natürlich nicht ... ich bin der Einzige. Ich bin ein aufblasbarer Matrose, und der Skipper stellt mich jeden Morgen raus, wenn er in die Bar geht!«

Er lachte. »Bist Du Tristan?«

»Ja, und wer bist Du?«

»Conrad Jelinek. Ich hab' gehört, dass Du Crew suchst.« Seine Stimme war einfach und melodisch, sie klang nicht hochnäsig. Es gibt kaum etwas Unangenehmeres auf einem kleinen Schiff (oder sonst irgendwo) als ein pausenloses Geschwafel im sogenannten »vornehmen« Oxford Akzent.

»Kannst Du einen Langspleiß machen?« fragte ich ihn und beobachtete sorgfältig seine Reaktion.

»Nein.«

»Kannst Du einen Hakenschlag oder einen Trompetenstek?«

»Nein.«

»Wie steht's mit Nähen, Segel reparieren?«

»Nein, tut mir leid.« Seine Stimme wurde ein wenig leiser und dunkler.

»Kochen? Einfache Sachen und so?«

»Nein.« Seine Augen waren gegen die Sonne halb geschlossen.

»Was zum Teufel kannst Du dann, Mann? Kannst Du Klavier spielen?«

»Nein«, sagte er und grinste, »aber singen und tanzen kann ich.«

»Gut, ich nehm' Dich. Geh' zurück, wo immer Du pennst, und bring' Deine Sachen heut' mittag an Bord. Ich leg' diese Nacht ab, Richtung Zypern! Wie viel Zeugs hast Du denn? Ich will nicht mehr sehen, als Du selber wiegst. Mehr ist schlecht für die Moral auf dem Schiff.«

Er grinste wieder, rief »Prima« und rannte davon.

Unter dem damaligen Einfluss der Hippie-Philosophie hatte Conrad eine vage Idee über die Rangordnung des Menschen in der Natur. Aber er hatte nicht den blassesten Schimmer von den riesigen Anstrengungen, die notwendig sind, wenn ein Mensch gegen die Naturgewalten von Wasser und Wind ankämpfen muss. Und er kannte auch nicht die Belohnungen dafür, das Gefühl eine Leistung vollbracht zu haben, die Schönheit, die unbändige Freude und den vollendeten Rhythmus des Ozeans. Aber seine große Liebe zur See und zur Natur wurde schnell offenbar. Er zeigte bald Respekt für mich, was sich in der Art zeigte, in der er meine kleinen dummen Sprüche zu überhören versuchte. Sein Mut und seine Zähigkeit entwickelten sich wie der Ton einer Stradivari, die von einem Meister gespielt wird. Unter diesen Umständen stellte sich heraus, dass Conrad eine seltene Kombination war: er hatte ein angeborenes Talent zum Segeln, und er achtete die Natur. Diese natürlichen Eigenschaften wurden ergänzt durch seine Erziehung bei den Quäkern – Besonnenheit als allgemeine Grundlage und fleißiger Einsatz bei jedem einzelnen Unterfangen. In anderen Worten: er war sein Gewicht in Gold wert. Er war nicht sehr gesprächig, aber wenn er etwas sagte, dann war es auch wichtig. Ein solches Verhalten ist bei der Enge eines kleines Schiffes eine gottgegebene Eigenschaft. Er konnte stundenlang auf dem Vorschiff sitzen, Segel reparieren, oder sonst eine nützliche Tätigkeit verrichten, ohne dass ein Pieps aus ihm herauskam, während ich unter Deck auf meiner alten wackligen Schreibmaschine einen Artikel für die Yachtpresse tippte.

In der Nacht auf den 12. November 1970 liefen wir im Licht des Vollmonds Haifa an. Alles war ruhig und friedlich. Wir tuckerten mit Hilfe unseres Sechsunddreißig-PS-Perkins-Diesel entlang. Der Libanon lag in Lee, etwa fünfzehn Seemeilen östlich von *Barbara*. Ein langer sanfter Schwell unterstützte unsere scheinbar heimliche Ankunft. Plötzlich – Zisch. Aus dem schwarzen Nichts des Mondschattens heraus, erfasste uns der blendend weiße Scheinwerferkegel eines israelischen Patrouillenbootes.

»Sofort beidrehen«, rief eine blecherne Lautsprecherstimme, »alle Mann an Deck!« Ich fühlte mich wie ein ertappter Tresorknacker. Es erschien schwer, mich unschuldig zu fühlen, obwohl ich es war. Das Kanonenboot kam hinter unser Heck, alle radargesteuerten Maschinengewehre zeigten direkt auf uns, und der Scheinwerfer erhellte die Szene auf perfide Art und Weise. Das Licht drang in jede Pore meiner Haut ein. »Identifizieren Sie sich!«, plärrte die Stimme.

Es ist gar nicht so einfach, wie man denkt, sich in einer solchen Situation an die Einzelheiten zu erinnern. »*Barbara*, Heimathafen Westport, U.S.A., britische Crew, Sir, Zielhafen Haifa, wir kommen von Kyrenia, Zypern.« Meine Stimme klang eigenartig in dem blendenden Licht.

»In Ordnung, *Barbara*, fahren Sie weiter. Man wird sie außerhalb des Hafens erwarten.«

Meine Augen folgten der Heckkanone, die wiederum meinen Augen zu folgen schien. »Gute Reise«, plärrte die elektronische Blechstimme. Das Kanonenboot rauschte mit hoher Geschwindigkeit in Richtung Libanon. Auf *Barbara* fiel die Anspannung zusammen, wie wenn man die Luft aus einem Schlauchboot lässt.

Wir pflügten weiter durch die Schönheit der levantinischen Nacht, Richtung Haifa. An der Hafeneinfahrt wurden wir von der Hafenpolizei empfangen und unter den wachsamen Augen der israelischen Marine hinein eskortiert. Als wir durch die Mauern der Einfahrt glitten, konnten wir an jedem Laternenpfahl einen Wachposten sehen. Alle Kriegsschiffe im Hafen schienen voll bemannt und einsatzbereit zu sein.

Im Jahre 1970 hatte Israel die Besetzung von Palästina und dem Sinai ausgeweitet. Der Sechstagekrieg hatte die arabischen Nachbarn in einen lähmenden Schockzustand versetzt. Israel beherrschte jetzt das Westufer des Jordan, und die Halbinsel Sinai. Im Augenblick hatte Israel alle Absichten der Araber, es vom einzigen Ausgang zum Roten Meer, der Straße von Tiran, am Südende des Golfs von Aqaba, und damit nach Osten hin abzuschneiden, zunichte gemacht. Aber Israel war immer noch verwundbar, durch arabische Guerillaangriffe von außerhalb der Grenzen, speziell von Jordanien aus – abgesehen von den hinterhältigen und blutigen Bombenanschlägen im Land. Als *Barbara* dort ankam, war die Situation ruhiger als in den Jahren zuvor. Aber es war offensichtlich, dass sich die Lage schnell wieder zuspitzen würde, wenn die Araber sich von ihrem Sechstagetrauma erholt hätten. Für mich war jetzt genau die richtige Zeit, ins Tote Meer zu gelangen, die Negev Wüste zu durchqueren, und in den Golf von Aqaba hineinzurutschen. War ich erst einmal durch das Rote Meer gekommen, dann stand mir die relative Sicherheit des Indischen Ozeans offen.

2
Das belagerte Land

Als *Barbara* in Haifa ankam, hatte ich noch nicht die geringste Idee, wie ich das Schiff ins Tote Meer transportieren sollte oder die dazu notwendigen Papiere und Genehmigungen bekommen könnte. Wie damals in der Arktis, ging es sicher nur »mit Einfallsreichtum und der Hilfe Gottes«. Als ich in das Büro des Hafenmeisters ging, und nach einer Erlaubnis fragte, mein Schiff nach 'En Gedi am Toten Meer zu transportieren, um dort für ein paar Tage herumzukreuzen, schauten mich alle an, als wäre ich total übergeschnappt. Mit einem sieben Zentimeter dicken Packen an auszufüllenden Formularen, ging ich entmutigt durch den kalten Regen von Haifa zurück an Bord. Im Winter ändert sich das Wetter schnell in Israel. Manche Tage sind kalt und regnerisch, mit Wind aus dem Norden, andere Tage sind heiter und trocken, mit einer Brise, die aus westlicher Richtung über die See hereinkommt.

»Wenn Du im Bürokratensumpf stecken bleibst, dann bleib' cool und geh' segeln!« Daran habe ich mich nach Möglichkeit immer gehalten. Also segelte ich ungefähr zehn Meilen weit die Küste hinauf, zu dem alten Hafen von Acre, um für ein paar Tage dort zu bleiben. Ich wollte mir die Ruinen und die alten Schlachtfelder anschauen.

Ein paar Stunden lang segelten wir gelassen und ruhig an der Küste entlang, bis wir in den felsenübersäten Hafen kamen, der so alt ist wie Israel selbst. Weil es um die Molen herum überall flach ist, ankerten wir in der Mitte des Hafens. Es war heiß und wir fingen an zu arbeiten. Conrad nahm eine der Schotwinschen, die schwergängig war, auseinander und fettete sie. Ich pinselte hier und da im Cockpit herum. Einige schwere Motorboote flitzten um uns herum und machten unangenehme Wellen. Ein paar Schwimmer kamen heran, mit Masken und Taucherbrillen. Sie schrien und lachten in einer Sprache, die ich für Deutsch hielt. Nach einiger Zeit wurden sie kecker, sie tauchten hinunter zu *Barbaras* Kiel und klopften an den Rumpf. Tap, tap, bumm, bumm, Luftblasen und Atemholen. Das störte mich erheblich!

»Hol' das Anti-Froschmann Gerät raus, Conrad!«

»In Ordnung, Skipper, welche Seite?«

»Da ist so ein Dicker, Fetter unter der Steuerbordseite.«

Conrad kramte in der Backskiste, und holte ein Schild heraus, das an einen Besenstiel genagelt war. Er hielt es über die Seite ins Wasser, gerade über dem lauten und dicken Schwimmer. Der schwamm natürlich sofort nach oben zu dem Schild und starrte es durch seine Tauchermaske an.

»Verpiss Dich!« stand drauf in Englisch.

Mit einer Explosion von Luftblasen kam er hoch, schnaufte und lachte.

»Guten Tag!«

»Hallo, Kumpel!«

»Du musst Engländer sein!«

»Das stimmt, wie kommst Du darauf?«

»Hab' Dein Schild gelesen.« Er streckte seine Hand aus dem Wasser heraus. Ich ergriff sie und gab ihm einen herzlichen Händedruck. Er lachte immer noch. »Darf ich mich vorstellen? Commander Berenson, Israelische Marine, darf ich an Bord kommen?«

»Tristan Jones, Liverpool, Klub der Straßenbahnfahrer. Natürlich darfst Du an Bord kommen! Wir wollten gerade ein Mittagsschläfchen machen, die Sonne steht schon über dem Großbaum – pass auf die frische Farbe auf!«

Er kletterte an Bord. Wie es sich für einen Seemann gehört, ging er sofort nach vorn, weg von der frischen Farbe. Das beeindruckte mich augenblicklich – er war keine Landratte.

Obwohl Commander Berenson bestimmt an die neunzig Kilo wog, hatte er kaum Fett an seinem Körper. Das Herausragende an ihm waren seine Augen, felsgrau und stechend. Er war ein Mann, mit dem man sich nicht so ohne weiteres anlegen würde. Er war in der Britischen Marine ausgebildet worden und war ein paar Jahre zuvor an der Entführung von sechs Kanonenbooten aus dem Hafen von Cherbourg beteiligt gewesen, die die französische Regierung beschlagnahmt und an die Kette gelegt hatte. Gedi war ein Sabra, das heißt, er war in Israel geboren. Wie viele seiner Generation war er hochintelligent und bereit für jedes Unterfangen, egal wie risikoreich und unmöglich es auch zu sein schien.

Über einer Flasche Johnnie Walker wurde abgemacht, dass die israelische Marine mich unter ihre Fittiche nehmen und mein Schiff ins Tote Meer transportieren würde. Und nicht nur das, sie würden mich auch in den Golf von Aqaba hinunter bringen! Sie hatten zwar schon einmal drei kleine Kanonenboote durch die Wüste transportiert, aber noch nie wurde eine ausländische Privatyacht vom Mittelmeer an den Golf von Aqaba geschafft. Bis jetzt hatte es ja auch keinen Grund dafür gegeben. Vor dem Sechstagekrieg hätte ein Schiff sowieso den Suezkanal benutzt, und wer war schon so verrückt, eine Passage durch das mit Riffen übersäte und piratenverseuchte Rote Meer zu riskieren?

Conrad und ich drehten außerhalb von Jaffa bei und steuerten dann wieder den Hafen von Haifa an. Wir glühten innerlich vor Erwartung. Nach drei Wochen Verhandlung mit den Beamten im Hafenbüro hatten wir die ganze Bürokratenscheiße plötzlich und elegant umlaufen.

Der Montag war wieder so ein Tag mit Regen und Wind. Ein Freund Gedis, Adir, tauchte auf; er war der Chef einer Transportfirma. Er war klein, dick und ziemlich kernig, für ihn gab es keine unmöglichen Sachen. Er war in Begleitung von zwei anderen, François, ein in Marseille geborener Tiefseetaucher und Jacob, ein riesiger lustiger Lastwagenfahrer mit dem größten Bierbauch, den ich je gesehen hatte. Im Jahr 1937 war Jacob zu Fuß von Istanbul nach Israel gelaufen. Er sprach kein Englisch, nur ein fremdartiges Spanisch, das unter den Juden, die man 1942 aus Spanien vertrieben hatte, erhalten geblieben war. Es war ein lustiger Akzent, aber ich konnte ihn einigermaßen verstehen. Der Transport würde 600 Dollar kosten.

Bis zum Nachmittag hatten sie das Unterwasserschiff von *Barbara* ausgemessen und einen Bock aus Stahl gebaut. Sie organisierten einen schweren Autokran, zogen *Barbaras* Mast heraus, hoben sie aus den Fluten des Mittelmeers und setzten sie auf den Bock, der wiederum auf einem Tieflader stand, den die Armee üblicherweise zum Transport von Panzern einsetzte. Gezogen wurde das Ganze von einem großen Dieseltraktor.

Am folgenden Morgen, als der Regen nur so herunterprasselte, setzte sich der Konvoi in Richtung 'En Gedi in Bewegung. Vorn, auf der Kühlerhaube von Adirs Kombi, einem uralten und total verrosteten, klapprigen Gefährt, an dem ein Kotflügel fehlte, hatten sie eine riesige rote Fahne festgemacht, die im Wind flatterte. Dahinter fuhr der Traktor, der den großen Panzer-Tieflader mit *Barbara* zog. Conrad und ich saßen auf der Seite des Tiefladers und beobachten sorgenvoll die hölzernen Keile zwischen dem Rumpf von *Barbara* und den scharfen Kanten des Stahlbocks. Wir krochen den supermodernen Highway zwischen Haifa und Tel Aviv entlang, durch Orangenhaine und uralte Gemüsefelder. Wir träumten von Cesarea, Hadera, Petah, Tiqwa, Lot und Ramla. Unterwegs beäugten die neugierigen Leute Israels die fremdartige Ladung, viele riefen uns freundlich zu, wenn wir vorbeiholperten. Die Araber hingegen saßen an den Mauern und nahmen keine Notiz von uns, oder jedenfalls taten sie so.

Durch die heftige Schaukelei flog ab und zu ein Keil heraus und der ganze Zirkus hielt an. Ein kombiniertes britisch-israelisches Vorschlaghammer-Team schnappte dann den vorwitzigen Keil und schlug ihn wieder an seinen Platz. Mit seiner ungeheuren Kraft setzte Jacob immer noch einen Extraschlag drauf – das sollte Glück bringen. Autos fuhren hupend an uns vorbei, und die Fahrer brüllten so laut sie konnten. Glücklicherweise war die Straße eben und übersichtlich.

Als es dunkel wurde, erreichten wir Bethlehem. Adir schlug vor, über Nacht hier zu bleiben. Conrad und ich waren ziemlich müde von der ungewohnten Art zu reisen, von dem Geholper, dem Lärm und den Abgasen. Außerdem war es Heiligabend.

Der Tieflader wurde in der Nähe einer Busstation abgestellt. Wir freuten uns auf das Essen und ein Bier. Adir und seine Leute kannten ein sauberes Selbstbedienungsrestaurant und gingen direkt zu der koscheren Abteilung. Als Nichtjuden hielten wir englischen Seeleute uns mehr an die vertrauten Sachen. Wir hatten viel Spaß – Adir spann ein wenig Seemannsgarn und erzählte von den Bergeaktionen, die er in seiner Marinezeit mitgemacht hatte. Später, als wir noch mehr Bier getrunken hatten, sang Jacob Lieder aus Istambul und François diskutierte mit Conrad über Popmusik. Als wir wieder auf *Barbara* waren, öffneten wir eine Dose Weihnachtskuchen aus England, die wir extra für diesen Augenblick aufgehoben hatten. Jeder bekam ein Stück davon. So feierten wir also Weihnachten in Bethlehem, einem Ort, der jedem von uns heilig war, saßen auf einem seetauglichen Schiff an Land und quasselten in fünf Sprachen. Es war ein sehr seltener Augenblick. Die Wüstenluft war kalt, und die Sterne glänzten aus einem pechschwarzen Himmel heraus. Adir erzählte uns, dass es droben in den Bergen immer noch Schafhirten gab.

Am ersten Weihnachtsfeiertag waren wir alle früh auf den Beinen. Bald waren wir aus Bethlehem heraus und fuhren durch die klare Morgenluft der Wüste. Im Winter herrscht in diesem Teil des Mittleren Ostens das angenehmste Klima der Welt. Es ist trocken, am Tag wird es selten heißer als 25 Grad und in der Nacht wird es meist nicht kälter als 18 Grad. In der Wüste blühen die Kakteen, und die Kibbuzim der israelischen Landwirtschaft heben sich grün und einladend von der trockenen Landschaft ab, wie die Schulterklappen auf einer Khakiuniform.

Unser Konvoi holperte weiter in Richtung Süden, durch die Gemüsefelder Hebrons und über die trockenen und bedrohlich wirkenden Hügel von Judäa. Dann ging es hinab und hinab in das Tal des Jordans. Die Straße bestand nur noch aus Sand und felsigem Untergrund. Endlich, um die Mittagszeit, sahen wir das Tote Meer. Es glitzerte fahl unter einer fremdartigen, tiefhängenden Wolke. Über der Wolke konnte man die Abhänge des Moabit sehen, und dahinter lag Jordanien. *Barbara* war jetzt 395 Meter unter dem Spiegel des Mittelmeers, niedriger als jedes andere schwimmende Ozeanschiff auf der Welt. Wir hatten unser erstes »unmögliches« Ziel erreicht. Aber die besten Pläne der Menschen und der Mäuse gehen manchmal nicht bis zum Ende auf. Trotz aller Anstrengungen von Seiten unserer Marinefreunde blieb die israelische Regierung hart. Sie erlaubte nicht, *Barbara* ins Tote Meer zu hieven. Der Eigner, drüben in Connecticut wusste wenig von unseren Umständen, aber ich war sicher, Arthur hätte uns in unseren Bemühungen voll unterstützt. Es schien mir, dass eine Kontaktaufnahme mit Arthur uns auch nicht viel weiter bringen würde, es hätte nur noch mehr Scherereien gegeben und unsere Weiterreise ins Rote Meer verzögert. In Anbetracht der Wetterverhältnisse, die uns weiter südlich erwarteten, konnte ich aber keinen Zeitaufschub riskieren. Also machte ich als Ersatz eine kurze Reise in einem kleinen Segelschiff, das unsere Freunde von der Marine von 'En Gedi bis Masada für mich auftrieben.

3
Das Tote Meer

D as Tote Meer ist einer der fremdartigsten Plätze der Welt, an denen ich jemals war. Es ist vierundvierzig Seemeilen lang, zehn Seemeilen breit, und seine Oberfläche bedeckt 360 Quadratmeilen. Die mittlere Tiefe beträgt 355 Meter. Alles Wasser kommt aus dem Jordan, täglich etwa sechs Millionen Tonnen. Alles Wasser verdunstet in der Sonne und bildet einen ständigen Nebelschleier über dem Wasser. Darüber hängt eine ziemlich eigenartig aussehende Wolke, blauweiß gefärbt, etwa in der Farbe eines Fischbauchs. Das Tote Meer hat das salzigste Wasser der Welt. Es hat einen Salzgehalt von 25 bis 33 Prozent, der mittlere Salzgehalt in den Ozeanen beträgt dagegen nur sechs Prozent. Das Wasser, sollte man davon schlucken, löst einen starken Brechreiz aus. Schon von einem einzigen Teelöffel wird man ziemlich krank. Das kommt von dem hohen Gehalt an Chloriden und Magnesium im Salz. Das Wasser fühlt sich ölig an, weil es auch erhebliche Bestandteile an Kalzium aufweist. Läuft man vom Ufer aus ins Wasser hinein, wird man von den Füßen hochgehoben, wenn man bis zu den Achselhöhlen im Wasser steht; die Schultern sind dann immer über Wasser. Und wenn das Wasser auf der Haut trocknet, bleibt ein klebriger Belag zurück, so als hätte man in Petroleum gebadet.

Es gibt absolut kein Leben dort. Keine Fische, keine Vögel. Nur ganz im Norden schwemmt der Jordan Fische hinein, aber die sterben, sobald sie im Toten Meer sind, und werden von den wenigen Möwen gefressen. Das felsige Ufer ist mit Asphalt bedeckt, der vom Meeresboden herauf kommt. Gemeinhin ist es also einer der unfruchtbarsten und abweisendsten Plätze auf dieser Erde. Vor Millionen von Jahren, so behaupten die Geologen, war das Tote Meer in der Regenzeit viel größer und erstreckte sich noch 120 Seemeilen weiter nach Norden. Die Oberfläche lag noch über dem Mittelmeer. Es gab damals sogar vielfaches Leben im Meer. Aber Erdbeben und Sandablagerungen füllten das Becken des ehemaligen Binnensees langsam auf. Das Tote Meer, wie wir es heute kennen, hat viele Namen. Die Hebräer nannten es »See Arabath«, die Araber »die stinkende See« und die modernen Israeli nennen es »See Lot«. Auch das Alte Testament wird hier lebendig. Lot und Abraham besuchten das Tote Meer, und die sündigen Städte von Sodom und Gomorra lagen an seiner Küste. Die Ruinen kann man heute noch sehen.

Während meiner Fahrt mit dem kleinen Segelschiff von 'En Gedi nach Masada hatte ich leichten Nordwind, und verwendete auf dem Rückweg nach 'En Gedi den Außenborder. Ich wollte mit *Barbara* schnell weiter ans Rote Meer.

Ich hatte ein seegehendes Schiff an den tiefsten Punkt der Erde gebracht, tiefer als jeder andere zuvor. Nur die Bestimmungen der israelischen Regierung hatten verhindert, dass ich das Tote Meer mit *Barbara* befahren konnte. Alles, was ich jetzt noch tun musste war, das Schiff in den Titicacasee hinaufzuschaffen, zwei Meilen hoch in den Anden Südamerikas.

Wieder zog der Dieseltraktor *Barbara* über die staubigen Straßen. An den Abhängen der Berge entlang, fuhren wir von Judäa nach Hebron. Dann wendeten wir uns nach Süden, in Richtung Beersheba. Dies ist eine moderne Stadt, die durch israelischen Einfallsreichtum mitten in der Wüste entstand. Hier sahen wir die letzten Supermärkte, bevor wir fast ein Jahr später Südamerika erreichten.

Nach Beersheba kamen wir in die Negev Wüste. Wir rollten die Straße nach Eilat entlang. Das ist ein moderner Highway, der über weite Strecken außerhalb der israelischen Grenze und bis zu fünf Meilen tief in jordanischem Gebiet verläuft. Zu jener Zeit gab es dort viele Guerilla-Überfälle. Der übliche Trick bestand darin, eine dünne Leine als Auslöser für eine Sprengstoffladung über die Straße zu spannen.

Der Traktor manövrierte mit quietschenden Bremsen langsam durch die Haarnadelkurven. *Barbara* krängte manchmal zwanzig Grad und mehr. In der Abenddämmerung konnten wir hin und wieder das Feuer eines israelischen Armeecamps sehen, und seltener, Kibbuzim, die so hell erleuchtet waren wie Kreuzfahrtschiffe auf See.

Conrad und ich hatten uns inzwischen gut aneinander gewöhnt. Für zwei Briten ist das unter normalen Umständen schon manchmal schwierig, besonders wenn sie so verschieden aufgewachsen waren, wie wir beide, und wenn der eine in so kurzer Zeit so viel von dem anderen lernen muss. Aber wir nahmen die Sache sehr ernst, unser Leben konnte schließlich davon abhängen.

»Wir müssen die Maschine überprüfen, bevor wir in Eilat ablegen«, sagte ich zu Conrad, während wir im Dunkeln entlang holperten.

»Kein Problem, mein Truck hatte auch einen Diesel.«

»Was für ein Truck? Du hast vorher nie einen Lastwagen erwähnt.«

»Oh, hab' ich das nicht? Mein letzter Job, schon Jahre her. Ich fuhr einen kleinen Truck an der Themse rauf und runter. Hab' Süßigkeiten an die Tabakgeschäfte geliefert.«

»Mein Gott!« dachte ich, »und den Burschen nehme ich mit ins Rote Meer. Ein Lieferwagenfahrer für Schokolade und Bonbons. Ja, warum eigentlich nicht? Bis jetzt stellt er sich ja gut an.« Aber ich hielt die Klappe. Auf dem israelischen Tieflader war er gesprächiger als je zuvor – oder auch je danach, um das vorwegzunehmen.

»Und ich hab' die meisten Reparaturen selbst gemacht«, fuhr er fort.

»Oh, ja? Das ist prima, Conrad. Alles was ich von einem Diesel weiß, ist dass er saugen, drücken, knallen und Blasen machen kann. Normalerweise geben sie unter meinem Kommando schnell den Geist auf – und andererseits kann ich die Dinger auch nicht leiden. Sie machen Krach, stinken und brauchen Platz, an dem man besser Lebensmittel und Wasser verstauen könnte. Ich hasse diese Ungetüme.«

»Meine Großmutter, die Mutter meines Vaters, kam aus der Tschechoslowakei, direkt nach dem ersten Weltkrieg ...«.

»Oh, ach Scheiße, mach' nur weiter, erzähl' mir alles über Deine Vorfahren. Ihr wart sicher alle Seeleute.«

»Und Deine?«

»Also, Kumpel, von Seiten meiner Großmutter stamme ich direkt von Henry Morgan ab, dem Piraten. Und väterlicherseits von einem außerehelichen Sohn des Duke von Wellington.«

»Das ist sehr beeindruckend, Skip.«

»Ja, wir sind schon beide ziemliche Bastarde, he?«

Er lachte wieder, während ich mir eine Zigarette anzündete.

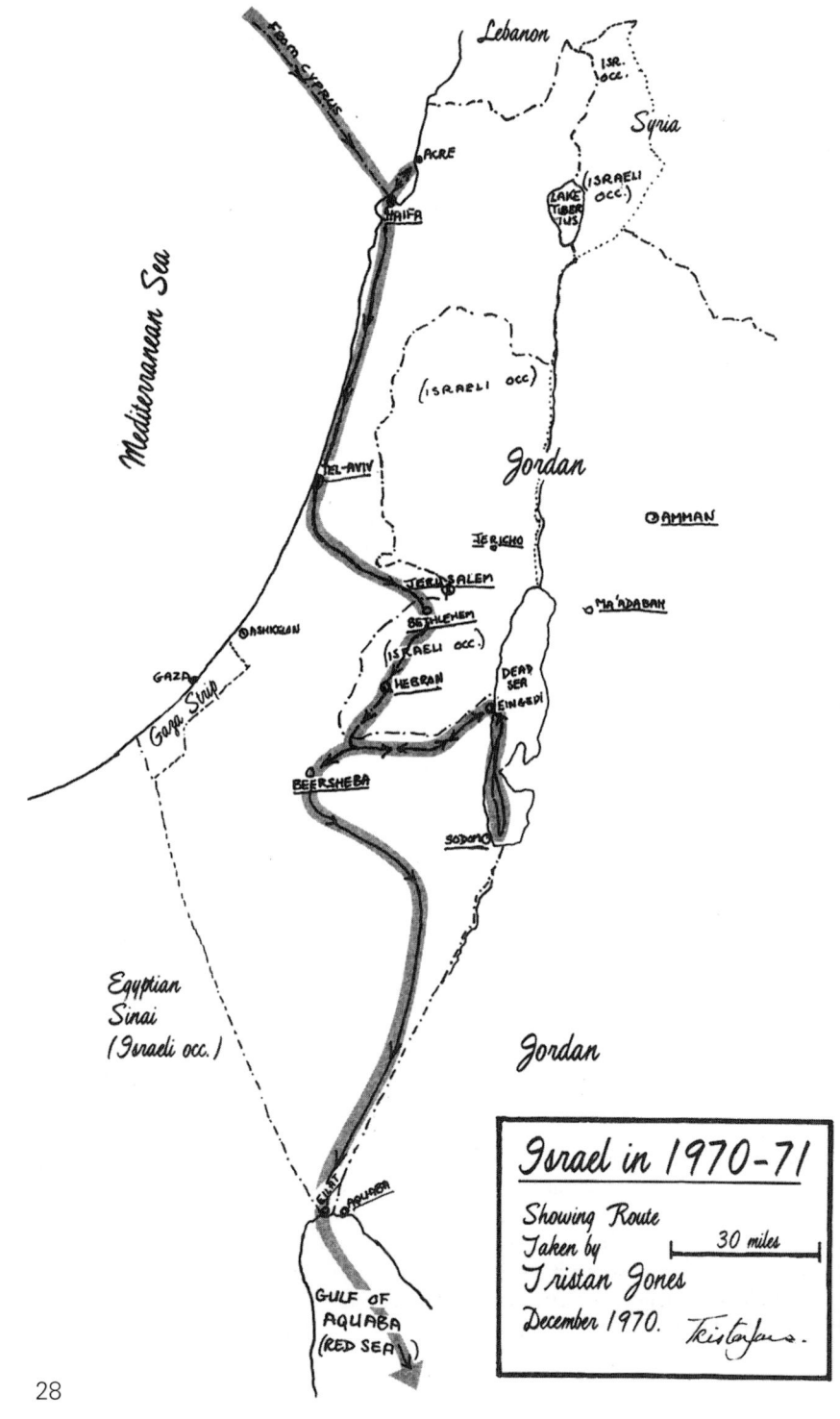

Mediterranean Sea

Lebanon

From CYPRUS

ISR. OCC.

Syria

ACRE

HAIFA

LAKE TIBERIUS

(ISRAELI OCC.)

(ISRAELI OCC.)

Jordan

TEL-AVIV

◎AMMAN

JERICHO

JERUSALEM

◦MA'ADABAH

BETHLEHEM

(ISRAELI OCC.)

◎ASHKELAN

HEBRON

DEAD SEA

GAZA

EIN GEDI

Gaza Strip

BEERSHEBA

SODOM

Egyptian Sinai (Israeli occ.)

Jordan

EILAT ◦ ◦AQUABA

GULF OF AQUABA (RED SEA)

Israel in 1970-71

Showing Route Taken by Tristan Jones December 1970.

30 miles

Tristan Jones.

28

Um neun Uhr am Abend kamen wir zum letzten israelischen Armeeposten. Dahinter führte ein langer, gerader Straßenabschnitt weiter nach Eilat und dem Meer. Der Konvoi hielt am Schlagbaum an, und Adir kam nach hinten, wo Conrad und ich auf dem Tieflader saßen. Gegen die Kälte und den Wind in der Wüste hatten wir uns dick eingewickelt.

»Tristan, der Soldat da sagt, ich soll Dir sagen ... es wäre besser, bis zum Morgen hier zu warten. OK, aber wenn Du weiter willst, ist's auch OK.«

Er zog nervös an seiner Zigarette.

»Der Nachtclub in Eilat, der macht um zwei Uhr morgens zu, vielleicht gehen wir doch weiter?« Er warf seine Zigarette weg und schaute mich an. »Es ist ein bisschen gefährlich«, fuhr er fort, »manchmal kommen Araber über die Grenze herüber und die ganze Nacht hier zu verbringen ...« Er zeigte auf die einsamen Zelte und das Lagerfeuer.

»Also, Adir, von mir aus können wir weiterfahren. Wir nehmen die Dinge, wie sie kommen.«

Er lächelte. »Es macht Dir also nichts aus, nachts zu sterben?«

»Wo ist der Unterschied? Tag oder Nacht? Ich hab' mal einen Mann gesehen, der am helllichten Tag von Erdnüssen erschlagen wurde.«

François war inzwischen auch nach hinten gekommen, nachdem er sich am Straßenrand erleichtert hatte. Er versuchte Adir zu erklären, was Erdnüsse sind. Alle schauten mich fragend an. Conrad hatte ein breites Grinsen im Gesicht, allmählich gewöhnte er sich an meine dummen Sprüche zur falschen Zeit.

»So wahr, wie ich hier auf diesem Tieflader in der Negev Wüste sitze«, begann ich zu erklären. »Es war in Le Havre, in Frankreich, und sie entluden dieses große Frachtschiff mit so einem Saugrüssel. Also, dieser Kerl lief unter der Saugleitung durch und – peng – brach sie plötzlich auf. Dem armen Kerl fielen zweihundert Tonnen Erdnüsse auf den Kopf. Sie mussten ihn heraus schaufeln.« Ich machte eine entsprechende Geste mit den Händen. »Also, wie stirbt man nun besser, durch eine Granate, eine Kugel oder durch verdammte Erdnüsse?«

Alle lachten jetzt. Adir und François lachten noch auf dem Weg nach vorn ins Fahrerhaus. Weiter ging's, durch den Schlagbaum und hinein in die Dunkelheit der Wüste. Conrad grinste und schaute mich von der Seite her an.

Wir wollten den Terroristen kein sich langsam bewegendes Ziel bieten, also donnerten wir mit hundert Stundenkilometern die Straße entlang. Conrad und ich klammerten uns verzweifelt an den schlingernden Tieflader an und versuchten, mit unseren Augen die Dunkelheit zu durchdringen, um die Keile zu beobachten. Wir hofften und beteten, dass sie alle drin bleiben würden. Auf dieser Strecke gab es kein Anhalten, mit oder ohne Keil.

So durchquerten wir also die pechschwarze Dunkelheit der Negev Wüste, mit hoher Geschwindigkeit. Endlich sahen wir den Lichtkegel des Aqaba Leuchtturms im Süden der felsigen Ebene. Plötzlich waren wir in den sandigen Straßen von Eilat. Wir waren am Ufer des Roten Meeres, wir hatten wirklich Asien erreicht. Wir kamen aus der See von Ulysses und der Odyssee und waren jetzt im Reich von Tausend und einer Nacht und Sindbad dem Seefahrer. Später schauten wir uns die Show in einem schäbigen Nachtclub an. Ich dachte an das bevorstehende Spießrutenlaufen, sechstausend Meilen durch die Araber hindurch, bis hinunter nach Mombasa, und machte mir ein wenig Sorgen. Ich sagte nichts zu Conrad, er war auch sehr mit den Ereignissen auf der Bühne beschäftigt.

Am nächsten Morgen wasserten wir *Barbara* ein und sagten auf Wiedersehen zu Adir, François und Jacob.

4
Die feindliche See

Israel liegt am Rand der Afro-Eurasischen Landmasse. Im Westen schaut es über das Mittelmeer nach Europa hinüber. Auf beiden Seiten aber ist es in die Kiefer arabischer Feindseligkeit eingeklemmt, und die werden nur durch die israelische Armee offen gehalten, sie ist wie der Stock in einem Krokodilsrachen.

Im Süden liegt der Hafen von Eilat, Israels einziger Ausgang nach Osten. Von dort aus erreicht man das zweitausend Seemeilen lange Rote Meer und den Golf von Aden. Entlang der Küste fletschen auf beiden Seiten die Feinde Israels die Zähne. Es gibt nur drei Ausnahmen.

Massawa und Assab in Äthiopien waren damals zwei dieser sicheren Häfen, und die lagen fast tausend Meilen von dem israelisch besetzten Sinai entfernt im Süden. Zu jener Zeit war Haile Selassi in Äthiopien an der Macht, der König der Könige, der Löwe von Judäa, direkter Abkömmling von Salomon und der Königin von Saba. Seine Macht reichte gerade einmal bis fünf Meilen vor die Hafeneinfahrt. Genau so weit, wie eine Kugel der schwerbewaffneten Militärkolonnen auf den zwei Straßen, die von der Hochebene dreihundert Meter hinab zur heißen krankheitsbeladenen Küste führen, fliegen kann.

Wo der Imperator keine Macht hatte, sprang die Eriträische Befreiungsfront in die Bresche, die vom Fernen Osten aus, über die Volksrepublik Jemen, mit Waffen und Gold versorgt wurde.

Bereits die Urahnen dieser Kämpfer waren Piraten und Seeräuber. Über unzählige Generation hinweg hatte das Schädeleinschlagen Tradition, das dann ab 1970 »Revolution« genannt wurde. In schnellen Dzambouks und Dhaus raubten sie hilflose Fischer aus. Ihre Waffen hatten sie in alten Zisternen in den schroffen Riffen an der Küste des Roten Meeres versteckt.

Massawa, der heißeste bewohnte Platz auf der Erde, ein stinkendes Höllenloch, eine Brutstätte von Armut und Krankheit, war ihre erste Basis. Assab, genau so heiß und stinkend, ihre zweite, und Djibuti, eine bewaffnete französische Oase in der mörderischen Wüste, ihre dritte. Von da aus waren es zweitausend Seemeilen Luftlinie zum nächsten freundlichen Hafen – Mombasa!

Dazwischen überwachten verrückte Fanatiker mit Kugeln und gewetzten Messern die Küste, in unaufhörlicher geduldiger Mordlust.

Dann war da noch der Wind, ein feindlicher Wind, den wir auf der ganzen Strecke, über dreitausend Meilen, gegen uns hatten. Er kam vom Nordostkap Afrikas, vom stürmischen Guardafui her, zweitausend Meilen südlich der Sinai Halbinsel. Und, als wenn das nicht schon genug wäre, gab es auch noch eine entgegengesetzte Strömung vom Indischen Ozean her, die im Durchschnitt mit vier Knoten gegen unseren Kurs lief.

»Eins ist sicher, Conrad«, sagte ich, als wir auf dem Kai in Eilat saßen, »die Araber wissen, dass wir hier sind, und sie wissen auch, wohin wir wollen. Wir müssen von hier bis Djibuti Spießrutenlaufen. Und dann von Djibuti bis Mombasa. Das ist ein höllisch langer Weg!«

Während wir sprachen, kam ein israelischer Soldat vorbei, und warf lässig ein paar Granaten in den Hafen – als Vorsichtsmaßnahme gegen arabische Froschmänner.

»Aber Tristan, bei dem Nordwind sollten wir doch schnell in Mombasa sein, oder?«

»Der Nordwind wird nur bis zum siebenundzwanzigsten Breitengrad anhalten, dann gibt's Südwind, und wir müssen *Barbara* die Hosen strammziehen. Der Nordost-Monsun, draußen im Indischen Ozean, dreht auf Ost, wenn er in den Golf von Aden kommt. Dann bläst er wie toll durch die Straße von Bab el Mandeb und dreht auf Südost. Danach bläst er dann in Sturmstärke an der sudanesischen Küste entlang. Das wird keine Vergnügungsfahrt!«

»Bab el Mandeb«, fragte Conrad, »was heißt das?«

»Tor der Tränen«, antwortete ich, »und die Araber nennen die Dinge beim Namen! Der Name kommt wahrscheinlich von den alten Dhau Kapitänen, die in die günstigen Monsunwinde des Indischen Ozeans kommen wollten. Die müssen die Hölle durchgemacht haben in diesen Klippen und bei dem heulenden Wind. Im Winter bläst er mit vierzig Knoten Minimum! Ständig!«

»Du meinst, es wird eine harte Reise, Tristan?«

»Gefährlich, Conrad, verdammt gefährlich! Ehrlich, wenn Du jetzt aussteigen willst, dann sag's mir gleich, und ich werd' Dich durchaus nicht für feige halten!«

»Hab' keine Angst!«, sagte Conrad, »den kleinen Törn will ich absolut nicht verpassen!«

»Sogar für die Araber ist es nicht so einfach, im Roten Meer zu segeln«, fügte ich hinzu.

»Aber sie segeln in diesen arabischen Dhaus, die laufen seitwärts, wie die Kühe.«

»Glaub das nur nicht. Die Araber haben das Segeln am Wind erfunden, und sie können es immer noch! Deshalb waren sie schon in der Karibik, als die Briten noch in Nussschalen im Kanal herumtrieben.«

Der israelische Soldat warf wieder eine Granate in den Hafen und zerstörte die Beschaulichkeit des heißen Nachmittags.

»Diese Winddrehung am siebenundzwanzigsten Breitengrad ist interessant«, sagte ich. »Deshalb konnten die Pharaonen im alten Ägypten weiter unten nie an die Macht kommen. Sie hatten Rahsegler, und konnten nur vor dem Wind segeln. Sie konnten das Bab el Mandeb nie erreichen. Aus dem gleichen Grund kamen die Römer auch nur bis an die Grenze zum heutigen Sudan. Aber die Griechen, die müssen irgendwie gegen den Wind gerudert sein, denn die waren drunten bis Sansibar. Einer von ihnen, ich hab den Namen vergessen, soll sogar rund um Afrika gesegelt sein. Oder war das ein Phönizier?«

Wir saßen ein paar Minuten lang ruhig im Schatten der Palme und schauten hinüber in Richtung des Hafens von Aqaba, in der Ferne, hinter der jordanischen Grenze. Er hätte genau so gut auf dem Mond sein können.

»Conrad, wir haben alles verstaut. Heut Abend bunkern wir Wasser, und im Morgengrauen legen wir ab.«

»In Ordnung, Skipper. Hast Du schon weiter geplant? Ich meine den Kurs, den wir nach Peru nehmen?«

»Peru? Lass uns mal noch nicht daran denken. Lass uns hoffen, dass wir erst mal heil nach Mombasa kommen. Ich hab einen Packen Seekarten von London dahin bestellt, für mehrere Routen, für die über den Pazifik, und für die um das Kap der guten Hoffnung herum.«

»Riesenjob, he, Skipper?«

»Ja, aber weißt Du – Geduld und Ausdauer ... «

Am nächsten Morgen ging ich zum Ausklarieren aus Israel zur Hafenbehörde und zum Zoll, dann zurück an Bord, um die Maschine und die Segel zu prüfen. Endlich ging es los. Erster Stop: Sharm el Sheik am Südende der Halbinsel Sinai, die im Moment ganz vom israelischen Militär besetzt war.

Im Golf von Aqaba bläst der Nordwind seit ewigen Zeiten, er blies auch schon vor viertausend Jahren, in den Tagen der Königin von Saba, deren Ruderer sich ganz schön anstrengen mussten, wenn sie Ihre Majestät zu König Salomon nach Norden brachten. Ich sah wieder Korallenriffe, die ersten seit dem Ablegen in Bermuda. Sie umrahmen die Küste des Golfs, ihre Kanten heben sich durch Farben von Smaragdgrün bis zu tiefem Saphirblau vom übrigen Wasser ab. Über dem brillant schimmernden Grün hob die dahinterliegende Wüste in hellem Orange ab, und weiter entfernt sah man die rauchigen Blautöne und das Braun der Küstenberge des Sinai, die hinter dem Küstenstreifen aufragen. Wunderschön ... und tot. Kein Vogel, kein Baum, kein Grashalm – nichts als glühend heiße Farben, zauberhaft und brillant.

Wir hatten Vollzeug gesetzt und knüppelten *Barbara* unter Rollfock, Groß und Besan in Richtung der Straße von Tiran. Der Wind war achterlich, und wir liefen schnell, fast platt vor dem Wind. Nach ein paar Meilen wurde die See lebhafter, die Wellen wurden steiler und steiler, und das Steuern wurde mühsamer. Ein flachgehendes Schiff, so wie *Barbara* es war, neigt vor dem Wind mehr zum Ausbrechen, als ein traditioneller tiefgebauter Ozeanläufer. Conrad und ich wechselten uns alle zwei Stunden am Rad ab, um die Anstrengung zu mildern. Ich nahm keinen Fetzen Segel runter, ich wollte vor Anbruch der Dunkelheit aus den Gewässern um Aqaba heraus sein. Ich dachte, danach wären wir relativ sicher vor herumwildernden arabischen Schiffen.

»Schade, dass wir keine Windfahnensteuerung haben, Skip«, keuchte Conrad nach seinen zwei Stunden am Rad.

»Ja, und zwei Millionen Dollar dazu, und eine Yacht auf den Bahamas«, sagte ich, und übernahm das bockende Rad.

»Wenn wir nach Massawa kommen, haben wir Arme wie King Kong«, stöhnte Conrad. Er setzte sich in den Schatten des Segels.

»Würden ganz gut zu Dir passen, nicht wahr?«

Am nächsten Tag, im Morgengrauen, schlüpften wir durch die mit Korallenriffen gepflasterte Straße von Tiran, die außerdem mit Wracks übersät ist, die auf keiner Karte eingezeichnet sind. Auf Sicht steuerten wir das Schiff durch die Korallen und Sandbänke hindurch und dachten wie gut es war, dass wir das nicht in der Nacht versucht hatten. Wir fragten uns auch, ob das ein gutes oder ein schlechtes Vorzeichen war.

Am 10. Januar liefen wir ins Rote Meer hinein, in relativ freies Wasser. Hundert Seemeilen hatten wir hinter uns – nur noch neunhundert bis Massawa – Luftlinie!

Als wir aus der Straße von Tiran herauskamen, lag die Saudi Arabische Halbinsel mit der Ebene von El Tihama im Osten. Hinter uns, im Norden, stiegen die Bergketten von Shafat auf. Mir war, als könne ich die Trommelwirbel von Lawrences Kamelkarawane hören, bei seinem Versuch, in den Norden nach Aqaba zu gelangen, dem Sieg, der Enttäuschung, und der Hoffnungslosigkeit entgegen.

Wir änderten den Kurs nach Westen, auf Sharm el Sheik, entlang der Südküste des Sinai. Der Wind war jetzt raum achterlich, und wir setzten zusätzlich das Besanstagsegel und die große Genua. Alle Segel zogen wie die Schlittenhunde, und *Barbara* zischte dahin wie ein Schnellzug.

Das war das letzte Mal, dass wir die Leichtwindsegel gesetzt hatten, bevor wir zwei Monate später den Indischen Ozean erreichten. Für den Rest der Reise hatten wir den Wind immer auf der Nase, meist mit Sturmstärke oder knapp darunter.

Der Ankerplatz für Privatschiffe war in Mars-el-At, vier Meilen östlich von der Marinebasis in Sharm el Sheik. Er hatte sechs Meter Wassertiefe, und der Boden bestand aus Sand und Kraut. Außerdem war nördlich davon eine als Speisesaal eingerichtete aufgeblasene Traglufthalle! An der nackten, toten und einsamen Küste hatten die Israelis ein Feriencamp für Wohnwagen eingerichtet.

Conrad und ich ruderten an Land. Wir aßen eine Mahlzeit zusammen mit den Touristen aus einem Dutzend Länder, die sich an den vierzig Grad Wärme im Winter erfreuten. Keiner fragte, warum wir hier waren, obwohl *Barbara* die erste Yacht war, die seit Ende des zweiten Weltkriegs hier ankerte. Keiner wunderte sich über das Schiff, obwohl die letzte Yacht vor über zehn Jahren durch das Rote Meer gefahren war. Sollte einmal eine fliegende Untertasse hier in Mars-et-Al landen, dachte ich, würde keiner auch nur mit den Augen zucken. Man hätte einfach einen Tisch für die Besucher gedeckt, man hätte ihnen Souvenirs verkauft und ihnen einen Wohnwagen zum Schlafen vermietet. Bis zum heutigen Tag habe ich keine Ahnung, warum diese Leute sich so verhielten, aber mir war es ganz recht. Getue und Palaver mag ich nicht, schon gar nicht vor einer schwierigen Reise.

Die Organisation dieses Wohnwagencamps war ein Wunder für sich. Gemüse und Obst wurden von Tel Aviv zum Militärstützpunkt in Sharm el Sheik eingeflogen. Von unserem Ankerplatz aus konnten wir miterleben, wie Beduinenkarawanen quer durch das Camp zogen, und israelische Mirage Kampfflugzeuge durch den stahlblauen Himmel donnerten. Sie beobachteten die Ägypter, nur ein paar Flugminuten weit weg im Westen. Wir starrten auf diese beiden Phänomene, Tausende von Jahren auseinander, aber hier in der Wüste waren sie Realität.

»Wann gehen wir ankerauf, Skip?« fragte Conrad.

»In der Abenddämmerung. Heut nacht gibt's nicht besonders viel Mondlicht, und morgen früh wollen wir weit weg sein, vom Sinai. Wir müssen auf ägyptische Flugzeuge aufpassen. In der Marinebasis sagen sie, dass sie uns mit Radar überwachen werden, aber die Reichweite beträgt nur zirka hundert Seemeilen. Danach sind wir auf uns selbst angewiesen. Achthundert Meilen nach Süden, mit viel Gegenwind«.

»Wann meinst Du, dass wir in Massawa ankommen?«

»Ich rechne mit zwei Wochen«, sagte ich, »das ist gut gerechnet. Es gibt keine Häfen, die wir vor Massawa anlaufen können, ohne zu riskieren, dass man uns die Gurgel durchschneidet oder uns einsperrt. Ein Schiff, das von Israel her kommt, ist für jeden Araber ein Feind. Das Rote Meer ist eng, es gibt wenig freien Seeraum, und die Riffe gehen bis zu mehr als sechzig Meilen vor die Küste. Und weil der Suezkanal seit ein paar Jahren geschlossen ist, werden auch die Seezeichen und Leuchtfeuer nicht mehr funktionieren. Sandstürme können den Himmel verdunkeln, und dann kannst Du die Astronavigation auch vergessen. Wir kennen die Strömungen nicht, weder die Richtung noch die Geschwindigkeit. Alles, was wir wissen, ist, dass die Lage der meisten Riffe nicht mit der

Karte übereinstimmt. Das wird kein Spaziergang! Aber es gibt einen Trost – wenn wir den Indischen Ozean erreichen, haben wir die Welt in der Tasche. Hier, schau auf die Karte!«

»Mit all den Riffen, die von der Küste des Roten Meeres ausgehen, Skip, wie wär's denn, wenn wir in der Mitte bleiben?«

»Nicht schlecht, Conrad. Aber woher weißt Du, dass Du in der Mitte bist? Bei dem Starkwind und dem Sand in der Luft wird es schwer sein, eine exakte Position zu bekommen. Und diese verdammten unbekannten Strömungen können uns tage- und nächtelang nach Osten oder Westen versetzen. Es wird nicht einfach!«

»Ja, Skip, ich fange an zu begreifen was Du meinst ... aber ich kenne Dich jetzt fast drei Monate lang, und ich habe Vertrauen zu Dir. Du bringst uns schon durch, und ich werde die Dinge so nehmen, wie sie kommen. Wenn *Barbara* als Wrack endet, dann haben wir es wenigstens versucht!«

Ich schaute in sein sonnengebräuntes Gesicht und in seine Augen. Es war ein reiner Glücksfall, dass ich so einen Burschen gefunden hatte! Ein mutiger Kerl, der sich immer mehr zu einem guten Seemann entwickelte. Ehrlich und geradeaus, mit dem Herzen eines Löwen. Es war für mich eine tolle Erfahrung mit anzusehen, wie er sich von einem unsicheren identitätssuchenden Jugendlichen zu einem gestandenen Mann entwickelte. Er war von den Quäkern in Buckingham erzogen worden, und er reagierte schnell und positiv auf alles, was ich ihm beibrachte. Obwohl ich manchmal ganz schön streng mit ihm umging.

»Wie ist so eine Quäkererziehung, Conrad?« fragte ich, als er gerade sorgfältig die Lebensmittelvorräte im Schiff verstaute.

»Ach, ganz in Ordnung, denke ich. Ich war auf einer mehr oder weniger freien Schule, wo man sich die Fächer und den Lehrstoff selbst aussuchen kann, welche Klassen man besuchen will und solche Sachen».

»Sind ja Zustände wie im portugiesischen Parlament, wenn Du mich fragst. Und da hast Du was gelernt?«

»Nicht viel. Am Ende zählt sowieso nur der Erfolg, wie bei den anderen Leuten auch. Man muss einfach nur erfolgreich sein!«

»Was ist denn erfolgreich?«

»Für die meisten Leute ist es Geldverdienen«, sagte er mit leiser Stimme.

»Und für Dich?«

»Eins zu sein mit der Welt. Warum? Was ist es denn für Dich?«

»Heil und gesund in einen verdammten Hafen hineinzukommen und dann in lustiger Gesellschaft ein paar Bier hinter die Binde zu gießen, die Klamotten trocken zu halten und drei Mahlzeiten am Tag».

»Was ist mit der Natur?« Er war immer noch sehr ernst.

»Welche? – meine oder Deine?«

»Du weißt schon, der Ozean, der Wind, die Naturgewalten?»

»Scheiß drauf! Oh, das ist schon in Ordnung, aber meistens hab' ich sie gegen mich, und sie macht mein Leben hart und ungemütlich.«

»Warum machst Du es dann?«

»Irgendjemand muss es ja machen! Oder nicht?«

»Masochismus?«

»Bleib mir nur mit Deiner austro-ungarischen Freud'schen Scheiße vom Hals!«

Er lachte und schüttelte den Kopf. »Du bist einfach verrückt«, sagte er.

»Ja, ich weiß. Ich wollte immer so einen schönen Bürojob. Ich träume davon, ein Bankangestellter zu sein!«

»Ich kann Dich genau vor mir sehen, wie Du in Anzug und Schlips über die London Bridge rennst, mit einer Aktentasche in der Hand. Das würde prima zu Dir passen.« Er grinste breit.

»Ich hasse diese Typen, Kumpel. Und ich will lieber nach Rio, so schnell wie's geht.«

»Mhmm – ich auch«, sagte er.

»Also das kommt bei den freien Schulen heraus!«

»Verdammt richtig, Skip.« Er verstaute die letzte Dose Corned Beef im Schapp und trug sie sorgfältig in unsere Proviantliste ein. »Ich möchte am liebsten in einem Naturschutzgebiet leben.«

»Ja? Vielleicht im Battersea Park Hundeheim.«

»Ach, zum Teufel«, antwortete er, »wo kommt denn diese verdammte Dose mit Bohnen her?«

Als es Abend wurde, verabschiedeten wir uns von unseren Freunden auf dem Armeestützpunkt, holten den Anker auf, und glitten in die Dunkelheit am südlichen Horizont hinein. Das Spießrutenlaufen zwischen den Arabern hindurch hatte begonnen.

5
Spießrutenlaufen

In unserer ersten Nacht im Roten Meer liefen wir platt vorm Laken, mit dem Großsegel auf einer Seite und der großen Genua ausgebaumt auf der anderen Seite. Der Anker war sicher auf dem Vordeck festgezurrt, alle Lichter waren gelöscht, und das Schlepplog hing von der Reling des Heckkorbs achteraus. Mit einem dampfenden Pott Kaffee auf dem Herd rollten wir fröhlich dahin. Der Wind kam direkt von den schroffen hohen Bergen des Sinai herunter. Je weiter wir uns von der Küste entfernten, umso mehr freie Bahn hatte der Wind. Die See wurde rauer, und das Schiff rollte stärker. Um Mitternacht waren wir in wilder Bewegung. Der Himmel war klar, Venus stand im Osten und erschien doppelt so groß wie auf anderen Ozeanen. Millionen blitzender Sterne leuchteten über uns. Es war herrlich und wunderbar, aber uns wären ein bedeckter Himmel und etwas Regen eigentlich lieber gewesen, denn wir wollten auf keinen Fall von arabischen Schiffen gesehen werden, egal ob von zivilen oder militärischen. Die Israelis hatten uns unmissverständlich gewarnt und uns zu verstehen gegeben, was passieren würde, wenn wir einem Schiff der ägyptischen Marine begegnen würden.

Um zwei Uhr nachts ging Conrad nach unten, um wieder Kaffee zu machen. Er kam sofort wieder an Deck.

»Viel Wasser in der Bilge, Skip!«

»OK, nimm das Rad, ich schau' nach.«

Er übernahm das Rad. Ich ging nach unten, um das Leck zu suchen. In einem vollbeladenen Schiff von achtunddreißig Fuß Länge in der Bilge herumzufummeln, ist eine ziemlich unangenehme Sache, besonders wenn es vor dem Wind daherrollt. Man muss auf dem Bauch entlang kriechen, die Bodenbretter hochheben, und mit der Taschenlampe in jedem einzelnen der winzigen Schapps herumstöbern. Man muss ungeheuer viel Ausdauer und Geduld aufbringen, und man muss das Schiff haargenau kennen. Außerdem braucht man noch einen Magen aus Gusseisen.

Wenn einer im angenehmen Schein der Morgensonne vom Kai aus zu mir ins Cockpit herunterschaut und mir nach der üblichen Begrüßung und einigen Floskeln sagt, dass er mich beneidet, weil ich keine Sorgen und Nöte habe, weil ich jederzeit ablegen und einfach in die Sonne hinein segeln könne, dann kann ich nur lachen. Was weiß diese Person schon von den komplizierten Vorbereitungen und der Aufmerksamkeit, die man dem kleinsten Detail widmen muss, um ein kleines Schiff seeklar zu machen. Übersieht man auch nur einen einzigen wichtigen Punkt, riskiert man ein Desaster und vielleicht das Leben. Was versteht so eine Person von der Pingeligkeit, mit der man das Boot ausrüsten muss, von der Vorsorge für jeden möglichen Zwischenfall oder von der Sorgfalt, mit die Vorräte zu verstauen sind. Was weiß sie schon davon, dass man lernen muss, sich vielleicht selbst einen Zahn zu ziehen oder im akuten Notfall sich selbst den Blinddarm heraus zu nehmen? Ein Blauwassersegler muss Rechtsanwalt, Arzt, Mechaniker, Klempner, Dentist und Diplomat in einer Person sein. In vielen Teilen der Welt gibt es weder Leuchtfeuer noch sonstige Navigationshilfen.

Aber so sehr er sich auch bemüht, an alle Details zu denken, es kommt trotzdem vor, dass er etwas übersieht oder dass ein unvorhergesehener Defekt auftritt. Und das war jetzt bei uns der Fall.

Barbara war aus Fiberglas gebaut, und die Stahltrossen des Krans im Hafen von Eilat hatten ihren Rumpf ein wenig verformt, als sie ins Wasser gehievt wurde. Und das ausgerechnet an der Stelle, wo der Kühlwassereinlauf für die Maschine war. Die Schrauben, die die Platte mit dem Einlassventil im Rumpf festhalten, hatten sich ein wenig verbogen, und nun, nach den heftigen Bewegungen in der See, kam Wasser zwischen Flansch und Rumpf herein, und zwar ziemlich viel.

Außer dem teilweisen Einrollen der Genua, um die Rollbewegungen des Schiffes zu vermindern, konnte ich im Augenblick wenig unternehmen. Ich versuchte, etwas Dichtungsmasse in den Spalt hineinzuarbeiten, aber nur sehr, sehr vorsichtig. Sollte einer der Bolzen abbrechen, dann wäre das eine Katastrophe. Am Ende hatte ich den Wassereinbruch auf ein leichtes Rinnen reduziert. Ich setzte mich in der Kabine hin, und konzentrierte alle meine Gedanken auf das Problem.

Eine Lösung wäre gewesen, zum Sinai zurück zu kehren, aber das hätte bedeutet, zwei oder drei Tage gegen den Wind zu kreuzen. Und die Bewegungen eines Schiffes, das hoch am Wind läuft, sind hart und heftig, weil es immer wieder in die Seen hineindonnert. Das könnte dazu führen, dass die Bolzen ganz abbrechen könnten. Das wollte ich einfach nicht riskieren. Außerdem fällt es mir immer schwer, an einen Ausgangsort zurückzukehren, wenn ich erst einmal unterwegs bin.

Ich fischte die Karte unter dem kleinen Navigationstisch heraus; sie lag dort zusammengerollt in einer Hülle, um sie trocken zu halten, und studierte sie. Fünfzig Meilen im Süden von uns lagen zwei kleine Inseln, die Brüder Inseln. Wenn wir in Lee einer dieser Inseln kommen könnten, hätten wir eine Chance, das Leck in relativ ruhigem Wasser und in Sicherheit zu reparieren. Ich schlug mein Handbuch, den Admirality Pilot for the Red Sea, auf und suchte nach den Inseln. Gemäß Handbuch waren sie unbewohnt. Es gab ein Leuchtfeuer auf der nördlichen Insel. Aber das Handbuch stammte aus dem Jahr 1952, es war achtzehn Jahre alt. Da der Suezkanal seit einiger Zeit gesperrt war, und es zur Zeit so gut wie keine Schiffsbewegungen im Roten Meer gab, konnte ich annehmen, dass das Leuchtfeuer nicht mehr funktionierte. Wir suchten bis zum Morgengrauen den südlichen Horizont ab, aber es gab keinen Lichtreflex dort, kein Anzeichen eines Leuchtfeuers, nur die schwarze Finsternis der Nacht.

Conrad pumpte die Bilge aus, um zu verhindern, dass das Wasser im ganzen Schiff herumspritzte. Und ich bereitete mich auf einen Schuss der Sonne vor, um *Barbaras* geographische Längenposition so genau als möglich festzustellen. Das ist die Nord-Süd-Linie, auf welcher das Schiff steht. Es hatte keinen Sinn, die Höhe der Sonne zu messen, bevor sie nicht mindestens zwanzig Grad hoch über dem östlichen Horizont stand. In der Hitze des Roten Meeres, sogar am frühen Morgen, ist die Refraktion (Lichtbrechung) so groß, dass in Verbindung mit den anderen Fehlerquellen die Höhenmessung zu ungenau wird. Und ist die Höhenmessung schon ungenau, dann kommt auch keine genaue Standlinie zustande, geschweige denn, eine genaue Längenposition. Aber in diesen Breiten, nahe am Äquator, steigt die Sonne schnell auf. Gegen neun Uhr hatte ich eine ziemlich gute Ahnung von unserer Längenposition, so um plus/minus fünf Seemeilen herum, wenn man den feinen Sand in der Luft mit einkalkuliert. Wir sollten uns direkt nördlich der Brüder Inseln befinden. Mit vier Knoten Geschwindigkeit rollten wir weiter.

Unser Schlepplog zeigte an, dass wir bis jetzt fünfundachtzig Seemeilen gesegelt waren, zumindest durchs Wasser, denn wir wussten nicht, ob wir einen Strom mit oder gegen uns hatten. Aber mit Hilfe der vorangegangenen Sonnenpeilung hatte ich schon eine brauchbare Position.

Von dieser angenommenen Position aus, steuerte ich einen OSO-Kurs, und richtig, nach einer Stunde tauchten die beiden Inseln auf, graue Schatten über der flimmernden Hitze des Roten Meeres. Ich entschied mich für die nördlichere der Inseln. Ich würde versuchen auf der Südseite der Insel zu ankern, in Lee, heraus aus dem Wind und der rauen See. Der Seegang hatte inzwischen wieder zugenommen.

»Meinst Du, da wohnt irgendeiner?« fragte Conrad, als wir eine Mug Tee tranken. *Barbara* schlingerte wild in der See. Der im Roten Meer übliche Morgenwind entwickelte sich zum Sturm, es pfiff im Rigg.

»Keine Ahnung«, sagte ich, »aber das Leuchtfeuer war letzte Nacht nicht in Betrieb. Eine gute Chance, dass die Inseln unbewohnt sind. Aber jedenfalls gehören sie zu Ägypten. Ich glaube kaum, dass die Ägypter dort Militär stationiert haben. Das wäre ja geradezu eine Zielscheibe für die israelische Marine, wenn's irgendwelchen Ärger gäbe. Nein, Conrad, wir müssen unsere Chance nutzen, wir müssen dieses verdammte Leck reparieren. Sonst pumpen wir auf dem ganzen Weg hinunter bis nach Massawa, und das sind viele Tage hoch am Wind. Halt' auf jeden Fall Ausschau.«

»In Ordnung.«

Langsam kamen wir näher an die Brüder Inseln heran. Da ich keine Informationen über Riffe und Sandbänke hatte, hielt ich mich zunächst weit vom Ufer weg, bis wir die Südseite des Felsens querab hatten. Dann machte ich eine scharfe Drehung nach Backbord, und kreuzte in den beabsichtigten Ankerplatz hinein. Ich versuchte es nicht mit der Maschine, weil ich Angst hatte, die unnötigen Vibrationen könnten die Bolzen der Platte losreißen.

Wir hielten gut Ausschau nach Riffen und Korallenköpfen und kamen näher heran. Ich sah das Haus des Leuchtfeuers; es schien verlassen zu sein. Das Balkongitter war verrostet, und auch vor den paar Wellblechhütten, in der Nähe der rostigen Säule für das Feuer, regte sich nichts.

»Scheint keiner hier zu sein, Tristan.«

»Also, das finden wir bald heraus. Nimm das Blei!«

Conrad lotete *Barbara* in eineinhalb Meter tiefes Wasser. Ich brachte den Bug in den Wind und warf die Schoten los. Die Segel hatten jetzt keinen Winddruck mehr, sie flatterten lose. Wir wollten gerade den Anker fallen lassen, als ein paar Figuren gebückt aus den Hütten herausgerannt kamen. Einige waren in Uniform, andere in Kaftans, den langen »Nachthemden«, die von den Arabern in der Hitze des Tages bevorzugt werden. Sie tauchten hinter eine niedrige, weißgetünchte Mauer, die den ganzen Hügel entlang lief, und eröffneten das Feuer. Sie hatten mindestens drei Maschinengewehre und ein Dutzend Gewehre und waren etwa zweihundert Meter weit weg.

Kugeln zischten uns um die Ohren. Conrad, der noch nie erlebt hatte, wie man auf ihn schoss, drehte sich nach mir um und riss vor Verwunderung den Mund auf. Er hatte immer noch den Anker in seinen sonnenverbrannten Händen.

»Was zum Teufel ist los?«, rief er.

»Komm zurück, hierher, schnell, verdammt!« brüllte ich und drehte das Rad hart nach Steuerbord. Ich hoffte, dass sich das Schiff drehen und die Segel sich mit Wind füllen würden.

»Was ... was ist mit dem Anker?«

»Scheiß auf den Anker! Komm zurück hierher, Du Blödmann! Lass ihn an Deck! Lass ihn um Himmelswillen nicht über Bord gehen.«

Aber er war schon bei mir im Cockpit und beugte sich über die Fockwinsch. Das Feuer kam weiter in Stößen. Eine Kugel ging in den Bugkorb, eine weitere streifte den Großmast und zwei gingen durchs Großsegel.

»Verdammte Scheißkerle«, murmelte Conrad.

»Lumpen und Halsabschneider sind das!«

Ich schielte über die Kante des Cockpits. *Barbara* krängte jetzt stark in der steifen Brise. Am Ufer gab es keine Anzeichen von Schiffen. Nach fünf Minuten, die uns wie eine Ewigkeit vorkamen, ließ das Feuer nach, und wir zischten von der Insel weg wie der Korken aus einer Flasche. Wir beteten für noch mehr Wind und fluchten gleichzeitig auf Ägypten.

Ein paar Minuten später drehte ich mich auf dem Boden des Cockpits um. Conrads Kopf war nur wenige Zentimeter von mir entfernt. Ich schaute ihm in die Augen, sein Gesicht war sonnenverbrannt und verschwitzt, sein Bart war salzüberkrustet. Wir blickten uns an, dann fingen wir beide ganz langsam an zu grinsen, dann zu lächeln, und dann brachen wir in Gebrüll und Gelächter aus.

»Verdammte Sauhunde, ägyptische – choleraverseuchte, stinkende Kameltreiber in Nachthemden!« wieherte ich.

Conrad hatte schnell wieder zu seiner inneren Beherrschung und zu seinem Sinn für Humor zurückgefunden, aber mein welsches Blut raste. Ich kletterte in die Saling des Besans und schüttelte meine Faust in Richtung der ägyptischen Küste. Ich gebrauchte sämtliche Flüche, die ich kannte. Ich verfluchte den Nil, die Pyramiden, Nasser, die Sphinx, den Assuandamm, und alles, was ich mit diesem gottverdammten Land in Verbindung bringen konnte.

»Um Himmels Willen, komm da runter, Skip! Die können Dich ja gar nicht hören!« Conrad grinste. »Und was machen wir jetzt?« Seine ruhige Stimme brachte mich wieder auf den Boden der Tatsachen zurück.

»Sobald wir aus ihrer Sichtweite sind, drehen wir bei. Dann laufen wir in der Dämmerung die Südinsel an, gehen in Lee, reparieren schnell das Leck, und vor dem Morgengrauen sind wir weg.« Auf dem Felsen der Südinsel gibt es nix, nicht mal eine Hütte. Im Moment lass' ich sie so weiter laufen, Du pumpst wieder. Und mach' um Himmelswillen eine Tasse Tee!«

»Angereicherten?«

»Nur ein bisschen – nicht, dass wir auch noch halb besoffen werden!«

Weiter ging's. Ich segelte die geradeste Linie, die ich je gesegelt war, obwohl die See rau und schwer war und der Wind aus Ost heulte und pfiff. Ich hoffte innigst, dass es hier keine ägyptischen Patrouillenboote gab, die unsere Freunde auf der Insel hätten alarmieren können.

Nach zwei Stunden hatten wir die Brüder Inseln hinter uns und drehten bei, das heißt, wir nahmen alle Segel bis auf den Besan weg, den wir stehen ließen, um den Bug im Wind zu halten. Die ganze Zeit über suchten wir mit angestrengten Augen den Horizont nach Schiffen ab.

Die Sonnenuntergänge im Roten Meer sind ein Wunder an Farben. Die See ist grün, der Himmel färbt sich lila, der Horizont wird blutrot, und die untergehende Sonne schickt goldene Strahlen aus. Wir rollten in der See und warteten.

Kurz vor dem Einbruch der Dämmerung, nachdem wir eine Dose Corned Beef und kalten Reis hinuntergeschlungen hatten, machte ich eine Peilung zu dem Südfelsen. Vorher hatten wir uns vorsichtig genähert, nur so weit, dass ich den Felsen von der Saling des Großmasts aus sehen konnte, nachdem ich in der rauen See mit dem Handpeilkompass die sieben Meter aufgeentert war. Als die Dunkelheit kam, liefen wir vorsichtig näher heran. Hinter der Südspitze konnte man uns natürlich von der Nordinsel aus nicht sehen. Da ich die Maschine nicht verwenden konnte, musste ich kreuzen. Ich machte ziemlich kurze Schläge, um nicht in den Sichtbereich der Nordinsel zu kommen.

»Wir werden nicht ankern«, sagte ich zu Conrad, »nur ins ruhige Wasser in Lee gehen und nur so lange, bis ich ein paar Hölzer zwischen die Maschine und die Platte mir dem Absperrhahn gekeilt habe. Das treibt die Platte nach außen, und ich kann die Schrauben anziehen. Das sollte reichen.«

»In Ordnung, Skip, ich halte Wache. Aber ruf nach mir, wenn Du Hilfe brauchst.«

»Halt' Deine Augen offen nach den verdammten Kameltreibern!«

»Werde ich bestimmt, keine Angst!«

Im Lee des Felsens, nahmen wir alle Segel weg, und schaukelten etwa hundert Meter vor dem Ufer leicht auf und ab, obwohl die Entfernung im Sternenlicht nur schwer zu schätzen war. Conrad hielt droben Wache, ich verschwand nach unten. Mir war ein wenig mulmig zumute, aber ich tat das Notwendige. Dann prüften wir in der Dunkelheit das Rigg. Außer vier Kugellöchern im Großsegel, ein paar Schrammen am Großmast und am Bugkorb, fanden wir nichts, das unsere Weiterreise nach Massawa infrage stellen würde. Im Süden, noch zirka siebenhundert Meilen Luftlinie.

»Schade, dass wir keine Vögel sind, Skip«, sagte Conrad.

»Richtig, Kumpel, verdammt richtig!«

6
Der feindliche Wind

Am 22. Januar befanden wir uns zwei Tagesreisen südlich der unglückseligen Brüder Inseln. Conrad und ich gewöhnten uns langsam an die langen Stunden am Ruder. Wir liefen immer noch mit achterlichem Wind, und das gibt immer die meiste Arbeit am Rad. Aber wenigstens hatten wir kein Leck mehr, und ausreichend Proviant und Wasser hatten wir auch. Alles, was wir machen mussten, war, *Barbara* nach Süden zu knüppeln. Wir trieben sie hart an, denn wir wollten aus den ägyptischen Gewässern heraus und aus der Gefahr, entdeckt zu werden. Im Starkwind des Nachmittags schoss das Boot mit sieben Knoten durchs Wasser.

Am dritten Tag sichteten wir im Westen etwas am Himmel, das wie eine lange dunkle Wolke über dem Wasser des Roten Meers aussah.

»Sieht wie eine Regenwolke aus«, murmelte Conrad und starrte auf das Gebilde.

»Keine Regenwolke, das ist eine Jetstream Wolke, eine Strömungswolke. Sie entsteht, wo der Monsun in die Tropen hinaufreicht. Reff' das Groß, Kumpel, ich setz' die Arbeitsfock. Dann halt' Deinen Hut fest, wir kriegen eins aufs Dach!«

»Mein Gott«, antwortete er, »wenn Du das sagst, dann kommt ein Hurrikan!«

»Abwarten, Kumpel!«

Wie ich es erwartet hatte. Als wir unter die schwarze Wolke kamen, von denen ich die nächste erst fünf Jahre später am Rio de la Plata sehen sollte, drehte der Wind komplett, und wir waren schnell in der Klauen eines wahnsinnigen Sturms. Und da blieben wir auch – vierzehn Tage und Nächte lang! In riffgespickten Gewässern, mit unbekannten Strömungen und der dauernden Angst, von Piraten oder Terroristen entdeckt zu werden.

Der vierte, fünfte und sechste Tag vergingen mit mühsamer anstrengender Arbeit. Wir schlugen in die steilen Seen ein. Der Sand, den der Wind mitführte, ein feiner, staubartiger Sand, kroch in jede Spalte und Ritze des Schiffes. Am siebten Tag war ich nicht nur beunruhigt, ich war ernsthaft besorgt. Wegen dem Sand in der Luft und der damit verbundenen Lichtbrechung, hatte ich keine gute Position mehr ermitteln können, seit wir in die Tropen gekommen waren.

»Was meinst Du, Skip?« fragte Conrad, ruhig wie immer. Seine klobigen Finger tappten auf der sandigen Karte herum.

»Was glaubst Du, wo wir sind?«

»Keine blasse Ahnung!«, antwortete ich, »ich weiß nur, wo wir nicht sind. In einem guten Pub in London nämlich!«

Ich schaute ihn an, und versuchte unbesorgt auszusehen. »Du bleibst bis zur Dämmerung am Rad, und ich probier' noch einmal einen oder zwei Schüsse mit dem Sextanten. Der Himmel scheint ein wenig klarer zu werden, nicht mehr so viel Sand in der Luft.«

»Viel Glück!« rief er.

»Ich brauch' kein Glück, ich brauch' eine klare Sicht!«

Als die Dämmerung einsetzte, erwischte ich wie durch ein Wunder eine gute Messung von Polaris, der niedrig am nördlichen Horizont stand, und den Mond, der im Osten aufstieg. Keine einfache Sache – das Schiff rollte und bockte wie ein Esel, und der Wind heulte, aber ich hatte einen Standort. Nachdem ich auf akrobatische Art den Sextanten nach unten gebracht und verstaut hatte, fischte ich den Almanach (Nautisches Jahrbuch) hervor, die Tafeln, und all die Utensilien, die man zur Ausübung der Kunst der Astronavigation benötigt. Dann ermittelte ich unseren Standort. Ich bekam einen Schock, denn, wenn ich recht hatte, war *Barbara* genau – klatschbumm – in der Mitte der Suakin Riffe, den gefährlichsten und verwirrendsten Navigationshindernissen im Roten Meer! Um uns herum waren überall flache Korallenriffe und Inseln, nur einen halben Meter unter Wasser. Und der ausgewachsene Sturm blies droben immer noch wie wild. Die See um *Barbara* herum war weiß mit Gischt und Schaum. Kein Wunder, denn wir waren gegen unseren Willen in die Riffe hineingetrieben, in die riesigen Korallenbänke vor Suakin. Darüber hinaus wusste ich nichts von den Strömungen. Ich sprang die Leiter hinauf.

»Conrad! Wir müssen sofort beidrehen, schnell, sonst müssen wir uns im Sudan ansiedeln.« Während ich noch sprach, zerriss die Fock mit einem Knall.

Wir nahmen alle Segel bis auf den Besan runter. Es war ein höllischer Job, die Fock an Deck zu bringen. Sie war in der Mitte durchgerissen und knallte im Wind wie ein Maschinengewehr. Mit einem Lifebelt am Bugkorb eingeklinkt, konnte ich mit viel Geduld die flatternden Segelfetzen bergen und nach unten schaffen. Selbst beigedreht, schlug *Barbara* aus wie ein wildes Pferd und krängte von einer Seite auf die andere. Langsam trieben wir achteraus. Wir nahmen die Verzurrung des Ankers auf dem Vorschiff weg und starrten in die dunkle Nacht hinter unserem Heck. Sollten wir etwas Riffähnliches sehen, würde ich sofort den Anker fallen lassen, selbst wenn die wilde Bewegung der Ankerkette das Vorschiff abreißen oder der Mast herunterkommen würde. Denn dies war unsere einzige Chance, in dieser bösartigen, höllischen See zu überleben.

Wie durch ein Wunder stieß unsere gute *Barbara* in der Nacht nirgends an. Umgeben von heimtückischen scharfen Riffen, schlängelte sie sich rückwärts durch sie hindurch. Als der Morgen kam, hatten wir rot unterlaufene Augen, aber es ging uns gut. Wir tanzten im flachem Wasser auf und ab. Es war schmutziggelb und drohend. Der Wüstenhimmel war stahlblau, aber der Horizont leuchtete ringsum in einem bitteren Orange.

»Heiliger Bimbam«, sagte Conrad, als er sich todmüde umsah.

»Ja! Schöne Aussicht, nicht wahr? Lass' uns von hier abhauen so schnell wie der Blitz!«

Wir fuhren los. Ganz langsam kreuzten wir gegen den Wind nach Südosten und hielten gut Ausschau voraus. Mit Schätzen und Eingebung versuchte ich, unsere ungefähre Position zu finden. Und richtig, nach etwa fünfzehn zermürbenden Meilen kamen die Twin Rocks in Sicht. Sie sahen schroff und mörderisch aus.

»Zum Glück waren wir nicht letzte Nacht hier«, murmelte ich.

Wir steuerten die trockene Insel Taller Saghir an und schafften *Barbara* nach achtzehn Stunden hartem zermürbendem Kampf gegen Wind und Strömung irgendwie ins Lee. *Barbara* lag jetzt in ruhigem Wasser, und wir ließen den Anker fallen. Droben, über den Felsen tobte immer noch der Sturm. Wir bargen die Segel, und ließen die Wimpel oben, als Opfer an den teuflischen Wind des Roten Meeres, der sie über kurz oder lang in Fetzen riss. Dann fielen wir total erschöpft in den Schlaf.

Angenehm lagen wir hinter dem flachen Riff der Insel vor Anker und ließen den Sturm sich ausblasen, die ganze Nacht hindurch und noch den nächsten Tag. Am Tag darauf fuhren wir zur Insel hin, nachdem wir mehrfach die Sonnenhöhe exakt gemessen

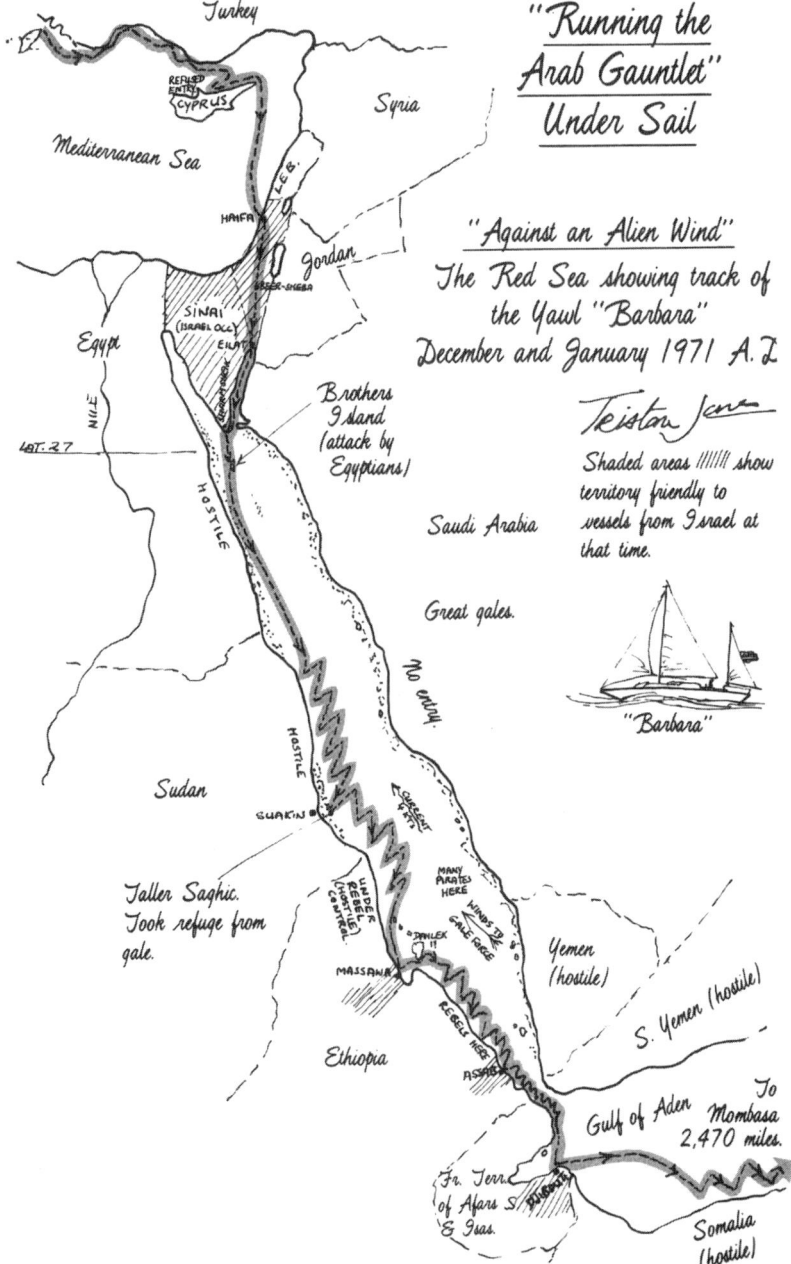

hatten. Ich fand heraus, dass die Position der Insel fast acht Seemeilen von der Lage auf der britischen Seekarte abwich. Das Meer um uns herum wimmelte von Fischen und großen Haien, manche bis zu fünf Meter lang. Am Strand gab es Millionen von Sandkrabben und ein paar schmächtige Reiher.

Wir lagen den ganzen Tag dort vor Anker. Einer von uns hielt immer Wache und suchte die Gegend nach eventuell ankommenden Schiffen ab. Wir hielten uns bereit, blitzschnell ankerauf zu gehen, und abzuhauen, denn immerhin war dies sudanesisches Territorium.

Abwechselnd erforschten wir die Insel, die nackt und öde in der brennenden Sonne lag. In einer Felsspalte am höchsten Punkt hinterließ ich eine Notiz in einer Flasche. Vielleicht ist sie heute immer noch da und wird gefunden, wenn einer so verrückt ist, danach zu suchen.

Erholt machten wir uns am nächsten Morgen wieder auf, um einen Weg aus dem Irrgarten heraus zu finden. Ich versuchte es in Richtung Nordwest, weil ich dachte, wenn wir auf diesem Weg hereingekommen sind, dann können wir auch wieder in dieser Richtung heraus. Ich hatte recht. Am späten Nachmittag waren wir wieder im tiefen Wasser. Wir empfanden das herrlich und wunderbar, obwohl der Wind immer noch stark war.

Vier weitere Tage lang knüppelten wir *Barbara* hoch am Wind, Tag und Nacht, und kämpften mit den boshaft steilen Seen. Wir hatten so viel Segel gesetzt, wie wir uns nur trauten, und unsere Arme waren jetzt so stark wie Riggdrähte aus rostfreiem Stahl. Um uns herum heulte der heiße Wind und brachte den unausweichlichen Sandstaub mit sich. *Barbara* nahm die Seen auf ihre Schulter, warf sie beiseite, kämpfte mit ihnen und schlug auf sie ein. Aber am zwölften Tag nach den Brüder Inseln schlief der Wind bis auf lässige zwanzig Knoten ein. Er drehte ein klein wenig nach Ost, nur ein paar Grad, aber genug, dass wir einen Kurs hoch am Wind auf die gottverlassene öde trostlose Küste anlegen konnten und hinter der Insel Difdain, der nördlichsten der Dahlak Inseln, ein wenig Schlaf finden konnten.

Wir waren jetzt schon ziemlich in der Nähe von Massawa, in äthiopischen Gewässern. Nach den Tagen des Kampfes und der harten Arbeit gab es jetzt leichten Wind. In den vergangenen Tagen hatten wir nie ein trockenes Cockpit gehabt und nicht die kleinste Pause von der Arbeit am bockenden Rad.

In den Hafen von Massawa hinein veranstalteten wir ein kleines Rennen mit einer einheimischen Dhau. Weil sie wesentlich größer war als *Barbara*, gewann sie, aber nur ganz knapp.

Die Luftliniendistanz zwischen Mars-el-At und Massawa beträgt 890 Seemeilen. Nach unserer Schlepplogge, die natürlich den Weg durchs Wasser misst, hatte *Barbara* 1824 Seemeilen zurückgelegt. Davon waren wir mindestens tausend hoch am Wind gelaufen. Im Moment hatten wir etwa die Hälfte unserer Reise zum Indischen Ozean hinter uns gebracht. Wir waren ohne ernsthafte Zwischenfälle durch die Spießruten hindurchgekommen. Wir waren den ägyptischen Kugeln, und den sudanesischen Riffen entkommen. Wir hatten allen Grund, uns wohl zu fühlen.

In Massawa bekam ich außerdem die Nachricht, dass vier meiner Artikel von englischen und deutschen Magazinen angenommen worden waren. Das gab etwas Extrageld in die Kasse, und wir konnten unsere Vorräte für die Reise nach Mombasa ergänzen. Ich schätzte, dass wir weiter fünf Wochen bis dahin brauchen würden.

7

Äthiopisches Zwischenspiel

Unsere Ankunft in Massawa ließ keinen Zweifel daran aufkommen, dass wir jetzt in Afrika waren. Die Stadt lag ausgestreckt, schmutzigweiß und dampfend am Südufer einer großen flachen Bucht mit einer engen Einfahrt. Weiter weg, am Ende der Bucht, stand auf einer üppigen grünen Insel der Winterpalast des Kaisers Haile Selassie, und glänzte wie Schnee in der heißen Sonne, die durch den flimmernden stinkenden Dunst hindurchkam.

»Wohltuend«, sagte Conrad, als er sich umsah.

In der schwülen klebrigen Hitze des Hafens lagen mehrere Dhaus aus so entfernten Ländern wie Iran und Ägypten. Sie waren an den langen Kais festgemacht, die von Horden von Pilgern in weiten Gewändern wimmelten, die nach Mekka wollten oder von dort kamen. Andere Kais, an denen die kleineren Dzambouks lagen, waren voll mit blökenden Kamelen und kreischenden Eseln. Die Dzambouks sind schlanker und niedriger gebaut als die Dhaus und haben Lateinersegel. Sie gehören zu den schnellsten Segelschiffen auf dem Meer. Deshalb werden sie auch von den Piraten, Schmugglern, Terroristen und anderen »Handelsherren« des Roten Meeres bevorzugt.

Wir machten am Kai des Hafenbüros fest, unter den wachsamen Augen eines Hafenpolizisten. Obwohl er barfuss war, strahlte er eine gewisse Autorität aus. Mit drohenden Gebärden und lauten Flüchen versuchte er ein Bataillon kleiner, verwahrloster und unterernährt aussehender Kinder mit herausquellenden runden Augen, aufgeblähten Bäuchen und streichholzdünnen Beinen zu verjagen. Der Hafenmeister, ein großer schwerer Mann, lag in einem Lehnsessel, gekühlt von zwei großen Ventilatoren. Eine unaufhörliche Prozession von Büroangestellten in Kaftans und Sandalen schob sich mit Verbeugungen zur Tür herein. Eine kurze Handbewegung von ihm oder eine gekritzelte Unterschrift, und der Beamte verabschiedete sich wieder durch die Tür, im Rückwärtsgang und mit weiteren Verbeugungen.

In schlechtem Englisch fragte der Hafenmeister, ob *Barbara* Waffen an Bord habe. Als ich ihn informierte, dass es keine Waffen gäbe, fragte er, was wir sonst geladen hätten. Ich sagte ihm, wir hätten genug Proviant bis nach Djibuti, und dort wolle ich aufstocken. Ich sagte ihm, dass ich nur so lange in äthiopischen Gewässern bleiben wolle, bis wir Dieselöl und Frischwasser gebunkert hätten.

Er meinte, dass das in Ordnung gehe, und dass es in diesen Gewässern gefährlich sei. Es gäbe viele Banditen hier und Guerillas. Man könne nicht für unsere Sicherheit in Äthiopien garantieren, außer in den Häfen von Massawa und Assab. Der Rest der Küste sei unter der Kontrolle der Eriträischen Befreiungsfront. Er fuhr sich unmissverständlich mit dem Finger über die Kehle und beobachtete mich mit kleinen, dunklen und habsüchtigen Augen.»Ja«, dachte ich,»wenn meine Kinder da draußen wären, unter diesen armen kleinen Bettlern auf dem Kai und ich katzbuckelnd zu diesem Bonzen hier hereinkriechen müsste, dann wäre ich auch bei der Befreiungsfront,«

»Netter Kerl?« fragte Conrad, als ich aus dem Büro herauskam.

»Ausgesprochen charmant«, antwortete ich. Kein Grund, ihn zu enttäuschen.

»Glaube ich«, murmelte er.

Die Hitze in Massawa war unbeschreiblich. Um die Mittagszeit war es weit über 45 Grad im Schatten, und kein Windhauch kam in den Hafen herein. Schwadronen von Fliegen schwirrten um die großen Placken von Scheiße, die überall im Hafenwasser herumtrieben. Tausende von Pilgern mit Kamelen, und anderen Haustieren, erleichterten sich geräuschvoll den Kai entlang. Der Lärm war unglaublich, bei Tag und bei Nacht. Eine Kakophonie aus Schreien, Brüllen, dem Heulen der Betenden, dem Röhren der Kamele und dem Stöhnen der Esel. Bettler winselten, und beim Beladen der Dhaus wurden pausenlos Trommeln geschlagen. In der Nacht kam die laute Musik einiger schmieriger Nachtclubs am Ufer noch hinzu.

Am gegenüberliegenden Flussufer konnte man durch den Dunst hindurch ganze Berge aus Salz sehen, die auf die Verschiffung warteten. Jahrzehnte vorher hatte man den Sold für die römische Armee zum Teil mit Salz aus dieser Gegend bezahlt.

Am Morgen nachdem wir in Äthiopien einklariert hatten, machte ich mich auf den Weg nach Asmara, dreihundert Meilen im Land und dreitausend Meter hoch über dem Meeresspiegel gelegen. Es war der einzige Platz, wo man Butangas bekommen konnte, es sei denn, wir hätten drei Wochen lang auf die nächste Lieferung an der Küste gewartet. Ich ließ Conrad zurück, um das Schiff zu bewachen und die Bettler zurückzuhalten. Er hatte inzwischen so ein kleines armes Kerlchen»adoptiert«, unterernährt und abgemagert, mit großen Kulleraugenaugen, und aufgeblähtem Bauch. Er fütterte es zweimal am Tag mit Reis und proteinhaltiger Nahrung – ein Tropfen auf den heißen Stein.

Mit einem uralten Bus ohne Seitenwände trat ich die Reise ins Landesinnere an. Schwerbeladen mit Passagieren und Fracht, die an den unmöglichsten Stellen innen, außen, und auf dem Dach festgebunden war, kroch er los. Begleitet wurden wir von einem Schützenpanzer und einem Lastwagen mit zwanzig Soldaten der kaiserlichen Infanterie. Dahinter kamen ein Lastwagen mit Verpflegung und noch eine Gruppe Soldaten auf Fahrrädern, gefolgt von unserem quietschenden und rumpelnden Bus. Die Rückendeckung bestand aus zwei Motorrädern mit Beiwagen und Maschinengewehren, dann wieder eine Lastwagenladung Soldaten, die bis an die Zähne bewaffnet waren, und ganz am Ende wieder ein Schützenpanzer. Das war der Konvoi, der drei Mal pro Woche ins Binnenland ging, und ohne den der Bus wagen konnte, sich in Bewegung zu setzen.

Wir kletterten die sich windende Bergstraße hinauf und hinauf. Erst wurde es kühl, dann ausgesprochen kalt. Am Anfang fuhren wir an halbnackten Bauern vorbei, die auf der Straße Kamele vor sich her trieben, und Einheimischen aus Umhängen aus Ziegenfell. Weiter oben sahen wir Stammesangehörige in weiten Gewändern, mit uralten Musketen und Dolchen bewaffnet. In der Nähe der Straße hüteten sie Herden von Rindern, die wie von Motten zerfressen aussahen.

Die Szenerie entlang der Straße war grandios. Grüne Berge, mit Dschungelvegetation bewachsen, die sich in die Ferne verloren. Die Erleichterung nach der Hitze im Hafen war phantastisch.

Endlich holperte und rasselte der Konvoi nach Asmara hinein, eine große Stadt, die größtenteils von den Italienern während der Besetzung Eritreas zwischen 1920 und 1930 erbaut worden ist. Asmara ist eine moderne Stadt, sie hat sogar ein paar Fabriken. In der Nacht war es kalt, ein kompletter Kontrast zu dem dampfenden Massawa.

Nach einer erholsamen Nacht in einem winzigen, eiskalten Hotel ging ich wieder zur Bushaltestelle. Ich fand heraus, dass die Armee auf Befehl des Kaisers in den Baracken zusammengezogen war und der Bus ohne Eskorte nach Massawa zurückfahren würde. Würden alle Reisenden bitte ausreichend Geld mitnehmen, Juwelen oder sonstige Wertgegenstände? Das ging mich eigentlich nichts an, ich hatte ohnehin nur noch zehn Dollar in der Tasche, und mein einziger Wertgegenstand war eine Flasche voll Butangas.

In der Mitte der abfallenden Strecke zur Küste hinunter war eine Straßensperre aufgebaut, bewacht von ein paar finster blickenden Herren, einige in Ziegenfellen mit umgehängten Patronengurten, die anderen in Khakikleidung. Alle waren schwer bewaffnet. Höflich, aber nachdrücklich, wurden wir aufgefordert auszusteigen und uns in einer Reihe auf der Straße aufzustellen. Zwei Soldaten gingen die Reihe entlang, und akzeptierten unsere Beiträge. Ich spendete meine zehn Dollar und redete mir ein, dass die Vorstellung jeden Cent wert sei. Sie durchsuchten den Bus und das Gepäck. Ich hoffte, sie würden meine Flasche Butangas nicht als »Spende« ansehen. Das taten sie auch nicht, und wir durften wieder einsteigen mit Ausnahme eines jungen Mannes, der bei den »Freiheitskämpfern« blieb. Später erzählte mir ein anderer Passagier im Bus, dass der junge Mann wahrscheinlich der »Agent« der Banditen war.

Die Gangster winkten uns zu, als wir durch die Straßensperre aus gefällten Bäumen fuhren. Es ging wieder zurück nach Massawa, zu der Hitze, der Scheiße und den Fliegen.

Am Abend, als ich zurück an Bord war, erzählte ich Conrad von den Ereignissen. Jetzt fand ich es eigentlich lustig, obwohl wir unser ganzes Bargeld verloren hatten. Glücklicherweise passte die Gasflasche auf *Barbaras* Anschluss. Nach vier Tagen, an denen wir von kaltem Dosenfisch und Zwieback gelebt hatten, konnten wir endlich wieder eine warme Mahlzeit zubereiten.

Zwei Wochen lang blieben wir in Massawa. Während dieser Zeit machten wir einen Ausflug auf die Dahlak Inseln mit sechs Kadetten der kaiserlichen Marine an Bord. Ihr kommandierender Offizier, ein Engländer, hatte uns erzählt, dass das einzige äthiopische Marineschiff im fernen Madagaskar zusammengebrochen war. Es lag seit über einem Jahr dort fest, und es würde wahrscheinlich noch ein Jahr dauern, ehe es zurückkommen könnte, wenn überhaupt. Wir würden der Marine einen großen Gefallen erweisen, wenn wir den Kadetten ein wenig See-Erfahrung vermitteln könnten.

Zusammen mit den Kadetten segelten wir hinüber nach Great Dahlak, einer schroffen, zerklüfteten Insel, die von einer riesigen Lagune umgeben ist. In der Lagune gab es Fisch im Überfluss. Wir verbrachten dort zwei herrliche Tage, in denen wir die Insel erkundeten, die erst kürzlich von einem Team der britischen Marine besucht und neu vermessen worden war.

Ich traf den Häuptling der Insel, der uns willkommen hieß. Er gehörte zur ehemaligen Leibwache von Lawrence von Arabien und war dabei, als dieser geheimnisvolle Mann 1918 in Damaskus einmarschierte. Er hatte großen Respekt vor den Briten, er liebte sie geradezu, die »Ferenghi«, wie er sie nannte.

Der Tag, bevor wir Massawa verließen, war der Tag der äthiopischen Marine, ein riesiges Ereignis. Der Kaiser Haile Selassi kam persönlich nach Massawa herunter, mit seinem gesamten Hofstaat, um die Schiffe aus aller Herren Länder zu besuchen, darunter Kriegsschiffe aus Russland und den USA.

Am Tag, bevor man ihn erwartete, kletterte ein ziemlich abgehetzter Marineleutnant zu uns an Bord. Atemlos erzählte er uns, dass man den Imperator Haile Selassie zu Besuch im Hafen erwarte, und bat uns, das Schiff sauber zu halten und keine Wäsche rauszuhängen.

Am nächsten Tag schaffte man alle Dzambouks von den Kais weg, alle Pilger verschwanden wie durch Zauberei, die Straßen wurden gereinigt, und all die kleinen hungernden Bettelkinder hatten sich plötzlich in Luft aufgelöst. Gott war auf seinem Platz droben im Himmel, auf der Welt war alles in bester Ordnung – der Imperator kam zu Besuch!

Er erschien pünktlich um elf Uhr. In einem Rolls Royce fuhr er auf dem fremdartig leeren und sauberen Kai entlang, zusammen mit seiner Familie, die ihn begleitete. Der Konvoi hielt an der Stelle an, wo *Barbara* lag. Er stieg aus, bewacht von einer riesigen Leibwache in blütenweißer Uniform, einem schwarzen, ja pechschwarzen Mann, vielleicht Sudanese. Er war bestimmt zwei Meter zwanzig groß und trug ein gewaltiges Schwert. Dahinter stand eine Gruppe der Leibwache, alle mit Maschinenpistolen.

Der britische Marineadmiral stand neben dem Imperator und stellte mich seiner kaiserlichen Majestät vor. Haile Selassie war winzig und schaute sehr ernst. Dann sprach er zu mir in absolut korrektem Englisch (vielleicht noch ein Überbleibsel aus seiner Zeit im britischen Exil, in den dreißiger Jahren): »Captain Jones, ich weiß nicht, was einen Mann wie Sie antreibt!«

Ich schaute ihm direkt in die Augen und sagte: »Ihre Majestät, ich weiß auch nicht, was einen Mann wie sie antreibt.« Er lachte laut auf und stieg wieder in seinen Rolls Royce.

An diesem Abend kam Kapitän Bob Jones von der US Marine und Kommandant des Zerstörers *Glennon* an Bord von *Barbara*. Wir sprachen lange über John Paul Jones, unseren gemeinsamen Vorfahren.

8

Das Tor der Tränen

s war jetzt Anfang Februar. Draußen, im Indischen Ozean, würde der Monsun bis Juni aus Nordost wehen. Dann würde er die Richtung wechseln, und aus Südost kommen. Sollten wir erst einmal aus dem Golf von Aden heraus sein, wäre der Wind aus Nordost ideal, um an der Küste Somalias entlang nach Kenia und Mombasa zu segeln. Nachdem wir dort unsere Vorräte mit Konserven ergänzt hätten, könnten wir über den Indischen Ozean hinweg nach Ceylon segeln, durch die Straße von Malakka nach Singapur, dann über das Chinesische Meer und anschließend über den Pazifik. Mit dem Nordpazifikstrom kämen wir dann nach Südamerika und Peru, wo mein nächstes Ziel lag – der Titicacasee. Eine lange, lange Reise, eine Herausforderung, selbst für einen hartgesottenen und daran gewöhnten Seemann.

Aber erst einmal musste ich *Barbara* durch den südlichen Schlund des Roten Meeres, das gefürchtete Bab el Mandeb hinausnavigieren, die ganze Strecke durch den Golf von Aden, mit dem Wind direkt von vorn. Mit Ausnahme des französischen Hafens Djibuti würden wir von feindlichem Gebiet umgeben sein, auf beiden Seiten, bis hinunter nach Kenia. Wir waren gezeichnete Männer, wir trugen das Mal Kains auf der Stirn, denn wir hatten Israel besucht! In den Augen der Araber war das ein tödliches Verbrechen.

Außerhalb der wichtigsten äthiopischen Häfen, Massawa und Assab, regierte das Chaos. Schnelle Dzambouks, einige davon mit starken Außenbordern, überwachten die Küste. Sie kannten alle versteckten Kanäle und Durchfahrten, die auf keiner Karte verzeichnet sind, sie waren mit Waffen gespickt, hatten Geld und waren mit Freiheitskämpfern der Eriträischen Befreiungsfront besetzt. Es ging darum, dem Imperator Haile Selassie die gesamte Küste abzunehmen. Sie waren mit fanatischen Jemenitis bemannt und feuerten freudig auf alles, was nicht ihrer eigenen Gattung entsprach. Als Teil eines großangelegten moslemischen Plans sollten sie versuchen, den südlichen Teil des Roten Meeres abzuriegeln und Israels Luftröhre in den Osten zuzudrücken.

Ihre Gegenspieler an Land, die imperialistische Äthiopische Armee, war genauso schießwütig. Sie machten nicht den kleinsten Unterschied zwischen einem jemenitischen Waffenschmuggler und einer ausländischen Segelyacht. Ihr generelles Motto war: Schieß' auf alles, was du nicht kennst!

Außerhalb der gefährlichen Küstengewässer heult der Wind aus Südost und pfeift durch das Bab el Mandeb. Der Strom, den der Wind vor sich her treibt, baut eine gefährliche kurze, teile See auf, die mit wilden fünf Knoten nach Norden drängt.

Wir füllten unsere Wassertanks in Massawa auf und verbrachten dann schwitzend und fluchend viele Stunden damit, in stickigen Büros Formulare auszufüllen, die niemand lesen würde. Irgendwann waren wir damit fertig und legten ab.

Die Distanz zwischen Massawa und Assab beträgt 270 Seemeilen Luftlinie. Kreuzen hoch am Wind verdoppelt die Strecke, so dass es ungefähr 500 Seemeilen werden. Am

Morgen des ersten Tages, nachdem wir ausgelaufen waren, brach ein heftiger Sturm aus Süden los. Wir gingen ins Lee von Shumma, einem hufeisenförmigen Riff. Dort fanden wir einigermaßen Schutz vor dem Wüten des heißesten Seewinds der Welt.

Als die Sonne ihren Zenit überschritten hatte, nahm der Wind immer mehr zu, bis er in den frühen Nachmittagsstunden volle Sturmstärke erreichte. Conrad und ich wechselten uns bei der Ankerwache ab und saßen im Schatten eines großen Sonnenschirms, den ich in Massawa gekauft hatte. Die Nordseesegler sagen, dass es drei Dinge gibt, die auf einem Schiff absolut überflüssig sind: ein Schubkarren, ein Schirm und ein Marineoffizier. Dieses Mal widerlegten wir den Spruch, denn der Sonnenschirm entpuppte sich als großer Segen in der sengenden Sonne des Roten Meeres. Wir waren allerdings dankbar dafür, dass wir die anderen beiden Dinge nicht an Bord hatten.

Kurz nach der Mittagszeit rief Conrad, dass der Anker nicht halte. In dem heulenden brennenden Wind machte ich ein paar schnelle Peilungen auf die Enden des Riffs. Er hatte recht! Direkt achteraus lag die eine Seite des hufeisenförmigen Riffs, gespickt mit schroffem Fels. Wenn wir da drauf drifteten, wäre *Barbara* verloren. Ich sprang den Niedergang hinunter, um die Maschine zu starten – und stand bis zu den Knöcheln im Wasser! Wir haben schon wieder ein Leck, dachte ich.

Zum Teufel mit dem Wasser in der Bilge, erst mussten wir das Schiff retten und aus der Lagune heraus segeln, in den Sturm. Das Leck konnten wir suchen, wenn wir im tiefen freien Wasser waren. Ich brachte die Maschine zum Laufen, gerade rechtzeitig, denn die Ankerkette zerriss in dem Moment, in dem der Motor anfing zu spucken. Bei dem verrückt spielenden Wind versuchten wir erst gar nicht, den Anker zu bergen.

Langsam fuhren wir aus der engen Einfahrt der Lagune hinaus, in die schäumende See hinein. Als wir draußen waren, setzten wir den Besan und drehten bei. Ich wusste, dass wir nach Lee etwa vierzig Meilen freien Seeraum hatten.

Ich stoppte die Maschine und sprang hinunter. Zunächst probierte ich das Wasser, denn ich hatte einen schrecklichen Verdacht. Der Wasserspiegel war seit dem Losbrechen des Ankers nicht mehr gestiegen. Ein Lecken am Finger bestätigte meinen Verdacht – es war Frischwasser! Verdammtes Frischwasser, mitten auf dem Roten Meer! Irgendwie hatten wir ein Leck in unseren Frischwassertanks. Zusammen mit Conrad riss ich die Bodenbretter in der Kabine hoch. Wir prüften die Verbindungsleitungen zwischen den Tanks, die zum Wasserhahn in der Kombüse führten. Da, genau an der Verbindungsleitung zwischen den beiden Tanks, waren Bissspuren! Die Leitung war durchgebissen! Schwitzend schaute ich Conrad an, vor Ärger war er blass im Gesicht.

»Eine Ratte, eine verdammte Scheißratte!« brüllte ich. »Wir müssen sie in Massawa an Bord genommen haben! Mein Gott! Wie viel Wasser haben wir noch in den Kanistern?«

Er sprang ins Cockpit hinauf und sah nach. »Nur ein Zehnliterkanister hier oben, unten ist keiner mehr, soviel ich weiß.«

Ich fuhr mit einem verschwitzten Finger über die schmierige Karte. Nachdem ich noch im Admirality Pilot nachgeschaut hatte, wusste ich, dass die nächste Stelle, an der wir Frischwasser bekommen könnten, 220 Seemeilen gegen den Wind lag – ein kleines Dorf mit Namen Edd, auf dem Festland. Es war unbekannt, ob das Dorf in den Händen der Befreiungsfront war oder nicht.

»Wir haben zwei Möglichkeiten«, erklärte ich Conrad, »die erste ist, wir können versuchen, Assab direkt anzulaufen und dabei vor Durst sterben. Wir brauchen zwei Liter pro

Tag in dieser Hitze, und eine Woche bis Assab. Wenn irgendeine Verzögerung eintritt oder wenn wir einen Unfall haben, dann war's das. An Land gibt's nix, das ist alles Wüste. Und geregnet hat es hier seit einem Jahrhundert nicht mehr. Nummer zwei, wir können nach Edd gehen und von den Freiheitskämpfern erschossen werden, wenn sie dort sind. Wenn wir hart segeln und die Maschine mitlaufen lassen, können wir in achtundvierzig Stunden dort sein.«

»OK, Tristan, ich bin für das Letztere«, sagte er. Er war ziemlich aufgewühlt. Ein Tod durch Verdursten ist so etwa das Schlimmste, was sich ein Seemann vorstellen kann. Es muss wohl der grausamste Tod von allen sein. Zwei Jahre vorher war ich eine Woche lang ohne Wasser in einem Schlauchboot mitten im Atlantik herumgetrieben, bevor mich ein portugiesisches Marineschiff fand. Nach einer Woche war ich im Delirium, litt an einer stark angeschwollenen Zunge, konnte nicht mehr sprechen und auch nicht mehr denken. Ich war damals halb tot, und hatte wahnsinnige Halluzinationen. In der Hitze des Roten Meeres würden wir doppelt so schnell austrocknen, drei Tage würden genügen, um uns fertig zu machen, wirklich ein schmerzhafter Tod.

»Was machen wir, wenn man uns in Edd feindlich gesinnt ist?« fragte er leise.

»Wenn wir herausfinden, dass sie uns wirklich als Feinde betrachten, dann lassen wir das Kühlwasser aus der Maschine ab. Es wird wahrscheinlich schlammig sein und scheußlich schmecken, aber es wird uns einige Tage am Leben erhalten, vielleicht kommen wir damit bis nach Assab.«

Wir teilten das Wasser im Kanister sehr sorgfältig ein. Drei Tage lang knüppelten wir gegen den Wind und die See an und kamen endlich an den riffgespickten Ankerplatz, der nicht auf der Karte eingezeichnet war. Das war einige Stunden, nachdem wir den letzten Rest unseres Wassers getrunken hatten. Der Strand wimmelte von uniformierten Kerlen. Wir ließen den Anker fallen und erwarteten das Schlimmste. Wir wussten nicht, ob die Uniformierten zur Eriträischen Befreiungsfront oder zu der Imperialistischen Armee gehörten. Die Uniformen waren auf beiden Seiten ohnehin lumpenähnlich und mehr oder weniger großzügig abgeändert oder variiert.

»Was meinst Du, Conrad?«

»Merkwürdiges Pack, irgendwie.«

Endlich bewegte sich ein Boot vom Strand weg auf uns zu. Es war mit Soldaten überladen, die sich in Brocken von Italienisch als Mitglieder der Imperialistischen Armee identifizierten. Wir hatten einfach unverschämtes Glück, denn sie hatten gerade eine starke Einheit der Freiheitskämpfer von hier vertrieben, nur einen Tag, bevor wir auf der Bildfläche erschienen! Ein paar verwesende Leichen am Ufer bestätigten ihre Aussage.

Das Wasser, das wir in der schmutzigen Quelle am Ufer fanden, war grün und schmeckte schlimmer als alles andere Wasser auf der Welt – aber es half! Besser als zu verdursten oder durch eine Kugel der Freiheitskämpfer zu sterben oder, noch schlimmer, von ihnen gefoltert zu werden. Die Jemenitis sind Meister im langsamen Foltern ihrer Gefangenen, bis der Tod eintritt.

Vier Tage später erreichten wir Assab, nach mühsamem, langsamem Kreuzen gegen den Wind. Conrad und ich waren so müde, dass wir kaum die Segel bedienen konnten. Wir waren ziemlich krank, konnten nichts essen und schissen grünen Schleim.

Als erstes räucherten wir in Assab die Ratte aus. Sie war ein richtiges Monster, über einen Meter lang, von der Nasenspitze bis zum Schwanzende. Wir verstopften alle Öffnungen und ließen nur das Lüftungsloch offen. Dann steckten wir unter Deck in einer

Keksdose Lumpen in Brand, die wir mit Olivenöl getränkt hatten. Der dicke Rauch versetzte die Ratte in Panik und sie versuchte, durch das Lüftungsloch das noch offen war, zu entkommen. Als sie herauskam, schlugen wir sie tot. Das Schiff nach der Ausräucherung wieder sauber zu bekommen, war weitaus schwieriger, speziell bei fünfzig Grad im Schatten.

Assab ist vielleicht der schlimmste Hafen, in dem ich je war. Die Wind und die See kommen direkt in den Hafen hinein, der nach Süden hin offen ist. Die Geschäfte waren leer, aber wir hatten ohnehin kein Geld. Auf dem Kai gab es Hunderte von Bettlern. Im dunklen Hintergrund lauerte die Bürokratie, in den schwülen Büros des Hafenmeisters, des Polizeichefs und des Oberzöllners. Dann gab es noch den Agenten für ausländische Schiffe. Ich glaube nicht, dass er wusste, was er eigentlich machte, aber er führte sein Amt in voller Grandezza, hinter einem Papierberg, der bestimmt einen halben Meter hoch war, einem beeindruckenden Arsenal von Stempeln und allem Drum und Dran der bürokratischen Blödheit, die sich in solchen Büros über lange Zeit ansammelt. Das gilt für alle Häfen der Welt, von Stavanger bis Callao, von Assab bis Vladivostok.

Wir hatten mit acht Festmacherleinen am Kai festgemacht. Die zwei Anker, die wir noch hatten, hielten *Barbara* von der Mauer weg, und trotzdem tanzten und rollten wir drei Tage lang im Schwell des Hafens. Wir warteten darauf, dass der Wind sich legen würde und wir die Reise zum Bab el Mandeb antreten könnten. Als er sich endlich legte, tat er das komplett, so dass wir bei absoluter Flaute unter Maschine hinaus mussten. Um Zwischenfälle mit den Jemeniten zu vermeiden, die damals von den Russen unterstützt wurden, die eine Untersuchung jedes einzelnen Schiffes verlangten, das durch das Bab el Mandeb wollte, schlängelten wir uns durch den Kanal zwischen den kleinen Inseln hindurch, die man die sieben Brüder nennt. Danach war die Küste französisches Territorium.

Endlich waren wir aus dem Roten Meer heraus, der See der Gefahren und Hindernisse.

1971 hielten die Franzosen das sogenannte Französisch-Somali besetzt, das später »Territorium der Afars und Issas« genannt wurde. Ein bergiger, brutzelnder Flecken Steinwüste, der von zwei der kriegerischsten Stämme Afrikas besiedelt ist. Die Franzosen hatten es um die Jahrhundertwende besetzt, um die Eisenbahnlinie, die in das fruchtbare Kaffeeanbaugebiet des äthiopischen Hochlandes hinauf führt, zu kontrollieren. Die britische Präsenz in Aden, auf der anderen Seite des Golfs, und der lukrative Handel zwischen Europa und Indien hatten die Franzosen ebenfalls dazu ermuntert.

Die Franzosen waren immer noch da, wider Willen. In den Verträgen, die sie mit den Stämmen abgeschlossen hatten, war die Klausel enthalten, dass sie innerhalb von vierundzwanzig Stunden das Land verlassen müssten, falls man sie dazu aufforderte. Aber die Stämme der Afars und Issas, die immer noch im Lederschurz oder ganz nackt herumliefen, bekämpften sich ständig gegenseitig. Die Afars wurden von den Äthiopiern unterstützt, die Issas von den Somalis. Die Franzosen saßen mit einer großen Garnison von Fremdenlegionären, hauptsächlich Deutsche, mitten in dem blutigen Streit in Djibuti, der einzigen größeren Stadt.

Djibuti liegt an der Südseite des Golfs von Tadjourna, einem großen Ableger des Golfs von Aden, der bis in die Berge hineinreicht. Der Tidenstrom erreicht hier zwölf Knoten. Wind ist entweder überhaupt nicht vorhanden, oder aber es bläst sehr stark.

Jährlich, Anfang Mai, setzt hier der Hamseen, der Fünfzigtagesturm, von Westen her ein. Sobald er einsetzt, wird die Navigation in diesen Gewässern eingestellt.

Barbara kam Anfang Februar in den Hafen von Djibuti hinein, in einer heißen, feuchten, schwülen, dampfenden, toten Flaute. Selbst am Morgen, bevor die Sonne in den Himmel stieg, waren die Metallbeschläge am Schiff so heiß, dass man sie nicht anfassen konnte. Wir ankerten vor dem Zollhaus, machten Frühstück und ruderten am Ende des Kais, der fast eine Meile lang ist, an Land. Wir liefen an einer Reihe von Palmen entlang, die in gallischer Präzision schnurgerade und mit exakt zehn Meter Abstand am Ufer stand. Wir gingen in das Büro des Hafenmeisters hinein und stellten uns vor. Wir wurden mit Ungläubigkeit empfangen. Das war nicht möglich. Die letzte Yacht war 1952 in Djibuti gewesen! Aufgeregt rief man den Club Nautique an, den örtlichen Yachtclub, der sich fast vollständig aus französischen Armeeangehörigen zusammensetzte. Jaques Henry, der Commodore des Clubs, fuhr uns persönlich in die Stadt und zu den Geschäften. Nebenbei war er auch noch der Innenminister. Als wir in dem schaukelnden Citroën fuhren, war erkennbar, dass die Franzosen hier in den letzten fünfzig Jahren viel geleistet hatten. Die Stadt war sauber und gut angelegt, mit vielen kleinen schattigen Parks. Es gab eine Reihe guter Restaurants, die Geschäfte waren elegant, und die Schaufenster voll mit Waren. Conrad und ich leisteten uns einen Kaffee auf der Terrasse eines kleinen Estaminet, von wo man einen guten Ausblick über den Platz im Zentrum hatte. Araber und Stammesleute eilten in Richtung Markt, Frauen in Yashmaks und wild aussehende Somalis mit wollenen Krausköpfen wimmelten auf dem Platz. Alles unter den Augen von makellos gekleideten, uniformierten französischen Gendarmen.

Am nächsten Tag, fuhr uns ein Mitglied des Club Nautique, ein Colonel der Fremdenlegion, hinauf in die Berge des Hinterlandes. Es war eine nackte, schroffe und tote Umgebung, aber man hatte einen guten Ausblick über die Stadt und den Golf. Auf dem Rückweg zeigte er uns, wie die Franzosen verhindern, dass die Afars und die Issas über die Vororte herfallen. Rund um die Stadt gab es einen etwa dreihundert Meter breiten Streifen Land, der mit Scherben von Bierflaschen bestreut war. Es waren so viele Bierflaschen dort, wie die ganze französische Armee seit Napoleons Zeiten bis heute geleert hatte. Der Streifen erstreckte sich auf der Landseite von Djibuti, in einem großen Bogen, etwa sechs Meilen um die Stadt herum. Die Stammesmänner waren barfuss und getrauten sich nicht durch das Glas hindurch. Die beiden Straßen, die durch Tore in die Stadt hineinführten, wurden durch schwer bewaffnete Legionäre kontrolliert. Das Gelände außerhalb der Tore war voll mit Kamelkarawanen, Reitern auf Pferden und wild blickenden Stammesleuten, die auf die Erlaubnis, durch die Tore in die Stadt gelangen zu dürfen, warteten. Die Szene war voller Farben und voller Leben. Riesige Menschenmassen schoben sich an dem Streifen mit den zerbrochenen Bierflaschen entlang zum Tor hin.

Jacques Henry, der zu einem Schwatz auf *Barbara* kam, warnte mich vor der Wahrscheinlichkeit, in Somalia verhaftet zu werden, wenn ich einen der Häfen in diesem Land anlaufen sollte. Der deutsche Konsul in Djibuti war sechs Jahre vorher an der Küste in der Nähe von Berbera auf Grund gelaufen und saß immer noch wegen angeblicher Spionage in Somalia im Gefängnis.

Um nach Mombasa zu kommen, musste *Barbara* 2500 Seemeilen entlang der somalischen Küste segeln. Auf dem Großteil der Strecke hätten wir wieder den Wind direkt von vorn, und Kap Guardafui, am Horn von Afrika, ist bekannt für seine wilden Stürme. Die Chancen standen fünfzig zu fünfzig, dass wir Somalia nicht betreten mussten, aber im Fall, dass wir doch dazu gezwungensein sollten, wollte ich mich absichern.

Ich ging zum Büro des somalischen Konsuls und wurde nach stundenlangem Warten zu dem Herrn vorgelassen. Er stammte aus dem früheren British Somalia und hatte in Oxford studiert. Er war sehr schwarz, sehr umgänglich und äußerst interessiert an Cricket. Ich lud ihn auf einen kleinen Segeltörn am nächsten Tag ein. Er akzeptierte meine Einladung mit Begeisterung.

Am nächsten Tag war die Hitze war fast unerträglich. Im Golf lief ein starker Tidenstrom, es war absolut windstill, und die See war spiegelglatt. Die Fischerboote am Horizont schienen in der Luft aufgehängt zu sein. Wir tuckerten unter Maschine hinaus. Dem Konsul ging es von Minute zu Minute schlechter.

Eine halbe Meile außerhalb des Hafens bat er darum, zurückzukehren. Er versprach, sofort nach unserer Rückkehr einen Freipass für die gesamte Küste von Somalia auszustellen, er würde uns sogar Empfehlungsschreiben an seine Freunde in Mogadischu mitgeben – sogar eine Notiz für den Präsidenten – wenn wir ihn nur schnell wieder an Land bringen würden. Das machten wir natürlich! Innerhalb einer Stunde, nachdem wir am Kai festgemacht hatten, waren wir im Besitz der Dokumente. Was er natürlich nicht wusste, war, dass Conrad die ganze Zeit über auf dem Vorschiff sein Gewicht von einer Seite auf die andere verlagert hatte, um *Barbara* ins Rollen zu bringen. Das hatten wir blitzschnell verabredet, nachdem ich bemerkt hatte, dass der Mann Anzeichen von Seekrankheit zeigte.

Das war etwas eigenartig für mich, denn normalerweise gehören die Somalis zu den besten Seeleuten der Welt. Sie sind als Crew auf Handelsschiffen sehr begehrt. Aber das sind natürlich große Schiffe, und die verhalten sich im Seegang ganz anders als ein Segelschiff, das bei totaler Flaute hin und her rollt.

Wir blieben zehn Tage lang in Djibuti. Nachdem auch noch die lange erwarteten Gelder aus London angekommen waren, versorgten wir das Schiff für die Reise nach Mombasa. Wir fassten auch sehr vorsichtig Wasser und fügten reichlich Chlor hinzu, denn auch hier wollte man sich für die Wasserqualität nicht verbürgen. Die Massawa Krankheit wollten wir nicht noch einmal durchmachen.

Jeden Morgen vor Sonnenaufgang fingen wir an zu arbeiten. Wir machten Reparaturen, flickten Segel, verpinselten hier und da etwas Firnis, prüften alle Teile des Schiffes mit peinlicher Genauigkeit, gaben der Maschine einen Ölwechsel und brachten ausgefranste Leinen in Schuss.

Nach zehn Uhr war es zu heiß und zu schwül zum Arbeiten in der Kabine, dann machten wir bis zum Mittagessen an Deck weiter. Danach ging ich in die Stadt, besuchte Jacques oder sammelte in der schmucken Stadtbibliothek Informationen über Afrika. Manchmal besuchte ich auch meine Freunde in der Bar, in der sich die Fremdenlegionäre trafen. Conrad steuerte ein Hotel in der Stadt an, wo es neben einem Swimmingpool auch ein paar hübsche Mamsells gab. Ich verbrachte meine Zeit natürlich auf eine ernsthaftere Art und studierte den zukünftigen Kurs. Um es kurz zu fassen, unser Aufenthalt hier war sehr angenehm. Djibuti war eine zivilisierte grüne Oase in einer Wüste der Ignoranz. Es war, als käme man aus der Hölle in den Hyde Park. Es gab uns unseren Verstand zurück.

Am zweiten März, spät am Nachmittag, manövrierten wir *Barbara* aus dem Hafen hinaus und legten Kurs Ost an. Fast alle kleinen Schiffe des Club Nautique gaben uns Geleit. Auf einem Schiff drehte man sogar einen Film von unserer Abreise für das französische Fernsehen. Als es dunkel wurde, waren wir allein und rollten sanft in der leichten Dünung des Golfs von Aden.

Am Morgen kam Ostwind auf, der uns bis Kap Guardafui auf die Nase blies. Um das Kap zu erreichen, mussten wir über tausend Meilen durchs Wasser kreuzen, obwohl die direkte Distanz nur sechshundert Seemeilen beträgt. Wir hatten einen starken Strom nach Westen gegen uns, und es stand eine kurze steile See. Zehn Tage und zehn Nächte lang stampften wir dahin. Am Tag hielten wir uns nahe an der schroffen, öden, bergigen Küste von Somalia, um dem Strom auszuweichen und von der Tatsache Gebrauch zu machen, dass der Wind an einem heißen Tag vor einer Küste zur Wüste hin immer auflandig weht, meist rechtwinklig dazu. In anderen Worten, je näher man an der Küste entlang segelt, umso weniger kommt der Wind von vorn. Aber die Karten für solche Küsten in den abgelegenen Teilen dieser Welt sind nicht sehr genau, und so wird das Ganze zu einer nervenaufreibenden Übung. Und die Augen werden durch das ständige Ausguckhalten nach Hindernissen und Untiefen, die man nicht auf der Karte findet, schnell übermüdet. Bei Nacht gibt es natürlich keine Leuchtfeuer an der Küste, und man muss mindestens fünf Seemeilen oder so Abstand halten. Das heißt, man ist wieder dem vollen Strom ausgesetzt, und verliert viele Meilen. Das gilt für fast alle Wüstenküsten, an denen man sich in einem kleinen Segelschiff gegen Wind und Strom voranarbeiten will. Aber segelt man mit dem Wind, dann ist das ganz anders. Man bleibt weit außerhalb der Küste und fährt nur ab und zu auf Sicht heran, wie man gerade will. Sonst ist man frei wie ein Vogel, gerade so wie *Barbara*, als wir um das Kap Guardafui herum und auf Kurs Süd waren. Jedem, der daran denkt, eine Passage entlang einer Wüstenküste in den Tropen zu unternehmen, kann ich meine Ratschläge nur empfehlen. Sie beinhalten meine Erfahrungen an den Küsten von Marokko und Somalia, aus dem Segeln gegen die Elemente in Ägypten, dem Sudan, und der Atacama Wüste an der Westküste Südamerikas.

Barbara stampfte über die ganze Länge des Golfs von Aden, zehn Tage lang, das sind vierzehntausendvierhundert Minuten! Jede Minute knallte sie achtundzwanzig Mal in die See, die der ewige Monsunwind aufgebaut hatte – aber irgendwann hatten wir Kap Guardafui querab. Wir waren uns zuerst nicht ganz sicher, denn das Leuchtfeuer war außer Betrieb. Aber als der Mond aufstieg, konnten wir das Kap deutlich sehen, hoch und weiß, irgendwie gespenstisch, nur zwei Meilen entfernt an unserer Steuerbordseite. Zwei Stunden später waren wir im Indischen Ozean.

Endlich war ich nach fast einem Jahr aus den engen Meeren heraus, aus der Platzangst im Mittelmeer und im Roten Meer. Jetzt konnten wir auf den Horizont schauen und uns freuen, dass es dort für die nächsten tausend Seemeilen nichts gab, an dem man anecken könnte. Als wir um das Kap herum waren, und im jaulenden Wind und hohen Seegang die Segelfläche verkleinerten, hielten wir Ausschau auf den Horizont im Osten. »Indien ist da drüben«, riefen wir, und zeigten direkt nach Osten. »Nach Australien bitte hier lang«, und, »dahin geht's in die Antarktis.« Was für eine Erleichterung! Nach neunundzwanzig Tagen und fast dreitausend Meilen Stampfen und Knüppeln gegen den Wind liefen wir nun raumschots und auf einem selbstgewählten Kurs. Jetzt hatten wir die Kontrolle über den Wind, wir waren frei wie Albatrosse in den freien Ozeanen der Welt.

Wir waren durch die arabischen Spießruten hindurch! Nach neunundzwanzig Tagen gegen Wind und Strom, mit geschlossenen Luken und immer nassem Cockpit, in sengender Hitze, mit Salzwasserblasen am ganzen Körper und in ständiger Angst vor Beschuss durch feindliche Schiffe in verbotenen Gewässern und vor Riffen, die auf keiner Karte verzeichnet waren. Jetzt waren wir frei, wir konnten den ganzen verdammten Indischen Ozean zu unserer eigenen Spielwiese erklären.

Wir waren gerade mitten in unserem Freudentaumel, als das Großsegel mit den geflickten Schusslöchern, vom Monsun gebläht, mit einem explosiven Knall am Kopf abriss. Aber was soll's? *Barbara* tanzte in der See des Ozeans und rauschte immer noch in Richtung Mombasa, das fünfzehnhundert Seemeilen weiter südlich lag. Und das mit schönem achterlichem Wind! Wir ließen das alte Segel die Nacht über oben flattern, wir würden es am nächsten Morgen bergen, und das neue Reservesegel setzen, das ich für diesen Moment aufgehoben hatte.

Ein paar Tage später rauschten wir zufrieden mit dem Zwanzigknotenwind daher, und ich hatte das Vergnügen, den Äquator genau zum Zeitpunkt der Tag- und Nachtgleiche zu überqueren. Das bedeutete, dass die Sonne für ein paar Minuten exakt senkrecht über unseren Köpfen stand, neunzig Grad, über den gesamten Horizont. Ein sehr seltenes Ereignis, das einem Navigator vielleicht nur einmal im Leben zuteil wird. Ich denke, es ist die genaueste Art der Breitenbestimmung überhaupt. Aber für mich war es viel wichtiger, unseren Abstand von der Küste zu kennen, also unsere Länge. Die bekam ich durch Höhenmessung des Mondes, der Venus und des Sterns Acrux, der mit dem Kreuz des Südens in Sicht kam.

»Gute Position, Skip?« fragte Conrad, als ich wieder nach oben kam, um das Rad zu übernehmen.

»Weiß' nicht, ob sie gut ist, Kumpel. Genau, ja, aber leider gibt's hier nirgendwo 'ne Kneipe.«

Wenn man einen raumen Kurs segelt oder den Wind von der Seite hat, so ist das sehr viel angenehmer, als hoch am Wind zu laufen oder zu kreuzen. Die Bewegungen sind gleichmäßiger und weicher, das Steuern ist viel leichter, das Cockpit bleibt trocken, und die Monotonie der Reise kann durch Arbeiten unterbrochen werden, die auf einem kleinen Schiff immer anfallen. Man kann sogar Briefe schreiben. Auf unserer Reise südwärts nach Mombasa schrieb ich drei Artikel. Ab und zu änderten wir den Kurs auf Südwest, nur um einen Blick auf die Küste zu werfen, und spielten dann aus reiner Freude daran wieder Katz und Maus mit ihr. Ungefähr zweihundert Seemeilen südlich des Äquators sahen wir wieder die ersten Bäume an Land seit unserer Abreise aus Israel, mit der Ausnahme von Djibuti. Wir waren an sechstausend Seemeilen Wüstenküste entlanggelaufen, ohne einen einzigen grünen Baum zu sehen. Das hier war eine Gruppe von Palmen, direkt am Strand. Ein grünes Wunder!

Als wir den Breitengrad von Mombasa erreichten, das war am Abend des 21. Februar, änderten wir den Kurs auf West. Wir waren sechzig Meilen im Ozean draußen. *Barbara* lag jetzt auf Backbordbug, und der Wind kam von Steuerbord. Plötzlich waren wir in Begleitung eines Walhais, der die ganze Nacht über im hellen Mondlicht neben uns herschwamm. Er war länger als *Barbara*, und er hielt einen Abstand von etwa vierzig Meter. Er schwamm langsam und friedfertig, er belästigte uns in keiner Weise, aber Conrad und mir jagte er trotzdem am Anfang gehörige Angst ein.

»Hey, Mann, Du wolltest doch zurück zur Natur – da siehst Du sie!«

»Der ist ja toll! Wenn man erst einmal den ersten Schrecken überwunden hat, ist es schon faszinierend! Schau' Dir mal die Größe von dem Kerl an!«

Als die ersten Lichter von Mombasa über dem Horizont auftauchten, brach der Walhai seine Begleitung ab. Wir bargen die Segel und drehten die Nacht über unter Besan bei, um den Morgen abzuwarten, etwa drei Seemeilen vor dem Hafen. Wir nahmen abwechselnd ein paar Mützen voll süßen Schlaf und träumten von den Reisen, die vor uns lagen.

9

Goldene Hügel

Am frühen Morgen schlängelten wir uns durch die Klippen hindurch und liefen in den großen Hafen von Mombasa ein. Das war relativ einfach, denn die Bojen waren gut sichtbar und, noch wichtiger, sie lagen auf der angegebenen Position. Das ist in Afrika schon außergewöhnlich. Wir hatten allen Grund, mit uns zufrieden zu sein. *Barabra* hatte die Passage von Djibuti nach Mombasa, immerhin 2400 Seemeilen, in nur einundzwanzig Tagen geschafft. Wenn man berücksichtigt, dass wir tausend Meilen davon gegen den Wind anknüppeln mussten, dann war das eine beachtliche Leistung. Seit unserer Ausreise aus Israel, hatten wir zweiundvierzig Tage auf See verbracht und 4230 Seemeilen zurückgelegt. Das ergibt im Durchschnitt etwas über einhundert Meilen am Tag. Das Schiff war, ungeachtet der Beanspruchung am Wind, in gutem Zustand, wenn man von den ägyptischen Kugelschrammen, dem zerrissenen Segel, und den ziemlich abgewetzten Schoten einmal absah.

Ich hatte mir in den Kopf gesetzt, zwei oder drei Wochen in Mombasa verbringen. Erstens, um auszuruhen, zweitens um das Schiff zu überholen, und drittens, um die Lieferung meiner Seekarten aus London abzuwarten. Diese Karten waren für unsere östliche Passage von den Seychellen nach Peru unbedingt nötig. Die Route führt immerhin um die halbe Welt herum.

Unser Empfang durch die Hafenpolizei und den Zoll in Mombasa war der beste und höflichste, den ich in Afrika erlebte. Wir ankerten vor dem Yachtclub, aber der Monsun wehte direkt in den Ankerplatz von Kilindini hinein, und ich bat um Erlaubnis, in den alten Hafen hineinfahren zu dürfen. Darüber hinaus hatte ich schon die große Flotte der Dhaus dort gesehen, die mich sehr interessierten. Ich wollte nach Möglichkeit mitten unter diesen althergebrachten und eleganten Schiffen liegen.

Am ersten Tag im Hafen, am Nachmittag, heuerte ich Alem Desta als zweite Deckshand an. In Asmara hatte ich seinem Vater, dem Häuptling eines Tigrean Stammes in Äthiopien versprochen, ihn für ein paar Monate an Bord von *Barabra* zu nehmen. Er war mit dem Flugzeug hierher nach Mombasa geflogen. Alem war achtzehn Jahre alt, ganz dünn, sehr schwarz, und koptischer Katholik. Nach seiner Zeit auf *Barabra* sollte er in die Imperialistische Marine eintreten. Er hatte ein äthiopisches Seemannsbuch mit der Seriennummer 00001, das erste, das der riesige Staat Äthiopien ausgestellt hatte. Somit war er der erste äthiopische Berufsseemann. Ich schulte ihn in Navigation und Seemannschaft. Er war sehr intelligent und hatte in den letzten Monaten fleißig Englisch gebüffelt. Von uns lernte er jetzt Seemannsenglisch und kernige gesalzene Sprüche ohne Ende.

An einem strahlend schönen Morgen brachten wir *Barabra* in den alten Hafen hinein und ankerten inmitten von etwa fünfzig großen seegehenden Dhaus, die vor der glänzend weißen Kulisse der quadratisch-eckigen Häuser der Stadt lagen. Sie sah aus wie ein kubistisches Gemälde, in grellen Farben gemalt. Die Stadt lag hingestreckt auf einem grünen Hügel. Palmen fächelten im Wind. Auf den Dhaus kletterten braune Matrosen in weißen Lendentüchern herum und heulten Gesänge aus dem Iran und Ostindien. Es war wie in einem Film aus Tausend und einer Nacht.

Am Ufer entlang gab es Rampen und kleine Stege. Sie wimmelten vor menschlicher Aktivität – Händler mit Turbanen, Bettler in Lumpen, Frauen in *yashmaks,* und Tausende von Trägern und Kulis, die kleinere Fischerboote entluden, und mit zentnerschweren Lasten auf ihren Schultern, die Rampen hinaufstiegen.

Alem rümpfte über die Dhaus die Nase. Er verachtete die Moslems, und er wusste, dass diese Schiffe, im Gegensatz zu *Barabra,* keine Maschine hatten. Ich erklärte ihm, dass dies die wahren Seeleute seien, dass sie aus vielen Generationen von Seefahrern abstammten und schon Tausende von Jahren segelten.

Mombasa ist einer der ältesten Häfen der Welt. Seeleute von hier machten schon Seereisen, lange bevor die Phönizier und die Wikinger überhaupt wussten, was ein Schiff war. Schon vor mehreren tausend Jahren unternahmen sie Reisen nach Indien und China. Von hier aus erreichte die Kenntnis von Ruder und Kompass überhaupt erst die Araber und ermöglichte ihnen eine mehrere Jahrhunderte lange Beherrschung des Mittelmeers.

»Alles verdammte Moslems, die fressen sogar Hunde«, sagte Alem.

»Ausgemachter Blödsinn«, antwortete ich ihm.

Die Stadt Mombasa wurde von einem Araber, Hussain-ben-Ali gegründet, der aus dem Oman, im Süden der arabischen Halbinsel, hinausgeworfen worden war. Als er hier ankam, gab es bereits zwei Städte an der kenianischen und der tansanischen Küste, die selbst den alten Griechen schon bekannt waren. Rhaptha, die Hauptstadt des Landes Azania, trieb Handel mit Indien, Persien und Europa.

Die Griechen des Altertums nannten den Indischen Ozean Erythaen Meer, was so viel wie Rotes Meer bedeutet. In jüngster Zeit hat man auch römische Münzen an verschiedenen Stellen der Küste gefunden, was bedeutet, dass die Römer in ihrer Blütezeit es entweder geschafft hatten, bis hierher vorzudringen, oder dass die hier lebende Bevölkerung mit den Römern Handel getrieben hatte.

Im griechischen Periplus, einer Navigationsanweisung für den Indischen Ozean, gibt es wenig Angaben über die alten Bewohner in der Gegend von Mombasa. Man sagt nur, dass sie extrem groß waren und Gold, Schildkrötenpanzer, Palmöl, und Rhinozeroshörner exportierten. Letztere finden bis heute in Ländern wie Ägypten und China als potenzsteigernde Mittel ihren Absatz.

In seiner Geographie von Afrika beschreibt Ptolemäus von Alexandria die Einheimischen als groß und gutaussehend und sagt, dass es hier auch Bantu Leute aus dem Landesinnern gebe. Der Handel mit Sklaven, aus dieser Region in den Mittleren Osten und nach China ist Jahrtausende alt. Der arabische Name für Neger ist »zanji«, und Küste heißt auf arabisch »bar«. Daher kommt der Name »Zanzibar«. Jahrzehntelang gehörte Mombasa zum Sultanreich Sansibar. Bis ins Jahr 1912 hinein war der Sklavenhandel in diesem Sultanreich völlig legal, aber die Britische Royal Navy, versuchte über neunzig Jahre hinweg, den Sklavenhandel zu unterbinden, sicherlich eines der humanitärsten Vorhaben einer bewaffneten Großmacht. Hier hat sich die Britische Marine einmal ausgezeichnet. Viele tausend Seeleute verloren in diesem Kampf gegen die Sklaverei ihr Leben, sie wurden krank oder ertranken. Das ist eine Geschichte, die man einmal erzählen

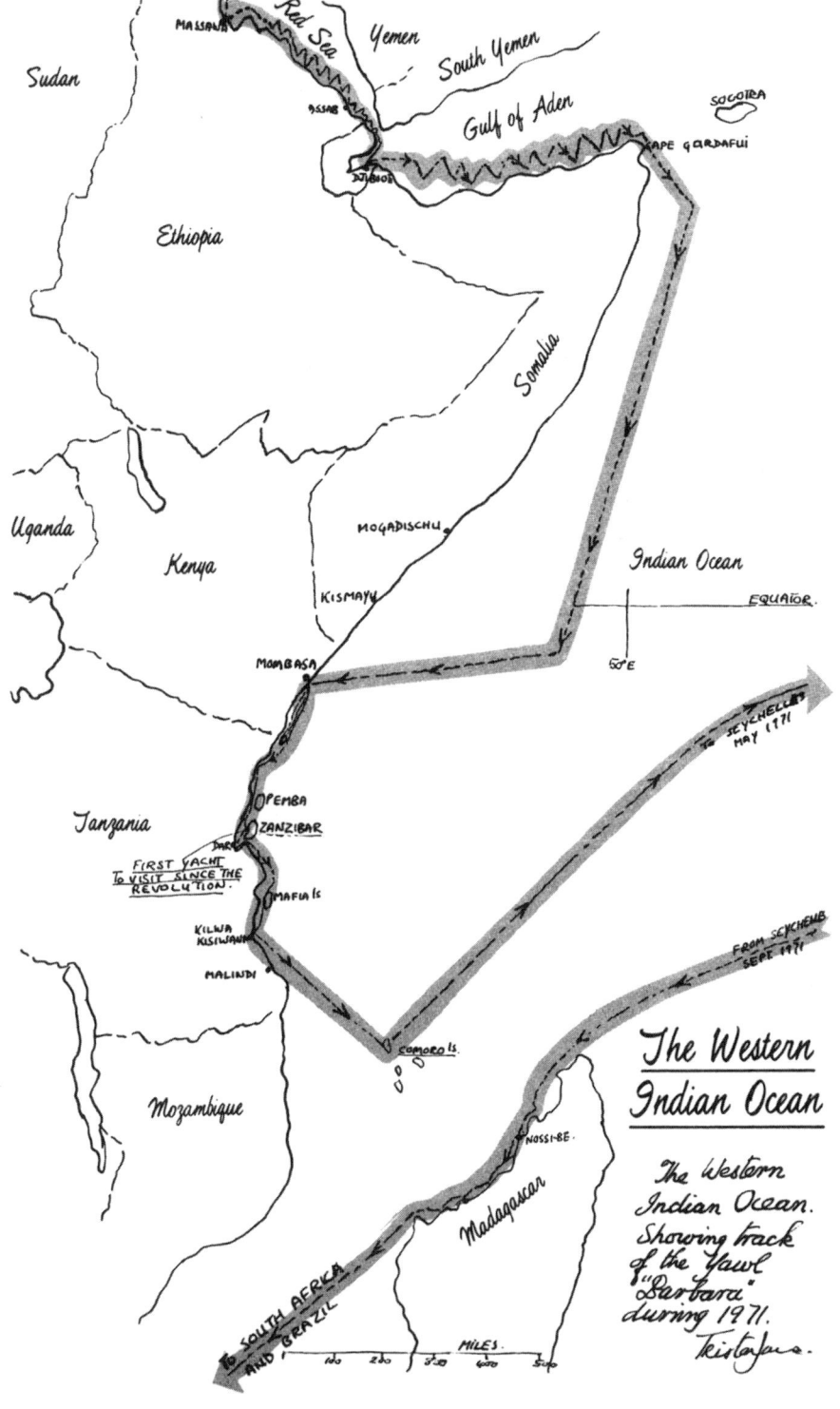

The Western
Indian Ocean

The Western
Indian Ocean.
Showing track
of the Yawl
"Barbara"
during 1971.

Kristofers.

sollte! Von all ihren Helden sollte die Royal Navy auf Drake, Raleigh, Vernon und Nelson besonders stolz sein. Noch unbekannt und unberühmt, kämpften sie insgesamt fast ein Jahrhundert lang gegen den schmutzigen Handel mit Menschen, ein Kampf zwischen Seeleuten, der hauptsächlich mit Segelschiffen ausgetragen wurde. Das waren kurze blutige Zusammenstöße in fernen Gewässern vor einer krankheitsverseuchten Küste.

Der richtige Name für eine Dhau ist eigentlich Dzambouk. Es sind Schiffe von etwa fünfunddreißig Meter Länge, mit schlanken Bugs und hohen Spiegeln. Sie sind meistens aus Mahagoni und Zedernholz gebaut. Das Holz ist mit Öl getränkt, und die einzige Bemalung mit Farbe findet man am Heck und entlang der Schnitzereien am Schanzkleid. Der Mast sieht eigentlich so aus, als wäre er zu kurz für die Länge des Schiffes. Er ist unverstagt und mit einer Vorwärtsneigung direkt im Rumpf befestigt. An diesem Mast wird ein großer langer Baum hochgezogen. Er besteht aus einer Vielzahl gerader Äste, die so zusammen gelatscht sind, dass der Baum sich zum oberen Ende hin allmählich verjüngt. Das ist ein sehr intelligentes Reffsystem, denn wenn der Wind über Gebühr hinaus zulegt, dann brechen diese dünnen Äste, einer nach dem anderen, und die Segelfläche des Lateinersegels verkleinert sich automatisch von der Außenbordseite nach innen. Ist das schlechte Wetter vorüber, dann wird der kleinste Mann der Crew, normalerweise ein Junge, nach oben geschickt, um die gebrochenen Äste wieder zusammen zu laschen.

Eine Dzambouk gehört üblicherweise einer Familie, die Mitglieder der Crew sind miteinander verwandt. Der Skipper ist meist das älteste Familienmitglied. Er navigiert nach dem Aussehen und der Färbung der See um ihn herum und, indem er nach einem Stern auf einer bestimmten Breite steuert. Wenn er Zweifel hat, dann holt er eine alte Lederrolle hervor, die er auf seiner Reise jeden Morgen entrollt. Aus ihr entnimmt er, wie die Dinge um ihn herum aussehen sollten, aus welcher Richtung der Wind kommen sollte, und woher die Dünung. Es ist erstaunlich, aber sie erreichen immer ihr Ziel, und das haben sie auch schon vor 3000 Jahren getan! Die Bedingungen im Indischen Ozean sind absolut gleichförmig, der Monsun weht wie ein Uhrwerk.

Sie segeln zu weit entfernten Häfen, nach Singapur, Kalkutta, in den Persischen Golf, und nach Ägypten. Sie sind Teil des alten Handelssystems mit der Sahara auf der einen und dem Himalaja und Tibet auf der anderen Seite, das von den Philippinen bis zum Sambesifluss reicht und das schon in der frühesten Geschichte funktionierte. Sogar die Chinesen waren in Kontakt mit dieser Küste. Ibn Batua berichtet von einem Zusammentreffen mit einem chinesischen Kapitän in Sansibar, der ihm erzählte, dass er als junger Mann zu einem Land gereist sei, das »so viele Tage östlich von China lag, dass man nicht zählen konnte«. Von dort brachten sie Gold und Silber mit, und sie berichteten von hohen Bergen und einem heiligen See. War das die erste Reise nach Peru? Wohin sonst? Viele Tage östlich von China? Und woher sollten sie sonst Gold und Silber bekommen haben?

Conrad und ich freundeten uns mit dem Kapitän einer indischen Dhau von der Malabarküste an und besuchten das Schiff. Alem ging nicht mit, als frommer Kopte hatte er Angst, sich eine Seuche oder sonst was zu holen. Im Bauch der Dhau sahen wir eine Ladung, die einen normalen Dampfer wie ein Müllschiff aussehen lässt. Im Laderaum, etwa 17 Meter lang und sieben Meter breit, waren Hunderte von handgewebten Teppichen aufgestapelt. Es gab Berge von Brokatstoff. An einer Seite standen sechs große Kisten aus Kampferholz, gefüllt mit Elfenbein, das man natürlich illegal hier in Mombasa erworben hatte. Das Holz des Rumpfes war offensichtlich nur grob mit einem Breitbeil behauen, aber die Bilge war fast trocken, und außerdem gab es, außer dem Aroma, das aus den Töpfen mit indischer Kost auf dem offenen Herd an Deck strömte, kaum Gerüche. Die winzige Kapitänskajüte im achteren Teil der Dhau war mit Brokatstoff dekoriert. Es lag eine Bambusmatte am Boden, und es gab mehrere Seidenkissen. Es war interessant, dass das meiste Tauwerk selbstgemacht war und an Bord hergestellt wurde. Auf dem Vorschiff gab es ein Rad zum Verzwirnen der rohen Hanffasern. Die Segel bestanden aus Baumwolle, hatten viele Flicken und waren grau vor Alter. Aber man sah, dass sie mit Liebe behandelt wurden. Die Crew bestand aus dem Kapitän, sechs Matrosen, einem Koch, einem Schreiner und zwei Jungs, alle aus der gleichen indischen Familie in Kalicut.

Für den westlichen Yachtie ist es interessant, wie sie das Unterwasserschiff behandeln, denn die Methode ist sehr alt. Sie bringen das Schiff auf den trockenen Strand hinauf, entweder mit der Tide oder durch Hinaufziehen. Dann schlachten sie ein Dutzend Ziegen oder Schafe und sammeln das Fett, das sie mit Schwefel vermischen. Sie pinseln den Rumpf mit dieser stinkenden Brühe an, nachdem sie den Bewuchs abgebrannt haben. Sie versicherten mir, dass dieses Antifouling im Indischen Ozean und im Roten Meer ein Jahr lang halten würde und sie wenig Ärger mit Bohrwürmern hätten.

Die Methode zum Abbrennen des Bewuchses ist ebenfalls sehr einfach. Sie machen ein Feuer unter dem Rumpf und schieben es einfach weiter, während die Muscheln und Seepocken abbrennen. Die Asche wird dann mit einem flachen Stück Holz abgeschabt. Natürlich sitzen die Männer herum, und die Jungs machen die Arbeit. Aber so ist es nun mal das Leben im Orient.

»Diese Moslems, verdammt faule Männer«, sagte Alem.

»Halt's Maul!« entgegnete Conrad.

Wir besuchten den Mombasa Yachtclub. Früher hatte er einmal eine große Bedeutung bei den Siedlern der Kolonialzeit, aber jetzt war er nur noch ein Schatten seiner glorreichen Vergangenheit. Im Club erzählte man uns, dass es riskant sei, die Häfen von Pemba oder Sansibar anzulaufen, denn die maoistische Revolutionsregierung dort war nicht gut auf Privatyachten zu sprechen.

»Also«, sagte ich auf dem Rückweg zu Conrad, »wir diskutieren dieses Problem später. Aber Sansibar interessiert mich ungeheuer. Wollte schon immer mal dort hin. Hatte nie die Chance dazu – bis jetzt.«

Am nächsten Tag borgten wir uns ein Auto von einem netten Yachtclubmitglied und fuhren zu dem großen Wildreservat bei Tsavo. Conrad machte es riesigen Spaß, als wir an Löwen, Giraffen und Nilpferden vorbeifuhren. Es tat uns gut, ein paar Tage vom Salzwasser weg zu sein, außerdem war es hier im Hochland angenehm kühl. Alem langweilte sich. Alles was ihm gefiel, waren die Uniformen der Kikuyu Wildhüter. In der Ferne im Süden, glänzte der Kilimandscharo, als wir nach Tsavo hinauf fuhren, auf einer der ältesten Handelsstraßen in Afrika. Im Speisesaal der Lodge im Wildreservat entkam ich knapp einer Giftschlange, die aus den Sparren des Dachs auf meinen Kopf herabfiel. Ein weißer Siedler attackierte sie mit einem Besen und tötete sie. Danach gratulierte er mir und meinte, ich hätte Glück im Leben. Darauf musste ich mir an der Bar erst einmal einen kräftigen Schluck genehmigen. Alles, was ich nach den Erlebnissen im Roten Meer noch brauchen konnte, war eine Giftschlange.

Auf dem Rückweg zur Küste hinunter kamen wir durch die alte Hafenstadt Maldini. Sie ist sehr malerisch anzuschauen, denn sie ist in alt-arabischer, omanischer Architektur erbaut, und außerhalb der Häuser gibt es, gemäß der Lehre des Korans, Liegebänke für

Obdachlose. Aber der Hafen ist nicht sehr gut, es ist lediglich ein Ankerplatz hinter einem Riff. Der Schwell des Indischen Ozeans läuft direkt hinein. Ich konnte mir nicht vorstellen, mit dem Schiff dort längere Zeit zu liegen. Am nächsten Tag füllten wir unsere Vorräte mit Konserven, getrockneten Lebensmitteln und Wasser auf. Uns kam die Idee, die Komoren anzulaufen, eine wirklich abgelegene Inselgruppe außerhalb der üblichen Schifffahrtsstraßen, aber ehemals ein wichtiger Stützpunkt für Segelschiffe. Wir hatten noch mehrere Wochen Zeit, bis zum Einsetzen des Südmonsuns, und entschlossen uns, zu diesen Inseln zu segeln, die nur 1250 Seemeilen entfernt waren. Ich schrieb wieder nach London, um die überfälligen Seekarten für die Seychellen nach dort umzuleiten.

Am 25. April liefen wir aus, kreuzten etwa fünfundvierzig Meilen die Küste hinunter und dann durch den Kanal zwischen der Insel Wassin und der Küste Afrikas. Hier fanden wir einen brauchbaren Ankerplatz. Die Riffe waren übersät mit ungewöhnlichen Muscheln, und im Wasser schwammen exotische Fische. Conrad planschte den ganzen Tag im Wasser herum, während ich einen Besuch im Dorf Wassin machte und mit dem Lehrer der Schule plauderte. Es war ein sehr freundlicher Herr, und sein Problem war, dass er keine Bücher hatte. Ich spendierte ihm ein paar meiner abgewetzten Taschenbücher, für die er sehr dankbar war. Als Gegenleistung gab er uns Fisch und eine Ziege, die wir am Abend über einem offenen Feuer an dem moskitoverseuchten Stand brieten und verzehrten. Das Interessanteste an Wassin war aber, dass es dort eine Menge Auslegerkanus gab, die von vielen Stellen an der afrikanischen Küste hierher zur Reparatur gebracht wurden.

Diese Kanus deuten eindeutig auf einen polynesischen Einfluss in Afrika hin. Sie tauchten zuerst in Madagaskar auf, nach einer großen Invasion von Java her, im Jahre 400 vor Christi. Die Invasoren eroberten Madagaskar und unternahmen danach jahrzehntelang Raubzüge an der afrikanischen Küste entlang. Ihre Beute bestand hauptsächlich aus Sklaven. Sie zogen sogar ins Binnenland, und vor einigen Jahren hat man den polynesischen Einfluss bis hinauf nach Marokko nachweisen können. Danach erscheint es, dass die Navigatoren im Altertum sehr wohl wussten, wie man von einem Punkt der Erde an einen anderen kommt. In Europa und in Asien waren Auslegerkanus vor der Invasion Madagaskars unbekannt.

Nach ein paar Tagen in Wassin kreuzten wir weiter die Küste hinunter und kamen in tansanische Gewässer. Wir liefen dieses Land im Hafen von Tanga an. Wir wollten uns ein wenig ausruhen, bevor wir den Sansibar-Kanal mit seinen starken Strömungen in Angriff nehmen wollten. Wir waren so müde, dass wir in Tanga gar nicht erst an Land gingen.

Am nächsten Tag liefen wir zu der winzigen Insel Mazwe aus, die grün und mit Dschungelvegetation überwuchert ist. Hier trafen wir Fischer, die für ein paar Zigaretten dankbar waren. Sie sagten, dass sie seit drei Monaten hier seien und draußen bei dem großen Korallenriff, das im Nordosten des Ankerplatzes lag, Seeschildkröten fingen. Es waren einfache, gesellige Leute, und sie versammelten sich aufgeregt um unseren Kassettenrecorder. Am besten gefielen ihnen die Beatles mit ihrem Song: »It's a hard day's night«.

Alem beobachtete sie misstrauisch und hielt sich im Hintergrund.

In der heißen stickigen Kabine von *Barabra* studierte ich die Karten für die Route weiter nach Süden. Würden wir außen um die Insel Sansibar herumsegeln, dann wären wir dem vollen Monsun ausgesetzt und würden außerdem noch einen Umweg von zwei-hundert Seemeilen machen. Die Route durch den Sansibar-Kanal wäre kürzer und wahr-scheinlich schneller. Ob sie auch sicherer war, konnte keiner wissen. Wir entschlossen uns für den Kanal.

Wir knüppelten einen Tag lang gegen den Südost-Monsun an. Um vier Uhr nach-mittags war es klar, dass wir vor Sonnenuntergang nicht durch den riffgespickten Kanal hindurchkommen würden. Wir hatten zwei Alternativen. Wir konnten entweder nach Tanga zurückkehren oder versuchen, den Hafen von Sansibar zu erreichen. Da das Zurückkehren gegen meine Prinzipien ist, entschieden wir uns für Sansibar, Risiko hin oder her. Ich war vorher schon in einigen Ländern gewesen, wo die Einreise, milde gesagt, problematisch war – eines, das mir gerade einfällt, war Albanien. Aber irgendwie hatte ich den Glauben noch nicht ganz verloren. Ich denke, wenn man Leute richtig behandelt, dann reagieren sie überall auf der Welt gleich, unabhängig von der Art des Regimes im Land und dessen Politik. Ich hatte keine Waffen, ich wollte keinen übers Ohr hauen und politisch glaubte ich nur an ein gutes Schiff und guten Wind. Das ist auch heute noch so. Was sollten sie mir schon antun?

Wie üblich bei wichtigen Entscheidungen hielten wir Kriegsrat. Alem und Conrad stimmten beide meinen Überlegungen zu. Also änderten wir den Kurs, auf einen der phantastischsten und schönsten Häfen der Welt – das sagenhafte Sansibar.

10

Inseln, verboten und vergessen

ir wurden unfreundlich, aber korrekt empfangen. Es gab leere Schaufenster, und Lebensmittel schienen knapp zu sein. Wir hörten quäkende Lautsprecher an jeder Straßenecke und sahen viel chinesisches Militär in der Stadt. Das Hotel Zanzibar, früher sicher ein Palast von großer Eleganz, war nur noch ein heruntergewirtschafteter Betrieb. Aber die Stadt, die arabische Altstadt war, wie sie immer gewesen war, voll interessanter Häuser und schattiger Innenhöfe in kleinen, engen Gassen. Das Hauptexportgut des Landes sind Gewürznelken, und der Geruch im Hafen war überwältigend. Hier in Afrika macht man daraus eine Tinktur für die Zähne, und in Indonesien mischt man das Gewürz Tabak bei, was Raucher in einen milden Rausch versetzt.

Sansibar war schon seit über tausend Jahren eine bedeutende Stadt, Es wurde von den Shirazis gegründet, die um das Jahr 1050 von Persien hier herunterkamen. Die Omanis übernahmen Sansibar im Jahre 1100, und blieben bis 1963 an der Macht. Im darauffolgenden Jahr, 1964, wurden die Araber massakriert, und seitdem ist es ein Brückenkopf der Maoisten in Afrika, an dem revolutionäre Streitkräfte ausgebildet werden und durch den das Geld ins Land strömt. Obwohl es offiziell eine politische Union mit Tansania bildet, steht das nur auf dem Papier.

Am ersten Abend in Sansibar dinierten Conrad und ich mit dem Innenminister, während Alem missmutig an Bord blieb. Der Minister gab zu, dass die Jahre des britischen Einflusses der Insel einen großen Dienst erwiesen hätten. Am Ende bat er uns, zu den Feiern am ersten Mai hier zu bleiben, die in der folgenden Woche im Mao-Tse-tung-Stadium stattfinden würden.

Aber ich hatte schon nach wenigen Stunden in der Stadt die Nase gestrichen voll und entschuldigte uns. Wir würden am nächsten Morgen nach Daressalam segeln. Später war ich froh, dass wir abgehauen waren, denn bei den Feierlichkeiten wurden auch vierzehn Männer öffentlich exekutiert. Angeblich hatten sie Waffen nach Sansibar geschmuggelt.

Die Passage hinüber nach Daressalam war kurz und angenehm. Am späten Nachmittag lagen wir vor dem alten Yachtclub, der zum Clubhaus der Geheimpolizei umfunktioniert worden war, vor Anker. Trotzdem waren wir am Abend zu einem Ball eingeladen und amüsierten uns köstlich. Am nächsten Tag wanderten wir durch die Altstadt, die von den Deutschen erbaut worden war. Die Bewegung tat uns gut und wir aßen eine Mahlzeit in einem der vielen indischen Restaurants.

Von Daressalam segelten wir direkt zu den Komoren. Mit einem guten Zwanzigknotenwind brauchten wir acht Tage für die Distanz von 953 Seemeilen. Aus einer

Entfernung von zweihundert Meilen konnten wir bereits den hohen Vulkan auf der Insel Grande Comore ausmachen.

Wir hatten einen angenehmen Törn, natürlich wieder am Wind. Nachdem Alem mit der Arbeit am Ruder vertraut war, hatten wir es viel bequemer. Wir machten jetzt eine Dreiereinteilung bei den Wachen – drei Stunden am Rad und sechs Stunden Freiwache. Nach der ständigen Zweierwache bis nach Mombasa, war das ein richtiger Luxus.

Die Inseln der Komoren liegen nahe der nördlichen Einfahrt in die Straße von Mosambik. Sie bestehen aus vier Inseln. Grande Comore, Mohéli, Anjouan und Mayotte. Im Jahr 1971 waren sie unter französischer Verwaltung, mit der Ausnahme von Mayotte. Sie sind vulkanischen Ursprungs, und es gibt Berge mit hohen Gipfeln.

Im Altertum nannte man die Komoren die Inseln des Mondes, und sie bildeten die südliche Grenze des arabischen Reiches. Nach dem Eindringen der Europäer in den Indischen Ozean und vor der Entwicklung der Häfen in Südafrika und Mosambik waren die Komoren ein wichtiger Verpflegungsstützpunkt für Schiffe auf der Route um das Kap der guten Hoffnung. Fleisch und Gemüse von den Komoren war in der Welt der großen Segelschiffe berühmt für seine Qualität. Die Eingeborenen der Inseln waren aber auch als sehr kriegerisch bekannt, denn die Stämme der einzelnen Inseln überfielen sich ständig gegenseitig. Dieser Zustand hielt an, bis die Franzosen 1890 die Komoren kolonialisierten. Mit dem Verschwinden der großen Segelschiffe verloren die Inseln an Bedeutung und lagen jahrzehntelang vergessen in der Weite des Indischen Ozeans, bis sie von der Tourismusindustrie entdeckt wurden.

Moroni ist die Hauptstadt der Komoren. Die Einfahrt zum Hafen ist eng und schmal. Der Hafen trocknet während der Ebbe aus und ist für alle Schiffe mit mehr als einem Meter Tiefgang ungeeignet. Daher lagen wir mit *Barbara* draußen auf Reede und tanzten vier Tage lang im Schwell des Ozeans.

Der Hafen selbst ist sehr malerisch. Die Einheimischen tragen beim Gebet und ihren rituellen Waschungen lange Djellabas und Tarbooshes. Am Kai stehen dreizehn Moscheen in einer Reihe. Ein Herr in einer weiten Robe und einem Tarboosh stellte sich in gebrochenem Englisch als Mustafa vor. Er war ein ehemaliger Sergeant der britischen Armee. Er hatte früher in der Achten Division unter General Montgomery, in Ägypten gedient. Danach war er in Sansibar ansässig, hatte sich aber klugerweise aus diesem Land abgesetzt, als er zu vermuten begann, was den Arabern dort widerfahren würde. Alle Araber auf Sansibar wurden dann ja auch von den Schwarzen, die die Wahlen mit einer Stimme Vorsprung gewonnen hatten, bis auf den letzten Mann abgeschlachtet.

Von Mustafa erfuhr ich von den sehr ungewöhnlichen Bräuchen auf den Inseln. Wird zum Beispiel ein Kind unter dem Sternzeichen des Wassermanns geboren, dann wird es zum Sterben ausgesetzt. Außerdem betragen die Kosten für eine Frau etwa zwei Jahreslöhne, aber eine Hochzeitsfeier, die hier Pflichtübung ist, kostet fünf Jahreslöhne. Nach dem moslemischen Gesetz muss der Mann ebenfalls ein Dach für seine Frau bereit halten. Also ist er nach der Hochzeit auf dreißig Jahre hinaus verschuldet. Und das auf einer Insel, die nur fünfunddreißig Meilen lang und fünfzehn Meilen breit ist, die eine Bevölkerung von 100.000 Menschen hat und wenig nutzbares Agrarland. Vielleicht ist das der Grund, dass man die Wassermannkinder aussetzt.

Das Fischen vor den Komoren ist phantastisch! Es gibt hier noch einen der seltensten Fische dieser Welt, den Urfisch Coelacanth, der erst 1938 zum ersten Mal von einem Fischer gefangen wurde. Er ist so selten, dass die Universität von Paris für jeden gefangenen Fisch dieser Gattung 2000 Dollar bezahlte. An einem Abend sahen wir zwei Exemplare davon im Kühlschrank des französischen Forstinspektors auf der Insel Moroni. Beide Fische waren erst am Vortag gefangen worden.

Eine der Industrien auf den Komoren ist die Herstellung von Seilen aus Kokosfasern. Am Strand entlang hörte man das ständige Klick-Klack, mit dem Hunderte von Frauen und Mädchen im Schatten der Palmen die klebrigen Fasern in einzelne Stränge zerlegten. Viele junge Mädchen hatten sich weißen Kalk in ihre schwarzen Gesichter geschmiert. Es war Mohammeds Geburtstag, und diese Leute waren sehr fromme Sunniten.

Fünf Mal am Tag kamen die Männer und Burschen herunter zum Stand um sich, nicht nach Osten, sondern nach Mekka im Norden zu verneigen. Sie hoben ihre Arme, fielen auf die Knie, und berührten mit ihrem Gesicht den Boden. Nach dem Gebet führten sie eine gemeinsame Erleichterung durch, gerade unterhalb der Gebetsrampe. Sie hockten stundenlang da, und schissen sich mit verzückten Gesichtern die Seele aus dem Leib. Gerade unterhalb dieser Stelle tauchten Hunderte von Badenden mit ihren Köpfen unter Wasser, mit Kleidern und allem. Am einen Ende des Kais die Männer, dann kamen die Jungen, dann die Mädchen unter den wachsamen Augen ihre Mütter und, ganz am Ende, zur See hin, die Frauen. Sie vollzogen ihre Aktivitäten, Beten, Scheißen, Waschen, als wäre überhaupt kein anderer Mensch in der Nähe.

»Verdammte Moslems«, sagte Alem und spuckte über Bord.

Nur der männliche Teil der Bevölkerung geht in die Moschee, für Frauen ist der Zutritt verboten. Und so lebt ein Fünftel der Weltbevölkerung!

Ich entschied mich dazu, das Ende der Regenzeit auf den Komoren abzuwarten. Wir reparierten Segel, ich las und schrieb ein paar Artikel. Hier konnten wir billig leben. Kokosnüsse und Fisch gab es fast umsonst. Arthur leistete uns Gesellschaft. Einen Monat lang kreuzten wir durch die Inseln, bevor wir gen Norden zu den Seychellen aufbrachen – endlich dem Ziel entgegen.

11

Paradies
im Indischen Ozean

s war jetzt Anfang Juni. Im Indischen Ozean wehte immer noch der Südost Monsun, ein idealer Wind, um *Barbara* nach Norden, zu den Seychellen, zu bringen. Mit den Seekarten, die ich immer noch aus London erwartete, wollte ich von dort weiter nach Ceylon und Singapur. Im Frühling 1972 wollte ich dann über das Chinesische Meer und den Pazifik nach Peru. Ich hoffte, *Barbara* irgendwie von der Küste aus in die Anden zu bringen, hinauf zum Titicacasee, dem höchstgelegenen schiffbaren Gewässer der Welt. Mit Glück würde ich Peru im Dezember 1972 erreichen. Wie konnte ich hier, in dem abgelegenen kleinen Hafen von Mutsamudu auf den Komoren, auch nur ahnen, dass ich erst ein ganzes Jahr später Südamerika erreichen sollte.

Mit gutem halbem Wind, im Durchschnitt mit fünfundzwanzig Knoten, schafften wir den 1050 Seemeilen langen Schlag nach Victoria auf Mahé, der Hauptinsel der Seychellen, in genau zehn Tagen. Für den Landfall hatte ich die kleine Koralleninsel-gruppe African Islands gewählt, etwa einhundert Meilen westlich von Mahé, der Haupt-stadt. Ich war sehr daran interessiert, diese abgelegene Stelle zu besuchen, denn ich hatte gehört, dass die Vogelwelt und die Muscheln dort zu den interessantesten der Welt gehör-ten. Außerdem läuft der Äquatorstrom mit unbekannter und unterschiedlicher Geschwin-digkeit nach Westen. Sollte sich das Wetter verschlechtern, wollte ich nicht in die Nähe der Admirality Inseln kommen, einer niedrigen Riffkette, die sich im Südosten der Seychellen hundertfünfzig Meilen nach Norden erstreckt. Ich blieb lieber in Lee dieser Riffe und segelte um die Nordseite herum, wo African Islet liegt.

Alem war fasziniert von meiner Arbeit mit der Karte, speziell, wenn ich mit mich mit Küstennavigation beschäftigte.

»Hey, Skip, das verdammt gut! Wer macht Karten?«

»Sie werden in London gemacht, in einem großen Büro.«

»Woher wissen über Afrika?«

»Sie haben Schiffe ausgeschickt, schon vor langer Zeit, und die haben alle Küstenlinien, die Buchten und die Flüsse vermessen, damit andere Schiffe sicher fahren können.«

»Vielleicht haben auch Karten von meiner Heimat?«

»Sehr wahrscheinlich. Ich schick' Dir eine, wenn Du wieder zuhause bist.«

»Wo diese Insel? Die da drüben?« Er zeigte auf einen Zipfel des afrikanischen Kontinents.

»Das ist keine Insel, schau, das ist ein Teil von Afrika, der in den Ozean hineinragt. Es sieht nur so aus wie eine Insel, aber in Wirklichkeit ist es keine. Das ist, weil das Land da höher ist als der Rest der Küste, aber die können wir hinter dem Horizont nicht sehen. Doch es hängt bestimmt an Afrika dran.«

Er brauchte Monate, um das zu verstehen. Er hatte große Schwierigkeiten etwas zu glauben, was er nicht sehen konnte. Trotzdem war ein frommer koptischer Christ, der ernsthaft an ungefähr tausend Heilige glaubte, manche davon so bizarre Gestalten, dass ich noch nie von ihnen gehört hatte. Er glaubte außerdem fanatisch an die angeborene Überlegenheit der Amhara über die Afars, die der Afars über die Issas, und die der Issas über die Somali. Und so weiter, *ad infinitum*. Die Angehörigen aller neuen Stämme und Rassen, die er traf, wurden automatisch ans untere Ende seiner Liste angefügt. In anderen Worten, trotz unserer monatelangen Erziehungsversuche und den unzähligen Diskussionen über seine Ansichten war er immer noch ein eingefleischter und selbstgefälliger Rassist. Aber diese Einstellung ist bei den Stämmen Afrikas üblich. Der Zulu denkt, er ist besser als die Xhosa, der Kikuyu verachtet die Masai, und so weiter. Es gibt keine »Afrikaner« oder »Kenianer« oder »Tansanier«, diese Begriffe wurden während der Kolonialzeit eingeführt und werden heute von den aalglatten Politikern zu ihrem eigenen Vorteil angewandt. Unterhalb der sozialen Ebene eines Postbeamten sind diese Begriffe in der Bevölkerung fast unbekannt.

Am dritten Tag, nach den Komoren, als wir mit voller Geschwindigkeit dahinrauschten, führte ich Conrad durch die einzelnen Schritte zur Bestimmung der Mittagsbreite. Zu meinem Schreck ließ er den Sextanten fallen, unseren einzigen! Er fiel an Deck, und ich trat schnell mit dem Fuß drauf, damit er nicht über Bord ging. Der Indexspiegel fiel heraus. Ich fluchte und ging hinunter, um ihn mit Hilfe eines Streichholzes und mit Klebstoff wieder einzusetzen, was mir letztendlich auch gelang. Ich bog die Alhidade (den Zeigerarm) so gut wie es ging gerade und benutzte einen größeren Spiegel, um den Indexfehler zu messen. Danach rechnete ich den Korrekturwert aus, den ich bei meinen Höhenmessungen berücksichtigen musste. Nach ein paar Stunden mühseliger und geduldiger Fummelei (nicht so einfach auf einem 38-Fuß-Schiff, das mit Rumpfgeschwindigkeit durch den Ozean rauscht) war ich ziemlich sicher, dass der Sextant uns für den Rest der Reise wenigstens einen ungefähren Standort liefern würde. Ich würde es einfach probieren. Acht Tage später schickte ich Conrad hinauf in die Saling, um nach Land Ausschau zu halten! Und richtig! Genau voraus, exakt da, wo sie sein sollte, stand eine einsame Palme am Horizont und wiegte sich im Wind. Conrad war verblüfft. Wie gute Navigatoren das immer tun, ließ ich mir nicht anmerken, dass ich genau so erstaunt war. Ich war heimlich saustolz auf meine Leistung, diese einzelne Palme in den Weiten des Indischen Ozeans gefunden zu haben. Nie habe ich mich mehr über eine genaue astronomische Standortbestimmung gefreut als an diesem Tag.

Wir blieben zwei Tage auf African Islet, sicher vor Anker hinter einem Riff, das fast eine Meile lang war. Das Wasser war ruhig, der Monsun pfiff über unsere Köpfe hinweg, und die riesigen Wellen des freien Ozeans brachen sich an dem niedrigen Riff, das nur ein paar Meter entfernt war.

Auf dem Riff hatten Tausende von Vögeln ihren Nistplatz, Fregattvögel und Seeschwalben. Sie waren so zahm, dass man sie sogar berühren konnte, es kamen so gut wie keine Menschen dorthin. An den Stränden der Insel gab es Unmengen von herrlichen Muschelschalen, und wir verbrachten viele schöne Stunden damit, sie näher anzuschauen. Conrad fing drei größere Fische, und wir räucherten sie am Strand bei der Musik der schäumenden See, die über das Riff donnerte.

Es war interessant, darüber nachzudenken, was man tun könnte, wenn man an einer solchen Insel ohne Wasser Schiffbruch erleiden würde. Ich kam zu dem Schluss, dass ich so viele Oberflächen erzeugen würde wie möglich, vielleicht sogar aus Muschelschalen. Ich würde sie zum Wind hin ausrichten, um möglichst viel Feuchtigkeit aufzufangen. Angenommen, man hätte genug Oberfläche, würde die kondensierende Wassermenge vielleicht zum Überleben reichen. Klare Plastikfolie wäre natürlich ideal, aber welcher Schiffbrüchige hat die schon dabei, wenn er an Land gespült wird?

Auf unserem Törn, von Mutsamundu nach Victoria fingen wir auch einige der besten Speisefische, Doraden. Es ist ein sehr schöner Fisch, smaragdgrün mit einer goldenen Unterseite, und man kann ihn essen, sobald er an Bord ist. In Butter gebraten ist das eine Delikatesse.

Auf Reisen über den Ozean schleppe ich immer mindestens drei Leinen achteraus, mit verschiedenen Hakengrößen. Im blauen Wasser genügt ein Fetzen Stoff als Köder, denn im allgemeinen sind die Ozeanbewohner nicht sehr wählerisch. Sie werden von allem angezogen, das auch nur entfernt fressbar erscheint.

Alem hatte sich inzwischen gut in unsere Gemeinschaft eingefügt. Er war fleißig damit beschäftigt, alles zu lernen, was ein Seemann können muss, Knoten, Steke, Schläge, Spleiße, das Steuern, einfache mechanische Dinge und Mathematik. Außerdem lernte er, wenn auch nur ganz langsam, dass die wichtigsten Eigenschaften eines Seemanns Geduld und Ausdauer sind und er Sinn für Humor braucht. Und dass brutale Kraft definitiv weniger bringt als Intelligenz und sorgfältige Überlegung.

Wir liefen Victoria am 22. Juni an. Zu meiner großen Enttäuschung fanden wir heraus, dass die Seekarten aus London nicht angekommen waren. Wir mussten also eine Weile hier bleiben und per Brief in London nachforschen. Da wir knapp bei Kasse waren, entschied ich mich für Digue Island, wo wir fischen und billig leben konnten. Wir blieben sechs Wochen dort und unsere gesamten Ausgaben beliefen sich auf genau fünf Dollar. Ohne unsere kostbaren Vorräte auf dem Schiff anzutasten, lebten wir von Fisch, Früchten und Kokosnüssen. Während Alem und Conrad fischten, machte ich Arbeiten am Schiff, und schrieb ein paar weitere Artikel in der Hoffnung, etwas Geld damit zu verdienen.

Egal in welcher Richtung wir segeln würden, Ost oder West, Südamerika lag auf der anderen Seite der Erde, zum Titicacasee mussten wir halb um den Globus herum.

Bevor wir vom Toten Meer abgereist waren, damals in Israel, hatte ich einfach so an den Peruanischen Yachtverband geschrieben und nach dessen Meinung gefragt, wie ich Barbara von Callao, an der Küste, über die Anden an den Titicacasee transportieren könne und gefragt, wie sie meine Chancen beurteilen würden. Ich hatte alle Details, das Gewicht und die Abmessungen von Barbara beigefügt und erwähnt, dass ich beabsichtigte, ungefähr im Dezember 1972 dort anzukommen. Jetzt, sechs Monate später, bekam ich endlich die Antwort, die über meine Londoner Briefadresse zu mir gefunden hatte. Es war eine niederschmetternde Antwort. Sie hielten es für unmöglich, dass ein Schiff mit dem Gewicht Barbaras über die Anden transportiert werden könnte. Hoch oben in den Anden gab es eine Brücke über eine Schlucht, die nur acht Tonnen tragen konnte. Barbara alleine wog schon zwölf Tonnen, und dazu müsste man noch das Gewicht des Lastwagens rechnen, also etwa ein Gesamtgewicht von zwanzig Tonnen. Außerdem gab es noch einen sehr niedrigen Tunnel, mit einer Durchfahrtshöhe von weniger als dreieinhalb Meter. Wenn ich aber vom Atlantik aus 2000 Seemeilen den Amazonas hinauf fahren würde, zu einer Stadt Pucallpa, auf der Ostseite von Peru, dann gäbe es dort einen Zwölftonnenkran und eine schwierige, aber fahrbare Trasse in die Anden hinauf, die nach Puno am Titicacasee führe. Ich nahm Kontakt mit Arthur in den USA auf und erklärte ihm, dass ich die Richtung ändern wollte. Er stimmte zu.

Ich nahm den Atlas hervor und brütete über ihm. Das bedeutete, dass ich umdrehen und achttausend Seemeilen zur Amazonasmündung segeln müsste. Und das, bevor der Fluss im Mai nächsten Jahres Hochwasser führen würde. Es bedeutete, dass ich um das Kap der guten Hoffnung herum musste. Es bedeutete, dass ich daran glaubte, dass der Kran bei meiner Ankunft in Pucallpa immer noch in Betrieb war.

Weitere zwei Wochen lang erfreuten wir uns an dem idyllischen Leben auf den Seychellen. Ich wälzte das Problem im Kopf. Wir besuchten die Insel Praslin, der Sage nach ein Garten Eden, wo *coco-de-mer* wächst, die Frucht des Lebensbaums. Es war in der Tat wunderschön, eines der wenigen Paradiese auf dieser Erde. Es gab keine Insekten, aber viele Früchte und Fisch im Überfluss.

Letztendlich traf ich meine Entscheidung. Wir würden so schnell als möglich den Amazonas anlaufen. Wir hatten genug Vorräte für sechs Monate, das Schiff war seeklar, und wir barsten vor Erwartung. Wir würden einen Satz nach Pucallpa machen – *zehntausend Seemeilen* weit weg! Jetzt war es August, und wir wollten die Distanz in sechs Monaten schaffen! Zum Glück hatte ich eine Karte von Madagaskar, und eine weitere für die südafrikanische Küste und das Kap der guten Hoffnung. In Kapstadt könnte ich wahrscheinlich eine Karte für den Nordosten von Brasilien bekommen. Wir liefen Victoria an und ich sagte meinem alten Freund Edward Allcard, der früher mehrfach mit seinem alten deutschen 40-Fuß-Schiff *Sea Wanderer* um Kap Hoorn gesegelt war, auf Wiedersehen. Wir ergänzten den Proviant mit frischem Obst und Wasser.

Dann waren wir unterwegs. Den ersten Stopp legten wir auf Coetivity Island ein, zweihundertfünfzig Seemeilen südöstlich von Mahé. *Barbara* war die erste Yacht, die man dort jemals gesehen hatte. Die Kokospflanzer starrten uns entgeistert an, als wir in die Lagune hineinkreuzten.

Der uralte französische Aufseher erklärte uns, dass die einzige Abwechslung sei, wenn ein Schiff an der Insel vorbeizöge, meist weit weg, fern am Horizont, und das vielleicht alle zwei oder drei Monate. Alle zweihundert Einwohner kamen dann zum Strand und schauten zu, wie das Schiff an ihnen vorüber fuhr. In der Nacht zündeten sie ein großes Feuer an, damit das Schiff wusste, wo sie waren. Nicht als Navigationshilfe, wie ich verstand, sondern einfach nur, dass das Schiff wusste, dass sie *da waren.* Diese Geschichte setzte mir irgendwie zu, ich glaube, dies war einer der traurigsten und langweiligsten Plätze, an denen ich im Leben war.

»Diese Leute dumm«, sagte Alem, »wissen nix«.

Wir blieben nicht lange auf Coetivy, die Zyklonsaison war im Anmarsch. Wir und die Einheimischen erzählten uns gegenseitig ein paar Geschichten, dann gingen wir ankerauf. Das Ziel unseres 38-Fuß-Schiffs war zunächst das Kap der guten Hoffnung, dann der Amazonas.

links: Tristan Jones 1969 am Rad von *Barbara*, auf den Kanarischen Inseln, nach seiner 16. Atlantiküberquerung.

unten: Tristan in Gibraltar im Dezember 1969, als gewöhnlicher Tourist. Es sollte für die nächsten sechs Jahre das letzte Mal gewesen sein, dass er eine Krawatte trug.

הרקולס קבלנים

links oben: Barbara, festgemacht in
Antalya, Türkei, im Oktober 1970.
(»...gespenstische choleraverseuchte
Küste der Süd-Türkei, eine der schönsten
Küsten der Welt...«)

oben: Eilat, Dezember 1970: *Barbara* wird
ins Rote Meer gehievt.

links unten: Barbaras Transport quer durch
Israel zum Toten Meer. Es war das erste
Mal, dass eine Privatyacht vom Mittelmeer
zum Golf von Aquaba transportiert wurde.

Von *Barbaras* Mast aus, hält Tristan Ausschau nach Land.

oben: Die auf *Barbara* gefangene Ratte, die sich durch die Plastikrohre der Frischwassertanks gefressen hatte. (»Sie war ein riesiges Monster, über einen Meter lang, von der Nase bis zur Schwanzspitze.«)

links: Barbara unter Maschine flussaufwärts auf dem Amazonas.

unten: Tristan, Conrad Jelinek und Alem Desta in Kenia, kurz vor *Barbaras* Passage zu den Seychellen über die Komoren.

oben: Die üppige Vegetation Brasiliens in der Auslage eines Kräuterladens in Belém.

links: Ungeachtet der großen Armut und der Krankheiten, begegneten die verlumpten Leute am Amazonas ihren hungernden Kindern mit großer Warmherzigkeit.

oben: Typisches Haus eines Jute-
farmers am Amazonas. Im Vordergrund
watet Tristan im Wasser, ungeachtet der
Schlangen und Piranhas.

unten: Der Umkehrpunkt für *Barbara*.
Ein scheußlicher Platz.
(»…verfaulende Kreuze auf dem
Friedhof eines verlassenen Gummi-
sammlercamps, vom Dschungel
überwuchert, verseucht mit Moskitos
und *piúms* …«)

Ein Blick auf die Teufelsinsel, von St. Joseph aus fotografiert.

Teil 2: Suchen

»Flog that man, Mr. Christian!«
»But Sir, he's dead!«
»Mr. Christian, I said flog that man!«

(»Peitschen Sie diesen Mann aus, Mr. Christian!«
»Aber Sir, er ist tot!«
»Mr. Christian, ich sagte peitschen Sie diesen Mann aus!«)

Captain Bligh, Royal Marine
An Bord der Fregatte *Bounty*
Aus: Royal Navy folklore

12
Eine Runde Zyklone

Zwischen Coetivy Island und der Nordspitze von Madagaskar liegen 610 Seemeilen Ozean. In dieser Gegend gibt es auch eine Reihe niedriger Koralleninseln, die in der Nacht nicht befeuert sind. Zu diesen gehören die Farquhar Group, die Cosmoledos, Cerf und St. Pierre. Am Tage kann man meist die Palmen ausmachen, die auf den Inseln wachsen, aber in der Nacht weiß man nicht, wie weit man von einer Insel entfernt ist, bis man die Brandung hört, die gegen das Riff donnert. Bei baumlosen Inseln ist das auch tagsüber so. Wenn Du die Brandung hörst, ist es meist schon zu spät, denn Du bist auf Legerwall. Der Wind bläst auf das Riff hinauf, und in diesen Breiten setzt der Strom im Indischen Ozean nach Westen. Daher ist es leicht möglich, dass Dein Schiff auf die scharfen Korallen geworfen wird und Du für einige Zeit auf eine Zwangsdiät aus Kokosnüssen und Fisch gesetzt wirst – solange bis ein anderes Schiff vorbei kommt, wenn Du Glück hast.

Am besten ist es, sich soweit östlich wie möglich von diesen Inseln zu halten, und genau das machten wir auf *Barbara*. An den ersten zwei Tagen hatten wir günstigen Südost-Monsun zwischen dreißig und fünfunddreißig Knoten. Wir erreichten zwei Tage lang ein Etmal von 144 Seemeilen. Aber am dritten Tag erwischte uns der erste Zyklon. Er kam auf den Schultern schwarzer Wolken, so schwarz wie die Rückwand eines Kamins. Sie waren voll Blitz und Donner. Innerhalb einer Stunde kämpften wir mit Winden bis siebzig Knoten und einer ungeheuren See. Um die Riffe zu meiden, mussten wir weiterhin am Wind laufen und weiter Raum nach Süden gutmachen. Wenn wir nachgeben und nach Südwesten abgetrieben würden, würden wir Gefahr laufen, auf der Farquhar Group zu stranden.

Wir banden je zwei Reffs in das Groß und den Besan, setzten die Arbeitsfock und trieben *Barbara* hart an. Der Sturm peitschte und heulte. Der Indische Ozean ist nicht sehr tief; er baut riesige Berge dunkelblaues Wasser auf. Es war, als wenn der Zorn Gottes sich auf uns entladen wollte. Aber auf *Barbara* waren wir zwar äußerst unkomfortabel, aber nicht überängstlich. Wir hatten Vertrauen zu ihr, unsere Ausrüstung war gut und wir hatten gelernt, sehr geduldig zu sein. Meine Hauptsorge war es, nicht zu viel Seeraum nach Westen hin zu verlieren. Wie sich herausstellte, liefen wir gerade einmal fünfzehn Seemeilen an dem östlichsten der Riffe vorbei. Sobald ich wusste, dass wir die Farquhars passiert hatten, nahmen wir die Fock weg, die wie ein Brauereipferd an den Schoten riss und setzten die Sturmfock, um das Rigg zu entlasten. Und so wetterten wir drei Tage lang unseren ersten Zyklon ab.

Wenn man das Vorstehende so liest und selbst nie einen ausgewachsenen Sturm auf dem Ozean erlebt hat, soll man nur nicht denken, einem Seemann sei das einfach so egal und es würde ihm nichts ausmachen. Man kann getrost annehmen, dass er Angst hat, die ihm aus der Seele heraus durch das Rückgrat bis in die Eier fährt. Das ist nämlich wirklich so, ganz gewiss bei mir, jedes Mal. Die meisten Ozeansegler, mit denen ich darüber gesprochen habe, stimmen mir zu. Aber es gibt auch ein paar, die ihre wahren Gefühle herunterspielen. Erstaunlich ist, dass Frauen das nie machen. Wenn es darum geht, ihre Angst zuzugeben, dann sagen sie immer die Wahrheit. Ich denke, einige Kerle haben immer noch Überreste ihres Machogehabes, das sie an Land pflegen, in sich. Ich nicht. Wenn ich Schiss hab', dann hab' ich Schiss, und es ist mir ziemlich egal, ob andere das wissen. Wenn einer weniger von mir hält, weil ich meine Angst zugebe, dann empfehle ich ihm, abzulegen und in einen nervenzermürbenden Zyklon hineinzusegeln, mit dem sicheren Tod in Lee, in einer pechschwarzen, stürmischen, regengepeitschten Nacht. Lass' *ihn* mal seine Ohren in den heulenden Wind halten, um die Brandung eines tödlichen Riffs auszumachen. *Danach* kann er die Nase rümpfen, wenn ihm danach ist. Aber er soll mir nur nicht erzählen, er hätte keine Angst gehabt, wenigstens nicht bis zu einem gewissen Punkt!

Wenn ich sage »zu einem gewissen Punkt«, dann will ich damit sagen, ohne die Gefahren herunterzuspielen, dass man irgendwann die Angst überwindet. Man wird sich bewusst, dass die eigene Angst das logische Denken blockiert und außerdem zu nichts führt. Man fängt an zu denken: »Du bist nun mal in dieser Situation, alles was Du machen kannst ist, die Katastrophe zu vermeiden, alles andere liegt in Gottes Hand.« Wenn dieser Moment kommt, befindet sich ein Mann in dem größten Frieden mit sich selbst, den er je erfahren kann. In diesem Moment wird ihm klar, dass der Tod nicht das Wichtigste ist, obwohl er unausweichlich scheint. Es wird ihm klar, dass er sein Leben gelebt hat, so wie er es wollte, auf seine eigene Art und Weise. Wenn dies das Ende ist, dann also gut, sein Leben geht zu Ende, ein neues wird kommen! Dann bedauert man nicht, dass man das Leben verliert, sondern dass man sich freiwillig in diese Situation begeben hat. Damit bekommt man einen ungeheuren Willen zum Überleben. *In extremis*, man überlebt aus Zorn über sich selbst, weil man so ein dummer, naiver Kerl war!

Ich war oft in Situationen, von denen ich dachte, dass ich sie nicht überleben würde. Aber, bei Gott, ich habe immer alles versucht – ich habe das Spiel immer bis zum Ende gespielt, weil es mir Spaß machte! Außerdem ist es sehr interessant, und in diesem Augenblick ist das Leben alles, was Du hast!

Der Sturm legte sich, aber nur einen Tag lang, dann kam der nächste Zyklon. Als wir endlich ins Lee von Cape Ambre kamen, sahen wir alle drei aus wie halbertrunkene Hunde. Beim zweiten Zyklon hatten wir ausreichend Seeraum nach Lee, und ich entschied mich dazu, nur unter Sturmfock abzulaufen. Zwischen zwei Standortbestimmungen waren wir nordwestlich, vor dem Wind, in vierundzwanzig Stunden 178 Meilen gesegelt. Und das mit achterbahnähnlichen Seen von achtern, die uns das Rad alle paar Sekunden aus den Händen reißen wollten. Wir mussten regelrecht mit dem Rad ringen, eine Knochenarbeit. Als flachgehendes Schiff neigte *Barbara* schnell zum Querschlagen, und, wenn man erst einmal seitwärts zu den Seen zu liegen kommt und in einen der tiefen Tröge hineingerät, dann bricht die Hölle über einen herein, und man kentert.

Während das alles ablief, musste ich Alem immer wieder antreiben, seine Natur war einfach so, dass er schnell aufgab. Diese Antreiberei kostete mich viel Energie.

Letztendlich kamen wir in den Schutz von Cape Ambre, in relativ ruhiges Wasser und in Sonnenschein. Wir holten alle Decken, Matratzen, Bücher und Karten nach oben, denn unter Deck war alles nass und feucht. Wir hatten doch einige Seen übers Heck bekommen. Bestimmt ein Dutzend Mal war das Cockpit mit Seewasser gefüllt gewesen. Dann hatte der Rudergänger, der an der Steuersäule gesichert war, bis zur Hüfte im Wasser gestanden. Natürlich kam dabei auch eine Menge Wasser den Niedergang runter, und wir mussten jedes Mal vier oder fünf Tonnen von Hand herauspumpen. Aber jetzt wollten wir erst einmal unsere Sachen in der Sonne trocknen.

Ich steuerte *Barbara* in eine gut geschützte Bucht, Nosy Mitsio, und wir ließen den Anker fallen. Der Zyklon war jetzt vorbeigezogen, und die Landschaft war wunderschön – einsame grüne Hügel, weißer Sandstrand, klares, sauberes Wasser und viele Fische. Der Himmel war blau, nur ein paar Monsunwolken zogen vorbei. Das Schiff und die Ausrüstung waren immer noch in guter Verfassung, was wollte man mehr? Ein hübsches Mädchen vielleicht? Also jedenfalls waren wir in Madagaskar, wo es die hübschesten Mädchen auf Gottes Erdboden gibt! Majunga, der Haupthafen, war nur einhundert Meilen weg. Wir konnten warten! In der Zwischenzeit klarierten wir das Schiff. Ich denke, man sollte immer so in einem Hafen ankommen, als wäre man auf einer kleinen Vergnügungsfahrt gewesen, unabhängig davon, was man unterwegs erlebt und welche Distanz man zurückgelegt hat. Es sieht nicht gut aus, wenn man mit herunterhängendem Zeug einläuft, es macht keinen Sinn und es ist unhöflich dem Publikum gegenüber, wenn es eines gibt. Ansonsten ist es einfach unhöflich dem Schiff gegenüber.

Wir hatten guten, angenehmen Wind an der Insel entlang bis nach Majunga. Da es dort einen großen Tidenhub gab, entschloss ich mich, das Unterwasserschiff zu reinigen.

Im Büro des Hafenmeisters traf ich meinen alten Freund Christian Joubert. Er stammte aus der Bretagne, und ich hatte ihn dort kennen gelernt, als ich früher auf dieser schönen französischen Landzunge herumzigeunert war. Damals hatte ich einige Ladungen hausgebrannten Whisky, direkt von den Hebriden, dort angelandet, genau vor seiner Nase, in L'Aber Wrach. Jetzt war er hier und Herr über einen tropischen Hafen. Er residierte wie der leibhaftige Kublai Khan. Er freute sich, mich zu sehen und gab mir die Erlaubnis, *Barbara* gegen einen Schlepper zu lehnen. Als die Ebbe kam, konnten wir das Unterwasserschiff säubern.

Der Grund im Hafen von Majunga war der fauligste, stinkendste Schlamm, in dem ich jemals bis zu den Knien gestanden hatte. Außerdem gab es Massen kleiner Krebse. Wenn wir unglücklicherweise bis zu den Knien in den weichen Matsch hineinsanken, schwappte dieser oben in die Seestiefel hinein, zusammen mit einer Handvoll Krebsen, die uns in die Beine zwickten.

Trotz dieser Hindernisse und dem heißen, stinkenden Schleim schrubbten wir das Gras, die Seepocken und den Bewuchs von *Barbaras* Schale ab, der sich seit unserer Abreise aus Israel vor neun Monaten angesammelt hatte. Dann klatschten wir das Antifouling drauf, dicke rote Kupferfarbe. Man muss sehr vorsichtig sein, damit man sie nicht in die Augen bekommt, es sei denn, man will blind werden.

Wir schmirgelten den Propeller und rieben ihn dick mit Fett ein. Wir kontrollierten alle Unterwasserteile, speziell die Ruderaufhängungen und die Einlässe. Dann verpassten wir *Barbara* noch eine neue blaue Wasserlinie. *Barbara* sah aus, wie ein liebevoll gepflegtes Schiff aussehen soll. Aber lange nicht so hübsch, wie die Mädchen bei Madame Chapeu, dem besten *Etablissement* in Majunga. Sie waren halb arabisch und halb polynesisch, sie waren eine Erbauung für müde Augen, und sie waren weltberühmt unter den Seeleuten der westlichen Hemisphäre. Madame Chapeu hatte das größte Bordell, das ich je im Leben gesehen hatte, bevor ich nach Belém in Brasilien kam. Alem überwand ziemlich schnell seine koptische Zurückhaltung und ging eifrig zur Sache.

13
Die Kristallküste

Die australischen Seeleute haben da so einen Spruch drauf: »Das Land besuchen und die Leute treffen«. Was es in Wirklichkeit bedeutet ist, dass sie einen draufmachen wollen. Sie wollen ein paar Drinks in verschiedenen Bars nehmen, und sich anfreunden, besonders mit den hübschen Mädchen, die ihren Kurs kreuzen. Genau das machten wir in Majunga. Wir hatten ein wenig Geld in der Tasche, und ein gelangweilter Seemann ist ein schlechter Seemann. Die Restaurants waren preiswert, und wir aßen gut. Vielleicht tranken wir auch ein wenig zu viel. Geschmuggelter Schnaps war billig, und wir freundeten uns an, mit Blonden und mit Schwarzhaarigen. Es waren in der Tat so viele, dass Christian, der Hafenmeister, meinte, ich hätte in fünfzehn Jahren absolut nichts dazugelernt.

Von Majunga aus kreuzten wir die Küste hinunter, das schönste Segelrevier der Welt – so dachte ich, bevor ich am Titicacasee ankam. Die Luft ist so klar, man denkt, man könne die Berge des Massif Central, etwa zweihundert Meilen weit weg, mit Händen berühren. Am Morgen scheint der klare Himmel direkt mit der See zusammenzuhängen, man kann den Horizont nicht erkennen, und die ganze Zeit schwimmt das Schiff im klarsten Wasser, das ich je gesehen habe. Der Grund, in zwanzig Meter Tiefe war so gut erkennbar, wie der Boden unter meinen Füßen. Es war, als schwämme das Schiff in einer Kristallschüssel. Die Stille war überwältigend, eine schimmernde, schwingende Stille, in der man erwartete, dass der leiseste Laut sie zerreißen könnte und die Welt einstürzen würde.

Barbara geisterte im leisen Windhauch daher, wir schlichen über das Deck und flüsterten nur miteinander, um die Magie dieser Stille nicht zu stören. Es gibt Hunderte von Inseln vor dieser Küste, die meisten unbewohnt, voller Vögel und tropischer Früchte. Weiße, feinsandige, unberührte Strände, Korallenriffe mit unzähligen Fischen, und den besten Segelwind, den man sich vorstellen kann. Der Monsun kam über Madagaskar her, und im Lee der Insel war die See absolut ruhig.

Also ließen wir uns Zeit. Vor uns lag die lange stürmische Passage um Südafrika und das Kap der guten Hoffnung herum. Und jetzt war es erst September, der Frühlingsmonat hier unten. Das beste wäre, bis November abzuwarten, vor dem Angriff auf eine der rauesten Seerouten der Welt, dem tausend Seemeilen langen Törn von Durban nach Kapstadt.

Ich fand etwas Ungewöhnliches heraus auf diesen Inseln. Wenn ich in abgelegenen Gebieten der Welt bin, dann ist es meine Gewohnheit, den Dorfältesten einer Gemeinschaft zu besuchen. Auf Nosy Vahalia brachte ich dem Häuptling eines meiner alten Marinehemden mit, weil ich nichts Besseres finden konnte, Es war so ein kragenloses Hemd, mit Schößen vorn und hinten. Der Chief, ein Alter von etwa neunzig Jahren, war entzückt! Er war Moslem, und es war seine Pflicht, zum Gebet in der Moschee ein Hemd zu tragen. Er bot mir Kaffee an und einen Zigarillo. Dann rief er nach Hühnern, die ich mit aufs Schiff nehmen sollte. Als wir am nächsten Tag vor Anker aufwachten, war das Cockpit vollgepackt mit Früchten, Gemüse und Fisch! Wir hatten für eine Woche zu essen, und es kostete uns keinen Pfennig. Auf anderen Inseln, die wir besuchten, wurden wir wie Prinzen zum Dorf eskortiert und als Ehrengäste empfangen. Langsam schlenderten wir dreihundert Meilen an der Küste von Madagaskar hinunter. Das war herrliches Seglerleben! Zwischen kleinen, abgelegenen Inseln in Lee einer Küste mit hohen Bergen. Ich habe das in Norwegen erlebt und in der Türkei, jetzt in Madagaskar und später in Panama. Aber ich genieße es immer wieder. An einem solchen Platz könnte ich für immer bleiben! Vielleicht werde ich meine alten Tage an solch einem Ort verbringen. Südchile hat mich immer fasziniert, wegen der vielen Inseln und der unberührten Natur. Für meine letzte Reise könnte ich dann in die Drake Passage hineinsegeln und die Winde der Welt fühlen und spüren, wie sie um Kap Hoorn herumpfeifen. Und meine Seele könnte sich über die See der Südpassage erheben, wie ein Albatros, und in das verlassene Binnenland nach Norden fliegen, hin zu den einsamen Inseln und Schutzhütten der Magellanstraße und Tierra del Fuego.

Während unserer langsamen Reise fischten wir oft und fingen viele Stachelrochen. Die Flügel schmecken ausgezeichnet, etwa wie Seezunge. Wir fingen auch Doraden. Das ist die einzige Stelle auf der Welt, an der diese frei schwimmenden Ozeanfische so nahe an Land kommen. Die felsigen Teile der Küste wimmelten von Landkrebsen, die auch eine vorzügliche Mahlzeit ergaben, und zwischen den Korallenriffen gab es genug Krabben und Langusten, um sich ein Leben lang damit voll zu stopfen. An Land gab es Zitronen, Limonen, kleine Orangen, Tomaten, Brotfrucht und wilde Schweine und Ziegen. Es gab fast keine Insekten auf den Inseln, überhaupt keine. Jede Nacht grillten wir am Strand, und das Feuer lockte Tausende von Landkrabben an, die unserem Treiben neugierig zusahen. Aber sie waren vollkommen harmlos. Sie huschten davon, wenn man sich ihnen näherte. Es waren hässliche kleine Teufel, braun und behaart, und sie kamen uns ungeheuerlich vor, bis wir uns daran erinnerten, dass wir auch braun und behaart waren und die Krabben uns vielleicht als große Teufel betrachteten. Alem, der tiefschwarz und unbehaart war, hatte natürlich furchtbare Angst vor den Krabben.

Die Straße von Mozambique ist tausend Seemeilen breit. Zu der Zeit, in der wir durch sie hindurch segelten, gab es einen Bürgerkrieg in der damaligen portugiesischen Republik Mozambique. Wir entschlossen uns, einen gehörigen Abstand zu halten. Nach dem Ablegen in Madagaskar segelte *Barbara* die 1468 Meilen lange Strecke nach Durban. Unterwegs kamen wir vier Mal in einen Sturm, zweimal in der Straße von Mozambique und zweimal vor der Küste Südafrikas. Der Schlimmste erwischte uns ungefähr hundert Meilen nördlich von Durban, an der Küste von Zululand.

Zwischen den Stürmen, die um diese Jahreszeit nichts Ungewöhnliches sind (wir liefen ja von den Tropen in die gemäßigten Zonen), hatten wir herrliches Segelwetter. Der Indische Ozean ist so blau wie kein anderer, seine Farbe ist ein tiefes Aquamarin, viel dunkler als das Blau des Himmels. Zwischen seinen Wutausbrüchen kommt der Wind stetig aus Norden, und es gibt viel mehr Vögel als im Pazifik oder im Atlantik. Das liegt an den vielen Riffen und Inseln, die dort verstreut sind. Für uns sind sie Schifffahrtshindernisse, aber für die Vögel sind es Stützpunkte, wo sie Nahrung finden und sich ausruhen können.

Ich glaube, der Indische Ozean ist vielleicht das interessanteste tropische Segelrevier, aber es kommen nur wenige Yachties in diesen Teil der Welt. In vielen Gebieten sind Yachten aus dem Westen unbekannt. Viele dieser abgelegenen stecknadelkopfähnlichen Inselchen sind Naturreservate. Aldabra, zum Beispiel, mit seinen riesigen Schildkröten, oder Bassa de India, und Europa Island in der Straße von Mozambique, zwei völlig unberührte Korallenflecken, strotzend vor Leben unter Wasser. Die Einheimischen dieser Gegend sind im allgemeinen die freundlichsten und gastfreundlichsten Leute, die man sich denken kann, und die wenigen Ausländer, die unter ihnen leben, gehören zu den schillerndsten Typen der Welt. Die meisten von ihnen schippern mit kleinen Frachtschiffen zwischen den Inseln herum und transportieren Kopra. Speziell erinnere ich mich an eine französische Lady, die Skipperin eines kleinen Frachters auf den Komoren war. Mit einer Pistole, die an ihrer Hüfte baumelte, brachte sie die gesamte männliche Bevölkerung von Mutsamudu dazu, tagelang ihr Schiff zu beladen, ohne ein einziges Wort der Beschwerde. Am Ende jeden Tages trank sie, ohne zu zucken, eine ganze Flasche vom besten Whisky, und dabei behielt sie auch noch ihren französischen Charme und ihre Eleganz.

Die Geschichte dieses Teils des Ozeans ist interessant. Die Araber kamen im 14. Jahrhundert südlich bis nach Madagaskar herunter. Sie suchten nach Gold im Sambesifluss und nach Sklaven in Mozambique. Unter der Leitung des mutigen Bartholomeu Dias, und des berühmten Vasco da Gama gelang es den Portugiesen im fünfzehnten Jahrhundert, nach langem geduldigen Erforschen der Westküste Afrikas, endlich das Kap der guten Hoffnung zu umrunden und den Weg nach Indien und China zu entdecken. Damit gründeten sie ein Königreich, das sich erst 1975 auflöste. Die Portugiesen bauten eine Reihe von Festungen an der Ostküste von Afrika auf und kontrollierten den meisten Handel in diesem Gebiet, bis die Engländer nach den napoleonischen Kriegen in diese Gegend einfielen.

Bevor die Briten in der Schlacht bei Trafalgar die Franzosen besiegten, gab es ständig große Auseinandersetzungen zwischen diesen beiden Ländern. Es ging dabei um die Kontrolle des Seeweges um das Kap der guten Hoffnung herum – die Holländer hatten sich bereits um 1750 aus der Sache zurückgezogen. Schließlich wurde das Kap ein Stützpunkt für die britische Flotte, ein zweites Gibraltar, sozusagen. Die Briten eroberten die Inseln Mauritius und La Réunion und kontrollierten damit den Seeweg von und nach Europa. Dies erlaubte den Briten später die Eroberung Indiens.

Während dieser Zeit wurde das Kap der guten Hoffnung ein wichtiger Punkt auf der Route der alten Segelschiffe, die mit reicher Fracht beladen zwischen dem Osten und Europa fuhren. Mit dem Handel, wie immer in den Zeiten vor der Dampfschifffahrt, kamen die Piraten, die Freibeuter. Über Jahrzehnte hinweg war Madagaskar ihr Stützpunkt. Von dort aus griffen sie die Ostindiensegler an auf ihrem Weg vom und zum Kap der guten Hoffnung. Ein Dampfschiff, und generell jedes ausländische Schiff, wird auf den Komoren und in Madagaskar bis heute Mannowarry genant, das kommt von der alten britischen Bezeichnung »Man o' War« (Kriegsschiff). Einen ausländischen Seemann nennen sie Goddami, denn bis ins 19. Jahrhundert hinein, war »Goddamn« ein bevorzugter Fluch der britischen Seeleute. Auf Madagaskar ist daher ein goddami mannowari einfach ein ausländischer Seemann. Der Ausdruck ist bis heute fester Bestandteil der Suaheli Sprache in der Gegend.

Auf dem sechzehntägigen Törn über die Straße von Mozambique zerrissen wir einige Segel. Als wir endlich Durban erreichten, hatten wir auf manchen Tüchern mehr

Flicken als Originalstoff.

Der Sturm vor Zululand war etwas Besonderes. Der Agulhas-Strom läuft südlich durch die Straße von Mozambique, aber er erreicht seine größte Geschwindigkeit in Küstennähe, etwa zwanzig Meilen vor der Küste, entlang der 100-Faden-Linie. Dort fällt die afrikanische Festlandplatte in die Tiefe ab. Aber vor Cap St. Lucia in Zululan, verläuft die Stromachse noch näher an der Küste. An der seewärtigen Seite der Stromachse baut ein Sturm, der gegen den Strom bläst, eine so hohe See auf, dass ein kleines Schiff es dort nicht lange aushalten kann, wenn überhaupt. Daher ist es ratsam, möglichst nahe bei St. Lucia zu bleiben, und das taten wir. Wir hofften, am Kap vorbeizukommen, bevor der »Southern Buster« uns erwischen und durchschütteln würde. Aber er schlug uns genau auf die Nase, gerade als wir das Kap erreichten. Er war ein richtiger Saukerl, ein Rippenbrecher. Erst am 21. September, nachdem wir Durban erreicht hatten, fand ich heraus, dass man am Flughafen eine Windgeschwindigkeit von zweiundachtzig Knoten gemessen hatte.

Da waren wir wieder einmal mittendrin. Riesige Brecher donnerten querab an die Küste von Zululand, nur ein paar Meilen entfernt. Wegen der riesigen Seen im Agulhas-Strom kamen wir so gut wie nicht mehr voran. Und mitten durch diese Hölle verläuft eine der Hauptschifffahrtsstraßen der Welt, mit Riesentankern und Frachtern, im Abstand von einer halben Stunde. Wir kamen nicht rein und wir kamen nicht raus, und da bleiben konnten wir auch nicht.

Am Nachmittag legte der Sturm noch zu. Ich rechnete aus, dass wir, beigedreht unter Besan, mit der Abdrift durch den Wind und den gegenläufigen Strom etwa auf der Stelle bleiben würden. Das konnten wir aber nur machen, solange die Tide hinauslief. Wenn die Tide kippte, dann waren wir gezwungen, in den freien Seeraum hinaus zu gehen, komme was da wolle. Also drehten wir bei, sechs Stunden lang, bis in die Nacht hinein. Um Mitternacht ließ der Wind ein ganz klein wenig nach. Wir begannen hinauszulaufen, gegen die Monsterseen und im rechten Winkel zur Schifffahrtslinie. Wir versuchten, das Ende der Kontinentalplatte zu erreichen.

Wir hatten ein Trysegel angeschlagen, ein kleines schweres Dreiecksegel, anstelle des Großsegels, das mit losem Unterliek gefahren wird, also nicht mit dem Unterliek am Großbaum angeschlagen ist. Mit Hilfe dieses Segels und der Sturmfock krochen wir durch die See. Eigentlich krochen wir nicht, denn in den riesigen Seen sprang *Barbara* auf und ab und hin und her, wie ein wildes Pferd. Wir waren alle drei mit Sicherheitsleinen an stabilen Teilen des Schiffes gesichert. Die Maschine war absolut nutzlos, das Heck war ohnehin die halbe Zeit aus dem Wasser heraus, während sich der Bug eingrub und danach die Gischt bis über die Kajüte nach achtern flog.

Wir setzten ein starkes Licht und hofften, dass die Frachter uns sehen, und ausweichen würden. Andere Schiffe stellen für ein kleines Schiff auf See die größte Gefahr dar, besonders für Einhandsegler, und speziell wenn dieses andere Schiff ein Riesentanker ist, bei dem der Bug in der Größe eines Fußballstadiums die Sicht von der Brücke auf weite Entfernung hin abdeckt. Der Steuermann sieht nichts, das weniger als drei Seemeilen entfernt ist. Der Tanker verlässt sich voll auf sein Radar, ganz besonders in den engen Gewässern, in denen wir uns befanden. Aber es besteht immer die Gefahr, dass der wachhabende Offizier sich gerade einen Kaffee holen geht oder dass er ein kleines Schiff in der hochgehenden See überhaupt nicht ausmachen kann. Sollte *Barbara* bei diesen Bedingungen mit einem Tanker kollidieren, wäre sie schon gesunken, bis die es überhaupt mitbekommen hätten.

Aber in dieser Nacht vor Zululand waren die Offiziere hellwach, vier Tanker änderten ihren Kurs und wichen aus. Sicher schauten sie auf ihre Schirme und dachten, dass der kleine seltsame Blitz, der da in der hektischen See auftauchte, ein Fischerboot sei, das es nicht geschafft hatte, in den Hafen einzulaufen, oder dass es mit einem Haufen Verrückter bemannt sei. Als wir endlich ins tiefe Wasser kamen, hatten wir keinen Zweifel daran, dass wir an der richtigen Stelle waren. Die Bewegungen des Schiffes waren so wild, dass es von den Köpfen der Wellen richtiggehend in die Luft geworfen wurde. Wir machten uns wieder auf den Weg in Richtung Küste, und erneut mussten wir durch die Schifffahrtsstraße. Dieser Alptraum hielt drei Tage und drei Nächte an. Todmüde und kaputt erlebten wir dann, wie der Wind langsam bis auf Stärke sieben herunterging. Mit gerefftem Groß kreuzten wir durch die enge Hafeneinfahrt von Durban, über einhundert Meilen südlich von Cap St. Lucia, entlang einer wilden, sturmgepeitschten Küste. Wir machten am Pier des Point Yacht Clubs längsseits fest. Das erste Glas Bier war das beste, das ich je getrunken habe. Und das zweite war noch besser.

14

Vom Erhabenen zum Lächerlichen

Die Hafenpolizei von Durban kam an Bord und wies uns einen Liegeplatz im Point Yacht Club zu. Es war spät in der Nacht, und ich wollte mit den Formalitäten der Einklarierung bis zum nächsten Morgen warten. In Südafrika war diese Prozedur damals ziemlich kompliziert, denn trotz aller Bemühungen, es zu verbergen, war es ein Polizeistaat. Jede Bewegung in allen Richtungen wurde beobachtet und sorgfältig registriert. Das war nicht sofort erkennbar, man brauchte eine gewisse Zeit, um es zu bemerken. Aber nicht in unserem Fall. Wir hatten Alem an Bord, und der war Afrikaner – schwarz! Das erste Feuerwerk gab es im Büro der Einwanderungsbehörde, wo ich unsere Pässe vorlegte. Zuerst wurde ich höflich und herzlich empfangen, die weißen Südafrikaner können sehr freundliche Leute sein und gute Gastgeber. Aber als sie Alems Bild im Pass entdeckten, war das alles vorbei. Mir wurde mitgeteilt, dass zwei weiße Männer auf einem kleinen Schiff wie *Barbara* nicht zusammen mit einem Schwarzen leben dürften. In Südafrika wäre es gegen das Gesetz, dass Angehörige verschiedener Rassen am gleichen Platz lebten.

»Aber wo soll er leben?«, fragte ich.

»Im afrikanischen Township«, wurde mit mitgeteilt.

»Wo ist das?«

»Vierzehn Meilen im Land.«

»Aber er spricht weder Zulu noch Xhosa, er ist auch kein Bantu, er hat mit denen nichts Gemeinsames, er ist ein Hamiti!«

»Das ist egal, so ist das Gesetz!«

»Wenn das Eure Gesetze sind, dann sind sie verdammt idiotisch.« Wollten die mir sagen, dass ein Mann, mit dem ich bei jedem Wetter auf See war, der seine Arbeit machte, wie jeder andere, und der sie gut machte, der so gut erzogen war wie jeder andere Seemann unter der Sonne, dessen Vater ich versprochen hatte, auf ihn aufzupassen wie auf meinen einzigen Sohn, nicht die gleiche Dusche benutzen durfte, wie ich oder das gleiche Scheißhaus? Dass er nicht mit mir an einem Tisch sitzen durfte im Restaurant? Dass er nicht ins gleiche Kino gehen durfte wie ich? Was zum Teufel sollte das? Aber so waren damals die Gesetze in Südafrika, an die sich die Einwanderungsbehörde und die Polizei, zu halten hatten. Der Chef der Hafenpolizei, der sich inzwischen hinzugesellt hatte, sagte knallhart: »Man darf es nicht dazu kommen lassen, dass sich die anderen Rassen in unsere Affären einmischen, dazu sind sie viel zu unterentwickelt, nicht in diesem Land.«

»Also schauen Sie her«, sagte ich, und meine Wut nahm immer mehr zu. »Ich gebe einen Scheiß auf Eure Politik. Was zwischen Euren Schwarzen, den Weißen, und den

Asiaten in Eurem Land passiert, interessiert mich einen Furz. Aber was meine verdammte Crew angeht, das ist meine Angelegenheit! Wenn er nicht an Bord bleiben darf, wenn er nach Euren Gesetzen vierzehn Meilen ins Land laufen muss zum Schlafen und zum Essen (damals gab es so gut wie keine öffentlichen Verkehrsmittel zu den schwarzen Townships), wenn er noch nicht mal das asiatische Scheißhaus vom Club benutzen kann oder wenigstens an der Hintertür dort etwas zum Essen bekommt, dann bin ich weg. Mein Schiff ist in schlechtem Zustand, wir haben mehrere Stürme abwettern müssen, wir haben nicht genug Proviant, und das Kap der guten Hoffnung ist die Hölle um diese Jahreszeit. Aber trotzdem gebe ich keinen Millimeter nach. Ihr könnt Euch das in den Arsch schieben, wir legen auch so ab und gehen direkt nach Brasilien. Aber eins will ich Euch sagen! Wenn ihr uns zwingt, auf so eine Selbstmordreise zu gehen, dann wird die ganze Seglerwelt davon erfahren – und auch genau warum! Ihr könnt machen, was Ihr wollt, sperrt uns ein, legt das Boot an die Kette, schmeißt uns raus, einfach so, aber erwartet nur nicht, dass ich einen meiner Crew von Euch behandeln lasse wie einen Untermenschen! Erstens ist er keiner, und zweitens lasse ich das nicht zu!«

Der Polizeichef war ein großer holländischer Südafrikaner, mit rotem Gesicht. Er sah aus, als könne er mich zerquetschen, und ich hatte keinen Zweifel, dass er das am liebsten auch tun würde.

»Seien Sie vorsichtig«, sagte der Beamte der Einwanderungsbehörde, »es gibt ein Gesetz zur Abwehr von Kommunisten hier.«

»Kommunisten? Was zum Teufel soll das jetzt? Von was reden Sie da? Nur weil ein Skipper seine Mannschaft in Schutz nimmt? Ich, ein verdammter Kommunist! Sie machen wohl Witze? Also, wenn Ihr das so wollt, dann legen wir ab! Und ich wiederhole: Ich werde das überall bekannt machen, so lange ich lebe! Ich garantiere, dass jeder Seemann das erfährt, und genau erfährt, von Valparaiso bis Gibraltar! Guten Morgen!«

Ich drehte mich zur Tür.

»Einen Moment, Kapitän«, der Polizeichef sprach jetzt einige Takte leiser. »Einen Moment, kein Grund im Zorn einfach wegzulaufen. Ich habe einen Vorschlag zu machen. Wir registrieren diesen Kaffer – ein bevorzugter Burenausdruck für einen Schwarzen – als Asiaten. Ja, ... das würde das Problem lösen. Lass' mal sehen ... wir könnten sagen, er kommt von den Malediven. Die gehören zu Indien, und die Kerle da sind auch ziemlich schwarz. Keiner kann das unterscheiden. Dann kann er die asiatischen Einrichtungen benutzen, die Waschräume, die Toiletten, und das Restaurant. Das ist die Lösung!«

Und so machten sie es. Wir verbogen die eisernen südafrikanischen Apartheitsgesetze einfach, natürlich nur ganz wenig, aber immerhin. Alem konnte essen, sich Filme anschauen und natürlich auch aufs Klo gehen. Es machte mich allerdings ärgerlich, wenn wir mittags in ein kleines, billiges Restaurant zum Essen gingen. In der Mitte des Restaurants stand eine Linie aus Kühlschränken und Automaten für Softdrinks. Alem musste auf der einen Seite im Stehen essen, während Conrad und ich an einem Tisch saßen. Was für ein Unsinn! Was für ein engstirniges, blindes, aussichtsloses, halbverblödetes, angesoffenes, realitätsfremdes, unsinniges und lächerliches Regime! Aber das Essen war so vorzüglich, dass es Alem sogar im Stehen schmeckte.

Am Morgen war die Luft in Durban angenehm frisch und kühl. Wir arbeiteten hart, bis es gegen ein Uhr mittags zu heiß dafür wurde. Am Ufer standen große weiße Appartementhäuser und verloren sich in der Ferne hinter dem Yacht Club. Zwischen dem Steg des Clubs und den Hochhäusern verlief eine breite moderne Straße, auf der die Autos pausenlos von einer Ampel zur nächsten röhrten. Überall im Hafen lagen große Schiffe, Öltanker, und große Frachter für Getreide und Zucker. Wegen der Schließung des Suezkanals war Durban im Moment ein sehr geschäftiger Hafen. Oft lagen mehr als zwanzig Schiffe draußen vor der Hafeneinfahrt auf Reede und warteten darauf, in den Hafen einzulaufen.

Barbara lag in der Nähe der öffentlichen Sliprampe und war in Gesellschaft von ein paar anderen seegehenden Yachten. Viele davon lagen schon über ein Jahr hier. Ihre Eigner arbeiteten an Land und wollten Geld für die Umschiffung des Kaps der guten Hoffnung und ihre Weiterreise in die Karibik oder nach Europa verdienen. Die meisten von ihnen kamen aus Australien, oder dem pazifischen Raum. Durban ist eine Drehscheibe für Blauwassersegler. Fast jede Yacht, die auf ihrem Weg nach Europa über den Indischen Ozean herüber kommt, macht hier Station. *Barbara* war wieder im Hauptstrom der Weltumsegler, nachdem sie das Mittelmeer verlassen und die Trampelpfade abseits der Straßen benutzt hatte. Nach und nach kamen weitere Yachten aus dem Osten an, die hier auf den südlichen Sommer warteten, bevor sie um das berüchtigte Kap der guten Hoffnung herum weiter segelten.

»Was hält uns noch hier?« fragte Conrad.

»Also«, sagte ich, »erst mal muss die Maschine raus. Sie muss überholt werden, und das ist vielleicht der einzige Platz, wo wir das machen lassen können, zwischen hier und dem Oberwasser des Amazonas.«

Unter Segel brachten wir das Schiff hinüber zur Wilson Werft und machten es fest. Vier riesige Zulus hoben die Maschine heraus, mit Hilfe eines kleinen Krans, vier Flaschen Bier, ein paar Zügen Dagga (einer berauschenden Pflanze, die in Sambia wächst) und vielen Gesängen. Als sie heraus war, reinigten wir die Bilge und strichen sie frisch an. Einen Monat später wurde die Maschine wieder eingebaut, sie glänzte neu und grün. Inzwischen hatten wir auch an Deck alle Holzteile mit Firnis gestrichen, und alle Segel waren repariert. Wir waren bereit, das Kap der guten Hoffnung in Angriff zu nehmen. Ich war begierig darauf, in den Südatlantik zu kommen, um den Amazonas noch vor Einbruch der Regenzeit zu erreichen. Die Entfernung zur brasilianischen Ostküste betrug fünftausend Seemeilen, und dann waren es nochmals viertausend Meilen auf dem Amazonas bis Pucallpa und dem Ziel.

Während der Arbeiten musste Alem nach Hause, in das Hochland von Äthiopien. Sein Vater war gestorben, er war in die Imperialistische Armee eingezogen worden und sollte im Januar seinen Dienst antreten. Wir schüttelten uns am Flughafen die Hände und schauten uns gerade in die Augen. Er ging als fast fertiger Ozeansegler zurück, mit Salz im Blut und dem Wind in seinen Ohren, und fluchen wie ein Seemann konnte er auch. Außerdem hatte er eine Menge über Toleranz gelernt. Conrad nahm eine Woche frei, und besichtigte den St. Johns Fluss in Transkei. Ich besichtigte inzwischen die Bars im Hafen von Durban. Ich dachte, ich würde in den nächsten Monaten noch genug Fluss genießen. Ich würde die Flüsse besichtigen, wenn ich zu ihnen kam, aber nicht in Afrika.

Überholt und wie neu geboren legte *Barbara* am 14. November im Hafen von Durban ab. Ein Schlag über tausend Meilen lag vor ihrem Bug, um das berüchtigte Kap der guten Hoffnung herum, dem Kap der Stürme wie Dias es zuerst benannte. Wir gingen in den Atlantik, in meinen eigenen Ozean, auf dessen Wasser ich geboren wurde, auf einem alten Frachtdampfer, vor der Insel Tristan da Cunha vor sechsundvierzig Jahren. Ich fühlte mich, als würde ich nach Hause zurückkehren.

15

Um das
Kap der Guten Hoffnung

Auf dem langen Schlag, von Durban nach Kapstadt erlebte *Barbara* vier Stürme in zehn Tagen. Für die Jahreszeit war das ziemlich ungewöhnlich. Die vorherrschenden Westwinde um die Welt herum stoßen in diesen Breiten des Südatlantiks auf den Agulhas-Strom, der vom Indischen Ozean her südwärts läuft. Dabei werden ungeheure Seen aufgebaut, mit steilen Flanken und tiefen Trögen. Die Gischt ihrer Schaumkronen wird vom Wind weggetragen, und nach der Wärme des Monsuns im tropischen Indischen Ozean war es bitter kalt. Am Anfang fühlten Conrad und ich die starke Belastung, durch die abwechselnden Wachen. Wir waren wieder Tag und Nacht am Rad. Aber wie üblich, ist alles nur eine Sache der Gewöhnung an die Anstrengung. Nach vier Tagen waren wir wieder in unserer üblichen Routine und freuten uns sogar über das wilde Segeln zwischen den Stürmen.

Noch einmal, der Agulhas-Strom erzeugt an seiner seewärtigen Seite seiner Achse eine enorme See, also ist es das beste, in der Nähe der südafrikanischen Küste zu bleiben, wenn es geht außerhalb der Schifffahrtsstraßen, aber weit genug von der Küste entfernt, um Wirbelströmungen und unmarkierten Riffen auszuweichen. Es ist eine wilde Küste, gepflastert mit Wracks versunkener Handelsschiffe, die der Küste zu nahe kamen. Aber zum Glück ist sie gut befeuert. Wenn man sorgfältig peilt und navigiert, kann man auch in der Nacht sicher an ihr entlang fahren, selbst bei rauem Wetter. Das Problem ist, wenn man nahe an einer bergigen Küste entlang segelt, sagen wir in fünf Meilen Abstand, dann ist man plötzlichen Böen ausgesetzt. Es sind Fallwinde, die von den hohen Gipfeln der Drakensberg Range herunterkommen, und sie erreichen eine Geschwindigkeit von über einhundertsechzig Stundenkilometern. Auch besteht bei Nacht immer die Gefahr der Kollision mit einem Frachter, mit einem der hundert Handelsschiffe, die pro Tag um das Kap herumfahren.

Vor Kap Agulhas, dem südlichsten Punkt des afrikanischen Kontinents, bekamen wir das meiste ab. Ein fürchterlicher Wind blies aus Südwest direkt aufs Land hinauf. Wir waren unter Trysegel und Sturmfock und bewegten uns langsam nach Süden. Plötzlich packte eine Riesensee, die mehr wie ein lebendiger Berg aussah, das Schiff und warf es auf die Steuerbordseite. Ich stand festgekeilt im Niedergang auf der Leiter und versuchte eine Peilung des Feuers von Kap Agulhas zu bekommen. Conrad war mit seinem Sicherheitsgurt an der Steuersäule gesichert, der aus extrem starken gewebten Kunststoffbändern und Leinen mit einer Tragkraft von zwei Tonnen bestand. Ruckartig legte sich *Barbara* auf die Seite. Die Saling des Großmasts tauchte steuerbordseitig in die See. Das Schiff lag bestimmt zwei Minuten lang flach auf dem Wasser, aber es ist schwer, sich exakt an die Zeit zu erinnern.

Ich wurde gegen die Kante des Kajütdachs und die Seite des Niedergangs geschleudert und brach mir dabei drei Rippen. Das Cockpit war voll mit kaltem Seewasser. Die Steuersäule, ein stabiles Rohr aus Stahl, an dem das Rad befestigt ist, war verbogen. Der Kompass, der oben auf der Steuersäule mit vier Messingbolzen gesichert war, wurde einfach abgerissen und fiel ins Cockpit. Conrads Sicherheitsleine, mit zweitausend Kilogramm Bruchlast, riss ab wie ein Zwirnfaden. Alles was ich hörte war »Scheiße!«, als er ins Schlingern kam. Glücklicherweise konnte er sich an der verbogenen Steuersäule festklammern und sich gleichzeitig zum Boden hinunterbewegen. Nach einer Ewigkeit, wie es uns vorkam, schüttelte sich *Barbara* wie ein verwundetes Schwein und kam wieder in ihre normale Lage. Wir hatten eine Kenterung überstanden. Ich hatte furchtbare Schmerzen, aber es gelang mir, den Kompass zu schnappen und zu verhindern, dass er über Bord ging.

»Komm' schon hoch, Kumpel!« Ich zog Conrad irgendwie hoch und befestigte sein Sicherheitsgeschirr mit der Großschot an der Fockwinsch und der Klampe auf der Steuerbordseite. Er war bewusstlos und halb ertrunken. Das alles im kalten Seewasser und in diesem pfeifenden, röhrenden, kalten und beißenden Wind. Aber irgendwie war ich dankbar dafür, dass meine Rippen gebrochen waren, und nicht die von *Barbara*.

Conrad kam wieder zu sich. »Alles in Ordnung, Skip?«

»Denk' schon«. Ich stöhnte, als ich am Rad drehte, und *Barbara* wieder auf Kurs brachte.

Am Morgen des 27. waren wir in grünem Wasser, aber in den niedrighängenden Wolken hatten wir kaum Sicht. Wir wussten, dass wir das Schlimmste überstanden hatten. Jetzt waren wir im Südatlantik. Immer noch unter Trysegel und Sturmfock legten wir Kurs Nordwest an. Wir donnerten in gewaltige Seen hinein, aber mit halbem Wind von Backbord kamen wir ganz gut voran. Das Schiff war in Ordnung, und wir steuerten das Cap der Guten Hoffnung an.

»Bisschen rau, letzte Nacht, he?« sagte Conrad und grinste.

»Stürmisch«, kommentierte ich und stöhnte wegen der Schmerzen von meinen gebrochenen Rippen. Ich hatte ein paar Fetzen altes Segeltuch fest um meinen Oberkörper gebunden.

Am Nachmittag klarte der Himmel auf, und das Kap erschien an Steuerbord voraus.

»Da ist es«, schrie Conrad, »das Kap!« Er deutete mit seiner behandschuhten Pranke über den Bug.

»Wo denn?«

»Recht voraus!« Er schaute mich verwundert an. »Gerade vor unserer Nase, Skip! Ich hätte das selbst nicht besser machen können.«

»Wo um Gotteswillen hast Du denn gedacht, dass es ist, achteraus? Also jetzt geh' runter und organsier' was zum Futtern!«

Irgendwie brachte Conrad es fertig, eine warme Mahlzeit aus Haferflocken und Bohnen zu machen.

»Bitte sehr, Tristan«, er gab mir einen Blechteller durch den Niedergang nach oben, »hau' rein!«

Da waren wir also, immer noch in einem Stück, und wieder im Atlantik. Seit *Barbara* das Mittelmeer verlassen hatte, waren wir knapp 14.000 Meilen in einundzwanzig Monaten gesegelt. Wir hatten die Wüste durchquert, wir hatten unseren Weg durch eine riffgespickte See gefunden und durch einige der politisch gefährlichsten Gewässer der

Erde. Und nun war *Barbara* wieder auf der westlichen Halbkugel. Ihr Ziel war der mächtigste Fluss der Erde, der Amazonas!

Wegen meiner gebrochenen Rippen legten wir in Kapstadt eine Pause ein, denn ich musste mich erst erholen. Selbst wenn wir dafür später an den Amazonas kommen würden, der noch viertausend Seemeilen weit entfernt war. Ich konnte ein paar Artikel verkaufen, und wir hatten genug Geld in der Kasse, um das Schiff für die Passage über den Atlantik auszurüsten. Ich zog in das Hotel Elizabeth am Crown Point. Das erste Mal in elf Jahren schlief ich für ein paar Tage an Land. Ich ruhte mich aus, und las, hauptsächlich über den Amazonas und Brasilien. Am Abend verbrachte ich ein paar Stunden in den geselligen Bars der Gegend. Mein Aufenthalt wurde bereichert durch den Besuch zweier Herren, die den Eindruck erweckten, sie seien Journalisten. Einer von ihnen fotografierte mich emsig in der Lobby des Hotels, von allen Seiten und aus allen Blickwinkeln. Der andere stellte mir unterdessen pausenlos Fragen über meinen Eindruck von Südafrika. Er wollte wissen, was ich von der Apartheid halte. Auch die Einstellung der Leute in anderen Ländern interessierte ihn sehr. Aber sie konnten mich keine Sekunde lang hinters Licht führen. Ein Seemann riecht Polizisten auf eine Meile in Lee. Unnötig zu sagen, dass ich mit meiner Meinung nicht hinterm Berg hielt, und das mit großem Vergnügen.

»Was die Welt draußen von Euch hält? Hauptsächlich denkt sie, dass Ihr Idioten seid. Dass Eure Absichten ehrlich gemeint sind, daran glaubt nur Ihr.«

Nachdem meine Rippen geheilt waren, fuhren Conrad und ich über Land zum Cape Nature Reserve Park, um die Statue von Vasco da Gama anzuschauen. Als wir auf einer gepflegten Straße an der Stelle ankamen, sahen wir ein Schild, beschriftet in Afrikaans und Englisch, das auf einen Schotterweg hinabzeigte. »Statue von Vasco da Gama, und darunter: »Nur für Asiaten und Farbige«. Ein wenig weiter stand noch ein Schild »Nur für Weiße«. Es zeigte eine asphaltierte Straße hinunter, die mit sauber geschnittenem Gras eingefasst war. Ich bestand darauf, dass Conrad sofort das Auto wendete. Wir fuhren schnurstracks zum Hafen zurück. Wir füllten unsere Vorräte auf und bunkerten Wasser. Dann sagten wir vielen Freunden auf Wiedersehen. Wir waren bereit, für die Abreise aus einem Land, das so krank war, dass ihm nur noch durch eine drastische Rosskur zu helfen war.

Nach dem Zweiten Weltkrieg hatte das Land alle Chancen, eine Führungsrolle in Afrika zu übernehmen. Es hatte die Macht und die Technologie, den Rest des Kontinents aus seiner Lethargie zu reißen und Schwarzafrika in das 20. Jahrhundert zu führen. Aber das Regime dort war blind, taub und verdammt stupide. Und jetzt erwartete man das Unausweichliche, ein Blutbad, oder, mit Glück, das Überleben einer kleinen Enklave von Europäern am südlichen Zipfel eines wunderschönen Kontinents.

Wir verließen die herrliche Table Bay am neunzehnten Dezember. Ein kräftiger »Buster« aus Süden schob *Barbara* mit Kurs auf Brasilien in den Atlantik hinaus. Vor uns lagen 3300 Seemeilen. Endlich kam ich meinem Ziel näher, dem großen und mysteriösen Kontinent Südamerika, der mich seit meiner Kindheit angezogen hatte, und für dessen Unabhängigkeit drei meiner Vorfahren gekämpft hatten, ein ganzes Jahrhundert vor dieser Zeit.

16
Eine weitere Ozeanüberquerung

Von Kapstadt aus steuerten wir dreihundert Seemeilen weit nach Nordwesten. Wir hatten Südwind, bis hin zu Sturmstärke, achterlich. Wir erreichten gute Etmale, wir waren ausgeruht und erfrischt und konnten viel Segelfläche stehen lassen. Der Himmel war bedeckt, aber es machte mir wenig Sorgen, dass ich ein paar Tage lang keinen Standort hatte – kein Problem, vor uns lag der ganze Südatlantik. Dort ist es nicht wie im Indischen Ozean, es gibt keine verstreuten Riffe, an denen man stranden könnte, wenigstens nicht südlich des Äquators. Wir entfernten uns von den Hauptverkehrsstraßen der Schiffe, und wir konnten *Barbara* laufen lassen bis zum Horizont. Das ist das perfekte Ozeansegeln, nichts voraus und genug Proviant und Wasser an Bord, Schiff und Ausrüstung gesund und moderates Wetter. Wenn man so entlang rauscht, dann fühlt man sich frei wie ein Vogel im Wind des weiten Ozeans. Am Tage setzten wir das Vorsegel, und den Besan, so dass *Barbara* bei halbem Wind sich selbst steuern konnte. In der Nacht steuerten wir von Hand, bis wir mit Sicherheit aus den Schifffahrtsstraßen heraus waren, danach ließen wir sie Tag und Nacht unter Selbststeuerung laufen. Und so waren wir drei volle Tage von der Sklaverei am Rad befreit.

Am Weihnachtstag entkorkte Conrad eine Flasche Kapwein. Mit Hühnchen, und Weihnachtskuchen aus der Dose feierten wir und brachten Toasts aus, auf unsere Lieben und Freunde. Das Schiff tanzte dazu auf dem sanftesten und gutmütigsten Ozean der Welt, denn im Südatlantik, nördlich vom Wendekreis des Krebses, sind Stürme eine Rarität. Der Wind kommt stetig aus Südost und erreicht selten eine Geschwindigkeit über zwanzig Knoten.

»Gutes Segeln, Tristan«, begrüßte mich Conrad am Weihnachtsmorgen.

»Frohe Weihnachten, Kumpel.«

Am zweiten Weihnachtsfeiertag setzten wir das erste Mal seit über einem Jahr den Spinnaker. Und er blieb vier Tage lang oben. Der Wind war so stetig, dass eine Teetasse locker oben auf dem Kompass stehen blieb. Segeln unter Spinnaker ist anstrengend, man muss ständig wachsam sein. Aber die Geschwindigkeit hatte zugenommen, und das war den Einsatz wert. Also wieder zurück zur Bordroutine, zwei Stunden Wache, zwei Stunden frei, bei sechs bis sieben Knoten, vier Tage lang. Nebenbei war auch das Fischen nicht schlecht. Jeden Tag fingen wir mindestens einen Bonito, oder eine Dorade und konnten unsere Konserven sparen. Wir packten den Fisch direkt in den Druckkochtopf, unabhängig von der Tageszeit, und aßen ihn genussvoll. Das beste Restaurant der Welt kann keinen Fisch zubereiten, der wie frischgefangener Ozeanfisch schmeckt, in ein wenig Salzwasser gekocht, und Currypaste obendrauf. Und das während sich der Bug hob und senkte und uns wegbrachte von den kalten Gewässern am Kap.

Nach vier Tagen merkten wir die Anstrengung vom Steuern unter Spinnaker. In der ersten Woche nach Kapstadt hatten wir fast tausend Seemeilen zurückgelegt, und so bargen wir den Spi und setzten die Genua und das Großsegel. Wir segelten»wing to wing«, wie wir sagen. Ein Bullenstander hält den Großbaum an seinem Platz, und die Genua wird mit dem Spibaum ausgebaumt, der ebenfalls gesichert ist. Dann liefen wir weitere tausend Meilen ohne irgendetwas zu Gesicht zu bekommen, keinen Vogel, kein Schiff, nichts als gelegentlich einen Fisch, der auf unsere Haken ging. Nichts, als die sich hebende und senkende See und die Wolken, leicht, jung und luftig am Morgen und schwanger mit Regen am Abend. Oft hatte ich gute Sicht auf die Gestirne und bekam gute Standorte, so exakt, wie man sie auf einem im Seegang tanzenden kleinen Schiff hinkriegt. Am sechzehnten Tag nach Kapstadt, nach 1537 Seemeilen, kam die Insel St. Helena in Sicht, hoch und neblig in der Ferne. Wir steuerten den Ankerplatz auf der Nordseite an, James Bay. Wir ließen den Anker fallen und schliefen uns aus. Am Abend gingen wir an Land und tranken ein paar Bier im Standard Pub. Bis zum Schließen des Pubs quasselten wir mit den freundlichen Einheimischen, die mit einem Akzent von früh-viktorianischem Westküstenenglisch sprechen, obwohl viele von ihnen Farbige sind und aus Afrika stammen. Sie schienen britischer zu sein als Conrad und ich. Ihre größte Angst war, dass England die Insel an Südafrika übergeben könnte. Das konnte ich sehr gut verstehen!

Am zweiten Tag auf St. Helena besuchten wir Longwood, das wunderschöne Haus, in dem Napoleon während seines Exils auf der Insel bis zu einem Tod gewohnt hatte. Von der Art, wie die Einheimischen darüber sprachen, erschien es, als wäre es erst gestern gewesen. Es war eine Freude, an einem solch»englischen« Platz zu sein, und es war wunderbar zu dem kleinen Gemüseladen von Mrs. Baines zu gehen, an der Hauptstraße. Überall sah es so aus wie irgendwo in einer englischen Kleinstadt auf dem Lande. In dem Laden von Mrs. Baines gab es all die Kleinigkeiten, ohne die ein richtiger Engländer kaum auskommt: Earl Grey tea, Guiness stout (dunkles, bitteres Bier), Oxo beef cubes (Brühwürfel), und Rose's lime juice (Limonensaft). Ich hielt einen kleinen Schwatz mit dieser genialen Lady, und es war wie das Paradies nach der Wasserwüste des Südatlantiks. Wir ließen uns nicht länger als drei Nächte auf St. Helena aufhalten. So groß auch die Versuchung war, noch ein wenig zu bleiben, die Fluten des Amazonas würden mit ihrem Hochwasser nicht warten. Ein wenig traurig liefen wir aus, mit Kurs auf Recife in Brasilien, fast siebenhundert Seemeilen entfernt.

Wieder hatten wir guten achterlichen Wind. Wieder lief *Barbara* wing to wing und rauschte nach Nordwesten. Auf der ganzen Reise begegneten wir nur einem einzigen Schiff – und das hätte uns beinahe versenkt.

Am Morgen des 16. Januars, einem Sonntag, sichteten wir auf 11°40' Süd und 21°10' West ein kleines Schiff am westlichen Horizont. *Barbara* lief immer noch mit vollen Segeln und surfte mit etwa sieben Knoten in der rollenden See. Der taiwanesische Trawler Nr. 22, *Chin Ying Chan* lief parallel zu uns. Nach einer halben Stunde erhöhte er urplötzlich seine Geschwindigkeit und nahm Kurs auf einen Punkt, der genau vor *Barbara*s Bug lag. Und dann ließ er gerade an diesem Punkt seine Netze ins Wasser. Direkt vor unserem Bug! Nur zweihundert Meter weit entfernt! Er hatte den ganzen Südatlantik zum Fischen, und er ließ seine Netze gerade vor einem raumschots segelnden Schiff herunter – mitten in dem riesigen Südatlantik!

»Verdammte Sau!« rief Conrad, als er nach vorn rannte, um die Sicherungsleinen wegzunehmen.

Conrad und ich, bewegten uns schneller als je zuvor. Runter mit dem Spibaum, die Genua an die Backbordseite, eine Halse, um auf Backbordbug zu kommen, und parallel zu diesem Sauhund, eine Wende auf Steuerbordbug, und dann westlich hinter dem Fischgeschirr vorbei. Es waren große Stahlnetze und Trossen, sie hätten *Barbaras* Rumpf in Stücke zerfetzt. Die Crew des Trawlers, eine Horde dreckiger Vogelscheuchen, stand an der Reling, grinste und winkte. Es war das erste Mal, dass ich mitten auf dem Atlantik auf Chinesisch fluchte!

»Die können Dich gar nicht hören, weißt Du«, sagte Conrad.

»Nein aber ich kann, und Du kannst!«

Nach weiteren drei Tagen stießen wir auf die südamerikanische Kontinentalplatte, das war am 20. Januar. Man kann es merken, wenn man sich über der Kontinentalplatte befindet, denn die See ändert ihren Rhythmus. Sie läuft nicht mehr so regelmäßig und beständig wie im tiefen Wasser. Der Rhythmus wird hektischer und unberechenbarer. Am 21 sahen wir die ersten Vögel, am 22. verfärbte sich die See leicht, und am 23. machten wir das Leuchtfeuer von Olinda aus, unserem Zielhafen, genau voraus, etwa acht Meilen entfernt. Wir drehten für den Rest der Nacht bei, denn wir hatten keine Ansteuerkarte für Recife, und alleine vom Namen her (portugiesisch: »Riff«) waren Schifffahrtshindernisse bei der Einfahrt zu erwarten.

Wir hatten einen schönen Bonito zum Abendessen, wir lagen unter dem Besan, und die Petroleumlampe schwang am Großbaum hin und her. Abwechselnd übernahmen wir die Wachen, vier Stunden Wache, vier Stunden schlafen. Um sechs Uhr morgens sahen wir endlich deutlich das Land, flach und grün. Wir wanden uns unter kleinen Segeln in den Hafen von Recife hinein und machten am Zollpier fest. Die 3340 Meilen von Kapstadt bis hierher hatten wir in dreißig Tagen zurückgelegt. Von den Seychellen, wo wir dieses Ziel festgelegt hatten, waren es 6000 Meilen – in nur drei Monaten. Ich hatte meine siebzehnte Atlantiküberquerung unter Segel hinter mir, Conrad seine erste! Aber das Gefühl war bei beiden von uns das gleiche.

17
Ein lohnender Landgang

Der 23. Januar 1972 war ein Sonntag. Als wir ankamen, hatten die Beamten der Einwanderungsbehörde und vom Zoll im Hafen von Recife frei. Wir konnten nicht an Land, bevor *Barbara* nicht formell einklariert hatte und mussten bis zum nächsten Tag warten, um den Hafen und die Umgebung zu erkunden. Aber das machte uns wenig aus. Im Gegensatz zur herrschenden Meinung hat man nach einer langen Ozeanreise gewisse Schwierigkeiten, sich in das scheinbare Durcheinander und die unlogische Hektik der Landmenschen einzuordnen. Sie steht im Gegensatz zu der durchorganisierten Bordroutine auf einem Segelschiff, auf dem die einzigen Probleme sich auf das Rigg, die Segel, die Navigation und kleinere Defekte in der Ausrüstung beziehen, die von Zeit zu Zeit auftreten und meist untergeordneter Natur sind.

Mit einem guten Kumpel, so wie Conrad, gab es so gut wie keine menschlichen Probleme. Das Leben verläuft in Harmonie mit der See und der Natur. Selbst jetzt, nach meinen vielen Ozeanüberquerungen, habe ich nach ein paar Wochen auf dem Meer Hemmungen, nach dem Anlegen einfach so an Land zu gehen. Ich habe dann einen inneren Frieden in mir, und ich möchte nicht in das Geflecht zwischenmenschlicher Missverständnisse hineingeraten – die Angeberei, die Heuchelei, die scheinheilige Art der Kommunikation und die ganze Art und Weise, wie die Leute ihren Arsch sauber halten wollen. Aber das ist natürlich nur so ein Gerede, nach ein paar Stunden schwimme ich selbst auch wieder im allgemeinen Strom mit.

Wir schauten den Einheimischen im Sonntagsstaat bei ihrem Spaziergang am Kai zu. Eine durcheinanderwirbelnde Masse junger Mädchen und Burschen aller Farbschattierungen, Ladies in ihren besten Kleidern, Männer und Knaben in allen möglichen Kostümen, von Badehosen bis hin zu weißen Tropenanzügen. Alle schnatterten drauflos, fröhlich und lustig, wie es nur die Brasilianer können. Und wir? Als die Sonne unterging, räumten wir die Kabine und die Kombüse für den erwarteten Besuch am nächsten Morgen auf. Dann machten wir das Abendessen, und nahmen einen Schluck von dem zollfreien Scotch, den wir von Südafrika mitgebracht hatten. Wir gingen zufrieden schlafen, obwohl die Musik eines nur zwanzig Meter entfernten Nachtclubs hämmerte und dröhnte. Ich war glücklich, ich hatte endlich den Kontinent erreicht, auf dem mein Ziel lag, weit im Westen, hinter unbekanntem Dschungelgebiet und geheimnisvollen Bergen, hinter einem der mächtigsten Flüsse der Erde, hoch droben in den Wolken.

Früh am nächsten Morgen kamen die Beamten an Bord. In diesem Teil der Welt fängt man früh mit der Arbeit an, um möglichst viel zu erledigen, bevor die Sonne anfängt zu brennen. *Barbara* und wir wurden offiziell in Brasilien einklariert, aber es gab ein paar verwunderte Blicke, als ich unser Ziel, die Stadt Pucallpa in Peru, nannte. Aber an verwunderte Blicke war ich inzwischen gewöhnt. Die hatte ich auch in Venedig, Israel, Djibuti und Südafrika empfangen – ein paar mehr machten da keinen Unterschied.

Recife hieß früher Pernambuco. In den Tagen der großen Segelschiffe war es einer der wichtigen Stützpunkte auf der Weltkugel, denn es liegt an der Nordostspitze von Brasilien, wo die Strömungen und Winde ihre Richtung ändern. Es wuchs zu einer großen Stadt heran. Dann verschwanden die alten Rahsegler und ließen einen großen Hafen mit wenig Handel zurück. Die einzigen anderen Schiffe, die wir während unseres Aufenthalts dort sahen, waren ein italienischer Frachter und ein Trawler aus Japan. Das Nachtleben aber ist immer noch auf den Empfang großer Flotten eingestellt. Also kann man sich leicht vorstellen, was für eine herrliche Zeit die Mannschaft von *Barbara* hier verbrachte. Anstelle der drei Tage, die wir eingeplant hatten, blieben wir volle zwei Wochen!

Wie New York ist die Stadt über mehrere Inseln verteilt, die durch Brücken verbunden sind. Der Stadtteil, der unmittelbar an den Hafen angrenzt, heißt La Zona und ist etwa zehn Quadratkilometer groß. Er besteht hauptsächlich aus Bars, billigen Restaurants, Bordellen, Kinos, Stripteaseschuppen, Tanzlokalen, Massagesalons und Frisörgeschäften. Alles ist Tag und Nacht offen und sehr billig. Für einen Seemann auf Landgang das reine Paradies! Es gab nichts, was man nicht vom Schiff aus in einem Umkreis von fünf Minuten zu Fuß bekommen konnte. In den zwei Wochen, in denen wir hier waren, ließen wir uns unsere Mahlzeiten zubereiten, wir kauften weder selbst ein, noch machten wir selbst die Kajüte oder die Kombüse sauber. Auch das Deck ließen wir mehrmals schrubben. Aber ich erinnere mich nicht daran, dass der gleiche Bursche oder das gleiche Mädchen länger als zwei Tage geholfen hätte. Wenn es einen Platz auf der Welt gab, an dem man sich zu Tode vögeln konnte, frei, gratis und ohne Gegenleistung, dann war es Recife. Es gab, und ich sage das ohne Übertreibung, bestimmt zehntausend zur Verfügung stehender Objekte beiderlei Geschlechts im Umkreis einer halben Stunde vom Schiff. Es war mehr als genug, um den stärksten Seemann umzuwerfen.

»Mhmm ...«, sagte Conrad nach seinem ersten Landgang.

In unserer bevorzugten Bar bemühte sich der Besitzer so sehr um uns, dass er sogar eine Eskorte bereitstellte, die uns sicher durch die Stadt brachte. Wir mussten uns keine Sorgen machen, so viel wir auch von dem »cachaça« tranken. Dieses cachaça ist ein Feuerwasser, das aus Rohzucker destilliert wird. Dagegen schmecken karibischer Rum oder polnischer Wodka wie Limonade. Nur ein keiner Schluck davon, und man meint, die Schädeldecke würde sich ablösen. Ein Glas davon ließ uns rotieren. Als die Genüsse der Hafengegend an Reiz verloren, gingen wir hinauf zu einem mit Bäumen eingefassten kleinen Platz bei der Kathedrale und hörten den Gitarrenkonzerten in der kühlen, klaren, sternenglitzernden Tropennacht zu.

»Schön sich mal zu entspannen«, sagte Conrad und nippte an seinem Bier.

»Du brauchst keine Entspannung, Du bist reif fürs Erholungsheim!«

Der örtliche Yachtclub behandelte uns wie Könige. *Barbara* bekam einen kostenlosen Liegeplatz, und es gab sogar zu unseren Ehren ein Abendessen. Als Entschädigung machten wir mit einer Ladung Kindern aus dem Waisenhaus einen kleinen Tagestörn. Es kommen nicht viele ausländische Yachten nach Recife, das ist schade, denn es ist mit Sicherheit einer der fröhlichsten und gastfreundlichsten Häfen, in denen ich war. Ich werde jede Chance wahrnehmen, wieder einmal hier her zu kommen, selbst wenn ich dann neunzig Jahre alt bin und im Rollstuhl an Land gehen muss. Wenn es im Himmel eine Ecke für Seeleute gibt, dann muss es sie geben, dann ist es dort wie in Recife. Es wird vielleicht ein wenig kühler sein, im Himmel, denn die Luftfeuchtigkeit hier war so hoch, dass man nach der kleinsten Anstrengung schon sein Hemd auswringen konnte.

Es passierte auch in Recife, dass Conrad seine Quäkererziehung endlich abwarf. Als wir dachten, es sei an der Zeit abzulegen, machten wir das mit großem Bedauern. Wir hatten mit vielen Leuten aus allen Schichten der Bevölkerung Freundschaft geschlossen. Und obwohl die meisten von ihnen mit Sicherheit niemals zum Tee in den Buckingham Palast gebeten werden, wären alle bei mir an Bord immer willkommen.

»Ist es in Belèm so ähnlich wie in Recife, Skipper?«

»Gott steh' uns bei, wenn dem so ist!« antwortete ich.

Eine Menge von bestimmt hundert Leuten winkten uns zum Abschied. Wir liefen aus dem Hafen von Recife aus und gingen auf Kurs WNW. Tausend Meilen an der brasilianischen Küste entlang. Von Cabo de São Roque ab (der Nordostspitze Südamerikas) half uns der Strom, und der Wind kam geradeaus über *Barbaras* Arsch. Wir hatten einen tollen Törn und schafften die Passage nach Salinópolis, an der Amazonasmündung, in schlappen neun Tagen. Unterwegs wunderten wir uns über etwas, das wie ein Mann auf einem Küchenstuhl aussah, mit einem Segel über sich. Wie sich herausstellte, war es ein Bambusfloß, »jandaga« genannt. Es ist ein schnelles Segelfahrzeug und wird von den Fischern benutzt. Das hier war etwa fünfeinhalb Meter lang, aber aus der Distanz konnte man die eigentliche Form des Fahrzeugs im Wasser nicht erkennen. Also sah es wie ein Stuhl mit Segeln aus, eines der ungewöhnlichsten Seefahrzeuge, die ich je sah.

Als wir uns dem Amazonasdelta näherten, wurden die Gewitterstürme häufiger. Der gesamte östliche Horizont wurde pechschwarz. Es war, als käme das Jüngste Gericht Jehovas herangebraust. Der Wind schlief ein, und man konnte die elektrische Ladung der Luft fühlen. Dann kam ein schrecklich böiger Wind auf, und dann der Regen, er kam so schwer und dicht herunter, dass man den Kompass in einem Meter Abstand nicht mehr sehen konnte. Die See wurde weiß, und der Wind erzeugte fliegenden Schaum auf der Oberfläche. Es war, als wenn die Welt untergehen würde. Dann, urplötzlich, klärte sich der Himmel auf, und der Wind ging auf seine normale Stärke herunter. Alles war wieder in Ordnung. Das passierte alles innerhalb von Minuten, aber es passierte ungefähr jede Stunde einmal. Am Anfang war es ein wenig beunruhigend, aber, wie immer, man gewöhnt sich an alles.

Am Morgen des 11. Februars ergaben meine Berechnungen einen Standort sechzig Seemeilen östlich von Salinópolis. Wir änderten den Kurs in Richtung Küste und machten am 12. Februar, um 05:00 Uhr, das Leuchtfeuer dieser Stadt aus, die an der Südseite der größten Flussmündung der Welt liegt. Wir drehten bei und warteten die Morgendämmerung ab. Wir hatten die Mündung des Amazonas erreicht, den größten aller Flüsse. Alles was zu tun blieb, war, hineinzufahren und dann noch zweitausenddreihundert Seemeilen weiter. Kein Problem – so dachten wir. Aber der Fluss erteilte uns eine Lektion fürs Leben! Wenn ich nur den Schimmer einer Ahnung gehabt hätte, was da auf mich zukam, wäre ich abgehauen und wäre in die Karibik gesegelt.

18.

Der erstaunliche Amazonas

Barbara, ich, und die meiste Strecke auch Conrad, hatten seit der Abfahrt in Westport mehr als 30.000 Seemeilen zurückgelegt. Etwa ein Drittel davon ging's gegen den Wind. Beigedreht vor der gefährlichen, mit Wracks gepflasterten, und mit Sandbänken durchsetzten Mündung des Amazonas, tausend Seemeilen von unserem letzten Hafen, Recife, entfernt, dachte ich, dass unsere lange Reise sich langsam dem Ende nähern würde.

Nicht einmal im Traum wäre ich auf die Idee gekommen, dass ich noch zwei weitere Jahre unaufhörlicher Anstrengung brauchen würde, noch weitere 10.000 Meilen segeln müsste und noch viele qualvolle Kämpfe zu bestehen hätte, bevor ich mein Ziel, den Titicacasee, endlich erreichen sollte. Ich konnte auch nicht wissen, dass dies in einem anderen Schiff als *Barbara* passieren würde. Es lag auch noch in ferner Zukunft, dass die Ankunft am Titicacasee nicht der Höhepunkt meiner Odyssee sein sollte, sondern ich am Ende nichts weniger tun würde, als in einem Seeschiff den gesamten südamerikanischen Kontinent zu durchqueren – das erste Mal in der Geschichte der Schifffahrt.

Ich ahnte nicht, dass ich es einmal mit der mächtigsten Meeresströmung der Welt aufnehmen musste, dem kalten, grauen, gnadenlosen Humboldtstrom, der an der Westküste von Südamerika entlang läuft.

Als wir hier im Schwell des Südatlantiks dümpelten und darauf warteten, dass die einlaufende Flut die Strömung des größten Flusses der Welt umkehren würde, vermutete ich noch nicht, dass ich noch einmal über die schneebedeckten Gipfel der Anden hinüber musste, um von meinem Ziel aus wieder an einen Ozean zu gelangen. Und auch nicht, dass ich hindurch musste, durch zwei der menschenfeindlichsten Gebiete dieser Erde, durch die Chaco-Wüste, und durch den biologischen Terror des Mato-Grosso-Sumpfes, der Grünen Hölle, im Herzen des südamerikanischen Kontinents.

Es stand auch noch in den Sternen, dass ich mich hinterher im Südatlantik wiederfinden würde, nachdem ich zwei der größten natürlichen Hindernisse der Welt überwunden und in einem 24-Fuß-Schiff über zweitausend Seemeilen auf unerforschten und gefährlichen Binnengewässern zurückgelegt hatte. Und es lag auch Gott sei Dank noch in der Zukunft, dass ich näher an einen bitteren Tod durch elendes Verhungern herankommen sollte als je zuvor im Leben. Dass es Zeiten geben würde, in denen ich mir sehnsüchtig wünschte, ich wäre wieder nördlich von Spitzbergen im Eis eingeschlossen, oder triebe wieder hoffnungslos ohne Wasser im Schlauchboot umher, wie damals, als ein Wal mitten im Atlantik mein Schiff versenkte.

Ich dachte naiverweise, es wäre ziemlich einfach, gegen den Strom nach Pucallpa zu fahren. Von dort aus wäre es dann ja nur noch eine Frage der Logistik und der Organisation, um an den Titicacasee zu gelangen. Logistik? In Südamerika? Was für ein Witz! Aber davon hatte ich noch keine Ahnung, als wir das Groß setzten und hineinfuhren, in das größte Flussdelta der Welt.

Der Amazonas ist fast viertausend Seemeilen lang, von der Quelle bis zur Mündung. Er entwässert ein Gebiet von sieben Millionen Quadratkilometern, fast so groß wie die Fläche der Vereinigten Staaten. Er beginnt als Rinnsal, das von dem See Villafro in den Anden, hoch oben in Peru, gespeist wird. Dort heißt er noch Apurimac oder Marañon. Er kommt die Berge der östlichen Kordilleren herunter, und nimmt das Wasser hunderter anderer Ströme auf. Immer stärker werdend, fließt der Apurimac tausend Meilen gen Norden, von den schroffen Bergmassiven herab bis zum Rand des dichten Dschungels und trifft sich dort mit dem Ucayali, der ebenfalls aus den Bergen kommt. Er windet sich weitere tausend Meilen durch heißen, feuchten, dampfenden Urwald, in dem einige der wildesten Stämme dieses wilden Kontinents leben. Danach kommt er in das relativ zivilisierte Gebiet von Iquitos, und heißt jetzt Solimões. Diesen Namen behält er auch eine Zeit lang, während er immer stärker und mächtiger wird und einmal nach Nord, und dann nach Süd ausbricht. Ab Manaus heißt der Fluss dann Amazonas. Dort in Manaus, noch über tausend Meilen vom Ozean entfernt, ist er bereits *siebzig* Kilometer breit – vor der Mündung ist er *zweihundertfünfzig* Kilometer breit! In seinem Delta liegt die Insel Marajó, die größer ist als die Schweiz. Es wird geschätzt, und weiß Gott welches mathematische Genie das ausgerechnet hat, dass der Amazonas jährlich so viel Schlamm und Geröll ablagert, dass man daraus eine Insel von *vierhundertachtzig* Kilometer mal *vierhundertachtzig* Kilometer und einhundertsechzig Meter Höhe bilden könnte.

Die durchschnittliche Strömungsgeschwindigkeit in der Mitte des Flusses beträgt in der Trockenzeit sechs Knoten. Aber wenn die Sonne im südlichen Sommer den Schnee in den Anden schmelzen lässt, dann wird der Fluss zu einem reißenden Ungetüm, das mit fünfzehn Knoten daherschießt. Dann steigt der Pegel um zwölf Meter an. Tausende und Abertausende von Quadratkilometern Dschungel werden überflutet, und es entsteht ein See, der *die Größe des Mittelmeers* erreicht, bis sich der Wasserspiegel wieder senkt. Durch die jahreszeitabhängigen Überschwemmungen, das heißt durch den sich ständig ändernden Pegelstand, werden mächtige Bäume entwurzelt, manche bis zu siebzig Meter hoch. Zusammen mit Dschungel, Unterholz und riesigen Brocken Land, die in die Fluten fallen, bilden sich mächtige schwimmende Inseln, manche bis zu fünf Kilometer lang, die vom Strom mitgerissen werden.

Wenn diese ungeheure Menge gelben Wassers die See erreicht, wird tatsächlich das Einlaufen der Flut bis ungefähr fünfzehn Minuten vor dem Hochwasser verzögert, besonders während der Springtide, bei Vollmond und Neumond. Dann gewinnt schlagartig der Ozean die Oberhand, und es bildet sich eine fünf Meter hohe Flutwelle, die den nördlichen Arm des Amazonasdeltas hinauf rast. Diese senkrechte Wasserwand, die eine Geschwindigkeit von fünfzehn Knoten erreicht, ist die gefürchtete »pororoca«, die kein kleines Schiff überleben kann. Diese Gefahr hatten wir umgangen, indem wir in den südlichen Arm, den Pará, eingelaufen waren.

Das war also das gewaltige Wassersystem, das *Barbara* in Angriff nehmen sollte. Als die Tide flussaufwärts zu laufen anfing, liefen wir mit ihr hinein. Sie trieb uns in vier Stunden sechsunddreißig Meilen weit – das ergibt im Schnitt neun Knoten! Bei nordöstlichem Wind hatten wir alle Segel gesetzt. In gelbem Wasser stampften wir von Welle zu Welle. Das Fahrwasser war schlecht betonnt, und wir konnten nur schätzen, wo die

Fahrrinne verlief. Auf vielen Sandbänken sahen wir Wracks und Masten alter Dampfer und Segelschoner, die uns als Anhaltspunkte dienten. Es war wie in einem kunterbunten Schiffsfriedhof, durch den wir hindurchsegelten, als Blindekuh! Unser Echolot, mit dem man die Wassertiefe messen kann, hatte längst schon den Geist aufgegeben. Conrad warf das Lotblei, ich kämpfte mit dem starken achterlichen Wind, und der kurzen steilen See, während ich versuchte, einen geraden Kurs zu steuern. In der Mitte des Deltas, etwa zwanzig Meilen Inland, konnten wir kein Ufer mehr sehen. Tatsächlich mussten wir warten, bis wir etwa achtunddreißig Meilen weit gesegelt und getrieben waren. Dann sahen wir niedrigen Urwald, ein konturloses dünnes Band aus Bäumen. Als die Tide kippte, bekamen wir das sofort zu spüren. Obwohl wir mit sieben Knoten durchs Wasser liefen, machten wir plötzlich fünf Knoten achteraus.

Ich nahm vorsichtig Kurs auf das Ufer, während Conrad lotete. Dann ließen wir den Anker fallen, um auf die nächste Flut zu warten. Und so, geduldig, und mit Schwerarbeit, erreichten wir nach vier Tiden und ohne Zwischenfall, Belém, einhundertzwanzig Meilen hinter dem Ozean. Aber wir hatten auch Glück! Als ich das Ruder von *Barbara* untersuchte, fand ich heraus, dass drei der fünf Aufhängeschrauben durch die Beanspruchung gebrochen waren und die vierte gerade noch an einem seidenen Faden hing. Wenn wir das Ruder verloren hätten, wäre es brenzlig geworden. Und das Geld für eine Bergung, oder ein neues Ruder hätte ich ohnehin nicht aufbringen können. Wie es war, hatte ich gerade noch zweihundert Dollar, als wir nach Belém kamen. Seit wir von den Seychellen aus auf die lange Reise gegangen waren, hatte ich kaum Zeit gehabt, zum Schreiben und zum Geldverdienen. Ich wollte unbedingt der Flut aus den Anden zuvorkommen. Nichts sollte uns noch aufhalten, wir hatten nur noch zwei Monate Zeit, für die zweitausend Seemeilen, flussaufwärts gegen den Strom.

In Belém machten wir in dem altmodischen kleinen Fischereihafen von Vero-Peso fest, das heißt so viel wie »pass' auf Dein Gewicht auf«. Die Stadt war Marktplatz für eine riesige Gegend in Brasilien. Schiffe und Boote fuhren Hunderte von Kilometern auf dem Fluss, um ihre Fracht aus Früchten, Fisch, lebenden Tieren, Maniok, Bohnen und Kaffee an den Kai von Belém zu bringen.

Die Hitze war in Belèm nicht so unangenehm, weil es am Nachmittag immer Regenschauer gab, und sie kamen so regelmäßig wie von einem Uhrwerk gesteuert. Es war herrlich, dem bunten Treiben auf dem Markt zu zu sehen. Tausende von Leuten wimmelten herum, Käufer und Verkäufer. Um Viertel vor Zwölf leerte sich der Platz schlagartig, und um Zwölf lag er verlassen da. Die Stadt hat ein paar sehr schöne alte Häuser aus der portugiesischen Kolonialzeit und einen bemerkenswerten Zoo. Wir fanden die Einheimischen liebenswürdig, mussten aber manchmal ein paar übereifrige cachaça-Trinker abwehren, die handgreiflich wurden. Aber als wir ein paar von ihnen in den Fluss geworfen hatten, sprach sich das herum, und wir hatten danach keinen Ärger mehr. Im Fischereihafen war Tag und Nacht Betrieb, und es war sehr laut. Wir lehnten *Barbara* an eine Wand, säuberten das Unterwasserschiff und klatschten frisches Antifouling drauf.

Dann verzogen wir uns nach El Condor, einem Ankerplatz im Rio Tocantins. Nach einer Nacht voll plärrender Musik und hysterischer Schreie fanden wir am nächsten Morgen heraus, dass wir nur etwa zwanzig Meter neben dem größten Freudenhaus in Südamerika, wenn nicht gar in der Welt lagen. Sie hatten eine »Mannschaft« oder besser »Damenschaft« von bestimmt fünfhundert Mädchen. Aber als wir bei der Madame ein Bier bestellten, wurden wir sehr zuvorkommend behandelt, sie organisierte sogar, dass wir jeden Abend ein warmes Essen bekamen. Das war eine große Ehre, denn die Brasilianer essen im allgemeinen nicht vor zehn Uhr am Abend. Und das Essen war ausgezeichnet und billig, große saftige Steaks und Maniok. Die Damen passten ein wenig auf das Schiff auf, wenn wir zum Einkaufen in die Stadt gingen. Sie versammelten sich zum Abschied fast alle auf der Veranda, als wir die Segel setzten, um flussaufwärts zu fahren.

»Bis auf bald!« rief Conrad.

»Das könnte Dir so passen«, sagte ich.

Wir fuhren zurück in die Stadt Belém und holten Arthur ab, der uns, zusammen mit einem Freund auf der langen monotonen Reise bis nach Manaus begleitete.

Auf den ersten fünfhundert Meilen ist die beste Art und Weise, gegen den Strom des Amazonas anzukommen, am frühen Vormittag abzulegen, nach Möglichkeit bei auflaufender Flut. Um diese Zeit baut sich meist ein Passatwind auf. Dann versucht man, auf der Leeseite des Flusses zu bleiben, nahe am Ufer. Damit weicht man zu einem guten Teil der starken Strömung aus und kann den Wind nutzen. Aber man muss aufpassen, denn man ist die ganze Zeit auf Legerwall. Man muss immer bereit sein, den Anker innerhalb von ein paar Sekunden fallen zu lassen.

Die Strecke, die wir in den ersten vier Tagen zurücklegten, betrug zweihundertfünfzig Meilen. Sie führte durch Os Estrechos (die Enge), einer verwirrenden Vielzahl von engen aber tiefen Kanälen, die sich durch einen Archipel von Inseln winden und schlängeln. Manche Inseln sind so groß, dass wir Stunden brauchten, um an ihnen vorbeizukommen. Durch die Biegungen in den Wasserwegen konnten wir nicht oft unter Segel laufen und mussten die Maschine benutzen, wobei wir die Hälfte unseres Treibstoffs verbrauchten. Aber sobald wir in den eigentlichen Amazonas kamen, fanden wir heraus, dass wir den Besan, das Besanstagsegel und die Genua setzen konnten. Das Großsegel konnten wir nicht anschlagen, weil wir ein Zeltdach über dem Großbaum angebracht hatten, gegen die stechende Sonne und den gelegentlichen Regenguss. Dieses Zeltdach benutzten wir auch, um Regenwasser zu sammeln, denn das Flusswasser war zu schmutzig zum Trinken.

Überall am Fluss entlang, am Ufer und auf den Inseln, stehen hohe tropische Urwaldbäume, von denen dicke Lianen herunterhängen. Das Unterholz war so dicht, dass man nur etwa einen Meter weit hineinsehen konnte, aber es war voll kriechender Insekten, und es gab viele andere Tiere. Droben, in den höheren Zweigen der Bäume lebten Brüllaffen und Tausende Vögel aller Art. Die Affen und die Vögel veranstalten ein Höllenkonzert. Nahe am Ufer, und besonders in den stinkenden faulenden Lagunen des Brackwassersumpfes ist die Luft schwarz mit Moskitos. Auch Alligatoren lauern dort, und die gefürchteten Piranhas zu Millionen, stets zum Angriff auf jede Art von Nahrung bereit, tierisch oder menschlich. Außerdem wimmelt es im Wasser vor Schlangen, und einige davon sind in der Tat sehr gefährlich. An den spärlicher bewachsenen Flächen, die zunächst sicher erscheinen, liegen Jaguar und Anaconda auf der Lauer. Die Anacondas werden hier bis zu zehn Meter lang. Sie können sich innerhalb von fünf Sekunden um einen Mann herumwinden und ihn zu Tode würgen – verdauen können sie ihn ohnehin bis zum Sonnenuntergang.

Ein Großteil des Amazonasbeckens liegt nur ein paar Meter über dem Meeresspiegel. Mit Ausnahme der großen Handelsplätze wie Belém, Santarém, Manaus und Iquitos ist die Besiedlung des Landes sehr spärlich. Die Bevölkerung lebt verstreut, hungrig, verloren und elend. Als wir durch die Estrechos Passage kamen, sahen wir unglaublich gleich-

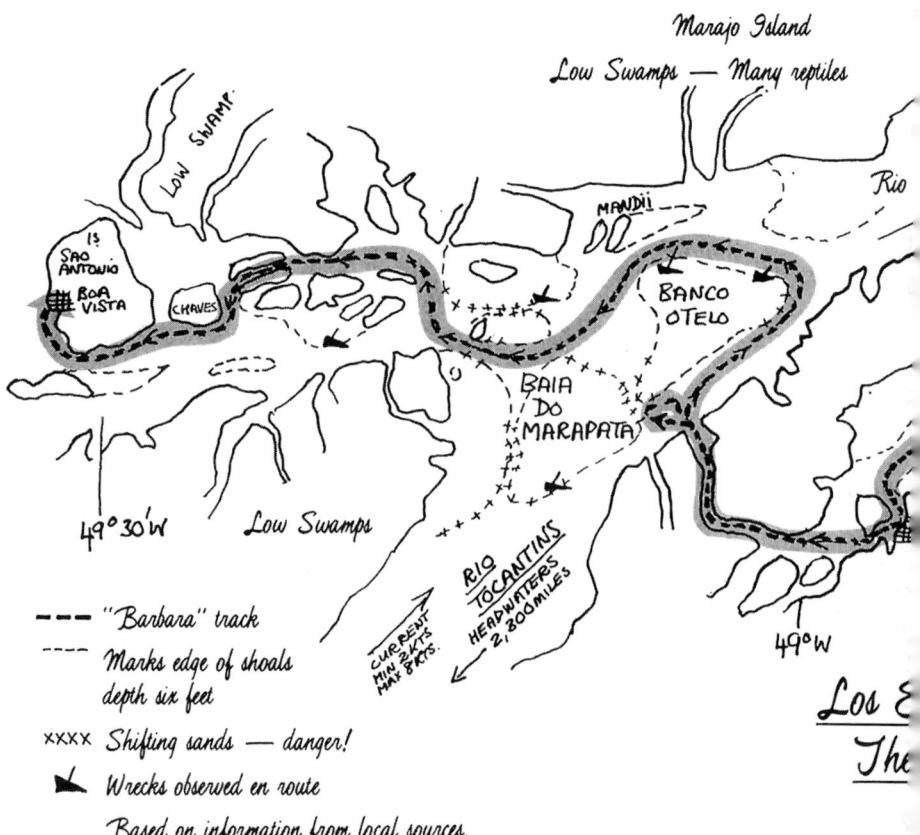

Maraĵo Island

Low Swamps — Many reptiles

Rio

MANDÙ

SÃO ANTONIO

BOA VISTA

CHAVES

BANCO OTELO

BAIA DO MARAPATA

49° 30' W

Low Swamps

RIO TOCANTINS HEADWATERS 2,800 MILES

CURRENT MIN 2 KTS MAX 8 KTS

49° W

Los E

The

--- "Barbara" track

---- Marks edge of shoals depth six feet

xxxx Shifting sands — danger!

◤ Wrecks observed en route

Based on information from local sources.

gültige und ignorante Leute, so bodenlos desinteressiert, dass sie nicht einmal wussten, wie man fischt. Ich hatte das vorher noch nie erlebt. Sie saßen einfach verlumpt angezogen herum, die meisten waren eine Mischung aus Schwarzen und Indianern. Sie waren von Insekten halb zu Tode gebissen. Die Kinder hatten aufgeblähte Bäuche durch Unterernährung, und die Erwachsenen waren teilnahmslos und apathisch in ihrer Armut. Und sie lebten an einem Fluss, der voll war mit essbarem Fisch – voll mit gesunder proteinhaltiger Nahrung!

Im Amazonas gibt es Fische im Überfluss, Welse, zum Beispiel, die bis zu drei Meter lang werden. Außerdem gibt es das Manatee, ein friedfertiges Säugetier, das seine Jungen stillt, und am Abend Töne von sich gibt wie eine Frau beim Orgasmus. Eine Erklärung der Legende von den Seejungfrauen vielleicht?

Die Inseln im Estrecho Gebiet bedecken eine Fläche, die so groß ist wie Westeuropa. Die Gegend ist flach, sumpfig und wimmelt von Insekten. Die Bevölkerung ist hauptsächlich schwarz und stammt von ehemaligen Sklaven ab. Zu der Zeit, als wir dort waren, betrug das Durchschnittseinkommen *fünfundzwanzig Dollar im Jahr*. Und trotzdem

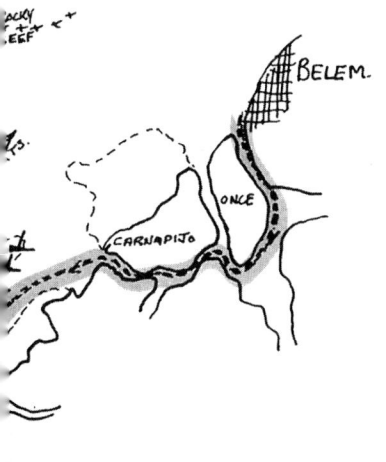

BELEM.

ONCE

CARNAPIJO

'dle Reach of
— The Channel of
River Entrance to
nazon Delta

Tristan Jones

bemerkten wir, als wir nur ein paar Meter weit an den elenden, mit Insekten verpesteten Hütten vorbeifuhren, dass vor jeder Hütte, in alten Blechbüchsen, auf den offenen Stiegen, Blumen wuchsen. Und ich bemerkte auch die große Liebe, mit denen die zerlumpten Eltern ihre armen unterernährten Kinder behandelten.

Weitere zwei Wochen lang beeilten wir uns, weiter zu kommen. Nur in Santarém und Obidos machten wir Halt. Die Tide des Atlantiks reicht bis nach Obidos hinauf, fünfhundert Meilen weit ins Binnenland. Wir sahen dort ein altes Gebäude, das zu den Zeiten des Gummihandels ein Hotel gewesen war. Französische Handelsschiffe hatten früher hier in Obidos auf ihrem Weg nach Manaus angelegt. Das Haus hatte den einzigen Keller, den ich in Brasilien sah. Da unten lagerten viele tausend Flaschen mit altem Bordeaux, die man für 40 Pfennig pro Flasche verkaufte. Wir blieben zwei Tage, und nicht nur einen, wie geplant – der Wein war zu gut!

»Zum Wohl, mögest Du lange leben und fröhlich sterben!«

»Cheerio, Kumpel! Und ... hicks ... möge man die Haut Deines Arsches ... hicks ... nie über ein verfluchtes Banjo spannen!«

Langsam segelten wir diesen mächtigen Strom hinauf. Die Szenerie veränderte sich kaum – von überall hatte man die Aussicht auf monotonen Dschungel am niedrigen, flachen Ufer. Nur die Gegend von Almeirim machte eine Ausnahme, dort gibt es die einzige kleine Hügelkette im ganzen Amazonasbecken. Unsere Proviantvorräte waren reichlich, und wir fingen ab und zu einen Fisch, aber wir bemerkten langsam die Anstrengung von der Arbeit am Rad, bei dem böigen Wind und dem unberechenbaren Strom im Fahrwasser. Mit der Hitze und der Feuchtigkeit am Tag und den Insekten in der Nacht wunderten wir uns selbst, dass es uns so gut ging.

Fünfunddreißig Tage brauchten wir für die Strecke zwischen Belém und Manaus. Wir hatten den größten Teil unter Segel zurückgelegt, gegen einen Strom von sechs Knoten. Es war jetzt Ende März, und ich machte mir Sorgen. Die Aufenthalte in Südafrika, Recife und Obidos hatten kostbare Wochen aufgefressen. Bis nach Pucallpa hatten wir immer noch tausend Meilen, und vielleicht mehr, vor uns. Wir wünschten uns, länger in Manaus zu bleiben, aber wir legten am nächsten Tag schon wieder ab und fuhren flussauf gegen den ewigen Strom. Wir hatten nur noch einen Monat Zeit bis zu den Fluten – also durfte keine Minute davon verschwendet werden.

19
Harte Zeiten

Die Flussschiffe auf dem Amazonas sind interessant. Unten im Delta sind es vornehmlich Segelschiffe, meist Doppel-Ender mit einer Länge von etwa vierzig Fuß, mit flachem Deck, einem Gaffelsegel und einem Vorsegel. Auf den ersten Blick sehen sie aus, als wären sie nur roh zusammengezimmert, aber als wir sie genauer ansahen, stellten wir fest, dass sie durchaus fachmännisch gebaut waren, wenn man die Tatsache berücksichtigt, dass sie ohne Schablonen und augenscheinlich auch ohne eine Art von Meßlatte hergestellt werden, nur mit Augenmaß. Die Leute am Amazonas sind geborene Schreiner und Schiffbauer. Es ist interessant zuzusehen, wie sie mit dem Breitbeil arbeiten. Das ist eine scharfe Hacke mit einem sehr kurzen Stiel. Die Hölzer, die sie verwenden sind natürlich die besten – guaqui, eine Art Teak, und Eisenholz für die Spanten, ein sehr hartes Holz.

Als wir damals im Hafen Vero-Pese in Belém ankamen, liefen wir mit *Barbara* im Schlamm auf Grund, weil wir die Wassertiefe nicht kannten. Die Flut lief schnell hinaus, und alles was wir tun konnten war, sie trocken fallen zu lassen. Conrad schwamm schnell an Land und sammelte ein paar Balken auf, die auf dem Kai herumlagen. Er hob sie auf und warf sie ins Wasser, um sie zu unserem festsitzenden Schiff zu bringen. Die meisten von ihnen versanken einfach, denn es war Eisenholz. Die Einheimischen lachten sich halb tot über unsere Unwissenheit. Von Belém flussaufwärts sieht man viele eigenartig aussehende Motorschiffe, die man »yates« nennt. Es sind Segelschiff-Rümpfe bis zu zweihundert Fuß (65 Meter) lang, sehr schön gebaut und gepflegt, mit einem gigantischen Dieselmotor, üblicherweise japanischen Ursprungs. Sie tragen oft noch Überbleibsel ihrer Segelzeit, Masten und Rigg, und sind verziert mit schönen Zierspleißen und Flaggen. Die Schiffe sind pieksauber und gepflegt. Der Drill der alten portugiesischen Marine hat sich hier erhalten und wurde von den Brasilianern im ganzen Land übernommen.

Weiter stromaufwärts, hinter der schnellfließenden Enge von Orbidos, ab dem Punkt, an dem sich die Ozeantide nicht mehr bemerkbar macht, verschwinden die Segel komplett. Wir sahen nur noch yates und Einbaum-Kanus. Letztere sind ein Wunder an Symmetrie. Die Einheimischen hauen sie, nur mit Augenmaß, aus einem einzigen Stamm heraus und geben ihnen dabei eine perfekte Form. Sie werden mit einem oder zwei breiten Paddeln fortbewegt, mit denen auch gesteuert wird. Diese Boote sind sehr instabil, und es ist eine Kunst, mit ihnen zu fahren. Aber wir sahen nie, dass eines kenterte. In der Nähe der wenigen Städte waren die Einbäume oft mit Außenbordern ausgerüstet. Es war ein besonderer Anblick, wenn sie vorbeizischten. Hochbeladen mit einer ganzen Familie, ein paar Hühnern, einem Schwein und Gepäck fuhren sie zum Markt. Darüber war oft noch ein großer schwarzer Schirm aufgebaut.

Fußball ist in Brasilien fast eine Religion, auch am Amazonas. Oft sahen wir ganze Mannschaften im Spieldress, die zusammen mit ihren Fans und Zuschauern, wehenden

Fahnen, Wimpeln und einer Musikkapelle in ihrer Flotte von Einbäumen zum Spielfeld des Gegners paddelten.

In der Abenddämmerung nahmen wir Kurs auf das Ufer, und machten fest. Bei Nacht war es zu gefährlich, weiter zu fahren. Wir segelten zu einem überhängenden Baum hin, machten dort eine lange Leine fest und fuhren wieder in den Fluss hinaus, um den Anker fallen zu lassen. Wir mussten das Schiff von den überhängenden Ästen gut freihalten, sonst würden die Horden großer Ameisen, bis zu zwölf Millimeter lang, an Deck fallen. Diese Ameisen, die sauba, würden über Nacht ein ganzes Schiff auffressen. Es bestand auch die Gefahr, dass Schlangen an Deck fallen könnten. Als Vorsichtsmaßnahme tränkten wir die Leine mit Petroleum, um ihnen die Lust zu nehmen, zu uns an Bord zu schleichen. Wenn wir zu nahe am Ufer bleiben würden, bestand eine weitere Gefahr durch die Jaguare, die weite Sprünge machen können. Wir wollten keine Mahlzeit für sie werden.

Während wir mit Abstand vom Ufer im Fluss hingen, kamen oft schwimmende Inseln angetrieben und verfingen sich in der Ankertrosse. Bald gesellten sich weiter hinzu, und wenn wir nicht ständig aufgepasst hätten, wäre unser Anker mit hundert Tonnen amazonischer Urwaldmasse beschwert worden. Also mussten wir die ganze Nacht hindurch Wache halten und ungefähr jede Stunde das Schiff und die Trosse freimachen. Oben in den Bäumen veranstalteten die Brüllaffen ein höllisches Konzert, sie schrien wie gequälte Höhlenmenschen. Nachdem wir an einem Baum festgebunden waren, spannten wir das Moskitonetz über die Niedergangsluke und schlossen alle anderen Öffnungen, die ins Schiff führten. Denn sobald die Sonne unterging, begann der Angriff der Moskitos mit brutaler Gewalt und dauerte etwa drei Stunden lang, manchmal allerdings auch die ganze Nacht hindurch. In der Kabine, mit allen Luken geschlossen, wurde es sehr heiß und feucht. Jedes Mal, wenn einer von uns nach draußen musste, um die Ankerleine frei zu halten, blies ein Bataillon von Moskitos zum Generalangriff. Es half ein wenig, wenn man sich die freien Körperstellen mit Tabaksaft einrieb.

»Unangenehme kleine Drecksviecher«, sagte Conrad.

»Weißt Du, die können Dich gar nicht hören«, erwiderte ich. Er grinste und erinnerte sich an den chinesischen Trawler im Südatlantik.

Während des Tages, wenn sich die Moskitos zu ihrer Ruhepause zurückzogen, übernahm die Piúm-Fliege ihre Arbeit. Was für ein kleines Monster! Sie ist etwa sechs Millimeter im Durchmesser, schwarz und sieht so ähnlich aus wie eine Pferdebremse. Unter ihrem hässlichen Körper hängt ein Sack. Sie landet auf exponierten Körperteilen und saugt Blut, bis der Sack so groß und rot ist wie eine Erdbeere. Dann startet sie mit einem Geräusch wie ein nasser Furz. Man fühlt keinen Stich, und wenn man nicht aufpasst, kann man im Laufe eines einzigen Tages an Blutverlust sterben.

Vampir-Fledermäuse waren in der Nacht ebenfalls eine Gefahr, aber das Moskitonetz schützte uns vor ihnen. Diese hässlichen kleinen Teufelchen hängen zu Tausenden mit dem Kopf nach unten in den Bäumen. Das Gesicht einer Vampir-Fledermaus muss wohl die scheußlichste Sache der Welt sein. Manchmal griffen sie auch am hellen Tag an. Sie stießen auf das Schiff herab und zielten geradewegs auf unsere Gesichter. Sie haben ein bösartiges Grinsen um ihre satanischen Mäuler herum. Die Augen glänzen bösartig und teuflisch. Conrad stand auf dem Poopdeck und wehrte sie mit einem Kricketschläger ab. Oft erschlug er ein Dutzend oder so und spaltete dabei ihre Schädel. Manche hatten eine Flügelspannweite von sechzig Zentimetern. Es geht doch nichts über ein gutes englisches Kricket-Training.

Im Wasser gab es Schlangen und Piranhas. Letztere sind äußerst bösartig, und können ein ganzes Pferd in wenigen Minuten bis auf die Knochen vertilgen. Aber eine andere Gefahr ist viel versteckter und schlimmer. Es ist ein kleiner Fisch, nur etwa fünfundzwanzig Millimeter lang. Er hat es auf die Körperöffnungen abgesehen, üblicherweise auf die Genitalien. Er dringt in die Harnröhre ein. Dann fährt er eine Art Widerhaken aus und kann nur durch eine Operation entfernt werden. Man muss alles aufschneiden, um das teuflische Biest zu entfernen. Nie haben wir westlich von Manaus gesehen, dass ein Einheimischer ins Wasser urinierte, und man erzählte uns auch, warum. Der winzige Fisch kann tatsächlich im Pinkelstrahl nach oben schwimmen und in den Penis eindringen! Als wir später aus dem Amazonas herauskamen und das Schiff untersuchten, fanden wir Hunderte dieser Teufel, tot. Sie saßen im Kühlwassereinlauf zur Maschine und in den Abläufen des Cockpits.

Als sich *Barbara* langsam den Fluss hinauf arbeitete, mussten wir immer öfter die Maschine verwenden, obwohl wir jeden Windhauch ausnutzten. Die Strömung wurde stärker, und unsere Geschwindigkeit über Grund nahm immer mehr ab. Mitte April krochen wir mit weniger als einem Knoten voran. Unsere Vorräte nahmen ab, und bald hatten wir nur noch einen Sack Reis und eine Dose Tee. Wir hatten fast keine Zeit zum Fischen und mussten unsere gesamte Energie aufwenden, um voran zu kommen. Wir bekamen beide Malariafieber und waren durch die Attacken der Insekten und den Blutverlust geschwächt. Trotzdem machten wir weiter, unser Ziel lag flussaufwärts. Am 25. April hatten wir nur noch zwanzig Liter Diesel übrig, und die wollte ich für den Notfall aufheben. Unsere Geschwindigkeit reduzierte sich auf ein langsames Kriechen, und die Strömung lief jetzt mit sieben bis acht Knoten. Wenn wir Wind hatten, versuchten wir trotzdem, dagegen anzukommen. Schließlich, stromauf der trostlosen Siedlung Codajas, fingen wir mit dem *espia* an, dem Treideln, das heißt, wir zogen das Schiff mit einer Leine von einem Baum zum anderen. Sehr schnell waren wir mit schwarzen Narben bedeckt, die von den Attacken der Piúm-Fliege herrührten und eiterten. Unsere Körper waren ausgetrocknet und brannten. Trotzdem machten wir immer weiter. Zuerst brachten wir eine zweihundert Meter lange Leine im Schlauchboot flussaufwärts, und machten sie an einem Baum fest. Man muss sich vorstellen, wie man in einem Schlauchboot bei einem Strom von sieben Knoten vorankommt. In den Bäumen, an denen wir die Leine festmachten, saßen riesige Spinnen, fünfzehn Zentimeter große Mygale-Spinnen. Das Festmachen der Leine war immer eine Arbeit für zwei Männer, denn die meisten Bäume, hatten einen Umfang von fünfundzwanzig Metern. Dann fuhren wir wieder zu *Barbara* hin, warfen die Leine von dem Baum los, an dem wir zuletzt festgemacht hatten, und zogen das Schiff zum nächsten Baum. Und so weiter, tagelang, ohne Ende, in der schwülen, feuchten Hitze. Manchmal sahen wir bis zu zwölf sucurijus, eine Art der Boa Constrictor, die im Wasser lebt. Sie waren oft an die fünf Meter lang und hingen, auf fette Beute hoffend, von den Bäumen herab. Ab und zu sahen wir auch die sehr gefährlichen Jaracara-Schlangen, deren Biss einen Mann in drei Sekunden töten kann.

»Wie gefällt Dir die reine Natur heute, mein Junge?« fragte ich Conrad.

»Faszinierend, nicht wahr?«

»Ja schon, aber sie kommt mir eher wie eine Folterkammer vor!«

Eines der seltenen schönen Dinge hier waren die herrlichen Schmetterlinge, von denen es siebenhundert Arten am Amazonas gibt. Der Größte, der morphos, hat eine Flügelspannweite von über zwanzig Zentimetern und ist das schönste Insekt, das ich je gesehen habe. Er ist scharlachrot und gelb gefärbt. Wenn der Abend kam, verwandelte sich das lehmgelbe Wasser des Amazonas in glitzerndes Gold. Die grünen Papageien und roten Schmetterlinge in der Luft umherfliegen zu sehen, entschädigte uns für die Mühsal des Tages.

Tag für Tag machten wir die Sklavenarbeit mit der *espia* und kämpften mit unserer letzten Kraft gegen die rauschende Strömung des Amazonas. Wir stapften in einem muffigen Nebel ans Ufer, durch die stinkenden Schlammtümpel, von der ewigen Fäulnis des Regenwaldes umgeben und der unendlichen, wilden Angriffslust der Insekten ausgesetzt. Im Geäst droben heulten die Brüllaffen. Ganze Bäume fielen manchmal um und klatschten ins Wasser. Und da war der Fluss mit dem ewigen, unerbittlichen, rauschenden Strom, der an uns vorbeischoss und dem tausend Seemeilen entfernten Ozean zustrebte. Die Malaria machte uns krank, unsere Eingeweide brannten wegen der unzureichenden Ernährung und die Bisswunden der Piúm-Fliegen eiterten. Wir brauchten unbedingt bessere Nahrung. Und trotzdem kämpften wir uns weiter zu unserem Ziel voran, mit einem Willen, den eigentlich nur Seeleute aufbringen können.

Am 15. Mai, hatten wir genau einhundertsechzig Meilen geschafft. Nun begann der Fluss stündlich zu steigen. Die Ufer und weite Gebiete des Dschungels wurden langsam überflutet. Es war abzusehen, dass wir auch bald nicht mehr mit der *espia* arbeiten konnten. Es war klar, dass wir irgendwann in einen Sumpftümpel gespült und dort festsitzen würden. Dann wären wir in den ewigen Verrottungsprozess des Regenwaldes einbezogen, für immer. Unsere Hauptnahrungsquelle war jetzt die Milch von Gummibäumen. Wir lösten die obere raue Rinde ab und schluckten die herausquellende dicke Flüssigkeit hinunter. Sie hatte die Farbe und die Konsistenz von Sperma. Einmal fingen wir ein kleines *manatee* und kochten es. Ein anders Mal sahen wir ein *eapybara* im Wasser, eine riesige Ratte, so groß wie ein Schwein, etwa zwei Meter lang. Wir versuchten es zu kriegen. Nach einer Jagd über kostbare hundert Meter flussabwärts, fielen wir über das Tier her, mit einer Machete, einer Harpune, einem Speer und einem Hammer. Wir schnitten Steaks aus diesem riesigen behaarten rattenähnlichen Monster heraus, und verschlangen sie gierig. Wir erwischten auch einen *Cebidae*-Affen auf einem hohen Ast, aber unter dem dichten Fell war er spindeldürr und mager. Wir schnitten die Arme ab, und kochten sie. Den Anblick der aus dem Kochtopf herausstehenden rasierten Arme, mit Händen wie ein Baby, werde ich im Leben nicht vergessen. Er hatte hinten am Schwanz noch eine Hand, damit er sich an der Ästen festhalten konnte. Aber den Schwanz aßen wir nicht, obwohl wir zuerst daran gedacht hatten.

Wir mussten unaufhörlich gegen die Sauba-Ameisen kämpfen, die Bord kamen. Diese Viecher sind unersättlich und fressen jedes organische Material. Man erzählte uns die Legende, dass sie einmal einen Tunnel unter einem breiten Fluss hindurchgegraben hätten, um an das fressbare Material am anderen Ufer zu kommen. Wenn man sie einmal an Bord hat, kann man sie nur wieder loswerden, wenn man sie mit Schießpulver in die Luft jagt oder sie mit Benzin übergießt, und verbrennt. Leider war die Anwendung beider Methoden auf *Barbara* unmöglich. Dafür banden wir vier Chamäleons mit langen Stricken an Deck an. Diese Reptilien werden etwa zwanzig Zentimeter groß und haben lange klebrige Zungen. Sie pickten die Ameisen vom Deck auf, sobald sie an Bord kletterten oder von den Bäumen herabfielen. Die Chamäleons wurden satt, und wir waren sicher.

Unsere nachgeschleppten Fischleinen waren unpraktisch, denn ständig verwickelte sich irgend ein Kraut darin. Aber wir fingen einen *tucunaré*, einen schönen Fisch mit einer augenähnlichen Färbung an der Schwanzflosse. Er schmeckte ausgezeichnet. Aber man muss beim Fischen höllisch aufpassen. Es gibt Stechrochen im Amazonas. Eine Wunde von einem Stechrochen kann für einen Mann in geschwächter Kondition, so wie wir, tödlich sein.

So langsam, wie ein verregneter Sonntag vorbeigeht, krochen wir gegen das strömende Wasser voran. Dann, am 20. Mai, kamen wir zum Stillstand. Die Szene war unheimlich. Wir waren bei den verrottenden Kreuzen eines Friedhofs festgemacht, der aus den Zeiten der Gummisammler stammte. Er war inzwischen von der Vegetation überwuchert und vom Dschungel besiegt. Es wimmelte hier von Moskitos und Piúm-Fliegen. Wir hielten einen Kriegsrat ab.

So sind die Bräuche unter den Seeleuten, wenn es darum geht, wichtige Entscheidungen zu treffen und es verschiedene Alternativen gibt, von denen jede tödlich sein kann. Wir legten alle unsere Möglichkeiten auf den Tisch und sortierten die unpraktischen Sachen aus. Dann untersuchten wir sorgfältig die übriggeblieben Möglichkeiten und rechneten sie durch. Nach einer Stunde mussten wir uns mit blutenden Herzen eingestehen, dass wir diese Runde verloren hatten. Der Amazonas hatte uns besiegt. Es war die schmerzhafteste Entscheidung, die ich in fünfundzwanzig Jahren zu treffen hatte. Nie zuvor hatte ich mein Ziel nicht erreicht, mit der einzigen Ausnahme, als ich damals 1962 vor Grönland den Mast verlor.

Wir waren mit unserem schwachen Schiff gegen den wildesten Kontinent der Erde angetreten, und wir hatten verloren. All die harte Segelei um die halbe Welt herum, all die Risiken, die wir auf unserer 1400 Seemeilen langen Reise auf dem Amazonas eingegangen waren, all die Mühsal, die Hitze, der Blutverlust, die unermüdliche Sklaverei, die harte körperliche Anstrengung, die mentale Belastung, der Hunger, die fast unerträglichen Lebensbedingungen, die monatelange Isolation von der zivilisierten Welt, die Beanspruchung und der Verschleiß am Schiff – es war alles umsonst gewesen. Der Amazonas hatte gegen uns gewonnen! Bevor wir ablegten, um wieder Kurs auf den 1400 Seemeilen entfernten Atlantik zu nehmen, holte ich unseren Weltatlas heraus. Er war in jämmerlichem Zustand, von Insekten zerfressen. Seine Seiten waren verschimmelt und fielen auseinander. In der vor Feuchtigkeit dampfenden Kabine studierte ich die Karten, während Conrad in dem rauschenden Wasser draußen zu fischen versuchte. Als ich die Karte von Südamerika aufschlug, hörte ich das vom Wasser mitgerissene Treibholz an der Schale von *Barbara* entlangschaben.

Es half alles nichts. Ich hatte nur noch einhundert Dollar, sie würden uns bis nach Grenada in die Karibik reichen, knapp 3000 Meilen entfernt. *Barbara* würde es nie nach Pucallpa schaffen. Für einen Transport von der peruanischen Pazifikküste, hinauf in die Anden zum Titicacasee, war sie zu groß und zu schwer. Ich brauchte ein kleineres Schiff. Trotz allem war ich fest entschlossen, dies noch nicht die letzte Runde in diesem Kampf sein zu lassen. Was immer es kosten würde, was immer ich für Opfer zu bringen hätte, und wie lange es auch dauern würde – ich würde mein Ziel erreichen. Ich würde die Anden besiegen und an den Titicacasee kommen, der langsam zu etwas wie der Heilige Gral für mich wurde. Also gut, diesmal hatte ich verloren. Ich würde umkehren, mich erholen und es wieder versuchen. Wieder und wieder! Und dann noch einmal, wenn es sein musste!

Conrad kam den Niedergang herunter. In der Hand hielt er eine kleine *aramaça*-Flunder, die er auf dem Grund des Flusses gefangen hatte. Er sah sehr krank aus, und spindeldürr.

»Hier, Skip! Nicht gerade Material für Feinschmecker, aber ...«

Seine Arme und Beine waren mit eiternden Piúm-Bissen übersät. Seine Kleider bestanden nur noch aus Fetzen, aber er sah zufrieden aus. Also hier war Essen, um uns weitere zwei oder drei Tage lang am Leben zu halten. Wir würgten die *aramaça* hinunter, sie war klein und schmeckte bitter. Wir träumten von dem Luxus, wieder einmal Milch zu trinken und Butter zu essen oder Rindfleisch.

»Was denkst Du, Skip?«

»Wenn wir diesen kleinen Kerl hier verdaut haben, Kumpel, dann werfen wir die Leine los und gehen mitten in den Fluss«, antwortete ich. »Wir treiben hinunter nach Manaus und kaufen was zum Essen. Wir sind am Ende, Conrad, wir wollen uns nichts vormachen. Dieser verdammte Fluss hat uns geschlagen. Je schneller wir in die Zivilisation kommen, umso besser. Wir haben eine großartige Sache versucht, wir haben eine schnelle Passage durch den Indischen Ozean und den Südatlantik gemacht und es mit diesem Fluss aufgenommen. Aber es ist unmöglich! Wir könnten natürlich in Manaus die nächste Trockenzeit abwarten, aber die kommt erst in acht Monaten, und von was sollen wir in der Zwischenzeit leben? Wir haben nur noch einhundert Dollar in der Kasse, wenn die alle sind – Ende! Es würde Wochen dauern, bis Arthur uns etwas Geld schicken oder ich etwas durch Schreiben verdienen könnte. Das Beste ist, wir hauen schnell hier ab. Wir ziehen uns unehrenhaft aus der Schlacht zurück, aber bei Gott, ich bin noch lange nicht fertig mit diesem Kontinent!«

»Du bist schon ein verdammt eigensinniger Kerl, nicht wahr?« fragte Conrad.

»Es ist eine Frage der Berufsehre. Ich habe bisher immer mein Ziel erreicht, und ich werd' verrückt, wenn ich es diesmal nicht schaffe.«

»Was bedeutet das schon, für Dich oder sonst jemand? Ob Du nun Deinen idiotischen See erreichst, oder nicht?«

»Ich werde diesen eingebildeten blasierten Arschlöchern auf der Welt zeigen, dass nichts unmöglich ist! Wenn man es sich in seinen verdammten Kopf setzt, etwas zu erreichen, dann muss man an diesem verfluchten Problem dranbleiben, bis man gewinnt!«

»Hört sich an wie aus einem Roman von Kipling«.

»Und was ist falsch daran?«

»Hast Du mal versucht, ein Streichholz an einem Stück Seife anzuzünden?«

»Du wirst's mir nicht glauben, ja! Wenn die Temperatur fünfzig Grad Minus ist, geht's ganz einfach. Damals in der Arktis ...«

»Oh Scheiße, Tristan, jetzt fängst Du schon wieder an. Jetzt weiß ich endlich, was Du hier in diesem heißen Höllenloch hier zu suchen hast. Du willst nur auftauen, verdammt noch mal!«

»OK, Kumpel. Lass' uns dieses Scheißschiff ins Treiben bringen – Atlantik, wir kommen!«

»Mit Gottes Hilfe«, sagte Conrad und kletterte die Leiter hinauf.

»Amen, sag' ich.«

Wir warfen die Treidelleine los und arbeiten uns zur Flussmitte hin. Wir waren bitter enttäuscht. Wir waren besiegt. Aber auch trotzig! Ich schaute in Richtung der Anden.

»Diesmal habt ihr gewonnen, ihr Schweine«, fluchte ich. »Aber ich werde euch noch bezwingen, so wahr mir Gott helfe!«

20
Geschlagen,
aber ungebeugt

Erst einmal in der Flussmitte, flogen wir den Amazonas hinunter. Wir setzten nur den Besan und die Genua oder die Fock. Wir brauchten nur gerade so viel Segelfläche, um den Kurs halten zu können. Es bestand jetzt auch viel weniger die Gefahr, mit großen Baumstämmen oder schwimmenden Inseln zusammenzustoßen, denn wir liefen fast mit der gleichen Geschwindigkeit, wie sie. Wenn wir einmal einem Stamm zu nahe kamen, schabten wir nur sanft an ihm vorbei und steuerten weg. Das war auch ganz gut so, denn wir waren in einem jämmerlichen Zustand. Unsere Kraft ließ immer mehr nach, aber wir fuhren Tag und Nacht weiter, weil wir Manaus erreichen und wieder etwas zu essen haben wollten. Tatsächlich hatte ich am zweiten Tag die verrückte Idee, an den schwimmenden Bäumen festzumachen, zwei riesigen *pama*-Bäumen, die auch noch eigenartige ovale rote Früchte an den Ästen hatten, ähnlich wie Kirschen. Sie schmeckten gut. Die beiden Bäume, jeder etwa dreißig Meter lang von den Wurzeln bis zur Krone, wimmelten vor Ameisen. Wir ließen unsere vier Chamäleons auf sie los, und die fraßen innerhalb von zwei Stunden die meisten auf.

Die Bäume, die mit der Strömung von etwa sieben Knoten flussabwärts trieben, drehten sich durch die Wirbel im Wasser in alle Richtungen, und *Barbara* auch. Als wir in die zivilisierte Gegend, oder besser, zivilisierten Gewässer, kamen, denn im Amazonas Gebiet leben fast alle Leute auf irgend etwas Schwimmbarem, müssen wir einen kuriosen Eindruck erweckt haben. Zwei ramponierte Vogelscheuchen, die auf einem 38-Fuß-Schiff Segel flickten, das an zwei riesigen Dschungelbäumen festgemacht, den Fluss hinuntertanzte. Aber so, an den Bäumen liegend, bestand keine Gefahr, mit irgend etwas zusammen zu stoßen. Die Zweige des einen Baums schützten unseren Bug und die des anderen Baumes unser Heck. Sie hielten uns ganz brav den Weg frei. So ging es Tag und Nacht, fast eine Woche lang, bis wir endlich nach Manaus kamen. Glücklich arbeiteten wir uns zu dem schwimmenden Dock hin, das die britische Armee im letzten Jahrhundert gebaut hatte.

Nach ein paar Tagen mit nahrhaftem Essen ging es uns schon viel besser. Wir waren in der Lage, das wunderschöne Opernhaus zu besichtigen, in dem früher weltberühmte Sänger die Gummibarone unterhalten hatten. Verwunderlich, wenn man bedenkt, dass es in jenen Tagen keine Straßenverbindung zwischen der Stadt und der Außenwelt gab. Aber Manaus ist ohnehin eine Stadt der Überraschungen. Wie zum Beispiel das Straßenbahnsystem, das vor vergleichbaren Anlagen in England gebaut wurde – es war tatsächlich das zweite in der Welt. Man bummelt gemächlich mit der Bahn dahin, bis am Rand des Urwalds plötzlich Schluss ist. Hinter der Haltestelle ist nur noch grüner Dschungel, der sich über Tausende von Kilometern ausdehnt.

Den Weg durch den gefährlichen nördlichen Arm des Amazonasdeltas wählte ich aus zwei Gründen. Erstens würde eine Fahrt durch den sicheren Süden des Deltas einen Umweg von sechshundert Seemeilen auf unserem Weg in die Karibik erfordern, und wir hatten nur noch Vorräte für sechs Wochen. Zweitens hatte keine andere Yacht jemals diesen tückischen Weg gewählt, und irgendwie wollte ich dem verfluchten Amazonas zeigen, dass ich noch nicht vollkommen am Boden war. Das hört sich ein wenig nach pompöser Aufschneiderei an, aber nach unserer Niederlage war es ein wenig Balsam für meine Seele, den Drachenschlund zu wählen, den schwierigsten Weg nach draußen.

In Manaus bekamen wir, durch Vermittlung der Armee, kostenlos Antibiotika gespritzt. Der Hafenmeister schenkte uns Abwehrflüssigkeit gegen Moskitos und die British Booth Line, die eine Linienverbindung zwischen Manaus und der Außenwelt betreibt, spendierte Tabletten zur Reinigung des Trinkwassers. Nach sehr kurzer Zeit gingen unsere, durch die Bisse der Piúm-Fliege geschwollenen Beine auf Normalgröße zurück, unsere Verdauungsorgane erholen sich, und unsere Kraft kam zurück. Jetzt konnten wir die Reise flussabwärts antreten. Am 10. Juni legten wir in Richtung Ozean ab. Nachdem wir unsere Vorräte im Manaus ergänzt hatten, blieben uns nur noch zwanzig Dollar übrig, aber dieses Problem stellten wir bis Grenada erst einmal zurück.

Wir machten wieder an Bäumen fest und trieben mit zwölf Knoten den Fluss hinunter. Die Reise flussabwärts von Manaus nach Macapá, im nördlichen Arm des Deltas, dauerte nur fünf Tage – eine Distanz von fast *neunhundert Seemeilen!*

Auf der Reise den Fluss hinab trafen wir auf Feuerameisen, *formiga de fogo*, und die liefen Amok. Diese kleinen Teufel krabbeln millionenfach auf dem Boden herum. Sie treffen nicht nur zufällig auf einen menschlichen Knöchel, nein, sie peilen ihn bewusst an. Ihr Biss sticht wie glühende Nadeln. Die Brasilianer umgehen dieses Problem, indem sie sich mit angezogenen Beinen auf einen Stuhl setzen, und die Stuhlbeine werden vorher mit Copaiba-Paste eingerieben, die man aus bestimmten Baumblättern herstellt. Es ist die einzige Substanz, die Feuerameisen fernhält. Ansonsten schwärmen sie überall umher, wo es Menschen gibt, wie ein lebender Teppich.

Als wir so mühelos und ohne Anstrengung den Fluss hinuntertrieben, konnten wir uns die Tierwelt genauer ansehen. Es war ein erhebender Anblick zu sehen, wie Tausende von wunderschönen, schneeweißen Reihern in den Schilftümpeln am Ufer wateten. Es gab große Spechte und jede Menge Geier. An einer öden flachen Stelle, sahen wir eine Schwadron Geier auf einem abgestorbenen Baum sitzen und fuhren auf sie zu, um ans Ufer zu gelangen. Vielleicht war es ja das erste Mal, dass eine Ozeanyacht Geier als Navigationshilfe benutzte.

Während wir uns den Fluss hinunterdrehten, sahen wir auch Stücke von Bimsstein im Wasser schwimmen, die von Auswaschungen der dreitausend Seemeilen entfernten Vulkane Cotopaxi oder Sanay, droben in den mächtigen Anden von Peru und Ecuador, stammen mussten. Die Indios am Flussufer glauben, dass Bimsstein der verfestigte Schaum des Flusses ist, denn viele von ihnen haben noch nie Felsgestein gesehen, geschweige denn einen Berg. Ich fischte ein Stück Bimsstein aus dem Wasser und hängte es mir um den Hals. Ich schwor mir, nicht zu rasten, bis ich es an seinen Ursprungsort zurückgebracht hätte.

In einigen Gegenden des Flusses, auf den riesigen Inseln, soll es große Kolonien von Schildkröten geben, die ihre Eier während der Trockenzeit in den Sand am Ufer eingraben. Aber bei dem hohen Wasserstand sahen wir keine. Dafür beobachteten wir viele

Vögel in mannigfaltigen Farben – *japini*, Tausende davon, in gelb und schwarz, und Reiher, *tsiginia*, eine Art Pfau. Hundert verschiedene Arten von Papageien und Sittichen kreischten über unseren Köpfen. In der Hitze der Mittagszeit dagegen war der gesamte Dschungel totenstill, denn das Urwaldleben ruht in der Hitze des Nachmittags, mit Ausnahme der Piúm-Fliege, die ohne Müdigkeit ihre blutsaugende Tätigkeit ausübt. Das gilt auch für ihre Cousine, die *motuku*, deren Bisse im Gegensatz zur *piúm* wie Feuer brennen, und die ihren Rüssel mit brutaler Gewalt ins menschliche Fleisch rammt. Es wurde mir erzählt, dass es im Amazonasbecken über siebentausend Arten von Insekten gibt. Man schätzt, dass über fünfzehnhundert davon stechen, und für den Menschen auf irgendeine Art gefährlich sind.

Später, in einer Radiodiskussion mit Major Blashford Snell, dem Vorsitzenden der Scientific Exploration Society, wurde ich gefragt, was ich für das gefährlichste Tier im Dschungel halte. Ohne zu zögern antwortete ich »die Insekten«, denn sie hören nie auf, anzugreifen. Die großen Wildtiere, wie zum Beispiel der afrikanische Löwe, der Jaguar oder das Nashorn, greifen nur an, wenn sie provoziert werden oder hungrig sind. Aber die Insekten hören *niemals* auf, sie haben nie Hemmungen zu stechen, und sie scheinen nie zu schlafen. Die Insekten sind das Gefährlichste im Dschungel.

Am Flussufer sahen wir oft Alligatoren, besonders wenn die Ufer eingefallen waren und es dort Wege oder Straßen gab. Manche waren bis zu vier Meter lang. Die Biester sahen verdammt tückisch und gemein aus.

In Macapá ankerten wir aus reinem Spaß an der Sache, klatsch, mitten auf dem Äquator. Beim Schwojen waren wir einmal auf der südlichen Halbkugel und einmal auf der nördlichen, zwei Tage lang. Als wir befriedigt dachten, wir wären etwa einhundert Mal hin- und hergependelt und uns die feuchte Hitze an der Stelle doch zu sehr zu schaffen machte, ließen wir uns wieder treiben, hundert Meilen weiter, bis zu der Insel Curuá. Das ist das letzte Refugium vor dem riesigen offenen stürmischen und unmarkierten nördlichen Arm des Amazonas. Der Strom lief flussabwärts gegen den Wind, und baute eine steile hektische See auf, gegen die eine Regatta im Block Island Sound wie eine Kinderpaddeltour sein muss. Wir liefen in ein kleines Flüsschen hinein, um uns zu verkriechen, und sicherten das Schiff mit acht stabilen Festmacherleinen an Bäumen. Dann plötzlich hörten wir in weiter Ferne ein dumpfes Gepolter, es klang wie Kanonendonner. Als es näher kam, wurde es lauter und dann schäumte mit einem ohrenzerreißenden Rauschen die *pororoca* vorbei, eine senkrechte Wand aus gelbem Wasser. Sie überwältigte und besiegte den Amazonas. Mit vierzehn Knoten rauschte sie an unserem Flüsschen vorbei. Im Zeitraum von nur fünf Minuten hob sich *Barbara* um dreizehn Meter in die Luft, wie ein langsamer Fahrstuhl. Zuerst waren wir unten, an den Baumwurzeln, und dann in Höhe der oberen Baumkronen. Wir spielten Katz und Maus mit einer der gefährlichsten Wassermassen der Erde. Das war mein letzter Fußtritt für den Amazonas, ein riskantes Zeichen meiner Unterlegenheit.

Wir mussten auf den abnehmenden Mond warten, bevor wir eine Ausfahrt in die See wagen konnten. Aber als die Zeit kam, liefen wir so schnell wir konnten aus dem Flüsschen bei Curuá aus, alle Segel gesetzt und zusätzlich noch unter Maschine. Die kombinierte Geschwindigkeit der ablaufenden Tide und der Flussströmung, etwa acht Knoten, und unsere sechs Knoten durchs Wasser, sorgten dafür, dass wir geradezu hinauszischten. Mit vierzehn Knoten über Grund, das sind immerhin fünfundzwanzig Kilometer pro Stunde! Es gab keine Anzeichen dafür, wo die Sandbänke lagen, und es gab etwa ein

Dutzend davon. Um uns herum war nur eine Masse rauschendes, quirlendes, dreckiges, raues Wasser, das sich irgendwo in der Ferne verlor. Das tut es in der Tat, denn die Kraft der Amazonasströmung macht sich noch dreihundertfünfzig Seemeilen weit draußen im Ozean bemerkbar. Nach nur *sechs Stunden*, nachdem wir in Curuá abgelegt hatten, waren wir *einhundertzwanzig Seemeilen* weit im Atlantik draußen und sicher vor der *pororoca*. Wir blieben die ganze Nacht hindurch auf östlichem Kurs, wir rollten wieder fröhlich in der Dünung des Ozeans.

Wir waren wieder im Atlantik – unserem Atlantik – in weitem tiefen Wasser, sicher vor den tausend Tücken des Amazonas. Wir waren wieder zu Hause. Sicher, wir waren in einer jämmerlichen Verfassung, wieder ausgesprochen unterernährt und ziemlich entkräftet. Gelegentlich hatten wir problematische Anfälle von Malaria, wir waren dünn wie Streichhölzer, unsere Ausrüstung war ziemlich mitgenommen und das Schiff war übel zerkratzt. Aber als wir in nordöstlicher Richtung den Kurs auf Cayenne in Französisch Guyana anlegten, hatten wir einen mitlaufenden Strom und halben Wind mit dreißig Knoten Geschwindigkeit. Hier im Ozean fühlten wir uns frei. Wir trieben *Barbara* bis an ihre Grenzen an, gegen die hohe Dünung über der nordbrasilianischen Festlandplatte. Die See war immer noch gelb, und das Wasser schmeckte brackig, aber wir hatten die Handschellen des Amazonas abgestreift. Wir liefen einer zivilisierten Welt entgegen, der sicheren Karibik zu, und dem Zwanzigsten Jahrhundert.

21
Sträflingsparadies

Die direkte Distanz zwischen der Insel Curuá, im nördlichen Amazonasdelta, und Cayenne in Französisch-Guyana beträgt etwas über 360 Seemeilen. Auf unserer Route, die weit in den Atlantik hinausführte, bevor wir Kurs auf die Küste nahmen, waren es 490 Seemeilen. Wir erlebten das Wetter, das typisch ist, wenn man in Lee an einer tropischen Landmasse entlang segelt, mit Gewittern und schweren Regenfällen. Aber zwischen den Schauern wehte der Wind stetig mit fünfundzwanzig Knoten. Über der Kontinentalplatte ging die See hoch und rau. An der Nordostküste Südamerikas gibt es häufig Vulkanausbrüche unter Wasser, und in der zweiten Nacht erlebten wir ein Seebeben. Ein dumpfer zittriger Schlag ging durch *Barbaras* Rumpf. Wenn man nicht weiß, dass es in einem Gebiet Seebeben gibt, kann das eine unliebsame Erfahrung sein, es ist ähnlich, wie die Explosion einer Unterwasserbombe. Wie bei einem Erdbeben verändert der Grund seine Form, und dieser Teil des Atlantiks ist der instabilste der Erde. Die Tiefe verändert sich fortlaufend, und daher sind die Seekarten für diese Gewässer selten korrekt. Dazu kommt noch das Problem, dass die See durch den Einfluss des Amazonas sehr trübe ist, denn das gelbe Wasser zieht sich hinauf bis nach Trinidad, vom Delta des Amazonas, mehr als tausend Seemeilen an der Küste entlang.

In diesen Gewässer gab es viele Haie, speziell Hammerkopf-Arten. Sie schwammen tagelang neben uns her und beäugten *Barbara* mit hungrigen Augen. Sie ahnten nicht, wie hungrig wir auf sie zurück blickten. Mit der Harpune warteten wir darauf, dass einer von ihnen zu nahe herankam.

Es ist ratsam, einen guten Abstand von den Küsten Brasiliens und Französisch-Guyanas zu halten, bis man sein Ziel querab hat, um es dann im rechten Winkel anzusteuern. So vermindert man die Gefahr, auf einer der Sandbänke, die nicht in der Karte eingezeichnet sind, aufzulaufen. Nach vier Tagen, mit gutem Fortschritt, machten wir genau das. Ich hatte ein britisches Kartenblatt für die Ansteuerung des Hafens von Cayenne. Aber als wir die Position der äußeren Ansteuerungstonne und den Anfang des eingezeichneten Kanals erreichten, fanden wir heraus, dass dort anstelle der Tonne eine große flache Sandbank war, über die der Schwell des Atlantiks hinwegging. Es war nichts in Sicht, als der flache dünne grüne Küstenstreifen im Süden. Ohne Anzeichen eines Kanals drehten wir erst einmal in der rauen See bei, um die Nacht abzuwarten. Dann, so erhofften wir, würden wir eine Peilung des Leuchtturms bekommen. Vielleicht würde auch einer vorbeikommen und uns den Weg in den Hafen zeigen. Das ist eigentlich eine Standardprozedur, aber wenn man Malaria und Ruhr hat und vor Unterernährung halb tot ist, dann ist das Warten eine Zumutung, gelinde gesagt. Doch endlich wurden wir erlöst. Am späten Nachmittag tauchte ein kleiner Shrimp-Fischer auf. Mit einem breiten Grinsen auf seinem braunen Gesicht lotste er uns durch den neu angelegten und betonnten, Kanal in den Hafen – die Einfahrt war neun Seemeilen von der Position auf der Karte entfernt. Und unsere Karte war erst vor neun Monaten berichtigt worden.

Müde und ausgezehrt machten wir in Cayenne, der Hauptstadt von Französisch-Guyana, fest. Wir aßen ein paar Bohnen zum Abendessen und gingen in die Kojen. Am Morgen wurden wir durch ein Klopfen auf dem Kabinendach geweckt. Ich blickte hinaus und sah meinen alten Freund und Segelkumpel aus Norwegen, Peer Tangvald. Er hockte sonnenverbrannt auf dem Seitendeck und grinste. Wir hatten uns zuletzt vor neun Jahren an der Küste Norwegens getroffen, und jetzt war er hier, zusammen mir seiner bildhübschen Frau und seiner neuen herrlichen 60-Fuß-Ketsch. Er segelte um die Welt.

Ich war immer noch von der Ruhr geschwächt, aber er zeigte mir sein Schiff, das er selbst gebaut hatte, und wir diskutierten über das Rigg. Im Schatten eines Zeltdachs, das er zum Schutz gegen die sengende Sonne und die sintflutartigen Regenfälle über sein Schiff gebaut hatte, saßen wir herum und redeten über alles, das uns in den Sinn kam. Am Mittag, als ich das erste vernünftige Essen seit Manaus bekam, fingen wir an, über meine Erfahrungen auf dem Amazonas zu sprechen. Er hörte mit mitleidig zu, als ich ihm von meiner Niederlage erzählte und, dass ich ein kleineres Schiff brauchte, um die Sache von der Pazifikseite aus in Angriff zu nehmen. Dann machte er die Bemerkung, dass er vor kurzem, bei einem Besuch in Barbados, ein Schiff gesehen hätte, das mir gefallen könnte.

Es war ein kleiner, robuster Zwanzigfüßer, in England gebaut, hatte ein gutes Rigg und hieß *Sea Dart*. Ursprünglich hatte man sie konstruiert, um damit durch die Nordwestpassage zwischen Alaska und Grönland zu segeln. Der Eigner hatte das Schiff selbst gebaut, und er hatte Peer erzählt, dass er so viel Geld in den Rumpf investiert hatte, dass er pleite ging. Peer war sicher, dass dies das richtige Schiff für mich wäre, aber es waren schon einige Monate vergangen, seit er es in Bridgetown auf Barbados gesehen hatte. Er wusste nicht, wo *Sea Dart* jetzt war. Vielleicht war sie auch schon durch den Panamakanal hindurch, denn Peer hatte gehört, dass der Eigner nach British Columbia segeln wollte.

Ich merkte mir das alles, und dann redeten wir wieder über andere Dinge. Peer lud uns ein, bei ihm zu essen, so lange wir in Cayenne waren. Aber er sagte uns, dass es in unserer Verfassung das Beste wäre, aus der schwülen Hitze in Cayenne abzuhauen. Der schönste Platz, meinte er, wären die Iles du Salut, die alte französische Strafkolonie, zu der auch die Ile de Diable (die Teufelsinsel) gehört. Die Luft wäre dort viel besser, es gäbe keine Insekten, aber einen guten Ankerplatz, an dem wir abkühlen könnten.

Peer führte uns durch die Stadt, er zeigte uns die interessanten Plätze, aus den lang vergangenen Tagen, als diese Stadt 50.000 Sträflinge beherbergte. Er lieh mir auch dreißig Dollar und zeigte uns die billigsten Geschäfte für Lebensmittel.

Die Inseln waren nur achtundzwanzig Seemeilen von Cayenne entfernt, und am Abend lagen wir in dem von Sträflingen erbauten Hafen der Ile Royale vor Anker. In den alten Tagen war dies das Hauptquartier der Strafkolonie. Wir wollten zehn Tage lang bleiben, um uns und das Schiff in einen Zustand zu bringen, der den Ansprüchen der feudalen Yachtwelt in der nur sechshundert Seemeilen entfernten Karibik gerecht werden würde.

Wir fanden die Inseln herrlich. Es gibt drei davon, Ile Royale, Ile Saint Joseph und die Ile de Diable. Die Teufelsinsel, auf der die französische Regierung die politischen Gefangenen unterzubringen pflegte, ist die kleinste. Durch die starken Strömungen und die vorgelagerten Felsen ist sie sehr schwer anzusteuern. Alle drei Inseln sind mit Palmen bewachsen, die in der Sonne glitzern. Das Klima ist das beste, das ich in der westlichen Hemisphäre kennen gelernt habe. Es gab viel Fisch, und an Land waren die wilden Schweine leicht zu erjagen. Der einzige Nachteil, den die Inseln bei ihrer Entwicklung zu einem Ferienparadies hatten, war das Fehlen von Sandstränden.

Auf Saint Joseph und auf der Ile Royale »erforschten« wir die Ruinen der alten Gefängnisse. Das Beeindruckendste, was wir fanden, war ein Wandgemälde im Sträflingsgefängnis, das zeigt, wie Jesus die Ketten der Gefangenen zerbricht. Die meisten vergitterten Zellen sind noch erhalten. Man kann sehen, wie die Sträflinge geschlafen haben, auf langen hölzernen Pritschen und mit den Handgelenken an den Pfosten angekettet.

Zwei Tage vor unserer geplanten Abreise machte ich Conrad einen Vorschlag. Ich schlug vor, dass wir versuchen sollten, vor der Teufelsinsel zu ankern, um sie zu besuchen. Mit einem sehr trickreichen Hindurchschlängeln durch den Irrgarten aus Felsen, ankerten wir gerade unterhalb der Stelle, wo Dreyfus gesessen haben muss. Ich ging an Land, aber ich fand nichts Interessantes. Die meisten der Gebäude waren Ruinen und von dickem Unterholz und Schlingpflanzen überwuchert. Es gab Rotten von wilden Schweinen, aber wir hatten genug Fleisch für das Abendessen in dieser Nacht, am Felsenstrand, und unter den glitzernden Sternen. Später fanden wir heraus, dass *Barbara* die erste Yacht war, die dort erfolgreich geankert hatte.

Wenn Henri Charrière, der Mann, der als Papillon bekannt ist, die Wahrheit sagt mit seiner Behauptung, dass er von der Teufelsinsel geflohen und mit Hilfe eines Sacks von Kokosnüssen an die Küste von Französisch-Guyana geschwommen sei, dann müssen sich die Tiden und die Strömungen dort in den letzten Jahren sehr verändert haben. Mit der Art und Weise, wie die See zu unserer Zeit lief, wäre er höchstens nordwestlich in Tobago angekommen. Kein Mensch kann durch die Passage hindurchschwimmen, egal, wie stark er ist. Der Strom läuft immer von der Küste weg, unabhängig vom Stand der Tide, und seine Geschwindigkeit liegt nie unter drei Knoten. Die Küste ist zwölf Seemeilen von der Insel entfernt, und wenn die Ebbe einsetzt, erreicht der Strom eine Geschwindigkeit von sechs Knoten in Richtung Westnordwest.

Ich unterhielt mich mit dem Leuchtturmwärter auf der Ile Royale, der selbst ein ehemaliger Sträfling war. Er behauptete, dass es nur einigen einzigen Menschen gab, der je den Inseln entkommen sei. Das war ein Nachtwächter im Zweiten Weltkrieg, der in einem Schildhaus stand. Er kalfaterte heimlich sein Schildhaus, machte ein Segel dafür und navigierte sein winziges Fahrzeug nach Trinidad. Dort wurde er mit offenen Armen empfangen und sofort in die französische Marine eingezogen. Der Leuchtturmwärter war sich sicher, dass er nicht Henri Charrière geheißen hatte. Er zeigte mir auch die Zellen auf der Insel Saint Joseph, die von einem natürlichen Seewasserbecken umgeben sind. Er behauptete fest, dass man in der Hitze das Nachmittags alle Gefangenen aus ihren Zellen herausließ, und ihnen in dem Becken zu schwimmen erlaubte. Sicherlich anders, als Papillon die Sache erzählt hat. Aber der alte Gauner hat eine gute Geschichte geschrieben, also soll man ihn in seinem Grab ruhen lassen.

Der Leuchtturmwärter erzählte mir noch eine interessante Geschichte, nach der es ab 1937 unter der Kirche der Teufelsinsel eine vollständige Geldfälscherfabrik gegeben haben soll, die erst entdeckt wurde, als die Deutschen Paris eroberten. Dort durchstöberte die SS mehrere Bündel von Hundert-Franc-Noten und entdeckte zwei mit der gleichen

Nummer. Sie verfolgten die Spur, die schließlich zu der Kirche auf der Teufelsinsel führte. Damit flog die Sache auf. Man schätzt, dass zwischen 1937 und 1940 über zwei Millionen Dollar in gefälschten Banknoten von der Sträflingsinsel nach Frankreich exportiert worden waren.

Es gab etwa sechstausend Sträflinge auf den Inseln. Der Leuchtturmwärter erzählte mir, dass zum Ende des Krieges nicht die Sträflinge eingelocht waren, sondern sich die Aufseher in ihren Baracken selbst einsperrten. Die Sträflinge beherrschten die Inseln, mit Sicherheit die Ile Royale. Sie hatten dort sogar ein Spielkasino und einen Nachtclub für Schwule aufgezogen.

Wohlgenährt mit Fleisch von wild lebenden Schweinen, Kokosnüssen und Fisch gingen wir ankerauf. Mit ein wenig Bedauern, legten wir Kurs auf Grenada an, die südlichste der Karibikinseln. Wir hatten eine schöne Zeit auf den Inseln verbracht.

Mit gutem Wind und einer sanftmütigen See erreichten wir nach acht Tagen Grenada. Körperlich fühlten wir uns viel besser, aber in mentaler Hinsicht litten wir immer noch unter der großen und langen Anstrengung, die wir hinter uns hatten. Am Morgen, als Grenada in Sicht kam, schrieb ich ins Logbuch: »Nebel im Nordosten. Fühle mich ausgebrannt. Denke, im Moment kann ich nicht mehr.«

22
Karibische Peepshow

Die Szene in Grenada war verblüffend. Es lagen etwa zweihundert Yachten im Hafen, denn es ist das geographische Ende des Segelns in der Karibik. Die meisten davon waren Charterschiffe mit besorgt aussehenden Skippern und putzenden, polierenden, malenden und eisholenden Bootsmännern an Bord, während die Gäste herumhingen.

Manche der Charterskipper waren alte Bekannte. In früheren Jahren waren sie, wie ich, Yachties gewesen, die sich auf See herumtrieben. Ich war erstaunt, wie perfekt sie sich in den Stress der Charterindustrie eingegliedert hatten.

Zum Glück gab es aber auch noch ein paar richtige Segler, mit denen man sich über andere Dinge als Geld, die Auslastung des Schiffes, die Qualitäten und Mengen von Firnis, wieder Geld, und wie viele Gäste man auf dem Schiff unterbringen könne, unterhalten konnte.

Einige fragten, wo wir herkämen, aber als wir es ihnen sagten, zeigten sie wenig Reaktion und liefen schnell wieder in die ausgefahrenen Geleise ihres Geschäfts hinein. Im allgemeinen haben die Charterskipper wenig Sinn für Abenteuer, sie befinden sich am Schwanz einer langen Kommunikationskette, die bei den Vermittlungsagenturen in den Großstädten der USA oder irgendwo anders beginnt. Wenn ich mich mit ihnen unterhielt, brachten sie lediglich Geringschätzung, wenn nicht gar Verachtung, über die Inselbewohner zum Ausdruck. Sie beschwerten sich ohne Ende über deren Faulheit und die Ineffizienz. Einige, speziell die Briten, waren vom Regen in die Traufe gekommen. Sie hatten gehofft, hier die Kolonialherren spielen zu können und waren bitter enttäuscht, dass die »Krausköpfe« jetzt plötzlich selbst denken konnten.

Die Armseligsten waren die Leute, die aus den Staaten oder von Europa hierher gekommen waren und an ihrer gewohnten Moralvorstellung festhielten. Bei den Amis ist das die Religion des Geldes, und bei den Europäern die Scheiße mit den Klassen in der Gesellschaft. Hier, in einer anderen Welt, waren sie ziemlich verloren. Sie klammerten sich aneinander und bildeten Enklaven. Sie hatten versucht, die Moralvorstellungen der Vorstädte von Philadelphia, Manchester oder Paris hierher mit zu bringen, und wenn diese nicht funktionierten, waren sie total verblüfft.

Andererseits sahen die Einheimischen von Grenada in diesen komischen weißen Leuten mit ihren opulenten Schiffen eine unablässig sprudelnde Geldquelle. Ihr ganzer Ehrgeiz war darauf ausgerichtet, möglichst viel davon abzuschöpfen, und zwar so schnell wie irgendwie möglich. Ihre Einstellung zeigte sich durch schroffe Ablehnung. Ihre Gesichter reflektierten eine künstliche, maskenhafte Undurchsichtigkeit, die uns nach dem Zusammentreffen mit den offenen Afrikanern und den fröhlichen Brasilianern enttäuschte. Sie gaben sich nicht die geringste Mühe, freundlich oder höflich zu sein. Wir trafen nur auf tiefes Misstrauen und eine Wand des Hasses.

Als wir dort eintrafen, hatte diese Einstellung auf der Insel gerade ihren Höhepunkt erreicht. Mr. Gary, ehemaliger Gewerkschaftsboss, Hansdampf in allen Gassen, Massenaufrührer und genannt der »Napoleon der Muskatnüsse«, kam schließlich an die Macht. Als erstes erhöhte er die Hafengebühren für Yachten auf ein erpresserisches Niveau, unabhängig davon, ob es Charteryachten waren, die hier ihre Geschäftsbasis hatten oder nicht. Er führte sogar eine Ankergebühr ein, überall um die Insel herum. Als Reaktion gingen die Charterschiffe und Motoryachten ankerauf oder warfen die Festmacher los und gingen woanders hin. Imperator Gary gab schließlich nach, und die Schiffe kamen an ihre Anleger zurück.

Während ich diesen Ereignissen amüsiert zusah, schrieb ich Artikel, um Geld zu verdienen. Zur gleichen Zeit überholte ich *Barbara* und schmiedete Pläne für ein anderes Schiff. Ich startete eine Suche nach *Sea Dart* über die gesamte Inselwelt, bis hinauf nach St. Thomas, auf den amerikanischen Virgin Islands (Jungferninseln), aber ohne Erfolg.

Mit dem Erlös aus verschiedenen Artikeln, die in Europa und Australien veröffentlicht wurden, konnten wir uns einen Liegeplatz beim Grenada Yacht Service leisten, wo es am Steg Wasser und Elektrizität gab. So etwas hatten wir seit Malta, zwei Jahre vorher, nicht mehr gesehen.

Nach einem Monat in der sengenden Sonne von Grenada hatten wir genug. Wir segelten hinauf zu den Inseln weiter im Norden. Erstens wollte ich ein Schiff finden, das klein genug war, aber gleichzeitig stabil und seetüchtig für die Probleme in Südamerika, und zweitens wollte ich aus der vergifteten und geschwätzigen Atmosphäre des Yachthafens heraus.

Zwei Tage bevor wir in Grenada ablegen wollten, kam Conrad auf mich zu. Er stand auf dem Steg und sah ernst aus.

»Brauchst Du mich noch, Skip?«

»Nein, willst Du den Tag frei machen?«

»Nein, ich meine fürs Segeln. Ich denke, wenn Du Dein kleines Schiff hast, dann wird es nicht genug Platz geben für zwei, nicht wahr? Außerdem, ich wollte sowieso eine Zeit lang nach England zurück. Meine Freundin ist sauer, sie will mehr von mir als nur einen Brief im Monat oder zwei. Und ich möchte sie nicht verlieren ... und mein Vater sagt, er würde mir ein eigenes Schiff kaufen.« Es war die längste Rede, die ich je von ihm gehört hatte.

»Was willst Du machen?«

»Charterskipper in der Griechischen Ägäis, wenn ich ein geeignetes Schiff finde, vielleicht mit Tauchergruppen arbeiten, aber ich weiß noch nicht genau.«

»OK, Kumpel, ich besorg' Dir ein Flugticket.«

»Prima. Wenn ich nicht zurück segeln kann, dann fliege ich eben.«

»Besser als schwimmen!«

»Vielen Dank, Tristan!«

»Das geht schon in Ordnung. Und vergiss nicht, den Bug von deinem gottverdammten Schiff immer in Luv von Deinem Zielort zu halten. Und lass' um Himmels Willen nicht wieder den Sextanten fallen!«

Er lachte: »Dieses Missgeschick werd' ich sicher nie vergessen.«

»Das, zum Teufel, hoff' ich für Dich!«

Am Tag darauf reiste er ab. Wir gaben uns die Hand, und zeigten, auf typisch britische Art, so wenig Gefühl wie möglich.

Er fand schließlich sein Schiff, seine Frau, und seine Taucher. Heute hat er ein gutgehendes Chartergeschäft in der Karibik. Sicher erzählt er seinen Gästen ab und zu von einem alten querköpfigen Salzbuckel und den verrückten Reisen, die er mit ihm zusammen gemacht hat.

Im Oktober 1972 lief ich die Inseln der Kleinen Antillen an, nach schönem Segeln in den Passatwinden, die in dieser Gegend vorherrschen. Ich besuchte Saint Vincent, Saint Lucia, Martinique, Guadeloupe, Antigua und zum Schluss die Virgin Islands. Hier, auf amerikanischem Territorium, gab ich *Barbara* an Arthur zurück. Es war ein trauriger Abschied. Seit ich damals vor zweieinhalb Jahren die USA verlassen hatte, war *Barbara* mehr als 38.000 Seemeilen gesegelt. Sie war jetzt wieder in einem guten Zustand, und ich war sehr traurig, als ich sie verlassen musste, obwohl ich sonst gegenüber Schiffen nicht besonders sentimental bin. Aber wir hatten eine Menge Abenteuer zusammen erlebt, und sie hatte mich nie im Stich gelassen. Aber sie war zu groß, um an den Titicacasee zu kommen, also musste sie weg.

Mit Geld in der Tasche ging ich nach Grenada zurück, und kaufte eine 40-Fuß-Yawl, die seit einigen Jahren im Hafenbecken lag. Sie hatte Trockenfäule in den Spanten, aber sonst war sie in akzeptablem Zustand. Ich gab ihr den Namen *Banjo II* und machte mich daran, sie zu überholen. Ich ersetzte drei Spanten und zwei Decksplanken mit solidem Teakholz. Dann setzte ich meine Suche auf den Inseln fort. Am ersten Tag, an dem ich mit *Banjo II* unterwegs war, lief ich die kleine Insel Bequia an, südlich von St. Vincent. Dort, in der wunderschönen Bucht schwojte *Sea Dart* von Anker. Sie war winzig, nur siebzehn Fuß (5.5 Meter) Wasserlinie, aber sie sah solide aus. Ich ruderte sofort hinüber und begutachtete sie. Sie war offensichtlich gut gepflegt, hatte ein stabiles Rigg und eine Windfahnensteuerung. Ihre Segel schienen in Ordnung zu sein, und das Deck war makellos.

Ich weckte den Eigner, der mir die Kajüte zeigte. Wir diskutierten über den Rumpf, und er sagte mir, dass *Sea Dart* drei Kiele habe. Ich machte eine Anzahlung, und drei Tage später gehörte sie mir. In der Zwischenzeit hatte ich *Banjo II* mit einigem Profit verkauft. Jetzt hatte ich ein Schiff, mit dem ich die Anden angehen konnte.

Sea Dart war auf einer kleinen Werft in England gebaut worden. Man erzählte mir, dass man beabsichtigt hätte, mit ihr die Nordwestpassage zwischen Alaska und Grönland zu durchfahren. Deshalb hatte man ihre Konstruktion für diesen Zweck ausgelegt, sich beim Bau große Mühe gegeben und nur das beste Material verwendet, Marinesperrholz aus Mahagoni. Der Originalriss stammte von der Debutante, einer Bootsklasse, die für Wochenendtörns im Ärmelkanal ausgelegt ist. Von England aus, hatte man sie in die Karibik gesegelt und an einen jungen Amerikaner veräußert, der sie mir dann verkaufte. Er hatte beabsichtigt, mit ihr über den Pazifik nach Australien zu segeln und hatte viel Geld in das Schiff, die Ausrüstung und die Vorbereitungen der Reise investiert. Der Rumpf, das Deck, das Rigg und die Segel waren in bestem Zustand, ebenso die Ausrüstung unter Deck. Das Unterwasserschiff war solide, und mit zwanzig Lagen Casomite beschichtet, einem Gemisch aus Seide und Gummi, das vor den Angriffen des Bohrwurms schützt. Bohrwürmer sind in den Tropen eine Seuche für Schiffe aus Holz. Die Navigationsausrüstung war perfekt.

Alles in allem, *Sea Dart* war für ihre Größe besser ausgerüstet und seetauglicher als manches Schiff, das doppelt so groß ist. Sie hatte zum Beispiel über dreihundert Kartenblätter für die Karibik und den Pazifik an Bord, die unter den Kojen verstaut waren. Sie kostete mich fünftausend US Dollar.

Sie hatte keinen Einbaumotor, keinen Strom, kein Funkgerät und natürlich keinen Kühlschrank. Aber diese Dinge sind sowieso ein Luxus, an den man auf den Segelschiffen vor fünfzig Jahren noch nicht einmal gedacht hat. Außerdem, je einfacher die Ausrüstung, umso weniger Arbeit für die Pflege, und den Unterhalt. Dafür mehr Zeit zum Reisen.

Im Vergleich zu *Barbara* war der Lebensraum in der Kajüte sehr beschränkt, aber die Konstrukteure hatten es fertig gebracht, drei zwei Meter lange Kojen und einen Tisch einzubauen. Außerdem gab es genug Schapps für Vorräte. Proviant für drei Monate für einen Mann war gut unterzubringen. Es gab einen winzigen Petroleumkocher, aber kein Spülbecken und kein Klo. Aber zwei Eimer würden den gleichen Zweck erfüllen. Ihr Segelschapp war im Vorschiff, vollgestopft mit guten, fast neuen Segeln. Im Achterschiff gab es eine Kiste mit langen guten Leinen und genug Farbe, um damit, bei normaler Segelei, zwei Jahre lang auszukommen.

Ich verbrachte zwei Tage damit, eine Inventarliste aufzustellen und alles durchzusehen. Ich kaufte genug Lebensmittel für einen Monat. Dann machte ich mit *Sea Dart* einige Probeschläge und segelte ihr an einem Nachmittag fast den Arsch ab.

Am 10. April 1973, sieben Monate nach meiner Niederlage am Amazonas, segelte ich erholt aus der Karibik weg. *Sea Dart* lief vor dem Passatwind daher, mit dem Groß an einer Seite, und, der für ihre Größe riesigen Genua ausgebaumt auf der anderen. Die kleine *Sea Dart* rollte heftig in der Dünung der Karibik, die Lichter der Inseln verloren sich langsam hinter ihrem Heck, und die Sterne glitzerten am Himmel in der klaren Tropennacht. Ich war wieder unterwegs zu meinem Ziel, meinem Schicksal entgegen – jetzt ging es in die letzte Runde!

oben: Die Kombüse der *Sea Dart*, war winzig im Vergleich zu der auf der *Barbara*. Doch das Schiff hatte immer noch genug Raum für drei Kojen, einen kleinen Tisch und ausreichend Schapps für drei Monate Proviant und einen Petroleumkocher.

unten: Unterwegs schrieb Tristan auf der *Sea Dart* Artikel für Segelzeitschriften. (»Der Aufwand ist fast zu groß. In einer winzigen Kabine zu schreiben, wenn man bei Temperaturen von über 45° Grad fast eingeht, während das Schiff rollt und giert, ist fast unmöglich«.)

oben: Dreihundert Seemeilen draußen auf See, vor der Küste Kolumbiens. Der kleine Vogel leistete Tristan drei Tage lang Gesellschaft. In der Nacht schlief er auf dem Kabinendach, und kam um die Mittagszeit zum Füttern ans Achterstag.

unten: Oktober 1973 vor der Gefängnisinsel Gorgonia, Kolumbien: Erschöpfung macht sich breit. (»Es gab überhaupt keine Geräusche, keine Unterhaltung, kein Fluchen, nur absolute, völlige Stille.«)

'inks: Eine Quechua-Indianerkapelle
·n Puno, Peru.

oben: Indianischer Tänzer in Puno, Peru.

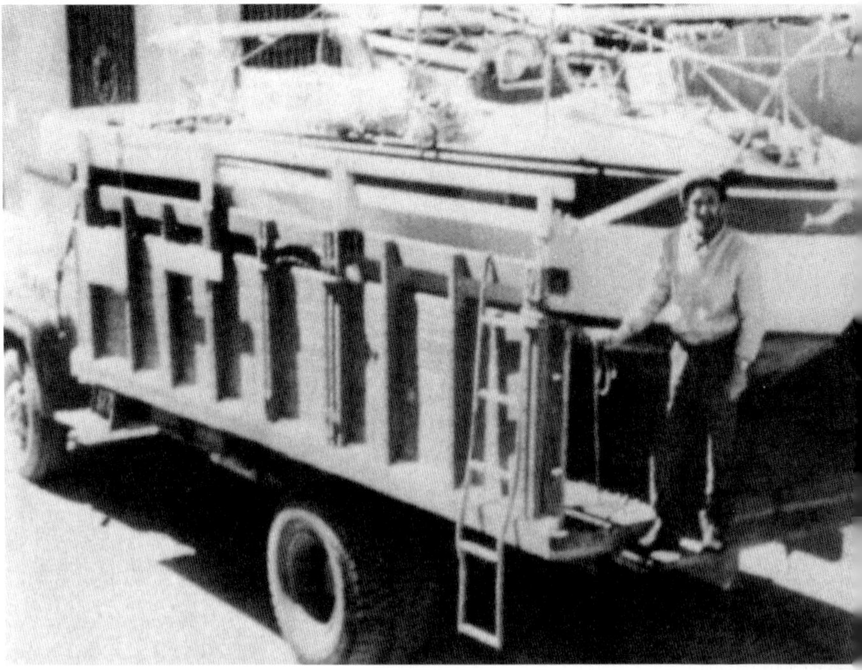

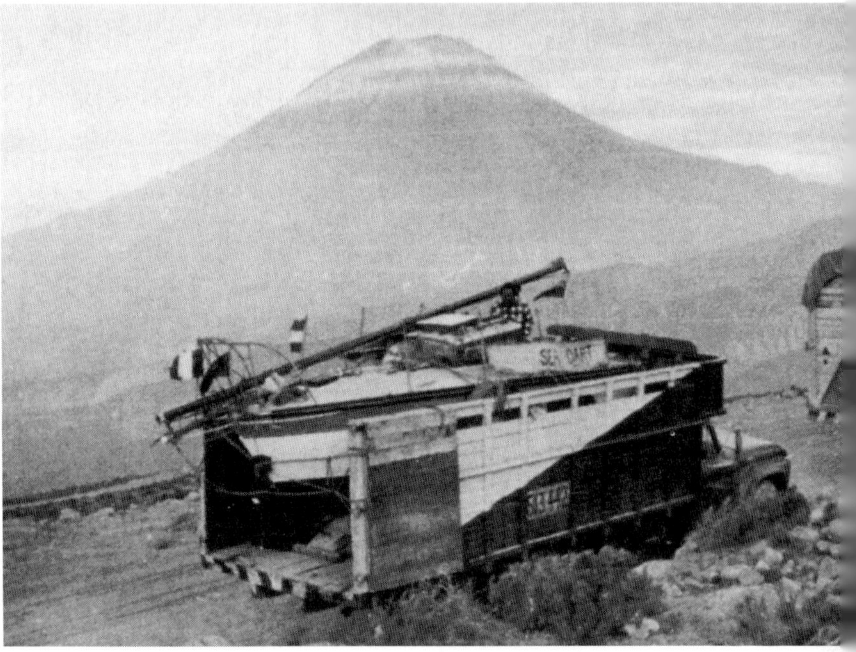

Am Ziel angekommen.
Mit einem Dankgebet an alle
Götter des Ozeans, wird Sea Dart
in die Gewässers des Titicacasees
hinuntergelassen.

linke Seite oben:
Sea Dart auf dem Lastwagen
bei der Überquerung Perus.

linke Seite unten:
Sea Dart in 4850 Meter Höhe
über dem Meeresspiegel.
Im Hintergrund sieht man
den Misti Volcano. Das Schiff
wurde auf Salomons altem
Ford Lastwagen durch Peru
geschmuggelt.

rechts:
Am Titicacasee.
(»Schweigend und
barfuß standen sie
da, und schauten auf
diese Erscheinung
aus einer anderen
Welt – ein Schiff
vom Ozean«.)

unten: Das erste Foto
einer seegehenden
Yacht auf dem
Titicacasee. *Sea Dart*
segelt auf dem See
vier Kilometer hoch
über dem Meer.

links: Ein Balsaboot auf dem Titicacasee bei Taquila. Eine halbe Tonne Schilf, das mit Kordel zusammengehalten wird. Es ist eines der stabilsten und sichersten Wasserfahrzeuge überhaupt.

unten: Ein indianisches Grab aus der Zeit noch vor den Inkas. Es ist aus Stein ohne Mörtel gebaut, die Steine passen genau zusammen. Innen stehen die Skelette aufrecht, und ihre Gesichter schauen exakt nach Norden.

oben: Sea Dart, sicher festgemacht auf dem Waggon der
bolivianischen Eisenbahn, bereit für
den Transport nach Puerto Suárez
an der Grenze nach Brasilien.

rechts: Huanapaco in Buenos
Aires, nachdem er sich von den
Strapazen im Mato Grosso wieder
völlig erholt hatte. Außer seinem
Sinn für Humor, hatte er die
Geduld, eine Sache zu Ende zu
bringen. Nur ein Mann, der an
das unbarmherzige Leben des
Altiplano gewöhnt ist, kann das
aushalten.

Teil 3: Finden

»We're 'ere because we're 'ere
Because we're 'ere because we're 'ere
We're 'ere because we're 'ere
Because we're 'ere because we're 'ere«

(»Wir sind hier, weil wir hier sind,
weil wir hier sind, weil wir hier sind.
Wir sind hier, weil wir hier sind,
weil wir hier sind, weil wir hier sind.«)

Song der Unterdeckmatrosen aus dem Zweiten Weltkrieg
Er wurde zu der Melodie von »Auld Lang Syne« gesungen.

23

Von Königreichen und Handelswegen

Obwohl die Karibischen Inseln nicht allzu weit von den südamerikanischen Küsten Venezuelas und Kolumbien entfernt sind, kommen nur wenige Yachten in diese beiden Länder, oder, wenn man so will, auch in die anderen, an das Karibische Meer angrenzenden, Länder, mit der Ausnahme von Mexiko. Dafür gibt es verschiedenen Gründe. Einer davon ist die Sprache, denn außer in Panama und in Belize wird dort hauptsächlich Spanisch und Indiodialekt gesprochen. Ein anderer Grund ist, dass die Segelbedingungen schwierig sind und nicht so einfach und mühelos, wie in der tausend Seemeilen langen Inselkette der Antillen, die sich im rechten Winkel zu den vorherrschenden östlichen Passatwinden von Nord nach Süd hinzieht. Ein dritter Grund, der mit dem zweiten zusammenhängt, ist, dass es wenig Navigationshilfen gibt, keine Funkfeuer, Tonnen, oder Leuchttürme, mit der Ausnahme von Curaçao, und in der Kanalzone. Ein vierter Grund sind die vielen Fälle von *Piraterie*, speziell in den kolumbianischen Gewässern.

An der venezolanischen Küste gibt es viel Schiffsverkehr um die Isla de Margarita herum und bei Tortuga, einer lebhaften Fischerinsel. Das heißt, dass man dort im allgemeinen Hilfe bekommt, wenn etwas Unvorhergesehenes eintritt. Aber an der kolumbianischen Küste ist das nicht der Fall. Kolumbien ist eines der größten Drogenanbauländer in Südamerika. Viele Drogen werden mit kleinen Flugzeugen in die USA geschmuggelt, andere werden mit kleinen Schiffen transportiert, hauptsächlich nach Puerto Rico, von wo sie in die großen Städte der USA gehen. Die Küste ist daher fest in der Kontrolle der Drogenmafia und der Gangster. Fremde sind hier nicht willkommen.

An den Küsten von Venezuela und Kolumbien blüht die Korruption, und Diebstahl gehört zum Alltag. Man muss extrem vorsichtig sein, wenn man in einen Hafen einläuft oder vor Anker geht. Man muss bereit sein, Schiff und Mannschaft zu verteidigen. Helle Flecken auf dieser dunklen südlichen Seite der Karibik sind die ehemaligen holländischen Kolonien Curaçao und Aruba, am westlichen Ende der Inselkette, die vor der Küste Venezuelas liegt. Hier gibt es moderne Häfen, ehrliche Beamte, saubere und sichere Straßen, und man kann zollfrei einkaufen. Curaçao ist der geeignete Ansteuerungsort für die wenig bekannte, aber berüchtigte Küste von Kolumbien. Also steuerte ich mit *Sea Dart* diese Inseln der Niederländischen Antillen an, nachdem ich in Bequia losgesegelt war.

Der Wind vor der Küste Venezuelas ist moderat bis heftig, das heißt, er bläst mit zwischen fünfundzwanzig bis fünfundvierzig Knoten. Aber er ist stetig, und bis nach Curaçao setzt der Strom westlich. Dann ändert er seine Richtung und läuft gegen den Uhrzeigersinn zum Norden Panamas, dann südlich in den Golf von Darien und dann wieder östlich

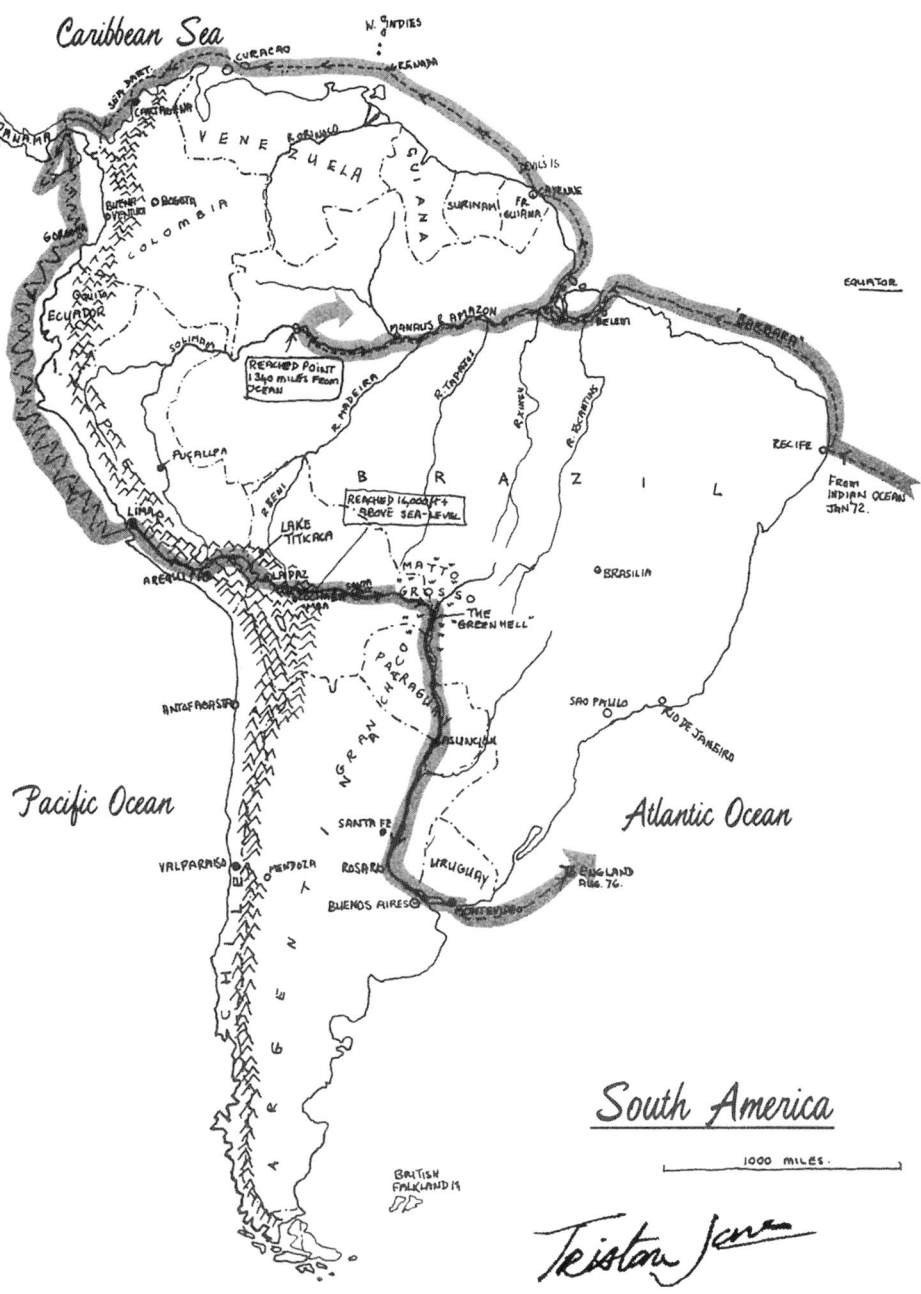

Caribbean Sea

N. INDIES

CURACAO

GRENADA

LA BRET

CARTAGENA

VENEZUELA

ORINOCO

GUIANA

PANAMA

BUENAVENTURA

BOGOTA

COLOMBIA

SURINAM

FR. GUIANA

DEVILS IS.

CAYENNE

GORGONA

QUITO

ECUADOR

SOLIMAN

MANAUS & AMAZON

BELEM

EQUATOR

PARNAIBA

REACHED POINT 1340 MILES FROM OCEAN

R. TAPAJOZ

R. XINGU

R. TOCANTINS

PUCALLPA

R. MADEIRA

RECIFE

PERU

From
INDIAN OCEAN
JAN 72.

B   R   A   Z   I   L

REACHED 16,000FT+ ABOVE SEA-LEVEL

LIMA

LAKE TITICACA

R. BENI

BRASILIA

AREQUIPA

LA PAZ

MATTO GROSSO

THE "GREEN HELL"

ANTOFAGASTA

G   R   A   N   C   H   A   C   O

P   A   R   A   G   U   A   Y

SAO PAULO

RIO DE JANEIRO

ASUNCION

Pacific Ocean

SANTA FE

Atlantic Ocean

VALPARAISO

MENDOZA

ROSARIO

URUGUAY

TO ENGLAND
AUG. 76.

A   R   G   E   N   T   I   N   A

BUENOS AIRES

MONTEVIDEO

South America

1000 MILES.

BRITISH
FALKLAND IS.

Tristan Jones

135

an der Küste von Kolumbien entlang. Also hätte ich ab Curaçao den Strom gegen mich, mit einer Geschwindigkeit von bis zu drei Knoten. Das machte mir wenig Sorgen, denn ich hatte Zeit.

Sea Dart rollte und bockte seit Bequia auf Kurs Westsüdwest vor dem Wind, mit ausgebaumten Segeln. Sie wurde durch die sehr effiziente Windfahnensteuerung auf Kurs gehalten. Ich hatte also viel Zeit, meinen Plan weiter zu führen, den ich in der Karibik grob skizziert hatte. Das war keine einfache Aufgabe, denn es bedeutete das Zusammentragen einer Menge an Informationen über Geschichte, Geographie, Ethnographie, Klimatologie, Geophysik, ja sogar Zoologie der einzelnen Länder. Ein Segler mit einem kleinen Schiff sollte alle Informationen über ein Land sammeln, wenn er beabsichtigt, es anzulaufen. Ich mache das immer so, ich laufe niemals total blind in eine Gegend hinein. Wenn Dich ein Seemann einmal durch seine Belesenheit verblüffen sollte, dann denk' daran, dass in den Gewässern einer entlegenen Küste der Erde einmal sein Leben davon abhängen kann, wie gut er seine Schulaufgaben gemacht hat und wie präzise seine Einschätzung der mit seinem Vorhaben verbundenen Risiken war.

Ich plante, zuerst die Südwestküste des Karibischen Meeres zu erforschen, über die ziemlich wenig bekannt ist. Sie grenzt an dampfenden Dschungel, und es leben fast nur Indiostämme dort. Es ist eines der am wenigsten erforschten Gebiete der westlichen Hemisphäre. Dieses Unterfangen würde bis Juli oder August dauern. Dann würde ich durch den Panamakanal gehen und mich auf den mühsamen, langen Kampf mit dem Wind und dem Humboldtstrom im September vorbereiten. In anderen Worten, auf meinem fünftausend Seemeilen langen Segeltörn zum Ziel in den Anden würde ich einen kleinen Umweg von zweitausend Seemeilen nach Süden machen, um meine Neugier über den Golf von Darien zu befriedigen.

Während meines Aufenthalts in der Karibik hatte ich Informationen aus allen Informationsquellen, die ich fand, über den Humboldtstrom gesammelt, der an der Westküste Südamerikas entlang gen Norden läuft. Früher, im Seefahrtsmuseum zu Barcelona, hatte ich einmal einen Reisebericht gelesen. Diesem war zu entnehmen, dass der Strom alle sieben Jahre seine Richtung umkehrt. Wenn dies geschieht, wird er nicht mehr Humboldtstrom genannt, sondern *el niño*, das Heilige Kind. Ich hatte an weiteren Orten und Stellen nachgeforscht und nachgefragt, vom Britischen Museum in London bis hin zur Universität von Lima. Was mich interessierte war, wann das letzte Mal ein El-Niño-Jahr gewesen war. Schließlich fand ich heraus, dass eine Stromumkehr im Jahr 1973 nicht unwahrscheinlich wäre. Wenn es eintreten würde, dann im September. Dann könnte ich auf dem Strom reiten und müsste nicht zweitausend Seemeilen dagegen anlaufen; es würde meine Reise ungemein erleichtern.

Meine Nachforschungen über die Umkehr der mächtigsten Meeresströmung der Erde ließen mich erkennen, dass Pizarro, der Eroberer des Inkareiches, das unverschämte Glück des Teufels auf seiner Seite gehabt hatte. Nachdem er in Panama seine kleine Flotte zusammengestellt hatte, war er tatsächlich mit dem umgekippten Strom, dem *el niño*, die Küste hinab nach Süden gesegelt, um in dem Gebiet zu landen, das heute Ecuador heißt. Hätte es das Phänomen des Heiligen Kindes nicht gegeben, hätte der Eroberer sicher wesentlich länger gebraucht, um im Inkareich anzukommen. Atahualpa, der König, wäre durch seinen langsamen Fortschritt vorgewarnt gewesen und hätte ihm sicher einen entsprechenden Empfang bereitet. Wahrscheinlich hätte man die Spanier massakriert, und die Weltgeschichte hätte einen anderen Kurs genommen. Sehr wahrscheinlich wären die

Spanier nicht an die Schätze in den Anden herangekommen, mit denen sie ihre Eroberungskriege finanzierten, und die Völker Nordeuropas hätten nicht so viele Kolonien erobert, um der wachsenden Gefahr einer spanischen Übermacht in Europa, entgegenzuwirken.

Das sind natürlich alles nur Mutmaßungen, aber das Szenario ist klar. Die Ozeanströmungen der Welt haben seit je her auf die Geschichte eingewirkt. Wenn man sich die Landkarten der alten spanischen und portugiesischen Königreiche ansieht, dann ist zweifelsfrei zu erkennen, dass die Portugiesen bessere Seefahrer waren, denn sie konnten höher am Wind segeln. Der einzige Besitz Spaniens, der eine längere Passage am Wind erforderte, lag auf der Westseite des Pazifiks, es waren die Philippinen und die Neuen Hebriden. Trotzdem ist klar, wenn man sie nicht von Peru aus über den Pazifik hinweg ansteuerte, mit einer langen Reise vor dem Wind, sondern um das Kap der Guten Hoffnung herum, und über den Indischen Ozean, dann brauchte man die Hilfe portugiesischer Navigatoren.

Als *Sea Dart* sich durch die Inseln und felsigen Riffe vor der venezolanischen Küste hindurcharbeitete, kamen meine Gedanken auf diese faszinierenden Tatsachen der Geschichte zurück. Der alte spanische Handelsweg, zum Beispiel, verlief von den Kanarischen Inseln über den Atlantik nach Puerto Rico, dann über das Karibische Meer nach Cartagena und weiter nach Portobelo, an der Küste des heutigen Panama. Von da aus verlief er über Land, mit Maultieren über Trampelpfade durch den heißen dampfenden Dschungel der Küste, und dann hoch hinauf, über die gewaltigen Pässe der Anden, über tausend Seemeilen, zum Hochland des heutigen Bolivien, wo die Goldschätze der Inkas lagen und der Silberberg Potosí. Die Reise dauerte ungefähr ein Jahr. Wenn man die primitiven Lebensbedingungen berücksichtigt, das Fehlen solider Navigationskenntnisse, die Seltenheit von Häfen, das Nichtvorhandensein von Tropenmedizin, die Attacken der Piraten und Freibeuter, ganz zu schweigen von den Wilden und Kannibalen im Inneren von Panama und Kolumbien, war eine solche Reise ein ungeheures Abenteuer. Obwohl mich die brutale Unterwerfung des Inkareiches abstößt, habe ich trotzdem einen großen Respekt vor den Konquistadoren. Sie mussten sich jeden Batzen Gold sauer erkämpfen. Aber Gold war nicht ihre einzige Motivation; sie waren außerdem von einem religiösen Fanatismus besessen, den es bis dahin nicht gegeben hatte.

Die Hauptverschiffungshäfen für das Inkagold waren Cartagena in Kolumbien, und Portobelo in Panama. Zwei Jahrzehnte lang verließen Schiffe, mit Gold und Silber beladen, diese Festungen. Zwei Jahrzehnte lang versuchten Britannien, Holland und Frankreich mit ihren mächtigen Kriegsflotten, den Fluss dieser Schätze zu unterbrechen oder sie den Spaniern abzujagen. Es gab Hunderte von Seeschlachten, Tausende von Männern verloren ihr Leben und Reiche wurden gegründet, und bei dem Versuch, alternative Routen für die Schätze und die Angriffe darauf zu finden, wurden enorme Seereisen unternommen. Die Ozeane der Erde wurden überquert, und die westliche Welt bekam einen gewaltigen Wissenszuwachs über bisher unerforschte Gebiete. In kleinen abgelegenen Dörfern an der wasserarmen Küste von Peru schüchtert man heute noch weinende Kinder mit der Drohung ein: »Schön ruhig sein, sonst kommt Drake!«

Im frühen 19. Jahrhundert, nach dem Zusammenbruch des spanischen Reiches und den erfolgreichen Revolutionen in Frankreich und Amerika lehnten sich die Kreolen (Südamerikaner europäischer Abstammung) gegen Spanien auf. Sie wurden durch Engländer, Veteranen aus den Kriegen gegen Napoleon, unterstützt. Im Norden des Kontinents trieb Simon Bolívar mit Hilfe seiner irischen, schottischen und walisischen Regimenter die Spanier in die Flucht. Er traf sich mit San Martin aus dem Süden. Zusammen gründeten sie den komödienhaften Flickerlteppich aus Republiken, den man heute Lateinamerika nennt. Das ist natürlich der größte Namensirrtum, den es je gegeben hat, denn die meisten der dort angesiedelten Menschen sind Indios, deren Leben so verläuft, wie eh und je. Ein täglicher Kampf gegen Hunger und die Armut, unter der brutalen Herrschaft des patrón, dem Landbesitzer. Von den Kreolen werden sie ignoriert, und die »Revolution« ist an ihnen vorübergegangen. Sie leben im Prinzip genau noch so wie damals, als Pizarro im Jahre 1533 über Atahualpa herfiel. Das, was man heute Lateinamerika nennt, sollte eigentlich Indioamerika heißen. Mit der Ausnahme von ein paar Städten ist das Land genau so lateinisch wie das Taj Mahal in Indien!

Im Cockpit der winzigen *Sea Dart* eingeklemmt, beim Reparieren eines Segels, beim Kartoffelschälen oder beim Navigieren dachte ich viel über diese Dinge nach. Einige Jahre zuvor hatte ich auf einem britischen Kriegsschiff die »spanische« Küste Südamerikas besucht, aber damals hatte ich nur britische Siedlungen und die europaorientierten Kreolen kennen gelernt. Jetzt würde ich das wirkliche Südamerika besuchen. Ich hatte keine Ahnung, was mich erwartete und ob das, was ich erleben würde, meine Ansichten über die Welt und die Geschichte verändern könnte.

Der ganze Kontinent, der da im Süden von *Sea Dart* lag, war in vieler Hinsicht immer noch so rätselhaft, wie damals, als Kolumbus ihn das erste Mal am Ende des 15. Jahrhunderts erblickte. Ich ahnte noch nichts von den Beweisen, die ich finden würde, dass Seefahrer aus dem Mittleren Osten bereits zweitausend Jahre vor der Geburt von Kolumbus mit Südamerika Kontakt gehabt hatten. Es ist ein riesiger Kontinent, und wenige Außenstehende kennen ihn, auch nicht die Leute, die in seinen Städten leben. Deren Augen sind ohnehin auf London, Paris, Lissabon, Rom oder Madrid gerichtet. Sie weigern sich das wahrzunehmen, was vor ihrer eigenen Nase passiert. Darin liegt die Hauptursache für den Hunger, das Elend, und die Not auf einem Kontinent, der unter der Last einer riesigen Stadtbevölkerung stöhnt.

An der Nordküste von Kolumbien liegt ein Streifen Dschungel, der zum größten Teil von den Nachkommen afrikanischer Sklaven besiedelt ist. Sie leben hauptsächlich vom Fischfang und vom Reisanbau. Aus ihnen setzen sich die Mannschaften der Piratenschiffe und Drogenschmuggler zusammen. Im Inland, an den regnerischen Berghängen, leben die Indios immer noch im Anfangsstadium der Zivilisation, unergründlich und rätselhaft. Im Hochland leben die weißen Nachkommen der Spanier und anderer europäischer Kolonialherren der letzten Jahrhunderte. Die Leute auf dem Land und in den Bergen sind eine Gruppe netter, intelligenter und fleißiger Menschen. In den Städten lebt eine Ansammlung von Dieben, Gaunern, Gangstern und Mördern. Und in dieses Land führte mein Kurs!

24

Kolumbien – rein und raus

ls am 16. April die Insel Curaçao in Sicht kam, war ich mit *Sea Dart* sehr zufrieden. Ich hatte sie bei Wind aus jeder Richtung getestet, auch unter Starkwindbedingungen bis zu fünfunddreißig Knoten. Vor der flachen venezolanischen Küste hatte ich sie gegen die raue See gewendet, um zu sehen, wie sie sich verhalten würde. Sie war wie ein Vollblutpferd und erstaunlich kräftig für ihre Größe. Natürlich war sie viel lebendiger und unruhiger als *Barbara*, aber das war zu erwarten gewesen. Was ich auch mit ihr anstellte, sie krängte nicht mehr als dreißig Grad aus der Waagrechten heraus, nicht einmal in starken Böen.

Das war teilweise auf die Tatsache zurückzuführen, dass ich den Aluminiummast mit dem Masttopp leicht nach achtern gebogen hatte, so wie bei den Riggs der arabischen »feluccas«. Die Theorie dabei war, dass mit dem zurückgezogenen Mast der Wind, im Gegensatz zu einem geraden Vorliek, viel eher aus dem Segel ablaufen würde. Das ist wichtig, wenn man vor einer bergigen Küste segelt, es gibt dort immer die Gefahr plötzlicher starker Böen (Fallwinde). Dabei kommt die kalte Luft von den Gipfeln herunter und vermischt sich mit der warmen Luft, die an den Berghängen emporsteigt. Da ich alleine unterwegs war und die Windfahnensteuerung die meiste Zeit über die Kontrolle über das Schiff hatte, wollte ich nicht riskieren, dass eine plötzliche Bö das Schiff auf die Seite legte.

Das Bugspriet hatte *Sea Darts* Segeleigenschaften ebenfalls sehr verbessert. Mit ihm konnte ich eine große Genua setzen, die bis zu den Schotwinschen im Cockpit reichte. Bei achterlichem Wind konnte ich sie ausbaumen und das Groß auf die andere Seite holen. Dann zischte sie ab, manchmal mit einer furchterregenden Geschwindigkeit! Sie sprang förmlich von Welle zu Welle. An einem Tag vor der Küste Venezuelas, nahe der Islas Los Roques, wo es drei klare Landmarken gab, rechnete ich aus, dass sie bei fünfunddreißig Knoten Windgeschwindigkeit mit zehn Knoten durch die See surfte. Für so ein kleines Schiff ist das eine gefährliche Geschwindigkeit, aber auf dieser Passage nach Curaçao wollte ich alles an ihr ausprobieren. Ich hatte eine sehr viel schwierigere Reise mit ihr vor, und ich wollte absolut sicher sein, dass sie meine Erwartungen erfüllte.

Nach dem vielen Raum auf *Barbara* kam mir die Kabine sehr klein vor. Ich kochte in dem winzigen Niedergang, mit den Knien unter meinem Kinn. Ich benutzte einen Druckkochtopf auf dem einflammigen Petroleumkocher. Wenn genug Dampf über das Ventil aus dem Kochtopf herausgezischt war und ich den Deckel öffnen konnte, legte ich den weg, und aß direkt aus dem Topf. Dann spülte ich ihn mit Seewasser. Das einzige Problem waren die wilden Bewegungen des Schiffes. Wenn ich nicht aufpasste, flogen die Kartoffeln, der Reis, die Sardinen oder das Corned Beef im Cockpit herum. Es passierte mir ein paar Mal, aber ich kratzte sie wieder zusammen und aß es trotzdem. Im Cockpit muss es bei mir immer sauber sein, egal in welchem Zustand das übrige Schiff ist. Wenn

Sea Dart am Wind lief, war es fast unmöglich, zu kochen. Der Druckkochtopf flog durch die Schlingerbewegungen in der See dauernd vom Kocher.

Wir rauschten nach Willemstad hinein, in den Haupthafen der Insel Curaçao. Die Dämmerung kam herab, die kurze tropische Dämmerung. Ich lief mit raumem Wind durch die Einfahrt hinein und kollidierte fast mit einer niedrigen Straßenbrücke, nur ein paar Meter hinter der Mole. Es gelang mir, das Schiff in den Wind zu bringen. Mit flatternden Segeln warteten wir auf das Öffnen der Brücke. Von der Mole her riefen mir ein paar grinsende Jugendliche zu, wie sehr sie sich über meine Vorführung freuten.

Als ich im Hafen drinnen war, wies man mir einen ziemlich felsigen Liegeplatz zu, längsseits am Hauptkai. Sobald die Hafenbeamten weg waren, verlegte ich *Sea Dart* in einen kleinen Seitenkanal, der als Obstmarkt diente. Es war sehr laut dort, besonders am Morgen, wenn die Schiffe aus Venezuela mit frischen Früchten ankamen, aber es war sehr farbenprächtig. Die Obstleute waren ein freundlicher lustiger Haufen, die gern eine gute Geschichte hörten, und wir kamen gut miteinander aus. Ich kaufte von ihrem Obst, und sie bewachten *Sea Dart*, wenn ich in den engen Gassen verschwand, um inmitten der alten holländischen Kolonialhäuser eine billige Mahlzeit zu essen. Der Hafenmeister war ein alter Bekannter aus der niederländischen Marine, den ich zuletzt in Holland gesehen hatte, im Jahr 1947. Wieder und wieder warnte er mich davor, vor der kolumbianischen Küste zu segeln. Aber nach meinen Abenteuern im Roten Meer, war ich mir wieder einmal ziemlich sicher, dass ich ohne allzu viel Ärger, nach Kolumbien hinein, und auch wieder heraus kommen würde.

Im Duty Free Shop in Curaçao kaufte ich eine Kamera für 127,63 $ und genug Konserven für drei Monate. Ich fand schnell heraus, dass ich damit das Schiff überladen hatte, denn auf dem Schlag über fünfhundert Seemeilen nach Santa Marta, westlich von Curaçao, stampfte *Sea Dart* viel mehr als vorher. Trotzdem schaffte ich die Distanz in fünf Tagen. Ich machte die Mole von Cabo de la Aguya am 25. um sieben Uhr morgens aus. Aber durch die schlechten Windverhältnisse konnte ich, nach langem Ringen, erst am späten Nachmittag dort festmachen. Ich war wieder in Südamerika, tausend Seemeilen entfernt von den Westlichen Antillen, und fast zweitausend Seemeilen weit von dem Punkt weg, an dem ich den Kontinent beim letzten Mal verlassen hatte, Cayenne, in Französisch-Guyana. Ich war wieder auf dem Kontinent, auf dem mein schwer erreichbares Ziel lag, weit entfernt im Süden, hinter Tausenden von Meilen hoher öder Gipfel, in den kalten nebligen Höhen der mächtigen Anden. Tatsächlich erreicht hier, in Cabo de la Aguya, ein Ausläufer dieser gewaltigen Barriere aus Bergketten die See. Ich schaute auf die dampfenden abweisenden Vulkangipfel über dem schlafenden kleinen Dorf. Am späten Nachmittag döste es in der Sonne und machte Siesta, so wie es immer gewesen war, seit Simon Bolívar hier gestorben ist. Ich stellte mir das riesige Rückgrat der Berge vor, mit verschneiten Gipfeln, siebentausend Meter über dem Meeresspiegel, das den ganzen Kontinent hinunterging, bis nach Tierra del Fuego und Kap Hoorn, viertausend Seemeilen entfernt. Und dann schaute ich auf *Sea Dart* – ein gedankenverwirrender Vergleich.

Ich lag an Deck, unter einem Sonnendach, und wartete darauf, dass der Hafenmeister sein Büro öffnen würde. Ich zog meine Decksschuhe aus, legte sie an den Mastfuß und schlief ein. Ich war müde, denn ich hatte die ganze letzte Nacht nicht geschlafen, weil ich nach Fischerbooten Ausschau halten musste. Es war keine Menschenseele in Sicht außer dem Polizisten, der am Hafentor in seinem kleinen Unterstand döste. Als ich aufwachte, waren meine Schuhe weg, und es war immer noch niemand zu sehen. Ich war nur fünf

Minuten lang eingenickt gewesen, die Szenerie hatte sich überhaupt nicht verändert. Immer noch fegte der staubige Wind über den Kai, immer noch schwappte der aufgequollene und stinkende Hundekadaver im Schwell gegen die Mole weiter unten, immer noch nickte der schlafende Polizist leicht mit dem Kopf über seiner Flinte, immer noch brannte die Sonne auf die versengten Berghänge, immer noch schlief das kleine Dorf in der Siesta – und doch waren meine Schuhe weg, die einzigen, die ich hatte. Willkommen in Kolumbien!

Ich blieb nur eine Nacht in Santa Maria. Was die Häfen anbetrifft und besonders die in Südamerika, so sind es schrecklich langweilige Orte, obwohl die Mahlzeit, die ich diese Nacht in einem Restaurant am Kai aß, sehr gut und billig war. Auf dem Rückweg blieb ich vor einem kleinen Stand auf der Straße stehen, und kaufte meine Schuhe zurück. Sie kosten mich einhalb Dollar. Der Mann, der sie an mich verhökerte, war höflich und freundlich. Er zuckte während der ganzen Prozedur nicht einmal mit der Wimper. Am Morgen bevor ich lossegelte, bestach ich den Polizisten, damit er auf das Schiff aufpasste. Ich ging zu dem Haus, in dem Bolívar gestorben ist, ein beeindruckendes Landhaus im spanischen Stil, mit einem schattigen Innenhof und wunderbaren Möbeln. Ich holte die Schiffspapiere im Büro der Einwanderungsbehörde ab. Das kostete mich ein »Trinkgeld« von drei Päckchen Zigaretten. Dann machte ich mich auf die Reise entlang der Küste gegen den Strom, 170 Seemeilen bis Cartagena. Ich ging auf einen Kurs, der mich weit von der Küste wegbrachte, und widmete mich meinen üblichen Arbeiten auf See. Erst am späten Nachmittag entdeckte ich, dass mein Reserveanker aus der Backskiste heraus geklaut worden war. Das Schloss war sehr fachmännisch geknackt. In dieser Nacht begann ich zu lernen, diesmal würde ich nicht zurückkaufen. In der Zeit, in der ich nicht schlief, dachte ich darüber nach, wie ich das Schiff besser schützen könnte, vor Leuten, die Stehlen als Nationalsport betreiben.

Weit draußen auf See, passierte ich am nächsten Tag die Mündung des Flusses Magdalena. Er war schon immer eine der wichtigsten Verkehrsadern in Südamerika und ist es immer noch, in einem Land, in dem der Verkehr zwischen den Städten durch hohe Berge und tiefe Schluchten behindert ist. Ich bemerkte schnell, dass ich die Flussmündung passierte, obwohl es heftig regnete, denn die See verfärbte sich schnell von blau in schmutzig-braun, obwohl ich zwanzig Seemeilen vor der Küste war.

Auf dieser Reise und auch auf dem Weg nach Portobelo führte ich der Nacht keine Lichter und hielt wachsam Ausschau nach kleinen Schiffen. Wenn ein kleines Fahrzeug in Sicht kam, speziell ein Motorboot, das offensichtlich schneller war als *Sea Dart*, nahm ich die Segel runter und drehte ihm nach Möglichkeit den Bug zu, bis es weit hinter dem Horizont war. Ich wollte ihm die kleinstmögliche Silhouette bieten. *Sea Darts* Rumpf war grau, ebenso das Deck. Es war ziemlich unwahrscheinlich, dass man mich aus einer Entfernung von mehr als drei Seemeilen entdecken würde.

Das Einlaufen in den Hafen von Cartagena war aufregend. Es gibt einen langen, gut betonnten Kanal, der in eine Lagune hineinführt, die von den Spaniern in den Jahren um 1700 künstlich angelegt wurde. Sie verbanden einige Inseln mit Unter-Wasser-Dämmen. Diese waren genau so hoch, dass kleine Schiffe bei Hochwasser passieren konnten, aber keine großen Kriegsschiffe. Um den Hafen herum und um die Altstadt im europäischen Stil, gibt es gewaltige Festungsanlagen, so mächtig, wie ich sie selten gesehen habe. Sie sind aus riesigen Steinquadern gebaut. Die durchschnittliche Lebensdauer der Sklaven, die diese Festungsanlage gebaut haben, betrug ungefähr fünf Monate. Das heiße, ungesunde Klima brachte sie um, zusammen mit der brutalen Behandlung durch die Spanier. Für das Stehlen von Nahrung wurde ein Sklave in einen der Festungsgräben geworfen, in denen man Haie hielt.

Am Yachtclub lagen zwei amerikanische Schiffe, viel größer als *Sea Dart*. Sie wurden von beinhart aussehenden Wachen beschützt, die bewaffnet auf dem Kai hin und her gingen. Am Kopf der Mole, wunderschön in einer der alten Miniaturfestungen plaziert, lag ein exklusives Luxusrestaurant. Der Preis für ein Abendessen dort entsprach etwa acht Monatslöhnen eines Dockarbeiters in Cartagena.

Ich ließ *Sea Dart* unter den wachsamen Augen der beinharten Wachen zurück und machte mich auf den Weg hinauf nach Bogotá, der Hauptstadt von Kolumbien, sechshundert Meilen im Binnenland und dreitausend Meter hoch über dem Meer, in den Sierras. Ich war neugierig auf die Stadt, aber was wichtiger war, ich dachte, ich könnte dort einen kleinen Außenborder bekommen. Ich hatte keine Maschine auf *Sea Dart* und musste irgendwie durch den Panamakanal kommen. Ein Außenborder käme mir auch gelegen, wenn ich in eine Flaute geraten sollte, wie schon ein paar Male vorher, zur Ansteuerung der Häfen, beim Ein- und Auslaufen, bei einer Gegenströmung oder bei ungünstigem Wind. In Curaçao hatte ich keine kleinen Außenborder gefunden, aber ein paar Leute im Yachtclub hatten mir erzählt, dass man in Bogotá solche Dinger kaufen könne. Eine an und für sich vernünftige Empfehlung, in einem Land mit einer Einwohnerzahl von zweiundzwanzig Millionen und einer Küstenlinie von über tausend Seemeilen.

Ich hatte meine Travellerschecks sorgfältig in meinem Hosengürtel verstaut. Mein Pass und meine Papiere, waren in Ordnung, und ich hatte einen Besucherausweis und mein Ticket. Also bestieg ich das Flugzeug nach Bogotá. Innerhalb von fünf Minuten, nachdem ich den Flughafen dort verlassen hatte, war ich um die einhundert Dollar erleichtert, die ich in meiner Geldtasche hatte, natürlich zusammen mit der Geldtasche. Es passierte am Taxistand. Kein Geschiebe, kein Gedränge, nein, ganz sanft und fachmännisch, wurde mir das Portemonnaie aus der Innentasche meiner Jacke heraus geklaut, obwohl ich eine Lederjacke trug und sie gegen die Kälte bis zum Hals hinauf geschlossen hatte.

Ich merkte das erst, als ich im Hotel San Francisco danach suchte. Ich erklärte dem Hotelmanager mein Problem, und sie nahmen mich trotzdem auf. Nach dem Abendessen schloss ich mich in meinem Zimmer ein.

Früh am nächsten Morgen löste ich die Travellerschecks ein. Ich hatte bereits ein Geschäft gefunden, das einen 4-PS-Johnson-Außenborder auf Lager hatte. Einer davon wäre genau der richtige für *Sea Dart*. Ich ging aus der Wechselstube hinaus und wollte in dem dichten Verkehr um neun Uhr morgens über die Straße gehen. Auf der mitten in der Straße gelegenen Verkehrsinsel war ich plötzlich von fünf Männern umringt. Zwei Pistolen wurden mir in die Rippen gepresst, eine auf jeder Seite. Blitzschnell war ich meine fünfhundert Dollar los, dazu noch den Pass und die Karte mit dem Touristenvisum. Es gab nichts, was ich dagegen tun konnte, denn in Bogotá ist ein Menschenleben keinen Pfennig wert, geschweige denn fünfhundert Dollar. Die Diebe verschwanden wie durch Magie im Verkehrsgewühl. Auf der anderen Straßenseite stand ein Polizist. Ich sagte ihm, was passiert sei, und dass mein Geld, mein Pass und mein Visum gestohlen worden seien. Er fragte nach einem Ausweis. Als ich ihm sagte, ich hätte keinen mehr, wurde ich sofort festgenommen, weil ich mich nicht ausweisen konnte.

Man macht da keine Faxen, in Bogotá. Ich kam ohne Umschweife in einen Käfig, irgendwo in einem Keller, unter dem ein offenes Abwasserrohr hindurchging. Trotz der Kälte in Bogotá, dreitausend Meter über dem Meer, gab es keine Decken und kein Essen, es sei denn, man hätte dafür bezahlt. Fünf Tage lang fror und hungerte ich. Dann wurde ich in einen Raum hineingestoßen, in dem viele mit Kapuzen maskierte Männer saßen – *La Cámara de Encapuchados*, die DST, die Geheimpolizei. Letztendlich wurde ich auf die Straße hinausgeworfen, es gab keine Erklärung und keine Entschuldigung, obwohl ich wie wild protestierte, und trotz meiner Erklärungen, die ich in verständlichem Spanisch von mir gab.

Körperlich bedeutete mir die Sache nicht viel, aber die Ungerechtigkeit der ganzen Angelegenheit fraß an mir. Im Gefängnis hatte ich Männer getroffen, die schon vier Jahre dort waren, ohne Anklage und ohne Verhandlung. Es gab für sie auch wenig Hoffnung auf einen Prozess, denn die Richter streikten! Ich redete mit einem Jungen von sechzehn Jahren, der ein Jahr vorher festgenommen worden war, weil er mit seiner Freundin, ebenfalls sechzehn, durchgebrannt war. Er verrottete seit über einem Jahr in dem Käfig über dem offenen Abwasserrohr und lebte von dem Essen, das ihm andere Gefangene gaben. Seine Familie hatte sich abgewendet, weil er Schande über sie gebracht hatte. Ein junger Amerikaner saß wegen Besitz einer winzigen Menge Marihuana in Einzelhaft in einer Sonderzelle. Er erzählte mir durch die Tür hindurch, dass er bereits vier Monate in dieser Zelle sei, ohne Verhandlung. Und das in einem Land, in dem, wie mir gesagt wurde, die höchsten Staatsbeamten intensiv am Drogenhandel beteiligt waren. Leider konnte ich den Jungen nicht nach seinem Namen fragen, weil wir durch einen besonders sadistischen Aufseher gestört wurden.

Sobald ich aus dem Höllenloch der Casa Pequeña heraus war, ging ich zum Britischen Konsulat. Dort zeigte man wenig Erstaunen darüber, was passiert war. Sie stellten mir schnell und effizient einen neuen Pass aus. Es gab noch zwei weitere Tage Verzögerung, bis ich mein restliches Geld aus England transferieren lassen konnte. Ich machte mich wieder auf den Weg hinab zur Küste, diesmal mit der Bahn. Das ist viel billiger als mit dem Flugzeug, aber die Reise dauert über zwei Tage.

Als ich wieder in Cartagena war, stolperte ich auf *Sea Dart*, setzte Segel und arbeitete mich aus der Lagune hinaus. Ich ankerte in einem einsamen Bachbett und wartete auf die Brise am frühen Morgen. »Wenn vor Ärger ziemlich schlapp, setz' die Segel und hau' ab!« Niemals hatte der Spruch mehr Bedeutung für mich als in Kolumbien. Im Sinne des olympischen Geistes, schlage ich vor, dass man Taschendiebstahl als neue Disziplin bei den Spielen einführt – Kolumbien wäre die Goldmedaille jetzt schon sicher!

25
Eine vergessene Kolonie

Als ich *Sea Dart* aus der Boca Grande, der Hauptzufahrt zum Hafen von Cartagena, hinaussegelte, dachte ich über die Bruchstücke von Informationen nach, die mir bei meinen Reisen über die Weltmeere hier und da zu Ohren gekommen waren. Es ging um eine ehemalige schottische Kolonie, die es an der Küste des Golfs von Darien gegeben haben sollte, irgendwo in den malariaverseuchten Sümpfen im Dschungel von Südpanama. Den Gerüchten nach war sie bereits im frühen 18. Jahrhundert gegründet worden. In der Vergangenheit war ich in alten Büchern auf Hinweise über diese Kolonie gestoßen. Ich hatte Leuten zugehört, die von einem mysteriösen »Neu Schottland« in Mittelamerika erzählten. Aber außer diesen skizzenhaften Ansätzen schien die Sache eher in der keltischen Phantasie zu existieren und lag wohl mehr im Bereich der traditionellen Erzählkunst.

Einige Jahre zuvor, als ich alte Admirality Karten des Golfs von Darien studiert hatte, war ich auf zwei mögliche Orte, an denen sich das schottische Fort befunden haben könnte, gestoßen. Auf der Karte gab es zwei Namen in Spanisch, zwischen den Riffen und tiefen Einschnitten der südlichen Karibikküste Panamas: Punta Escores (Schottenpunkt) und Bahía Caledonia (Bucht von Kaledonien). Caledonia ist natürlich der alte lateinische Name für Schottland. Sollten sich diese beiden Namen erhalten haben, obwohl man die Kolonie aufgegeben hatte? Ich hatte mir damals vorgenommen, danach zu suchen, wenn ich einmal in diese Gegend kommen würde. Also, jetzt war der Zeitpunkt dafür gekommen.

Die Distanz zwischen Cartagena und dem Golf von Darien, 230 Seemeilen, war ein Kinderspiel für *Sea Dart* trotz der Gewitter und der Regenfälle. Blitze zuckten, und der Regen kam wie aus Eimern herunter. Ich nahm es gelassen hin und ankerte jede Nacht hinter einer kleinen Insel. Aber die Gewitter im Golf von Darien waren schon eine ganz besondere Erfahrung. Ich machte mir vor Angst fast in die Hose. Bis zu zwanzig Blitze auf einmal fuhren um das Schiff herum in die See. Die Gewitter dauerten üblicherweise von zehn Uhr abends bis vier Uhr morgens. Ich hängte ein dickes Batteriekabel vom Achterstag aus rostfreiem Stahl aus über das Heck ins Wasser und hoffte, es würde als Blitzableiter funktionieren. Allein auf einem kleinen Schiff hätte ich wenig Chancen zu überleben, wenn der Blitz direkt einschlagen sollte. *Sea Dart* würde explodieren oder ausbrennen. Und das Gummibeiboot konnte ich auch nicht nachschleppen, wegen dem Verlust an Geschwindigkeit. Blitzschläge sind schon an Land furchteinflößend, auf See, in einem kleinen Schiff, wenn sie um einen herum einschlagen, sind sie ein Alptraum. Ich traf einmal einen Australier in Neu-Guinea. Er hatte ein kleines Schiff von Neugeorgien nach Port Moresby herübergesegelt. Nach Art der Aussies hatte er einhundertfünfzig Dosen Bier in der Bilge verstaut. Als er über die Salomon Sea segelte, eine andere sturmgeplagte Gegend, schlug der Blitz in seinen Mast ein. Der Blitz fuhr den Mast hinunter.

und er dachte, dass jetzt das Ende der Welt gekommen sei. Aber es gab keine Explosion, nur die Bierdosen in der Bilge hatten sich miteinander verschweißt, und er musste sie einzeln abtrennen.

Ich fand einen sicheren Ankerplatz in der San Bernardo Inselgruppe, vor der Isla Fuerte. Es gab ein freundliches Grüppchen von schwarzen Fischern hier. Ich ankerte in so flachem Wasser, dass ich am Schiff entlang waten konnte, um den Boden mit einem langen Schrubber zu reinigen. Für einen Nichtschwimmer wie mich ist das eine lustige Sache, denn wäre es tiefer gewesen, hätte ich mich mit einer Leine sichern müssen, bevor ich ins Wasser ging.

Die letzte Strecke bis an die panamesische Küste hinüber setzte einen Schlag von einhundert Seemeilen voraus und eine Nacht auf See. Ich wollte nach Punta Escores und hoffte, dass ich mich dort hinter der hohen Landspitze hineinschlängeln könnte, um Schutz vor dem starken Wind zu finden. Ich fand mich auf einer Position dreißig Seemeilen südlich davon wieder, obwohl ich meinen Steuerkurs auf eine Stelle zwanzig Meilen nördlich von Punta Escores gelegt hatte. Der starke Strom hatte mich um fünfzig Meilen nach Süden versetzt. Bei der Weiterreise erlebte ich einige der unheimlichsten und angstvollsten Nächte in meinem Leben. Der Wind heulte, der Regen klatschte herunter und stundenlang fuhren splitternde Blitze um mich herum in die See. Ich rauchte zwei Päckchen Zigaretten in dieser Nacht und machte fünfmal heißen starken Tee. In einem kleinen Schiff, ohne Funkfeuer zum Navigieren, ohne die Chance einen Stern oder sonst etwas zu Gesicht zu bekommen, um die Position zu ermitteln, einem unbekannten Strom ausgesetzt, der einen irgendwie auf eine von Wilden bewohnte Dschungelküste zutreibt, mitten in einem nassen Nichts, mit ohrenbetäubendem Donner und zuckenden Blitzen ringsum, ist das eine nervenzersägende Erfahrung.

Am Morgen schlief der Wind ein und der Himmel klärte sich schnell auf, wie das im tropischen Regengürtel üblich ist. Voraus lag das hohe Festland von Cabo Tiburón (Haifischkap). Um absolut sicher zu sein, wo ich war, drehte ich bis zum Mittag bei, bis ich eine gute Breite bekam. Wegen der Gefahr einer Attacke durch die hier lebenden Indianer ging ich kein Risiko ein.

In Lee von Cabo Tiburón, gibt es den winzigen Hafen von Limon, es ist ein Grenzposten der Kolumbianer. Zwischen Panama und Kolumbien gab es damals keinerlei Straßenverbindung, das bergige Terrain scheint unüberwindlich zu sein. Die Verbindung wird mit Wasserfahrzeugen aufrecht erhalten, ein paar kleinen Kanus, die dicht an der Küste entlang fahren. Ich blieb über Nacht in der wunderbaren kleinen Bucht, und nahm ein Bad unter dem Wasserfall, der an der Seite herunterkommt. Ich sammelte ein paar Bananen auf, in einer verlassenen Plantage, die vom Dschungel überwuchert wird.

Am nächsten Tag segelte ich die dreißig Seemeilen hinauf nach Punta Escores, hoch am Wind. Ich kam um das Kap herum. Es sah aus, als gäbe es hier nichts als diesen kleinen Landvorsprung, etwa einhundert Meter hoch, hinter dem eine flache Bucht lag. Ich arbeitete mich vorsichtig in die Bucht hinein und lotete laufend mit dem Blei. Gemäß der Karte, die ich hatte, war diese Bucht zuletzt 1857 (!) vermessen worden. Bei dem schnellen Wuchs der Korallen konnte man nie wissen, wie sie sich verändert hatte. Langsam kam ich in das klare, saubere Wasser hinter dem Vorsprung hinein und ließ über einer sandigen Stelle des Seebodens den Anker fallen.

Ich machte mir ein paar Sandwiches aus Keksen und Corned Beef und erledigte ein paar Arbeiten am Schiff, bevor die tropische Sonne unterging. Ich machte kein Licht, denn ich wollte weder die Aufmerksamkeit von Menschen, geschweige denn von Insekten auf mich ziehen.

Im frühen Morgenlicht wurde ich durch Klopfen auf dem Kabinendach geweckt. Es war ein Indianer. Er hatte einen Lendenschurz an und sein Gesicht war mit blauer Farbe bemalt. In seinem winzigen Einbaumkanu waren sein Bogen, ein paar Pfeile und seine Frau. Sie hatte so etwas wie einen seidenen Sari an, wunderschön. Um ihre Schultern herum, trug sie einen fein gearbeiteten gestickten Schal, eine *mola*, auf die ihre schwarzen Haare herunterfielen. Ein Goldring, etwa fünfunddreißig Millimeter im Durchmesser, war durch ihre Nase gezogen und vervollständigte ihren Aufputz.

Sie sahen ausgesprochen friedfertig aus; nachdem ich ihnen noch eine Tasse Tee gegeben hatte und wir uns auf Spanisch, das sie gut verstanden, begrüßt hatten, wurden sie sehr freundlich. Sie lächelten und redeten leise miteinander.

Später fuhren wir alle mit ihrem Einbaum an Land. Ich kam in das sauberste Indianerdorf, das ich je gesehen hatte. Die Pfade zwischen den aus Schilf und Stroh gebauten Hütten waren blank gefegt, und es gab keine Büsche oder Sträucher um die Hütten herum, um den Insekten und Käfern keinen Aufenthaltsort zu bieten. Die Frauen sahen alle gepflegt aus. Sie wuschen Wäsche auf einem flachen Felsen, am Ufer eines kleinen Baches. Auf einer Art Dorfplatz im Zentrum versammelten sich die Männer um einen Mann herum, der etwa neunzig Jahre alt zu sein schien. Später fand ich heraus, dass er tatsächlich so alt war wie ich, das war charakteristisch für die Cunas. Ich fühlte mich wie Stanley, als er auf Livingstone traf. Ich begrüßte den Häuptling auf Spanisch und gab ihm einige Dosen Corned Beef als Geschenk. Er antwortete in fließendem Spanisch und sagte mir, dass er Turuna Ana heiße. Ich fragte ihn, ob ich ein paar Zigaretten verteilen dürfte, und er sagte ja. Seine Untertanen nahmen sie dankbar entgegen.

Ich erzählte dem Häuptling, dass ich alleine sei und nach den Ruinen eines alten Forts suchte – Escores. Hatte er je davon gehört? Nein, hatte er nicht! Aber es gab eine Menge alter Steine, drüben in Coco, auf der anderen Seite der Landzunge. Ich fragte ihn, ob ich diesen Platz anschauen dürfe. Der Häuptling kommandierte vier junge Männer ab, die mich begleiten sollten. Wir liefen etwa eine Stunde am Strand entlang, als ich plötzlich fast kopfüber in einen Graben gefallen wäre. Nach einem Blick auf den absolut geraden und drei Meter tiefen Festungsgraben, in den Korallen war mir klar, dass wir an der richtigen Stelle waren. Aufgeregt lief ich in dem sternförmig verlaufenden Graben weiter, ins Land hinein und dann wieder ans Ufer. An der Böschung fand ich Haufen von behauenen Steinen, auch am Abhang des Hügels im Zentrum. Die Moskitos ließen nur eine kurze Untersuchung zu, aber es war mir klar, dass ich Fort Saint Andrew gefunden hatte. Es war also nicht nur eine Legende, die sich die Leute in den kalten nebligen Nächten auf den Hebriden erzählten. Schottland hatte einst tatsächlich eine eigene Kolonie in den Fiebersümpfen des südlichen Panama besessen.

Später, als ich wieder nach Europa zurückgekehrt war, ging ich ins Britische Museum. Dort fand ich heraus, dass die schottischen Jakobiner im Jahre 1698 eine Expedition losgeschickt hatten mit dem Ziel, eine Straße über die Landenge zu bauen, um dann Zoll von den Spaniern zu fordern, die ihre Schätze vom Pazifik in die Karibik bringen mussten. Als Katholiken hatten sie naiverweise daran geglaubt, dass die Spanier sie willkommen heißen und ihnen vielleicht sogar helfen würden. Aber sie wurden schon ein Jahr, nachdem sie das Fort gebaut hatten, besiegt. Trotz der häufigen und heftigen Attacken der Spanier hielten sie das Fort, bis sie schließlich am Verhungern waren. Die Spanier waren so beeindruckt von ihrem Widerstand, dass die Schotten mit ihren Waffen und Fahnen abziehen durften. Man stellte ihnen sogar Schiffe und Proviant für die lange Ozeanpassage in ihre Heimat zur Verfügung. Es gab noch eine Reihe von Ablegern der Hauptsiedlung im Fort, aber die verschwanden mit der Zeit.

Ich kam in das Dorf zurück und sprach mit Turuna Ana. Er hatte Geschichten von fremdartig aussehenden Menschen gehört, die im Norden, hinter der Bergen, auf der anderen Seite des Küstengebirges leben sollten. Diese Leute sprachen nicht Cuna, und, obwohl es Wilde waren, verehrten sie drei Götter, den Vater-Gott, den Sohn-Gott und den Mutter-Gott. Und für sie war der Mutter-Gott der wichtigste. Als ich das hörte, war ich entschlossen, einen Blick auf diese Leute zu werfen. Wenn er über sie sprach, erwähnte Turuna auch die Worte »cabellos rojos«, was »Rote Haare« bedeutet.

Nach einer sehr angenehmen Woche bei Turuna Anas Indianern, in der ich sah, wie die Frauen webten und die Männer jagten und fischten, ging ich ankerauf und nahm Kurs auf Bahía Caledonia. Nachdem ich die Seekarte studiert hatte, das Einzige was ich als Anhaltspunkt hatte, dachte ich, dass dort der beste Ausgangspunkt wäre, um nach den cabellos rojos zu suchen. Von dort aus wollte ich ins Inland gehen. Ich dachte, es würde nur einen oder zwei Tage lang dauern, die Freunde zu finden. Leider wusste ich herzlich wenig über den Dschungel im Golf von Darien und über die Berge.

Zwei von Turunas Jägern begleiteten mich zur Bucht von Caledonien. Von Coco aus war es nur ein kurzer Schlag in sehr eingeengtem Fahrwasser, am Wind und gegen den Strom. Die Karte, mit der ich über den Golf herübergesegelt war, hatte einen großen Maßstab und zeigte keine Riffe oder Untiefen. Meine beiden Cuna Freunde hielten gut Ausschau, als ich in die mit Felsen übersäte Bucht von Caledonia hineinsteuerte, die Cunas nannten sie »Cali-da«. Meine beiden Freunde waren etwa vierundzwanzig Jahre alt, aber man konnte ihr Alter nur schwer schätzen. So gut, wie man das schriftlich wiedergeben kann, hieß der eine Hawili, und ich nannte ihn prompt Willi. Er begleitete mich später über die Berge der Sierra de Darian. Turuna Ana hatte mir versichert, dass er ein guter Fährtenleser, und furchtlos sei. Der andere, ziemlich groß, schlank und dunkel für einen Cuna-Indianer, wurde »Cha-dia« genannt, und ich gab ihm den Namen Charlie. Seine Aufgabe war es, auf dem Schiff zu bleiben, während Willi und ich ins Inland gingen. Charlie war ein Experte im Fischen. Während wir nach Caledonien hinaufkreuzten, fing er ein paar stattliche Doraden mit meinen Haken. Die ziemlich neuen Angelschnüre begeisterten ihn, und die Fische, die er fing, begeisterten uns alle.

Mit Willi konnte ich mich in Pidgin-Spanisch verständigen, das er einigermaßen beherrschte, bei Charlie halfen nur Grimassen, Handzeichen, Grinsen und lautes Lachen. Wir fanden das alle ziemlich lustig, und unser Gelächter schreckte oft die Flamingos in den Tümpeln am Ufer auf.

Ich ankerte am Kopf der Bucht, in Lee einer kleinen Insel. Um allem Unheil aus jeder Windrichtung vorzubeugen, brachte ich meinen schweren Hurrikananker am Ende einer vierzig Meter langen Leine aus. Dann aßen wir ein ausgezeichnetes Abendbrot aus Dorado und Reis. Die Moskitos waren eine Plage für mich, aber sie schienen sich überhaupt nicht um meine »Crew« zu kümmern. Ich machte Tee ohne Milch, den sie liebten, denn sie schmatzten mit den Lippen und machten das Cuna-Zeichen für Zustimmung. Dabei wird eine Hand, mit der Handfläche nach unten, ruckartig vor dem Gesicht hochgerissen. In der Nacht, wenn der Kurzwellenempfang am besten ist, schaltete ich das Radio ein und hörte die Nachrichten der BBC. Das faszinierte sie, sie hatten vorher noch

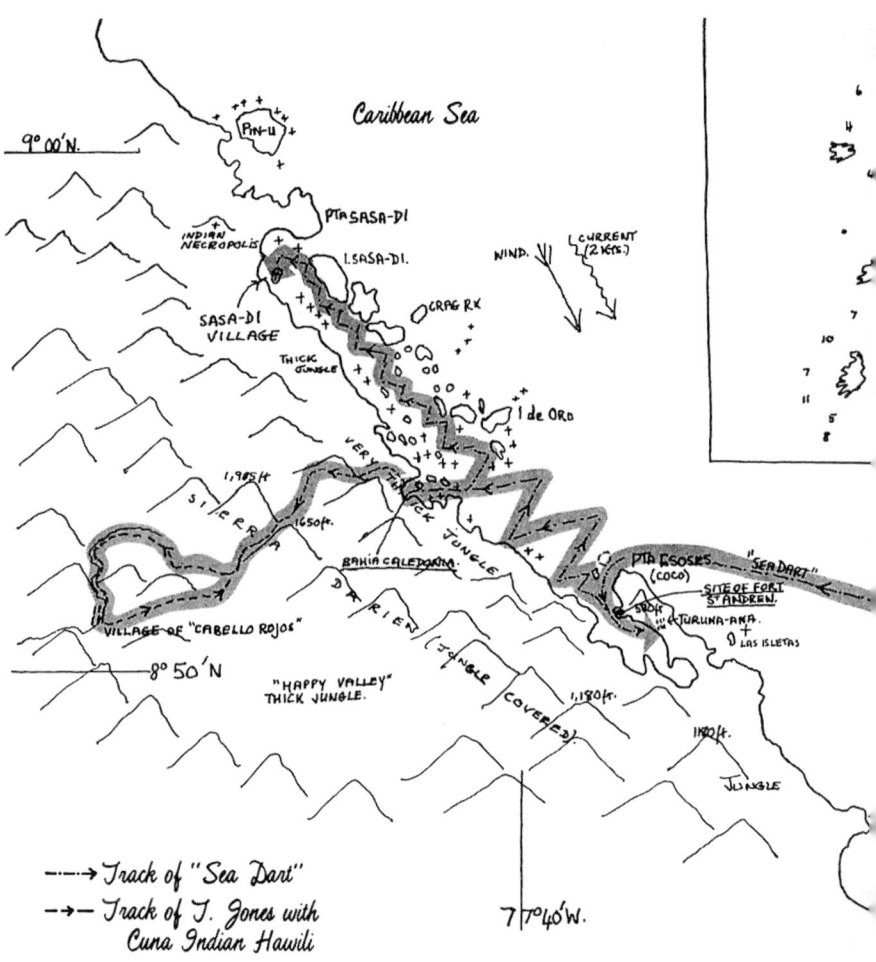

--→ Track of "Sea Dart"
--→- Track of J. Jones with
Cuna Indian Hawili

nie ein Radio gehört. Willi sagte, sie hätten erfahren, dass es Radios gäbe, aber sie hätten noch nie eines gehört. Moderne Musik, Rock, Soul, und dergleichen gefiel ihnen weniger, aber klassische Kammermusik begeisterte sie. Es gelang mir irgendwie, sie zu überreden, schlafen zu gehen, denn ich wollte noch vor Einbruch der Morgendämmerung aufbrechen.

Beim ersten Licht des nächsten Morgens machten Willi und ich uns auf den Weg. Ich dachte, es würde ein Ausflug in die Berge werden, so zwei bis drei Tage lang, aber es wurde ein zwölftägiger Kampf daraus, in dem schwierigsten Gelände, das ich je zu bewältigen hatte. Bevor wir weggingen, sagte ich Charlie, er solle gut auf mein »Kanu'« aufpassen, es wäre meine Mutter, mein Vater, meine Schwester, mein Bruder und mein Haus. Offensichtlich bewegt von meiner Rede, ergriff er meine Hand, und versprach, mit Hilfe von Willi, sorgfältig auf Sea Dart aufzupassen.

TR
>SES (COCO)

THICK
JUNGLE

RUINS OF
LOOK-OUT
KEEP

100   200

320

CUT CORAL

MOAT SCRUB
(RUINS) JUNGLE

Site of
Fort St.
Andren
⌐ 50 yards

TURUNA-ANA'S VILLAGE
8 MILES

Lost Scottish Colony
Darien, Panama

Tristram Jones

Sasa-Di Village
11th June 1973

:RETO

Der erste Tagesmarsch nach Westen, über eine Einschnürung zwischen zwei etwa sechshundert Meter hohen Hügeln hinweg, war relativ einfach, obwohl wir uns öfters mit unseren Macheten (oder Entermessern, wie wir Seeleute sagen) einen Weg durch das dichte Unterholz schlagen mussten. Ich trug genug Konserven für eine Woche plus Notrationen für drei Tage, ein paar Schrauben aus Bronze, ein paar Kupfernägel und Segeltuch als Geschenke. Willi trug Reis, Zucker, Salz, Tee und fünfundzwanzig Liter Wasser. Wie sich herausstellte, brauchten wir das nicht, denn es gab viele Flüsse in der Gegend, und in dieser Jahreszeit, im Juni, gab es viele Regenschauer, die manchmal sehr heftig waren. Außerdem trug ich noch ein Moskitonetz bei mir, und Willie schleppte die Arbeitsfock als provisorisches Zelt.

In Küstennähe waren die Insekten furchtbar, besonders die Moskitos und eine Art winziger Sandfliegen. Das waren die aufdringlichsten, hartnäckigsten Mistviecher, denen ich zu meinem Unglück je begegnet bin. Sie bissen sogar durch ein Baumwollhemd. Zuerst machte die Hitze uns das Leben schwer, aber als wir hinter den ersten Küstenbergen waren, wurde es merklich kühler. Das Weiterkommen wurde schwieriger, manchmal sogar gefährlich. Das Terrain war mit vielen Felsspalten durchsetzt, die von dornigem Unterholz überwachsen waren.

Am dritten Tag, kamen Willi und ich über einen Bergsattel zwischen zwei Bergen hinüber, die etwa zweieinhalb bis dreitausend Meter hoch waren. Unter uns lag ein großes Tal, ich schätzte etwa zwanzig Seemeilen breit, das sich nach Nordosten und Südwesten ausbreitete, so weit das Auge sehen konnte. Es war mit einem Teppich aus smaragdgrünem Dschungel bedeckt. Ich gab Willi das Fernglas, denn ich wollte wissen, ob er sah, was ich gesehen hatte. Bald danach grunzte er »humo«, Rauch! Er zeigte nach Osten. Ich beschrieb mit einem Finger die Bahn der Sonne am Himmel und fragte: »Dias cuanto?« Er zeigte drei Finger, und wir marschierten weiter. Ich benutzte den kleinen Schlauchbootkompass, um die Richtung zu halten. Die Entfernung zwischen dem Bergsattel und dem Rauch, den wir gesehen hatten, betrug etwa zwölf Seemeilen, aber wir brauchten drei volle Tage dafür. Auf unserem Weg mussten wir laufen, klettern, uns durchschlagen und freikämpfen. Die letzten dreißig Meilen stolperten wir nur noch daher. Wir mussten durch gefährliche reißende Flüsse hindurch und ausgedehnte Sümpfe umgehen, andauernd auf der Hut vor Schlangen und anderen gefährlichen Urwaldkreaturen.

In einer Nacht, als ich am Rande einer Lichtung am Ufer eines kleinen Flusses schlief, lag Willi plötzlich über mir und hielt mir den Mund zu. Er zeigte auf ein kleines überwuchertes Hügelchen in der Ferne. »Cabellos rojos alla«, flüsterte er. Meine Hand fuhr nach dem Entermesser, aber Willi hielt sie fest und schüttelte mit dem Kopf. Wir wickelten uns wieder in das Moskitonetz und die Fock ein und schliefen unruhig bis zum Morgengrauen.

Die *cabellos rojos* folgten uns den ganzen Tag, selten waren sie mehr als fünfzig Meter entfernt. Wir gingen auf einem Trampelpfad auf die Lichtung zu, wo ihr Dorf lag. Als wir dort ankamen, war es vollkommen verlassen. Willi signalisierte mir, dass ich nicht auf die Hütten zugehen sollte. Diese waren oval, und hatten eine Art Satteldach. Sie standen auf kurzen Stelzen und waren aus Baumästen und Gras gebaut. Er nahm die Geschenke von mir und legte sie auf den Boden – sechs Büchsen meines wertvollen Corned Beef, die Schrauben und die Kupfernägel. Im grellen Sonnenlicht sahen meine Geschenke ziemlich armselig und wertlos aus. Willi führte mich an den Rand der Lichtung zurück, weg von den Hütten. Er setzte sich hin und zeigte mir, dass ich mich auch setzen solle. Dann warteten wir geduldig.

Nach einer Stunde, in der wir Vogelstimmen hörten, jedenfalls kamen sie mir so vor, teilten sich die Büsche auf der anderen Seite der Lichtung. Vier Männer kamen hervor. Sie waren wesentlich größer, als ein durchschnittlicher Indianer, nackt bis auf kurze Schürzen vor ihren Pimmeln. Sie waren mit Pfeil und Bogen und einer Art Blasrohr bewaffnet. Um den Hals herum trugen sie kleine Beutel, an den Fußgelenken hatten sie Federbüschel. Zwei von ihnen hatten weizenblondes bis rötliches Haar, ein anderer hatte eine gelbbraune Tönung. Sie hielten ihre Hände mit den Handflächen nach außen und gingen zu der Stelle, wo die Geschenke lagen. Schweigend schauten sie sie an. Dann kam die gleiche Geste der Bestätigung, wie ich sie bei den Cunas an der Küste gesehen hatte, ein fächelndes Winken vor dem Gesicht. Willi stand auf und schlenderte lässig zu ihnen hinüber. Er legte einem nach den anderen die Hand auf die Schulter und berührte mit seiner Stirn die seines Gegenübers. Dann winkte er mir zu, es genau so zu machen. Ich setzte ein tapferes Gesicht auf und ging auf sie zu. Ihr rotblondes Haar war zu einer Art Pagenkopffrisur geschnitten, zwei von den Männer hatten Knochen in ihren Nasenlöchern stecken, und alle hatten Narben in ihren Gesichtern und am Körper.

Ich vollzog die Begrüßungszeremonie mit der Stirnberührung. Dabei bemerktc ich, dass drei von ihnen blaue Augen hatten. Außerdem hatten sie einen außergewöhnlichen Geruch vom Einreiben ihrer Körper mit einem insektenabstoßenden Pflanzensaft. Nach viel Palaver über die Nägel und Schrauben in Zeichensprache öffnete ich die Dosen mit dem Corned Beef, damit sie wussten, was das war. Sie fielen darüber her und machten kurzen Prozess damit, aber sie behielten die leeren Dosen.

Willi sagte mir, dass er ein paar ihrer Worte verstehen könnte, aber sonst lief alles mit Gesten ab. Nachdem der ganze Stamm langsam aus dem Dschungel ins Dorf zurück gekommen war, versuchte ich ihnen zu erklären, dass ich von weit her käme und dass wir gerne die Nacht über hier bleiben würden und dann an die Küste zurück wollten. Sie stimmten zu und zeigten Willi und mir eine leere Hütte. Innen war eine grobe Malerei in blassblauer Farbe. Sie zeigte ein Kreuz und darüber eine weibliche Figur mit einem Heiligenschein.

In dieser Nacht aßen wir Iguana (Leguan), dazu gab es Wurzeln, Reis und indianisches Bier. Da ich mir Sorgen um meinen Magen machte, verzichtete ich auf die Frage, wie sie das Bier brauten. Was mich faszinierte, war eine Art grobe Pinzette, die ein alter Mann mir zeigte, aus dem Ableger einer Schlingpflanze gemacht. Damit rissen sie sich die Barthaare aus. Rote Barthaare?

Die Frauen aßen abseits von den Männern. Sie waren bescheiden gekleidet, die Gewänder waren ähnlich wie die der Cuna-Frauen, aber ohne die *mola*. Einige hatten die hohen Wangenknochen der Indianer wie auch einige Männer, aber die meisten der etwa achtzig Bewohner des Dorfes sahen in Gesicht und Körperbau nicht typisch indianisch aus. Es gab Hinweise auf ihre Abstammung in den Häusern und besonders in der Art und Weise, wie sie Bier schluckten. Nach zwei Stunden waren sie ziemlich benebelt, wenn nicht gar stockbesoffen. Ich schlief in dieser Nacht mit dem Entermesser in der Hand.

Am Morgen, in der Dämmerung, fühlte ich selbst die Nachwirkungen. Willi und ich verabschiedeten uns. Der Häuptling bedeutete uns, dass uns zwei der *cabellos rojos* bis zur Wasserscheide der Sierra de Darian begleiten würden. Sie kannten die Trampelpfade im Urwald, und das würde unseren Rückweg sehr erleichtern. Auf dem Bergsattel verabschiedeten wir uns von den beiden Begleitern und schenkten ihnen den verbliebenen Rest unseres Corned Beef.

Willie und ich brauchten noch drei volle Tage bis an die Küste. Wir stolperten und sprangen über die zugewachsenen Spalten. Manche von ihnen waren so breit und tief, dass wir einige Meilen Umweg machen mussten, um hinüber zu kommen.

Als wir endlich aus dem Dschungel herauskamen, lag *Sea Dart* friedlich vor Anker, umgeben von einer Kanuflotte der Cunas. Charlie fischte vom Bug aus und schnatterte mit seinen Freunden, die den ganzen Weg gegen den Strom von Coco heraufgepaddelt waren, um herauszufinden, wie es uns ginge. Charlie hatte eine Menge Fische gefangen. Sie waren im Rigg aufgehängt, damit sie in der Sonne trockneten.

Angeführt von *Sea Dart*, segelte die ganze Flotte der Kanus am nächsten Tag wieder nach Punta Escores hinunter und machte vor dem blitzsauberen Dorf, unter den hohen, nebligen, blauen Bergen, fest. Wir genossen ein Festessen aus geröstetem Fisch und Kokosnüssen. In der Ferne, im Norden von uns, ging der Mond über der alten schottischen Festungsruine auf, einem Denkmal der Seereisen dieses tapfereren Volkes.

Am 14. Juni 1973 begann ich mit meiner Reise durch die Kette aus kleinen Inseln, die sich einhundertfünfzig Seemeilen an der karibischen Küste Panamas hinaufzieht. Der spanische Name dieser Inseln ist Las Muletas, auf Deutsch heißen sie San-Blas-Inseln, benannt nach dem Kap an ihrem Ende im Norden. Zur Blütezeit der spanischen Krone, als das viele Inkagold durch die Häfen von Cartagena im Süden und Portobelo im Norden hindurchgeschafft wurde, waren diese Inseln das Versteck der Piraten und Freibeuter, der Briten, Holländer und Franzosen. Mit ihren schnellen, flachgehenden Brigantinen fuhren sie in die Riffe hinein, waren sicher vor den spanischen Kriegsschiffen und fanden Aufnahme bei den freundlichen Cunas, die die Spanier hassten, so wie sie auch heute noch jeden hassen, der sich an ihre Frauen heranmacht.

Den Spaniern gelang es nie, die Cunas zu unterwerfen, und bis heute genießen sie eine gewisse Unabhängigkeit von der Regierung in Panama. Es gibt viele Tiere, die sie jagen und viel Fisch, der leicht zu fangen ist, in einer Gegend, die selten von Hurrikans heimgesucht wird. Ähnlich wie die Gauchos in der südamerikanischen Pampa, leben sie ein sorgenfreies und uneingeschränktes Leben, wie man es auf den beiden amerikanischen Kontinenten eher selten findet. Ihre Häuser sind trotz des einfachen Baumaterials solide und sauber. Ihre Ansprüche sind einfach, ihre Ernährung ist ausreichend. In der Zwischenzeit hat man mit dem Bau von Schulen angefangen, und auf den nördlichen Inseln sieht man ab und zu Außenbordmotoren, obwohl die Cunas gegenüber westlichen Errungenschaften sehr misstrauisch sind. Die Inseln sind klein, selten mehr als eine oder zwei Seemeilen lang, und haben weiße Sandstrände. Dahinter bewegen sich die Palmen im Passatwind, und etwas weiter liegen die am Strand verstreuten Hütten der Indianer. Einige Dörfer haben bis zu tausend Hütten. Die Wege zwischen den Hütten sind sauber und gepflegt, und Schweine, und andere Haustiere, sind in Gattern, etwas abseits der Hütten, untergebracht.

Das Segeln in dieser Inselwelt ist einfach, so lange man einen guten Ausguck auf Riffe und Sandbänke hält. Die Seekarten für dieses Gebiet, wie für viele abgelegene Gewässer der Welt, sind meist unzuverlässig und irreführend. Aber wenn das Wasser so klar ist, dass man in zwanzig Meter jedes Detail auf dem Grund sieht, dann ist die Navigation nur eine Frage des Vorausschauens und des gesunden Menschenverstandes. Ich ließ mir Zeit, während ich durch den Archipel nach Norden segelte. In der Nacht ankerte ich vor kleinen Inseln, am Tag besuchte ich die größeren Dörfer. Ich verbrachte eine Woche in Mulatupo, das sogar den Luxus eines Kinos hat. Eine weitere größere Siedlung ist Playón Chico, wo es in den Hügeln über dem Dorf eine indianische Ruhestätte gibt. Seit Jahrzehnten werden dort die verstorbenen Cuna in Weidenkörben in den Bäumen aufgehängt.

Den einzigen westlichen Einfluss auf den San Blas Inseln fand ich ganz im Norden, wo zwei Amerikaner ein winziges, einfaches Hotel gebaut hatten. Das kühle Bier, das es dort gibt, ist wunderbar. Die nördlichste Insel, Porvenir, hat eine Landebahn für Flugzeuge, und von hier aus scheint sich eine kleine Touristenindustrie aufzubauen. Für einen mittellosen Yachtie ist das auch ein guter Platz, sich auf eine Weltumsegelung vorzubereiten, denn es gibt dort eine ehemalige amerikanische Armeebasis, auf einer künstlich angelegten Insel, in der Nähe von Porvenir. Über den Eigentümer des kleinen Hotels dort kann man billig Proviant und Ausrüstungsgegenstände einkaufen.

Die ganze Küste Panamas, vom Kap San Blas bis hinauf nach Colón, ist voller interessanter historischer Plätze. In meiner ersten Nacht ankerte ich in der Bucht Nombre de Dios, wo Francis Drake, der größte Salzbuckel von allen, auf dem Seegrund ruht, »mit Kanonenkugeln beschwert«, nachdem er, nein nicht durch die Geschütze der stolzen Spanier, sondern durch den Biss einer Fiebermücke von den Beinen gerissen worden war.

Je mehr ich mich Colón näherte, um so mehr wurde Spanisch gesprochen. Als *Sea Dart* auf die Kanalzone zu lief, veränderte sich die Bevölkerung von Indianern hin zu Schwarzen und Mestizen oder einer Mischung zwischen Indianern und Schwarzen. In Portobelo stehen ein paar sehr gut erhaltene spanische Festungsanlagen, die früher die lange Einfahrt und die alten königlichen Lagerhäuser und Kais vor den Angriffen der Piraten und Freibeuter schützten. Auf den Festungswällen stehen noch viele Kanonen in Position, und auch die alten Lagerhäuser sind noch vorhanden. Sie stehen auf den aus Ziegelsteinen gebauten Ladekais am Ende der Mole, und über den riesigen Toren hängen noch spanische Wappenschilder. Die Böden und die Dächer der Lagerhäuser sind noch erstaunlich gut erhalten, trotz der drei Jahrzehnte von Sonne und Regen. Durch sie lief ein großer Teil der in Südamerika geraubten Schätze hindurch, sie wurden hier vor ihrer Verschiffung nach Spanien zwischengelagert.

Heute ist Portobelo nur noch ein armes Fischerdorf. Die Menschen, die in den paar einzelnen Hütten leben, sind schwarz. Aber ich werde mich immer an sie erinnern! Selten habe ich auf meinen Irrfahrten auf den beiden Kontinenten von Amerika freundlichere oder hilfsbereitere Leute getroffen.

Im Westen der verlassenen Festung von San Fernando liegt ein Krankenhaus, das auf Befehl der US-Regierung während dem Bau des Panamakanals errichtet wurde. In den Hügeln hinter dem Hospital findet man die Überreste eines Steinbruchs, aus dem die riesigen Mengen an Granitsteinen kamen, die man zum Bau der Häfen, Wände und Schleusen des Panamakanals brauchte. Das Fischen vor der Festung war sehr erfolgreich, denn es gelang mir, eine stattliche Menge von Rotbarben an den Haken zu bekommen. Das Klima in Portobelo ist gemäßigt. Selten wird es heißer als dreißig Grad im Schatten, und das ist wahrscheinlich der Grund dafür, dass man gerade hier das Krankenhaus gebaut hatte. Aber die Moskitos und die Sandfliegen machen einem das Leben schwer, bei Tag und bei Nacht.

Das war auch der Grund, warum ich Kurs auf die Kanalzone nahm und nicht in Portobelo blieb, um das Deck von *Sea Dart* zu überholen, wie ich es ursprünglich vor gehabt hatte. Mit einem guten halben Wind hämmerte sie nach Westnordwest. Am 9. Juli machten wir die Einfahrt zum großen Kanal aus. *Sea Dart* hatte seit Bequila 2098 Seemeilen zurückgelegt, und war jetzt bereit, in den Pazifischen Ozean hinüberzuwechseln, um danach den Humboldtstrom in Angriff zu nehmen. Aber vorher musste ich sie auf der Pazifikseite, wo es eine Tide gibt, trocken fallen lassen, denn auf ihrer Schale hatten sich in dem warmen nährstoffreichen Wasser der San Blas Inseln eine Menge Meereslebewesen festgesetzt.

Ich segelte mit dem Schiff in den Hafen von Cristobal hinein, in die Kanalzone unter amerikanischer Zollhoheit, und brachte sie sanft an den Pier der Grenzbeamten. Sofort befahl mir ein kleiner fetter Mann in einem grauen Anzug und mit aus der Hemdentasche herausragenden Kugelschreibern, vom Schiff herunter zu kommen. Es war *Sea Dart* nicht erlaubt, längsseits zu gehen. Ich musste zuerst draußen ankern und dann mit meinen Papieren im Beiboot herüber kommen, ungeachtet der Tatsache, dass das Hafenwasser mit einer dicken Schicht aus Öl und Schleim bedeckt war, die mein Schlauchboot ruinieren könnte. Ich war wieder einmal in einem idiotischen Kuckucksland der verdammten Bürokratie!

26

Kleines Schiff
im Großen Graben

Beim Cristobal Yacht Club bekam ich einen Liegeplatz zugewiesen, nachdem *Sea Dart* für die Passage durch den Kanal vermessen worden war. Wieder einmal war ich im Hauptstrom der Blauwassersegler. Ich traf ein paar Freunde, die hier herumhingen, und andere, die von mir gehört hatten, also mangelte es nicht an Gesellschaft. Es machte viel Spaß, diese Leute zu treffen, denn, ungeachtet der allgemein vorherrschenden Meinung, sind Einhandsegler an Land üblicherweise keine Einzelgänger. Wir lieben es, Erfahrungen auszutauschen, und ein wenig Seemannsgarn gehört auch dazu. Wenn ich den Langzeitseglern zuhöre, picke ich immer eine Menge praktischer Hinweise auf, zusammen mit den haarsträubendsten Geschichten. In der Tat war ich auch so auf die ersten Gerüchte über die vergessene schottische Kolonie im Golf von Darien gestoßen.

In Cristobal, hatte ich das unverschämte Glück, auf die 50-Fuß-Sloop *Nuits St. Georges* aus La Rochelle in Frankreich zu treffen, die auf ihrem Weg nach Tahiti war. An Bord waren ein pensionierter Architekt und ein sehr aufgeregter Naturforscher, der darauf fieberte, die Galapagos Inseln zu besuchen. Ich traf auch die 40-Fuß-Sloop *White Horse of Kent*, das erste Schiff in Ferrozementbauweise, das ich aus der Nähe sah. Ihr Eigner, Colin Usmar, hatte sie in Kapstadt selbst gebaut. Sie war sehr solide und hatte eine gute Ausrüstung aber, genau wie *Sea Dart*, hatte sie keine Maschine. Also war Colin damit beschäftigt, einen Schlepp durch den Kanal zu suchen. Er war Engländer, stammte aus Dover und war von Beruf Maurer. Nachdem er nach Südafrika ausgewandert war, baute er dort einige Häuser. Mit dem Erlös legte er *White Horse* auf Kiel. Colin wurde von Lynn, seiner rhodesischen Frau begleitet, und wir verbrachten einige Abende an der Bar des Clubs zusammen, erzählten uns Geschichten und planten die Reise von *White Horse* über den Pazifik nach Australien. Da sie ohne große Geldmittel unterwegs waren, hatte Colin es eilig, nach Australien zu kommen, um dort wieder als Maurer zu arbeiten.

Viele Leute haben mich gefragt, wie man auf Langzeitreisen das notwendige Geld verdienen kann. Es gibt verschiedene Möglichkeiten, aber man muss seine Sache gut beherrschen. Erstens hat man gute Chancen, wenn man Handwerker ist, etwa Maurer, Installateur, Elektriker oder Radio- und Fernsehtechniker, oder zweitens und besser, wenn man Zahnarzt ist. Für die gibt es immer Bedarf, und sie dürfen ihren Beruf fast überall in der Welt ausüben, im Gegensatz zu gewöhnlichen Ärzten oder Rechtsanwälten. Drittens kann man als Schriftsteller tätig sein. Das ist aber die schwierigste Möglichkeit, besonders wenn man auf einem kleinen Schiff lange Reisen in entlegenen Gewässern der Erde macht. Die Probleme des täglichen Existenzkampfes nehmen so viel Zeit in Anspruch, dass wenig zum Schreiben davon übrig bleibt. Dazu kommen noch die Kommunikationsschwierigkeiten mit den Lektoren und Verlegern in verschiedenen Ländern. Der Aufwand ist fast zu groß. In einer winzigen Kabine zu schreiben, wenn man bei Temperaturen von über fünfundvierzig Grad fast eingeht, während das Schiff rollt und giert: es ist fast unmöglich. Wenn ich Beiträge für Magazine schreibe, dann vergehen im allgemeinen mehrere Monate zwischen dem Verfassen des Artikels und dem Eintreffen des Honorars. Manchmal dauert es auch über ein Jahr.

Die Stadt auf der karibischen Seite des Panamakanals ist in zwei Zonen geteilt, die verblüffend unterschiedlich sind. Irgendwie stelle ich mir so den Kontrast zwischen Ost- und Westberlin vor. Cristobal, in der Kanalzone, ist umgeben von manikürten grünen Rasenflächen und Blumenbeeten. Viele Häuser mit Klimaanlagen stehen hier, mit eigenen Grundstücken, an sauberen Straßen, umsorgt von Dienstboten. Colón, die andere Hälfte, besteht aus auswuchernden Slums, schäbigen Mietskasernen und unbefestigten staubigen Wegen voller Unrat, Krankheiten, Gewalt und Resignation. Die beiden Hälften werden durch eine, von der Zonenpolizei geschützte, Bahnlinie getrennt. Man erzählte mir, dass die Männer, die dort ihren Dienst verrichten, zu den am besten bezahlten Polizeikräften der Welt gehören.

Die Kanalzone selbst ist ein Streifen Land, zu beiden Seiten der Wasserstraße, die durch die Landenge führt. Sie teilt die Republik Panama in zwei Hälften und ist mit Stacheldraht eingefasst. In der Zone gibt es, soweit ich das in Erfahrung bringen konnte, nicht weniger als dreizehn Militärbasen. Innerhalb der Zone leben ausschließlich US-Amerikaner, und das in so großem Stil, wie es noch nicht einmal die alten britischen Kolonialherren in Indien, zur Zeit des Raj, fertiggebracht hatten. Sie haben PX-Vergünstigungen, zollfreie Einkaufsmöglichkeiten, Kinos und Clubs, in die keiner, der nicht beim Militär dient oder bei der Kanalverwaltung angestellt ist, hinein darf. Sie leben in einem klimatisierten Kokon, unberührt von dem Elend, dem Hunger, der Resignation und den Krankheiten unmittelbar hinter dem Zaun aus Stacheldraht.

Die Entstehungsgeschichte des Kanals ist interessant. Zuerst träumten die spanischen Konquistadoren davon, aber wie viele ihrer Träume, die harte Arbeit erforderten, kam nichts dabei heraus. Im neunzehnten Jahrhundert versuchte sich Ferdinand de Lesseps, der große französische Ingenieur und Erbauer des Suezkanals, an dem Projekt. Neun Jahre lang kämpfte eine große Anzahl von Arbeitern, die meist in Handarbeit gruben, mit dem schwierigen Gelände, bis sie erschöpft aufgaben. Nach dem Verbrauch von 440 Millionen Dollar war ein schmaler Graben mit einer Länge von nur ein paar Meilen alles, was sie vorweisen konnten. Dabei hatten 20.000 Menschen ihr Leben verloren, hauptsächlich durch Geldfieber.

Die Franzosen mussten damals mit Kolumbien verhandeln, zu dem Panama zu dieser Zeit gehörte. Als die Amerikaner im Zug der Kämpfe gegen Spanien auf der Insel Kuba ihre Pazifikflotte in den Atlantik überführten und dazu um Kap Hoorn herum mussten, beschlossen sie, den Kanal zu bauen und verhandelten mit Kolumbien. Die Kolumbianer lehnten die angebotenen Bedingungen ab, und die Amerikaner entfachten die Revolution der Panamesen gegen Kolumbien – die erste der berüchtigten amerikanischen Underground-Operationen, wenn man der mysteriösen und äußerst verdächtigen Sprengung des Schlachtschiffes *Maine* im Hafen von Havanna absieht.

Mit Unterstützung der US-Marines gelang es Panama, die Unabhängigkeit von Kolumbien zu erkämpfen. Am Tag, nachdem die letzten Pulverschwaden abgezogen waren, wurde ein Vertrag unterzeichnet, der den Amerikanern »ewige Rechte« an der

Kanalzone zusicherte mit »uneingeschränkter Staatsgewalt«. Trotzdem behielt Panama, laut Vertrag, die »offizielle Staatsgewalt« über die Kanalzone.

Man brauchte zehn Jahre, um den Kanal zu bauen, ein gigantisches Unterfangen, ein Denkmal der Ingenieure und der Mediziner! Innerhalb von nur drei Jahren brachte man das Gelbfieber unter Kontrolle. Ganze Berge wurden abgetragen, und Millionen Tonnen von Steinen wurden weggesprengt, bis die beiden Weltmeere endlich verbunden waren. Auf der Karibikseite gibt es drei Schleusen. Jede ist sechsunddreißig Meter breit und dreihundertdreißig Meter lang. Sie heben die Schiffe siebenundzwanzig Meter hinauf in den Gatun-See. Auf der Pazifikseite gibt es wiederum drei Schleusen, die auf das Niveau des Balboa-Kanals hinunterführen.

Als man die Bedingungen für die Durchfahrt von Segelschiffen festlegte, hatten die Bürokraten einen Tag des Triumphs. Als erstes muss das Schiff von einem Inspektor vermessen werden, richtig gründlich, mit Schreibblock, Formularen und Bandmaß. Dann überarbeiten die Schreiberlinge im Büro die Messungen des Inspektors und errechnen mit Hilfe ihrer ureigenen exotischen Formel die Tonnage des Schiffes. Auf der Grundlage dieser Tonnage wird die Gebühr festgesetzt, die man zu bezahlen hat. Danach übergibt man dem Kapitän ein Datum und eine Uhrzeit für den Beginn der Reise, zusammen mit einem dicken Packen an gedruckten Richtlinien. Das Schiff muss solide sein, stabile Klampen oder Poller an Deck haben und vier Festmacherleinen, zu je fünfundsechzig Meter Länge, bereit halten. Zusätzlich zu dem Kapitän und dem Lotsen müssen vier Matrosen für die Handhabung der Leinen abgestellt werden, zwei am Bug und zwei auf dem Achterschiff.

Mein Termin zur Durchfahrt war der 13. Juli – ein Freitag! Meine Kollegen waren bereits durch, und es gab keine Chance mehr, sie als Leinenmatrosen anzuwerben. Ich durchkämmte den Club nach Freiwilligen, aber es war ein regnerischer Tag, und keiner meldete sich. Der Mann hinter der Bar sagte halb im Spaß, ich solle das Kloster anrufen, er wüsste, dass einer der Mönche leidenschaftlicher Segler sei. Das machte ich auch. Bruder Francis versprach, mit drei weiteren Angehörigen seines Ordens früh am nächsten Morgen herunterzukommen.

Am späten Donnerstagabend erhielt ich die Nachricht, dass mein Termin für die Durchfahrt auf Sonntag den fünfzehnten verschoben war. Ich rief Bruder Francis an, ob sie womöglich am Sonntag kommen könnten.

»Oh, nein, das tut mir wirklich leid«, sagte er, »aber das ist unser wichtigster Tag im Kloster!«

Den ganzen Freitag und Samstag, suchte ich nach vier freiwilligen Leinenmatrosen, denn Profis konnte ich mir nicht leisten. Endlich, am Sonntagmorgen, an dem es immer noch regnete, fand ich die Lösung.

Durch Panama läuft ein stetiger Strom von Hippies. Ihr üblicher Treffpunkt war die Münzwäscherei im Cristobal Yacht Club, wo sie zwischen den Maschinen schliefen. Es waren meist Amerikaner, die auf der Durchreise nach Südamerika waren oder einfach so herumwanderten. Ich nahm Kurs auf den Waschsalon und schüttelte den ersten Burschen, über den ich stolperte. Er war ziemlich aufgeregt, über die Chance, durch den Kanal zu fahren und versprach, um halb sechs am Morgen mit drei seiner Freunde vorbeizukommen.

Sie waren die ungewöhnlichste Yachtcrew, die es gibt. Alle waren sie über einmeterneunzig groß und hatten Bärte bis zur Brust. Als sie ihre schweren Rucksäcke an Bord der kleinen *Sea Dart* ins Cockpit wuchteten, flatterten die Bänder und Perlen in ihrem Haar.

Sie waren zu groß, um in der Kabine Platz zu finden, also setzten wir uns zum Frühstücken aufs Deck, und sie verschlangen es wie die Wölfe. Dann, als ich die Festmacherleinen bereit machte und auf die Ankunft des Lotsen wartete, gingen sie aufs Vorschiff, um Yoga zu machen, über Buddha zu reden oder was ein Hippie an einem verregneten Sonntagmorgen so alles macht. Sie waren so groß! Als sie nach vorn gingen, hob sich *Sea Darts* Spiegel aus dem Wasser!

Nach einer halben Stunde tauchte der Lotse auf. Man kann sich keinen größeren Kontrast zum Rest der Crew vorstellen. Er war um die Fünfzig, hatte einen Bürstenhaarschnitt, eine Mütze mit Schild, eine randlose Brille und stechende blaue Augen. Er schüttelte sich den Regen von den Schultern und fragte mich, wo der Liegeplatz von *Sea Dart* sei.

»Da!« sagte ich und deutete auf mein kleines Schiff hinunter, das Deck schaute nicht einmal über die Kaimauer hinaus.

Er starrte einen Moment lang auf mein Fahrzeug hinunter und sagte dann: »Das? Oh Scheiße, ich dachte, das wäre Ihr Beiboot. Warum transportieren sie das Ding nicht mit der Bahn hinüber.«

»Kann's mir nicht leisten.«

»Himmel, Arsch und Zwirn«, sagte er, »ich werde doch nicht auf diesem gottverdammten Kinderspielzeug durch den Kanal fahren, da müsst' ich ja bekloppt sein!«

»Dann soll ich also wieder raus und um Kap Hoorn herum, oder was?«

»Zum Teufel auch, dann machen wir's halt, wenn's sein muss!«

»Warum nehmen wir uns vorher nicht noch einen Moment Zeit? Ich hab' frischen Kaffee gemacht.«

Während wir in der Kabine Kaffee tranken, redeten wir über Land und Leute. Er war ein Freund von Christian Joubert, dem Hafenmeister in Majunga auf Madagaskar, auf der anderen Seite der Weltkugel. Vor ein paar Jahren hatte er einen alten Freund, Sir Percy Wynn Harris, durch den Kanal gelotst, der von den Unabhängigkeitsfeierlichkeiten in Gambia, West Afrika, kam und nach Australien wollte.

»Welche Geschwindigkeit können sie laufen, Kapitän?«

»Hängt vom Wind ab, sie ist ziemlich lebhaft.«

»Wind?«

»Ja, sie hat noch keinen Motor bis jetzt.«

»Gott im Himmel! Also, so wie's aussieht, werden wir das verdammte Ding durchsegeln. Heiliges Kanonenrohr! Ich werde Sie sogar vor den Dampfern in die Schleusen lassen müssen!«

So kam es, dass *Sea Dart* das erste Schiff war, das durch den Panamakanal segelte. Mit einem frischen Wind aus Nordost kamen wir gut voran. Für das Einfahren in die Schleusen und das notwendige Aufstoppen entwickelte ich ein großartiges System, das problemlos funktionierte. Ich stellte die vier riesigen Hippies mittschiffs in einer Reihe auf und benutzte sie als Segel. Sobald wir halb in der Schleusenkammer waren, rief ich »runter«, und sie legten sich flach aufs Deck hin. Damit hatten wir eine vollautomatische Reffanlage. Wir waren wahrscheinlich das einige Schiff der Welt, das je Hippiebärte als Segel benutzte. Sie gaben mir gerade genug Geschwindigkeit, dass ich in der Mitte der Schleuse einen Aufschiesser fahren und aufstoppen konnte. Dann warfen die »line-handers« ihre langen Leinen herüber und zogen das Schiff mit dem Heck voran nach vorn bis ans Ende der Schleuse. Nachher kamen die großen Pötte herein, ungeheuer und gewaltig.

Die Tore wurden geschlossen, das Wasser fing an zu steigen und *Sea Dart* wurde wild umhergewirbelt, aber es passierte ihr nichts, denn sie wurde durch vier Leinen in der Mitte der Schleuse an ihrem Platz gehalten und konnte nirgendwo anstoßen.

Der Wind blieb uns bis zum Gatun-See treu, einem sehr schönen Gewässer, mit verstreuten Inseln, auf denen die Landhäuser der hohen Tiere bei der Kanalverwaltung standen, mit fächelnden Palmen und gepflegten Gärten.

Der Wind blieb auch weiterhin günstig für *Sea Dart* bis hin zu den Pedro-Miguel-Schleusen auf der Pazifikseite und bis zum Ende des Kanals, aus dem sie herausschoss wie Hund, der hinter einem Hasen her ist. Wir erreichten den Balboa Yacht Club in der Abenddämmerung. Ich war vom Atlantik in den Pazifik gewechselt, auf einer der drei möglichen Routen. Die anderen beiden führen entweder um Kap Hoorn herum oder durch die Nordwestpassage. Ich wusste es noch nicht, aber ich war dabei die vierte Route zu finden – quer durch Südamerika.

27
Ungeduldig

E s war inzwischen der 25. Juli und Zeit, mit meinen Vorbereitungen für den Angriff auf den Humboldtstrom zu beginnen. Auf der Insel Taboga, ein paar Meilen vom Festland entfernt, gibt es eine Tide von knapp zwei Metern und dazu noch einen schönen flachen sandigen Strand. Da *Sea Dart* drei Kiele hatte, konnte ich sie einfach an den Strand segeln, den Anker ausbringen, die Ebbe abwarten und einige Stunden hoch und trocken liegen. Den besten Strand gibt es auf der Südostseite der kleinen Insel. Obwohl das Klima heiß und feucht ist, und die Bremsen eine ständige Plage sind, ist es ein guter Platz für einen Yachtie, der nicht allzu viel Geld hat. Das Schiff hier trocken fallen zu lassen, kostet nichts. Die Einheimischen sind nett und freundlich, und man kann mit der Fähre in die Stadt Panama hinüber pendeln, um einzukaufen.

Am Ende der ersten Augustwoche hatte ich *Sea Darts* Boden mit Antifouling gestrichen. Für das Deck und die Seiten nahm ich graublaue Farbe als Tarnung, sie sah genau so aus, wie der Horizont. Die Segel waren repariert (eine fortwährend anfallende Arbeit) und wieder verstaut, zusammen mit der übrigen Ausrüstung. Ich begann damit, Proviant und Konserven für fünf Monate an Bord zu schaffen, für den Fall, dass *Sea Dart* durch den starken Humboldtstrom von der südamerikanischen Pazifikküste abgetrieben werden sollte und ich einen Kurs auf die am nächsten gelegenen Inseln nehmen müsste, die Tuamotus, *viertausend Meilen* westlich. Für diesen Fall brauchte ich genügend Lebensmittel und Wasser.

Einhellig meinten fast alle Leute im Balboa Yacht Club, die Erfahrung mit der Stärke des Humboldt hatten, dass ein kleines Schiff mit einer kurzen Wasserlinie und einer Durchschnittsgeschwindigkeit von weniger als vier Knoten nicht in der Lage wäre, gegen den Strom anzukommen. Wenn ich zu den Tuamotus hin segeln musste, gab es die Möglichkeit, von dort aus in südöstlicher Richtung die zweitausend Seemeilen entfernte Osterinsel anzulaufen, um dann über weitere tausend Seemeilen zu der Insel Fernández vor der chilenischen Küste zu segeln. Dann könnte ich mich wieder nach Norden wenden und mit dem Strom an die Küste Perus gelangen. Von Panama oder der Westküste Nordamerikas aus war das in den Tagen der alten Rahsegler und Windjammer die traditionelle Route. Dieser Weg über die Inseln im Pazifik bedeutete für mich eine Gesamtdistanz von 10.000 Seemeilen. In einem Schiff wie *Sea Dart* würde das ungefähr sechs Monate hartes Segeln bedeuten, ohne größere Pause, und ich käme nicht vor Februar 1974 in Callao an. Dann würde der Schnee in den Anden schmelzen, und ich wäre mitten in der Regenzeit. Die Wege in den Bergen wären aufgeweichte Todesfallen, und ich müsste weitere acht Monate an der Küste warten, um hinauf in die Anden und zum Titicacasee zu kommen. Insgesamt würde dies mein ganzes Vorhaben um ein Jahr verzögern.

Also war es das Risiko wert, den Strom direkt anzupacken und alle Umwege zu vermeiden. Die Luftliniendistanz von Taboga nach Callao ist siebzehnhundert Seemeilen.

Gegen den Strom und den vorherrschenden Wind, der mich zum permanenten Kreuzen zwingen würde, schätzte ich die Strecke auf ungefähr 3500 Seemeilen. Der Humbold-Strom sollte im September erfahrungsgemäß in seiner Stärke nachlassen, und dann würde ich mit meinem langen Schlag beginnen. Ich rechnete aus, dass *Sea Dart* bei dem reduzierten Strom nach etwa neun Wochen in Callao ankommen könnte. Das bedeutete, dass ich Mitte November dort sein würde. Dann hätte ich bis Neujahr Zeit, um die Anden zu überqueren, es bliebe mir also eine Spanne von sechs Wochen. Das war bestimmt das Risiko wert, es auf der direkten Route zu versuchen, obwohl die Hindernisse offensichtlich waren: schwere Regenfälle an der Küste von Kolumbien und Nebel vor Peru. Es bedeutete ein andauerndes Segeln hoch am Wind und wochenlanges Hineinschlagen in die hochgehende See vor einer der unangenehmsten Küsten der Welt, zuerst die flache Sumpf- und Dschungelküste, wo Kannibalen leben, und dann die neblige, ungeschützte Region der Atacama-Wüste. Eifrig studierte ich alle verfügbaren Informationen über diese Gewässer, so dass ich wusste, was mir bevorstand. Aber ich wusste auch, dass ich etwas gegen meine Niederlage am Amazonas unternehmen musste – ich wollte den Humboldt besiegen! Mit grimmiger Entschlossenheit machte ich *Sea Dart* und mich reisefertig. Vor mir lag die für ein kleines, einhand gesegeltes Schiff vielleicht schwierigste Passage der Welt.

Einen Monat lang ging ich jedes Wochenende nach Balboa hinüber, kaufte Lebensmittel, holte ein neues Großsegel aus England ab und sammelte alle Fetzen von Informationen über die Gebiete auf meiner geplanten Route. Jeder, mit dem ich sprach bezweifelte, dass ich gegen den Humboldt ankommen würde. Insgeheim dachte ich, dass meine Chancen fünfzig zu fünfzig wären. Was auch immer dabei herauskommen würde, ich war entschlossen mein Ziel zu erreichen, selbst wenn ich den Rest meines Lebens dafür opfern müsste. Mein Stolz war damals am Amazonas verletzt worden. Nach dem fast drei Jahre langen Kampf, nach all den Stürmen, die ich hatte abreiten müssen, nach all den schlaflosen Stunden in Hunderten von Nächten, nach all der intensiven Planung und Vorbereitung, nach all den gefährlichen Situationen, in die ich geraten war, musste ich damals aufgeben.

Am Anfang hatte ich die Reise als humorvolle Geste verstanden, um auf die lächerlichen Zustände aufmerksam zu machen, die sich im Segelsport auf den Ozeanen breit machen. Millionenschwere Geschäftsleute und die Medien setzen große Preisgelder au und verhöhnen damit einen einzigartigen Sport. Sie machen aus der großartigen Leistung eines Einzelnen, oder der eines Teams, die es immer sein und bleiben wird, ein idiotisches Wettrennen, bei dem es den Konkurrenten nur ums Geld geht. Auf den Ozeanen gibt e immer nur zwei Konkurrenten – das Schiff und die Natur. Alles andere beraubt di Menschheit um eine der letzten wahren Gelegenheiten, die es einem Menschen erlauben mit Gott zusammenzutreffen oder mit dem, an das er glaubt und das die Welt zusamme hält. Was als ein amüsantes Abenteuer begonnen hatte, war nun zu einer todernsten Sach geworden – *zu einer Pilgerfahrt um meine Ehre!*

Am Samstag, dem 8. September, waren wir bereit. Nach der Rechnung von einer Dos Fisch oder Fleisch für jeden zweiten Tag, einer Dose Gemüse für jeden dritten Tag, plu einem halben Pfund Reis und einem viertel Liter Wasser täglich, hatte ich Proviant fü fünf Monate. Dazu hatte ich noch zwei Kartons einer neuartigen komprimierten Nahrung die mir der Colonel einer Spezialeinheit der US-Armee, die in der Kanalzone Manöve abhielt, geschenkt hatte. Er wollte, dass ich das Zeug ausprobierte und ihm einen Berich schickte. Ich ging natürlich sofort auf diese Gelegenheit ein – solides Protein, gratis! Wie sich herausstellte, waren die Rationen sehr praktisch, aber ziemlich fade. Sie bestanden aus einem hart zusammengepressten Gemisch aus Fleischfasern, Früchten, Schokolade und Zucker. Sie schmeckten ähnlich wie das Pemmikan, das die Eskimos in der Arktis machen.

Ich hatte Karten für alle Inseln der Hauptgruppen des Pazifiks an Bord, bis hinüber nach Australien, alles zusammen war das ein Packen von achtzig Seekarten. Sollte ich in den Ozean hinaus müssen, war ich vorbereitet. Ich hatte weiterhin Ersatzteile für das Rigg, und das Material zum Reparieren der Segel würde, bei normalem Verschleiß, für fünf Jahre reichen. Petroleum hatte ich genug für sechs Monate, und dazu, für Notfälle, noch einen neuen Johnson-Außenborder mit vier PS und fünf Liter Benzin. Besonders wichtig war ein guter Medizinkoffer, mit Werkzeug zum Zahnziehen, sterilisierten Skalpells, Schmerztabletten und anderen Mitteln. Ich hatte mir schon drei meiner eigenen Zähne ziehen müssen, als ich alleine auf dem Ozean unterwegs war. Zweimal hatte ich dazu eine normale Schraubstockzange benutzt. Diesmal war ich besser vorbereitet!

Zahnweh ist der schlimmste Schmerz, wenn man alleine und tausend Seemeilen vom nächsten Dentisten entfernt ist. Man zieht sich auf See selbst einen Zahn, indem man seinen Kopf in das Bullauge des Niedergangsschotts steckt, mit dem Arm nach innen ins Schiff greift und mit der Zange durch das Loch und gegen den Widerstand des Schotts zieht. Ohne Betäubung ist das ein sehr schmerzhafter Prozess. Eine halbe Flasche Brandy hilft, in zwei Portionen, eine vor- und eine hinterher. Wenn man hoch am Wind läuft, ist das günstig, denn die ruckartigen Bewegungen des Schiffes helfen, den Zahn zu lockern. Es ist wichtig, dass man den Arm im Schiff irgendwie abstützt, vielleicht an einem Beschlag oder am Handlauf innen. Das Schwierigste an dem ganzen Prozess, ist, sein Selbstmitleid zu überwinden, denn ähnlich wie Angst verhindert es die schnelle Lösung eines Problems. Aber wenn man eine Wut auf den Zahn hat, dann hilft das ungemein!

28

Fast eine Katastrophe

Am Sonntag, dem 9. September, ging ich vor der Insel Taboga ankerauf, wie es Pizarro Jahrhunderte vor mir getan hatte. Ich legte einen Kurs auf die Insel Pedro González in der Las-Perlas-Gruppe an, die noch zu Panama gehört. Bei Wind von achtern brauchte ich für den kurzen Schlag von achtunddreißig Seemeilen fast einen ganzen Tag. Ich kam erst bei Anbruch der Dämmerung in der Ankerbucht vor den blechgedeckten Hütten eines kleinen Dorfes an. Über flachem Sandboden ließ ich den Anker fallen. Nach dem üblichen abendlichen Angriff der Moskitos ruderte ich im Beiboot hinüber. Mit den letzten panamesischen Münzen, die ich hatte, trank ich in dem kleinen Laden am Strand ein paar Bier. Es gab eine Menge zu kaufen! Auf dem quietschenden Holzfußboden lagen frische und getrocknete Lebensmittel jeder Art herum: Bohnen, Kaffee, Reis, Yucca, Petroleum, Benzin, Butter, Säcke mit Brot und Kerzen. Alles lag wild durcheinander, es sah aus wie im Spind eines Seekadetten, alles übereinander geschichtet und nichts griffbereit. Von der Decke hingen Bündel mit getrocknetem Fisch und Rollen von Tabak. Etwa ein Dutzend Kinder, splitternackt und schwarz wie die Stiefel eines englischen Bobbys, rannten und krochen umher, fummelten auf der aus alten Butterkartons bestehenden Theke herum und nahmen sich Hände voll Angelhaken. Schlanke, sehnige Fischer mit harten Muskeln und ihre molligen, lebhaften Frauen in knallbunten Kleidern tranken eine schäumende Dose Bier nach der anderen. Ich schloss mich ihnen an und schlug nach den Moskitos, während ich mit einigen plauderten. Ich erzählte ihnen Geschichten von der Irischen See, so weit weg, und sie sprachen von Feldern mit blühenden Marihuanapflanzen, den Hügeln und Tälern des roten Panama, drüben, hinter der Insel San José. Sie erklärten mir, dass es ihnen jetzt viel besser ginge, nachdem sie den Stoff auf das Festland hinüber bringen konnten und mehr Geld verdienten, als je zuvor. Sie erzählten mir davon, wie diese Gringo-Yachten vor drei oder vier Jahren in San José angekommen und seitdem hier geblieben seien. An ihren Rümpfen, sagten sie, hinge ein Bewuchs wie in den hängenden Gärten von Babylon, aber die Gringos selbst wären permanent und bis zur Schädeldecke stoned, aber sie wären sehr gute Leute. Und glücklich – *muy buenos amigos!*

Am nächsten Tag schlüpfte ich aus Pedro González hinaus und segelte nach Süden. Als ich aus der Inselgruppe der Las Perlas heraus kam, änderte sich der Wind und kam jetzt als leichte Brise aus Süden. Er würde diese Richtung beibehalten, direkt gegen mich, bis nach Callao hinunter, aber das wusste ich damals noch nicht. Ich schaute zu, wie die Hügel auf der Insel San José langsam am Horizont versanken.

Ich zog fünf Angelleinen hinter mir her, eine davon war eine 400-Kilo-Leine mit einem Haken von zwanzig Zentimetern. Am zweiten Tag biss ein Hammerkopfhai auf den Kopf einer Dorade an, den ich als Köder gesetzt hatte. Er war drei Meter lang und kämpfte wie ein verwundeter Stier. Ich musste einen Block am Vorschiff anbringen, eine dicke

Nylonleine hindurch auf die Fockwinsch führen und dann kräftig kurbeln. Er war ein zäher Bursche, und ich brauchte drei Stunden, bis ich ihn längsseits hatte. Ein grimmiger, hässlicher Kerl, mit einem Kopf wie ein Vorschlaghammer und mit einem Auge auf jeder Seite des Hammers. *Sea Dart* lag tief in der See, und ich musste seinen Kopf irgendwie nach oben aus dem Wasser bringen, um ihn zu töten. Mit dem Fischhaken traute ich mich nicht an ihn heran, denn er schlug kräftig aus und schnappte nach dem Schiff wie ein Dämon. Ich belegte die Leine auf einer Klampe und schickte dann den Block, samt Angelschnur, mit Hilfe der Dirk nach oben in den Mast. Ich machte die Leine von der Klampe los, und er zappelte am Mast von *Sea Dart* wie an einer riesigen Angelrute aus Metall. Wieder winschte ich ihn herbei, aber sein Gewicht legte das Schiff dreißig Grad auf die Seite. Nur langsam und mit viel Zeit konnte ich ihn in voller Länge aus dem Wasser heben. Ich getraute mich immer noch nicht an ihn heran, denn er schlug um sich wie ein Maultier.

Nach drei Stunden war er endlich ruhig, und ich schlug ihm mit der Holzfälleraxt, die ich immer dabei habe, um eventuell nach einem Mastbruch das Rigg loszuwerden, auf den Schädel. Ein paar solide Schläge aufs Gehirn, und er war tot. Ich rammte ihm das Metzgermesser in die Rippen und schnitt ein paar gute Steaks heraus. Die besten Stücke warf ich in den Dampfkocher und kochte sie in seinem eigenen Blut, eins nach dem anderen. Danach hatte ich genug Protein für drei Tage. Den Rest musste ich leider wegwerfen, eine furchtbare Verschwendung, aber ohne Eis oder Kühlung konnte ich nichts anderes machen. Das war der erste der *vierzehn* Haie, die ich im Humboldt fing, acht davon waren Hammerköpfe. Sie halfen mir, meine Vorräte zu sparen. Die anderen waren Grauhaie, nicht ganz so schmackhaft, aber weniger hässlich. Dafür doppelt so gefährlich, an Bord zu holen! Als ich weiter nach Süden kam und später über den Äquator, gingen mir auch andere Fische auf den Haken – Doraden, Barsche und Schwertfische.

Nachdem ich später an Santa Elena an der Küste Ecuadors, zwei Grad südlich des Äquators, vorbei war, wurde es fast unmöglich, zu kochen. Die See ging hoch, und ich musste den Fisch roh essen. Rohe Haifischsteaks schmecken etwas widerlich, man muss den Geschmack ignorieren und sich klar machen, dass es auf das Protein ankommt. Ich legte auch eine Menge rohen Fisch in Limonensaft ein, das nennt man dann »ceviche«, und es schmeckt sehr gut.

Als ich weiter nach Süden kam, wurde der Strom stärker, und bereits ab vier Grad nördlicher Breite, gab es draußen, dreihundert Seemeilen vor der Pazifikküste von Kolumbien, auch immer wieder Regen. Dies ist die Nummer zwei unter den Gebieten der Erde, in denen es am häufigsten regnet. Im Durchschnitt beträgt die Niederschlagsmenge hier mehr als einen Meter pro Jahr. Es schüttete vom Himmel wie aus Gießkannen, aber es füllte auch meinen Wasservorrat auf. Der Regen war so dicht, dass ich den Kompass aus einer Entfernung von fünfzehn Zentimetern nicht mehr ablesen konnte. Aber der Regen war auch zu meinem Vorteil, denn er machte mich unsichtbar für Piraten, von denen es in diesen Gewässern viele gibt. Ihre Basis ist Buenaventura, das Arschloch der Welt und das Hauptquartier der Drogenschmugglerringe.

Vor Buenaventura hatte *Sea Dart* es schwer. Der Strom war stark, der Wind hingegen leicht und kam aus Süd. Am 29. September, zwanzig Tage nach den Las-Perlas-Inseln, standen wir erst sechshundert Meilen südlich von Balboa. In dieser Nacht wäre *Sea Dart* fast gesunken. Ich lief bei einem 20-Knoten-Südwind auf einem südwestlichen Kurs durch den warmen Pissregen, hoch am Wind und mit dicht geholten Segeln. Die See ging hoch, und das Schiff hämmerte wie der Rückwärtsgang einer Canadian Pacific Dampfmaschine. Um zwei Uhr morgens wurde ich plötzlich auf das Kabinendach hinauf katapultiert. Das Schiff stand buchstäblich auf dem Kopf, ich konnte den verdammten, nassen fluoreszierenden Ozean unter dem Niedergang vor mir sehen. Eine Sekunde später richtete *Sea Dart* sich wieder auf, mit einem furchtbaren knallenden Schlag, der jeden Knochen im meinem Körper erzittern ließ. Ich wurde wie eine Puppe nach vorn, gegen das vordere Schott geschleudert. Dann lief sie, gutmütig, wie sie war, in den Wind und schlingerte mit flatternden Segeln in der groben See.

Als ich wieder klar denken konnte, hörte ich ein Schlagen und Klappern über mir, dann ein regelmäßiges wildes Bumm, Bumm, Bumm an Deck.»Wieder ein verdammter Wal«, dachte ich. Ich schlitterte nach achtern, bis mir einfiel, dass ich dieses Mal kein aufgeblasenes Beiboot zum Hineinspringen im Cockpit hatte. Ich stand bis zu den Knien im herumschwappenden Wasser. Zum Glück waren meine Karten und Bücher in einem hohen Schapp an der Seite untergebracht. Draußen im strömenden Regen, im pechschwarzen, warmen, klebrigen, unaufhörlichen Regen der Bucht von Buenaventura, fasste ich nach allen Wanten, Fallen und Schoten, um zu wissen, ob sie noch am Platz waren. Dann ging ich nach vorn. Die Szene war chaotisch!

Mit was auch immer *Sea Dart* zusammengestoßen war, es musste sehr solide gewesen sein. Bis heute bin ich mir nicht sicher, ob es ein Wal oder ein vom Fluss herausgeschwemmter Baumstamm aus den Regenwäldern von Kolumbien war. Ich habe den Verdacht, dass es ein Wal war, denn der Strom hier läuft direkt an der Küste entlang nach Norden. Jedenfalls muss es ein riesiges Ding gewesen sein. *Sea Dart* hatte einen Kopfstand gemacht, Heck über Bug, und der Schlag hatte den Bugspriet aus dem Deck herausgehoben. Die vier dicken Halteschrauben waren herausgerissen, und das Loch im Marinesperrholz des Decks war so groß, dass ich meinen Kopf hineinstecken konnte.

Ich nahm das Großsegel weg und setzte das Trysegel, um das Schiff im Wind zu halten. Ich brauchte eine Stunde dafür, denn ich musste zuerst die flatternde Genua mit dem schlagenden Bugspriet an Deck bringen. Ich schaffte das auch, obwohl der herumfliegende fünfzehn Kilo schwere Brocken aus Holz und Metall versuchte, mir den Schädel einzuschlagen. Wie ich das genau gemacht habe, weiß ich heute nicht mehr, aber ich brachte es irgendwie fertig, indem ich rittlings auf dem auf und nieder gehenden Bug saß, an den vorderen Festmacherklampen angeleint.

Als nächstes pumpte ich das Schiff aus. Zwei Stunden lang arbeitete ich an der Handpumpe im Cockpit. Auf und ab, auf und ab, in der dunklen Nacht kam es mir vor, wie eine Ewigkeit. Ich war nass, elend, und wütend darüber, dass ich ohne Bugspriet nicht mehr hoch am Wind segeln konnte. Ich wusste, dass der Strom die ganze Zeit, in der ich beigedreht lag, auf *Sea Dart* einwirkte und sie hinaus in den Ozean versetzte, so mit drei Knoten etwa. Als ich sie innen einigermaßen trocken hatte, versuchte ich, einen notdürftigen Bugspriet zu basteln. Ich befestigte eine lange kräftige Leine am Innenbordteil des abgerissenen Spriets, führte sie durch das Loch an Deck hindurch durch einen Wirbelblock, den ich am Ringbolzen der Ankerleine auf dem Vordeck festmachte, und spannte sie mit Hilfe der freien Fockwinsch. Dann laschte ich eine weitere Leine über den Mittelteil des abgerissenen Bugspriets und befestigte die Enden an den Stützen des Bugkorbs. Mit einigem Glück würde diese Bastelei den Bugspriet halten und mich weiterbringen. Ich verstopfte das Loch im Deck mit Segeln und Hemden und zog ein Stück Zeltstoff darüber, das ich mit dem Deck vernagelte. Das war gut genug, es würde das meiste Wasser abhalten, das über den Bug kam. Dann ging ich nach unten, um auf die Karte zu schauen und meinen nächsten Zug zu planen.

Nach Buenaventura getraute ich mich nicht hinein. Es war bekannt und berüchtigt als der schlimmste Hafen der Welt. Was für Alternativen gab es? Nach Kolumbien wollte ich auch nicht; die Küste dort ist gefährlich und schlecht anzulaufen. Man hatte mir gesagt, dass Besucher von den Eingeborenen entweder dazu gezwungen werden, die Häuptlingstochter zu heiraten oder in den Suppentopf zu steigen. Zurück zu den Las Perlas wollte ich auf keinen Fall, ich würde sechshundert hart erkämpfte Meilen verlieren, niemals! Weitermachen bis zur Küste von Ecuador, wäre eine Möglichkeit, aber mit so einem verrückten Bugspriet konnte ich es nicht riskieren, die große Genua zu setzen, wenigstens nicht bei starkem Wind. Ich würde sicher drei Wochen brauchen, bis nach Esmeraldas, dem nächsten Hafen in Ecuador. Es gab noch eine Alternative – die kolumbianische Gefängnisinsel Gorgona! In Cartagena hatte ich Gerüchte gehört, nach denen es eine Insel für politische Gefangene gab, von denen man nach ihrer Verhaftung nie mehr etwas hörte. Verschiedene Leute in Kolumbien hatten mich davor gewarnt, der Insel zu nahe zu kommen – jetzt war sie der einzig mögliche Schutz, den ich in vernünftiger Zeit erreichen konnte, um mein schlimm ramponiertes Schiff zu flicken. Ich setzte die Segel. Durch den Regen hindurch nahm ich Kurs auf Gorgona.

29
Eine wirkliche Teufelsinsel

In den Nächten vom 29. und 30. September musste ich von Hand steuern. Ich beobachtete ständig meinen Hilfsbugspriet und hoffte, dass er zusammenhielt. Ungeduldig wartete ich auf den sich erhellenden Horizont am Morgen, um mit Hilfe der Sterne und später vielleicht mit der Sonne eine Position zu bekommen. Durch eine Lücke in den schweren Kumuluswolken hindurch bekam ich in der Morgendämmerung einen Schnappschuss der Venus im Westen und später durch eine andere Lücke die Höhe von Sirius. Ein paar Minuten später kannte ich meinen Standort – 3°35' Nord und 78°20' westlich des Nullmeridians von Greenwich. Von hier aus konnte ich eine Kurslinie zu der schützenden Insel Gorgona in die Seekarte zeichnen. Mittlerweile blies der Wind mit fünfundzwanzig bis dreißig Knoten aus Südwest, und ich musste die Genua gegen die Normalfock austauschen, um die Belastung des Notriggs zu reduzieren. Ich segelte *Sea Dart* so hart, wie ich mich traute, durch einen dicken Regenschauer nach dem anderen, bis ich am Abend in der Dämmerung einen kleinen, grauen Schatten weit voraus am Horizont ausmachen konnte. Die ganze Nacht lang kreuzte ich darauf zu, der Wind kam direkt über die Insel her, und der verdammte Strom hielt mich zurück. Aber ich blieb dran, Stunde um Stunde, bis ich gegen vier Uhr morgens so nahe heran kam, dass ich ein kleines flackerndes Licht sah. Am nächsten Tag kreuzte ich bei ungünstigem starken Wind weiter an Gorgona heran, immer darauf bedacht, nicht zu viel Belastung auf das Vorstag zu bringen. Am Nachmittag, am 1. Oktober, war ich endlich in Lee der Insel und ließ den Danforth-Anker über die Seite fallen. Vor Erschöpfung hatte ich kaum noch Gefühl im Körper und war am Verhungern. Am Strand, etwa zweihundert Meter entfernt, stand eine Gruppe uniformierter Männer mit Gewehren und Pistolen, und beobachtete mich, eine weitere Gruppe schob eine Ruderbarkasse vom Strand weg ins Wasser.

Sie stampften mit der Unbeholfenheit von Landratten an Bord und blieben mit den Stiefeln an Decksbeschlägen hängen. Ein fetter Sergeant zeigte mit seiner ekelhaften Flinte direkt auf meinen Kopf. Hinter ihm kam ein anderer Herr, auch fett, aber in einer Prachtuniform, mit Reihen von Orden und Medaillen, auf die selbst Haile Selassie neidisch gewesen wäre. Er hatte eine Kappe auf, im Stil eines Generals der US Army, die so viele Goldschnüre hatte, dass ich mich fragte, warum er nicht einfach eine Goldkappe mit ein paar Khakibändern trug. Er sprach schnelles Spanisch in der Art, wie ein Major zu einem Straßenkehrer sprechen würde.

»Wo kommen Sie her?«

»Panama, *Señor*.«

»Nationalität?«

»Britisch«, antwortete ich und zeigte mit dem Daumen auf meine vergammelte Nationale am Heck.

»Wo gehen Sie hin?«

»Salinas, Ecuador. Aber ich habe einen Schaden, ich brauche Hilfe.«

»Sehr gut. Es ist Ihnen lediglich erlaubt, vierundzwanzig Stunden lang hier zu bleiben. Wir können Ihnen weder Wasser noch Essen geben, und sie dürfen mit keinem der Gefangenen sprechen. Die Wachen haben den Befehl, sofort zu schießen, falls Sie das versuchen sollten.« Er lächelte fast ein wenig genussvoll.

»Ich brauche Hilfe«, sagte ich ihm. »Ich brauch' jemanden, der die Muttern unten festhält, während ich oben die Bolzen anziehe.«

»Wir werden Ihnen einen Mann zur Verfügung stellen, aber Sie dürfen nicht mit ihm sprechen.«

»Aber Señor, wie soll er dann wissen, welche Mutter er festhalten soll?«

»Mein Gott, was für Fragen!« Er drehte sich um und wollte weg. Das Rollen des Schiffes bekam ihm nicht besonders, denn sein rotes Gesicht wurde bereits leicht grünlich.

»Sergeant! Sorgen Sie dafür, dass er nur Arbeitsanweisungen gibt! Und achten Sie darauf, dass er ihm nichts zusteckt. Fahren Sie mich an Land!«

Die Nacht brach herein, und es goss in Strömen. Ich ging in die Kabine, um die Schweinerei um das Loch im Deck herum auszuräumen. Zu meiner Erleichterung fand ich heraus, dass es nur einen Sack Zucker erwischt hatte, fünfundzwanzig Kilo, er war durch und durch nass. In der heißen feuchten Luft unter Deck, stellte ich, soviel ich konnte, davon in Tellern und Pfannen zum Trocknen auf. Ich machte eine Dose Sardinen und ein Paket Zwieback auf und aß. Dann schlief ich schnell ein.

Drei Stunden später wachte ich auf, *Sea Dart* rollte immer noch stark, denn hinter dieser traurigen Insel gab es wenig Schutz vor der Dünung des Ozeans, nur der starke Wind wurde abgehalten. Ich bereitete mich auf die sorgfältige Reparatur des Bugspriets vor. Als erstes schnitt ich ein Stück Sperrholz zurecht, um das große Loch von unten her abzudecken und um den Bolzen einen Halt zu geben. In den frühen Morgenstunden hatte ich das Deck repariert, ich benutzte Patentnieten, ein Muss auf einem Schiff. Die alten Bolzen schlug ich mit einem Hammer einigermaßen gerade. Danach schraubte ich eine fünfundzwanzig Millimeter dicke Mahagoniplatte in dem winzigen Raum im Bug von unten gegen das Deck des Vorschiffs. Als es dämmerte, war ich bereit zum Einsetzen der Bolzen, aber ich schlief wieder ein.

Als ich aufwachte, brannte die Sonne mit der Heftigkeit des Morgens herunter. Ich ging ins Cockpit und schaute aufs Land hinüber. An jeder Seite des Strandes lag ein Haufen Steine, und jeder Brocken war etwa so groß wie ein gewöhnlicher Kartoffelsack. Zwischen den Steinhaufen bewegten sich Männer hin und her, jeder trug einen Stein. Eine Reihe von Männern trug Steine in die eine Richtung und warf sie auf einen Haufen, die andere Reihe trug sie wieder zurück zum anderen Ende und warf sie dort ab. Es waren um die fünfhundert Männer, die sich an dieser nutzlosen, irren Promenade beteiligten. Die Gefangenen hatten nichts weiter an als eine Hose, sie waren alle von der Sonne verbrannt, und die Körperfarbe passte nicht zu ihrem Haar. Ich nahm an, dass die meisten von Ihnen Weiße waren. Alle fünf Meter entlang dieser idiotischen Reihen stand ein Wachposten mit Gewehr. Ab und zu stieß er mit dem Kolben oder dem Lauf nach einem Gefangenen, der stolperte oder zusammengebrochen war. Es gab überhaupt keine Geräusche, keine Unterhaltung, kein Fluchen, nur absolute völlige Stille.

Nach einer Weile kam die Barkasse zu mir herüber. Zwei Soldaten in Khakiuniform saßen darin, ein Sergeant und ein Trottel. Der Sergeant hatte einen Revolver, mit dem er wild herumfuchtelte. Der Trottel war mit einer Flinte bewaffnet, seine Uniform wurde durch zwei Patronengürtel ergänzt. Zwischen ihnen stand ein Gefangener mit kurzgeschorenen Haaren und einer gestreiften Hose, ein intelligent aussehender Mann von etwa fünfunddreißig Jahren. Es war das erste Mal, dass ich über meine Freiheit beschämt war. Sie stolperten an Bord, und brachten alles durcheinander. Mit Erstaunen stellte ich fest, dass der Trottel barfuss war.

»Was wünschen Sie?« grunzte der fette Sergeant.

»Ich brauche jemand, der nach vorne geht ins Vorschiff und die Muttern auf die Bolzen schraubt, die ich von oben durch die Löcher durchstecke, dann muss er sie mit dem Schlüssel hier festhalten – *esta llave*!« Ich hielt ihm den Schraubenschlüssel unter die Nase, damit er sein Gehirn nicht überanstrengen musste. »Und dann muss er anziehen, wenn ich rufe.«

»*Muy bien.* Aber drüber hinaus dürfen Sie nicht mit dem Gefangenen sprechen.«

»In Ordnung, Sergeant. Warum machen Sie es sich nicht bequem auf der Seite im Cockpit, die man von Strand nicht sehen kann, und nehmen einen Schluck Whisky?«

Ich gab ihnen meine letzte Flasche Scotch. Sie saßen unter meinem Sonnendach und nippten Whisky. Ich winkte dem Gefangenen und ging hinunter. Dann setzte ich mich auf das Vordeck und begann, an den Bolzen zu schrauben. Es war eine mühsame Arbeit, denn der Schlüssel war zu groß, und ich konnte jedes Mal nur ein klein wenig drehen. Bei jedem Ansatz des Schlüssels klopfte ich leicht aufs Deck, und der Gefangene verstand,was ich wollte. Nach jedem Klopfen sagte er ein paar Worte. Ich werde seinen Namen nicht erwähnen, denn vielleicht ist er ja noch dort, auf dieser verfluchten Teufelsinsel, und schleppt in der sengenden Sonne oder im strömenden Regen diese idiotischen Steine am Strand hin und her.

Er erzählte mir, dass er aus der Gegend von Cali komme, er habe eine Frau und eine Tochter. Er war sechsunddreißig Jahre alt und schon seit elf Jahren im Gefängnis. Er war früher Gewerkschaftsführer in einer Fabrik bei Cali gewesen und wurde fälschlicherweise wegen Verbindungen zu den Guerillas angeklagt. Eines Tages hatte die Polizei ihn verhaftet, und das war dann schon alles. Er wusste nicht, ob seiner Frau bekannt war, wo er sich aufhielt, denn sie hatte ihn nie besucht. Ein Jahr lang war er in Cali im Gefängnis gewesen, und die letzten zehn Jahre hatte er auf der Insel Gorgona verbracht. Alle Gefangenen hier waren *políticos*. Er wusste, dass nur ganz wenige einen Gerichtsprozess bekommen hatten, er selbst war nie vor Gericht gestellt worden und wusste auch nicht, ob ein Militärgericht ihn in Abwesenheit verurteilt hatte. Die einzige Nahrung hier auf Gorgona war Reis und Fisch, den die Häftlinge fingen. Sie waren alle in Einzelzellen untergebracht und durften nicht miteinander sprechen. Die Strafe für das Sprechen, außerhalb der Küchenmannschaft, betrug sechs Monate Einzelhaft. Einige Männer waren umgekommen, weil sie versucht hatten, die sechzehn Seemeilen an Land zu schwimmen. Die meisten von ihnen hatte man wieder eingefangen und dann am Strand erschossen.« Er glaubte nicht, dass es einem je gelungen sei, bei dem starken Strom durch den haifischverseuchten Kanal zu kommen und das Festland zu erreichen. Sollte trotzdem jemand die Küste erreichen, hätte er sowieso keine Chance, denn die Regierung zahlte den Indianern hohe Prämien für jeden entlaufenen Gefangenen.

Die Gefangenen arbeiteten am Strand, von sieben Uhr morgens bis sechs Uhr abends, mit einer Pause von zweieinhalb Stunden. Für ihn gab es im Leben keine Hoffnung mehr, jemals von Gorgona wegzukommen. Selbst wenn es jemals eine Revolution in Kolumbien gäbe, wären alle Häftlinge längst durch die Wachen erschossen, bevor Hilfe einträfe. Es gab zu viele Geschichten über Brutalität, Folterung oder Vergewaltigung – die Wachen würden es nie erlauben, dass etwas davon an die Öffentlichkeit käme. So weit er wusste, gab es keine Dokumente oder Akten über sie oder ihren Aufenthaltsort, und für ihre Familien waren sie so gut wie tot.

Um vier Uhr nachmittags war ich seeklar. Die Gefangenen waren immer noch bei ihrer rückgratbrechenden Beschäftigung am Strand. Ich fühlte jedes einzelne Auge auf mir ruhen, als ich das Großsegel setzte, den Anker an Deck brachte und mich von dieser Küste des Elends und der Ungerechtigkeit entfernte. Als *Sea Dart* ihren Bug in die See legte, zündete ich meine Ankerlaterne an, so dass die Gefangenen das glimmende Licht noch wahrnehmen konnten, lange nachdem der erste freie Mann, den sie seit Jahren gesehen hatten, aus ihren Augen entschwand. Ich selbst verließ die Insel in dem Gefühl, dass ich trotz der zweitausend harten Seemeilen, die vor mir lagen, trotz der Unbequemlichkeit, Kälte und Nässe und trotz der geringen Aussicht auf warmes Essen in der nächsten Zeit der glücklichste Mann auf Erden war.

Den Zucker bekam ich übrigens nie mehr trocken, ich musste fast alles wegwerfen.

30
Gegen den Humboldt

Ich verließ Gorgona am 3. Oktober 1973, einem Donnerstag. Von diesem Moment an kämpfte ich volle 28 Tage lang gegen den Wind von vorn und den mir entgegenkommenden Strom, bis ich nach Salinas, Ecuador hineingezwungen wurde, um *Sea Darts* Wassertanks aufzufüllen. Ich konnte es nicht riskieren, ohne ausreichenden Vorrat für drei Monate, bei einem halben Liter pro Tag, weiter zu segeln, für den Fall, dass ich in den Ozean hinaus getrieben würde. Ich hatte mir die Lektion von 1967 gut gemerkt!

Meine durchschnittliche Distanz, die ich *durch das Wasser* in 24 Stunden zurücklegte, betrug fünfzig Seemeilen, aber da der Humboldt mein kleines Schiff immer wieder zurück versetzte, waren es nur siebzehn Seemeilen *über Grund*, die ich gutmachen konnte. Ein Segelschiff, das am Wind läuft, fährt nie auf seiner Kurslinie voraus, es gibt immer auch eine Seitwärtsbewegung, die man Abdrift nennt. Zusätzlich zu der Abdrift, die durch den Wind hervorgerufen wird, gibt es noch die Stromkomponente. Ich segelte auf Backbordbug, zwanzig Seemeilen weit, in südöstlicher Richtung auf die Küste zu. Eine Meile vor der Küste wendete ich auf Steuerbordbug und lief wieder zwanzig Meilen in den Ozean hinaus, dann wieder zwanzig Meilen nach Südost, und so weiter. Nachdem ich sechzig Meilen durch die See zurückgelegt hatte, fand ich heraus, dass ich oft nur fünfzehn, manchmal auch nur zwölf Seemeilen nach Süden gut gemacht hatte. In der Nacht hielt ich einen größeren Abstand zu der unbefeuerten Küste, deren Verlauf auch auf der Karte sehr unzureichend gezeichnet war. An manchen Stellen gab es Fehler von bis zu acht Seemeilen, dazu noch Felsen, die in der Karte fehlten. Demzufolge musste ich mich nachts gut freihalten und war dem vollen Strom ausgesetzt. Oft fand ich nach einer harten Segelnacht am Morgen heraus, dass *Sea Dart* weiter *nördlich* stand als am Abend zuvor!

Je weiter ich nach Süden kam, auf den Äquator zu, umso stärker wurde der Strom. Vor Punta Galera kam ich in Nebel, und es wurde kälter. Auf der Äquatorlinie hatte ich drei Pullover übereinander an und dicke Wollhosen. Das war der Humboldtstrom, der direkt aus der Antarktis kam! Die brennende Tropensonne, die das kalte Wasser der See zum Verdunsten brachte, war für den Nebel verantwortlich. Es regnete nicht, und ein paar Mal sah ich die Küste durch den Nebel hindurch. Es war eine knochentrockene und öde Wüstenlandschaft mit zerklüfteten Bergen im Hintergrund. Die Brecher des Pazifiks donnerten an felsige Klippen. Oft brach sich die See auch an Riffen, die es auf meiner Karte überhaupt nicht gab.

Nach achtundzwanzig Tagen Hämmern und Knüppeln hoch am Wind, bei Tag und bei Nacht, hatte ich nur 240 Seemeilen nach Süden gut gemacht. Und dabei betrug die Distanz, die meine Schlepplogge zwischen Gorgona und Salinas anzeigte, *1408 Meilen!* Als *Sea Dart* in die volle Stärke des Humboldt hineinsegelte, nahm das Tierleben zu. Ich war fast ständig in Begleitung von Walrossen, Seehunden und Pelikanen. Die Walrosse schwammen im allgemeinen im meinem Kielwasser bis auf drei Meter an das Schiff heran, sie grunzten und schnäuzten durch ihre Schnurrbärte wie alte pensionierte britische Armeesergeanten. In diesem Teil der Welt, südlich des Äquators, an der südamerikanischen Pazifikküste, regnet es so gut wie nie. Den letzten Regen gab es hier vor so langer Zeit, dass sich kein Mensch mehr daran erinnern kann. Dabei ist der Himmel fast immer bedeckt, und die Sonne ist eine bleiche konturlose Scheibe aus weißem Licht. Der Horizont ist meist undeutlich, und nur ganz selten kann man eine Höhe messen, meist dann, wenn der Wind seine übliche Stärke von zwanzig Knoten auf ungefähr dreißig erhöht. Das Wetter ist wie von der Uhrzeit diktiert: von Mitternacht bis vier Uhr morgens ist es neblig, und der Wind kommt aus Süden die Küste herauf. Dann klärt es sich ein wenig auf, und der Wind legt zu. Um neun Uhr hat er seinen Höhepunkt erreicht und lässt wieder langsam nach. Manchmal ist der Nebel so dick, dass man das Vorschiff eines zwanzig Fuß langen Schiffes vom Cockpit aus nicht mehr sehen kann – nur drei Meter entfernt! Dem starken Strom ausweichen und näher an die Küste kommen, kann man nur mit dem Gehör. Die schweren Brecher erzeugen ein Geräusch wie Donner, wenn sie auf die schroffen Klippen und Felsen treffen. Immer, wenn ich so ein donnerndes Geräusch in der Ferne hörte, wendete ich wieder auf den Ozean hinaus, eine nervenaufreibende Art der Navigation, gelinde gesagt. Das Schiff rollte und ging in der hohen Dünung des Pazifiks auf und ab. Es war ähnlich wie oben in einem Doppeldeckerbus, der auf sechzig Kilometer pro Stunde beschleunigt und dann abrupt bremst, und das alle paar Sekunden. Jeder, der einmal ein Schiff von der Größe *Sea Darts* hart am Wind gesegelt hat weiß, was ich meine. Es war eine ermüdende, kräftezehrende Arbeit, besonders wenn die Bewegungen so stark waren, dass ich nicht mehr kochen konnte, und mein Essen roh hinunterschlingen musste.

Als ich endlich in den kleinen Hafen von Salinas einlief, im Schatten des plumpen und kahlen Kaps von Santa Elena, machte ich mir Sorgen. Es war jetzt schon Ende Oktober. Nach fast zwei Monaten harter Anstrengung hatte ich erst die halbe Distanz bis nach Callao bewältigt. Wenn *Sea Dart* nicht vor Neujahr dort ankäme, würde sie an der Küste stecken bleiben und ich müsste auf die nächste Trockenzeit in den Anden warten, um sie über die Berge zu bringen. Ich entschloss mich, drei Tage in Salinas zu bleiben. Lange genug, um Wasser zu fassen und die Marine Ecuadors zu überreden, auf *Sea Dart* aufzupassen, während ich mich über die Berge hinweg auf den Weg nach Quito machte, der wunderschönen Hauptstadt im Binnenland. Ich folgte dabei einer Einladung des britischen Botschafters, Mr. Peter Mennel. Er hatte von meiner Reise gehört und mir nach Balboa geschrieben.

Mit dem Einladungsschreiben in der Hand, noch ein wenig unsicher an Land, schwankte ich den Sandstrand von Salinas hinauf und sprach im Büro des Kommandanten der ecudorianischen Marine vor. Liebenswürdig arrangierte er einen Ankerplatz für *Sea Dart*, direkt vor dem Büro des Hafenmeisters, der das Schiff beobachtete, während ich in Quito war. Aber, um offiziell in das Land einreisen zu können, musste ich noch in das Büro der Einwanderungsbehörde. Mit dem Pass in der Hand trat ich ein, und fand eine Kreatur, die exakt dem Prototyp des legendären südamerikanischen Bürokraten entsprach – Fettbauch, Zigarillo, aalglatt, habsüchtige Augen, fettiges Pomadenhaar, hinterhältiges Lächeln. Ja, sagte er, ich könne in das Land einreisen. Da ich aber mit einer Privatyacht angekommen sei, müsste ich einhundert Dollar Gebühr zahlen. Leider bestand mein ganzer Besitz nur aus fünfhundert Dollar.

»Aber ich bin nur hier, um Wasser zu bunkern, und den britischen Botschafter in Quito aufzusuchen«, protestierte ich, »ich bin nur drei Tage im Land.«

»Dann kommen sie hier vorbei, wenn Sie von Quito zurück sind, Señor.«

Nach meiner Rückkehr aus Quito, einer der interessantesten Städte, die ich je gesehen habe, mit einer fast reinen Quechua-Indianer-Bevölkerung, aber vielen schönen Überresten aus der spanischen Kolonialzeit, wie zum Beispiel der wunderbaren Kathedrale, ging ich wieder zu dem Einwanderungsbeamten. Er bestand auf der Gebühr, anderenfalls könne ich nicht abreisen. Schließlich gab ich ihm hundert von meinen fünfhundert Dollar. Ich fragte nach einer Quittung – nein, leider war sein Schreibtisch heute abgeschlossen, er konnte den Schlüssel nicht finden, zu dumm! Aber ich könnte trotzdem abreisen, er würde mir die Quittung mit der Post an die britische Botschaft in Peru senden. Der Soldat, der an der Tür Wache stand, fingerte an seiner Flinte herum. In einer Stunde würde es dunkel werden, ich wollte weg. Mit einem öligen Lächeln steckte er die hundert Dollar in die Tasche, und ich durfte ausreisen. Ich erhielt natürlich nie eine Quittung, aber meine Wassertanks waren voll, nachdem ich jeden einzelnen Kanister zwei Meilen lang am Strand entlang geschleppt hatte.

31

Kurzer Rückblick

Die Passage entlang der Küsten von Ecuador und Peru war für mich sehr interessant, ungeachtet der Strapazen, welche die Reise mit sich brachte, und den Stress durch die nervenaufreibenden Navigationsbedingungen. *Sea Dart* segelte mühsam, langsam, aber stetig durch einen Teil der westlichen Hemisphäre hindurch, der, wie ich glaube, schon den Asiaten und den Seefahrern des Mittleren Ostens bekannt war. Damit meine ich, dass die Chinesen, die Inder, und die Perser hier waren, lange bevor vielleicht die Wikinger, Brendan, Prinz Madoc, verirrte europäische Fischer oder Kolumbus einen Fuß auf den Strand von Nordamerika setzten.

Ptolemäus, der berühmte griechische Kartograph, der um 141 v. Chr. herum in Alexandria lebte, zeichnete eine Weltkarte, eine *mappa mundi*, indem er eine Karte kopierte, die ein anderer Grieche, der erste bekannte Kartograph, Marinus von Tyrus, Jahrzehnte vor ihm angefertigt hatte. Auf dieser Karte hatte Marinus einen großen Ozean im Osten von China dargestellt. Auf der anderen Seite dieses Ozeans zeichnete er eine ziemlich gerade Küste, die am oberen Ende an den Osten von China anschließt, dann nach Osten verläuft und sich schließlich nach Süden wendet, bis hinunter zur Antarktis. An dieser langen, geraden und südlich verlaufenden Küstenlinie zeichnete er drei auffällige Kaps ein. Sie liegen ungefähr auf der Position der südamerikanischen Westküste – Kap San Lorenzo, Kap Santa Elena, und Cabo Blanco. Die ersten beiden gehören zu Ecuador, das dritte gehört zu Peru. Marinus wusste, wo diese Kaps lagen! Er zeichnete sie etwas südlich des Äquators und auf einer Länge, die wir heute 81° West nennen. Dafür steht Ptolemäus ein, denn er gibt zu, dass er die Karte von Marinus kopiert hat. Aber in der Zeitspanne zwischen Marinus und Ptolemäus sprach sich eine Idee zwischen den Seefahrern herum, die ungeachtet der späteren Märchengeschichten wussten, dass die Erde eine Kugel ist. Nach dieser Idee konnte es über 180° der Erdoberfläche hinaus kein besiedeltes Land geben. Der Grund für diese Annahme war, dass man damals noch nicht die Gesetze der Gravitation kannte und dachte, dass jeder, der zur anderen Seite der Erde ginge, herunterfallen würde.

Auch Ptolemäus dachte so. Also machte er den Pazifischen Ozean, den er in seiner Karte *Sinus Magnus* nannte, sehr viel kleiner, indem er den Kontinent nach Westen verschob, näher an China heran. Aber zugleich behielt er die drei wichtigen Kaps von Marinus bei, auf der gleichen Breite, südlich des Äquators.

Ohne diese Verschiebung wäre Ptolemäus zu einer geraden Küstenlinie gekommen die, mit Ausnahme der drei Kaps, direkt vom Nordende Chinas nach Süden verläuft, etwa dort, wo sich heute die Datumsgrenze befindet.

Aus diesen Informationen, kann ich nur die folgenden Schlüsse ziehen:
1. Marinus wusste, dass es auf der Ostseite des Pazifiks einen Kontinent gab.
2. Marinus wusste auch, dass dieser Kontinent drei auffällige Kaps hatte.

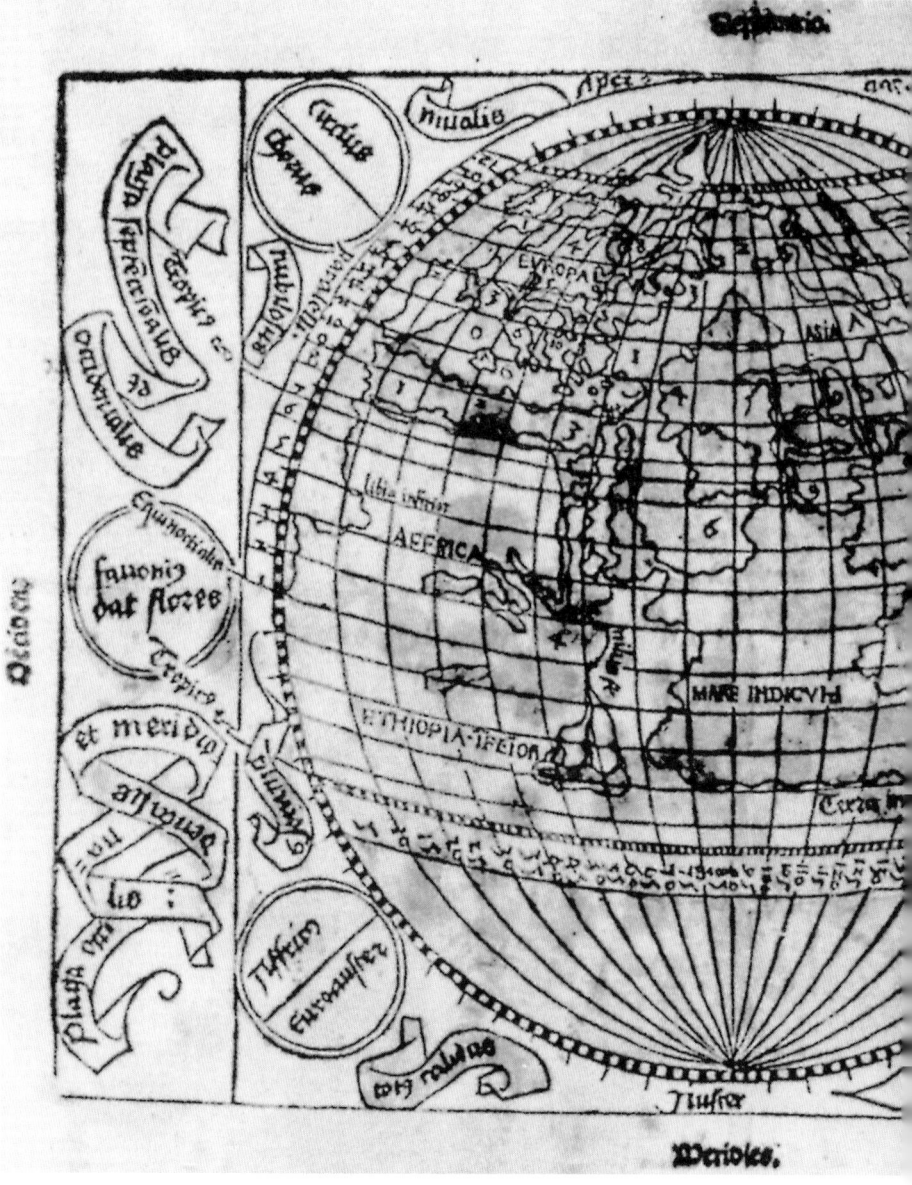

Holzschnitt einer Karte, die in Nürnberg um 1493 hergestellt wurde. Sie ist eine Kopie
der Karte von Ptolemäus aus dem 2. Jahrhundert AD. Ptolemäus hat sie seinerseits von
der *mappa mundi* kopiert, die von Marinus von Tyrus angefertigt worden war.
(Mit freundlicher Genehmigung der Rare Book Division der New Yorker Public Library,
Astor, Lenox und Tilden Foundations.)

174

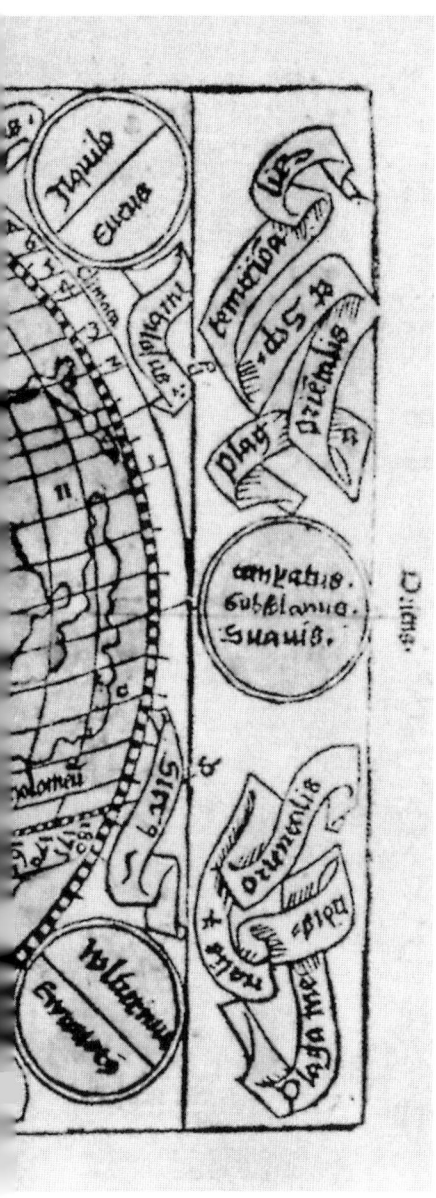

3. Er wusste, dass es südlich der drei Kaps einen Fluss gab, er nannte ihn »Maiiu«, das Quechua-Wort für Fluss.

4. Nimmt man das Vorstehende als richtig an, dann *wusste* Marinus bereits zwei Generationen vor Ptolemäus von einer Reise zu diesem Kontinent. Also musste ein Seefahrer die Hin- und die Rückreise geschafft haben.

5. Wenn Marinus von solch einer Reise wusste, dann waren die Seefahrer *über den Pazifik* gesegelt, denn weder Marinus noch Ptolemäus haben auf ihren Karten die Ostküste des Kontinents dargestellt.

Wenn eine solche Reise über den Pazifik stattgefunden hatte, dann nur mit Hilfe des pazifischen Gegenstroms, der über fünf Grad auf beiden Seiten des Äquators von West nach Ost läuft. Die Ströme weiter nördlich und südlich laufen von Ost nach West. Zum Beispiel: Wenn man eine Flasche in die Sarawak-See wirft, in Borneo, das die alten Griechen kannten, dann landet sie letztendlich in den Pazifikgewässern, irgendwo vor der Küste Ecuadors.

Wenn die Phönizier, die Griechen, die Ägypter oder die Perser in Borneo aufgebrochen und dem äquatorialen Gegenstrom gefolgt wären und gegen die schwachen Winde gerudert oder getrieben wären, dann wären sie, nach einer sehr langen Reise, in Ecuador angekommen. Die Rückkehr in den indischen Ozean wäre kein Problem, denn weiter südlich hätte sie die Strömung, zusammen mit den Passatwinden, in die perfekte Richtung nach Westen gebracht.

An der Nordküste von Ecuador hat man chinesische Kunstgegenstände sehr hohen Alters gefunden. Ibn Batuta, der berühmte arabische Seefahrer im 14. Jahrhundert, beschreibt ein Gespräch mit dem Kapitän einer chinesischen Dschunke in Sansibar. Der Kapitän hatte ihm erzählt, dass er als junger Mann eine Reise gemacht habe zu einem »Land des Goldes« im Osten von China, »so weit entfernt, dass man die Tage der Reise nicht zählen konnte«. In der indianischen Legende des Manco Capac, dem Gründer des Inkareiches, wird erzählt, dass er auf einer Insel geboren wurde, die man Guaya nannte, vor der Küste von Ecuador, und dass seine Eltern dort als Schiffbrüchige angekommen waren und daher stammten,»wo die Sonne sich senkt«.

Dann gibt es noch die Legende von Kon-Tiki-Vira-Cocha, die beschreibt, dass er das Inkareich vom südlichsten der drei Kaps auf der Karte von Marinus, verlassen hat, ungefähr dort, wo heute die Stadt Paita liegt. Die Inkalegende sagt, dass er ganz im Süden aus »dem Schaum der See« auftauchte. Es könnte möglich sein, dass ein Schiff aus dem Mittleren Osten gen Süden weiter fuhr, nachdem es an den drei Kaps vorbei war, gegen den Humboldt (oder mit dem *el niño*), und dann an der stürmischen Küste von Chile Schiffbruch erlitt. Das würde die weißen bärtigen Männer, die aus dem Süden kamen, erklären. Was wäre für Seeleute logischer, als nach einer über Jahre gehenden Erkundung des Landes ein neues Schiff zu bauen und nach Hause zu segeln. Sie würden auch sicher ihren Abfahrtspunkt näher zum Äquator hin legen als dort, wo sie Schiffbruch erlitten hatten, wegen der milderen Bedingungen in diesen Breiten.

Ich widerspreche damit durchaus nicht Thor Heyerdahl, der annimmt, dass es eine Verbindung zwischen den Balsaflößen in Nordafrika, und denen in Südamerika, gibt. Ich habe auch nichts gegen seine Behauptung, dass Kon-Tiki und seine Gefolgsleute in beiden Gebieten waren. Aber ich glaube, dass es viel wahrscheinlicher ist, dass diese Reise über den Pazifik (über eine *bereits bekannte* Route) ging als über den Atlantik. Bis heute gibt es im westlichen Brasilien, oder in der Karibik, nicht die kleinsten Anhaltspunkte aus vor-kolumbianischer Zeit, die auf eine Ankunft von Seefahrern über den Atlantik hinweisen. Die Phönizier kannten noch nicht einmal die Kanarischen Inseln, aber sie kannten Borneo.

Alle diese Spuren – die Karten, die Ozeanströmungen, das andernfalls unerklärliche Auftauchen von Menschen einer fortgeschrittenen Zivilisation in Südamerika, zum Beispiel der Erbauer der Tiahuanaco-Tempel, die Entdeckung chinesischer Töpferwaren an der Küste von Ecuador, die verblüffende Ähnlichkeit der alten Mayapyramiden mit denen in Ägypten, das heute gesicherte Wissen um die Kontakte zwischen der Zivilisation in Peru und der in Mexiko und Ecuador und das plötzliche Erscheinen von scheinbaren Supermenschen – weiß und mit Bärten – in der Bevölkerung der primitiven Indianer in den Anden weisen auf Kontakte und Handel mit Asien und dem Mittleren Osten hin.

Wir wissen, dass die Schiffbaukunst im Mittleren Osten weit fortgeschritten war, schon vor der Zeit von Ptolemäus. Man verwendete bereits Rümpfe aus Zedernholz und Kupfernägel. Wir wissen heute, dass der Kenntnisstand der alten Perser und Phönizier, von den alten Griechen ganz zu schweigen, in Astronomie, Geometrie und Kartographie viel höher gewesen ist, als man noch vor ein paar Jahrzehnten angenommen hat.

Ein griechisches Frachtschiff, das man vor Kyrenia auf Zypern gehoben hat, bezeugt seine seetüchtige Konstruktion – es wurde lange vor Christi Geburt gebaut. Überdeckt und in den Händen eines phönizischen Meisterkapitäns, war es durchaus dafür geeignet, eine Trans-Ozeanreise vom Roten Meer nach Peru zu schaffen. Eine solche Reise hätte lange gedauert, sie wäre gefährlich gewesen, aber was war das schon ein Volk von Seeleuten, die bereits Island erreicht hatten, die Azoren kannten und rund um Afrika gesegelt waren?

Sea Dart knüppelte gegen den starken Humboldt an, und ich bekam wenig Schlaf. Wegen der bitteren Kälte zusammengekauert, saß ich stundenlang im Cockpit und lauschte nach einer Brandung, die sich vielleicht auf einem Riff brechen könnte. Stundenlang dachte ich über dieses Rätsel, die Hinweise und über die zeitliche Reihenfolge nach. Zu dieser Zeit wusste ich natürlich noch nichts von den Legenden der Aymara, von Capac und Kon-Tiki. Aber ich hatte an einem regnerischen Nachmittag im Britischen Museum die Karte von Ptolemäus *gesehen*, als ich durch einen dicken Stapel alter Landkarten blätterte. Plötzlich starrte ich auf die Zeichnung der Küste von Ecuador aus dem Jahre 141 v. Chr.

Hatte Kolumbus die Karte von Ptolemäus, dem Sohn einer jüdischen Familie, die aus dem alten Phönizien stammte, je gesehen? Vielleicht ja. Hat Kolumbus dann angenommen, die Welt sei viel kleiner? Wenn er die Karte gesehen hat und ihr Glauben schenkte, bestimmt!

Suchte Kolumbus nach China, als er über den Atlantik fuhr?

Nein – wenn er Ptolemäus studiert hatte, sicherlich nicht. Er hätte Cattigara gesucht, das Land des GOLDES, östlich von China! Die Legende vom Eldorado! Er musste Ibn Batutas Bericht über das Zusammentreffen mit dem chinesischen Kapitän, der in Cattigara gewesen war, gelesen haben, oder er hatte davon gehört.

Die alten Griechen kannten den Umfang der Erde auf 90 Seemeilen genau! Marinus wusste von der Existenz eines Kontinents, den man heute Amerika nennt. Ptolemäus aber machte einen *gravierenden kartographischen Fehler*! Weil er nicht glaubte, dass auf der anderen Seite der Erde Menschen leben konnten, schnappte er die südamerikanische Küste von Marinus und verschob sie einfach ungefähr in die Mitte des Pazifiks. Damit reduzierte er aber den Erdumfang um ein Viertel!

Keinen Moment lang glaube ich, dass Kolumbus dachte, er hätte China erreicht. Er dachte, er hätte die Ostseite des Landes Cattigara von Ptolemäus und Marinus erreicht, weil Ptolemäus die Position dieses Landes zu nahe an China gelegt hatte. Kolumbus musste denken, die Welt wäre um ein Viertel geschrumpft!

Über eine ewig erscheinende Zeit hinweg, knallte *Sea Dart* immer und immer wieder in die See des Pazifiks, und es war bitter kalt, und neblig. Wenn sich der Nebel für einen Moment lang hob, segelte ich näher auf die gespenstische Küste zu, und die Brandung donnerte in meinen Ohren. Ich sah auf das Land und wusste, dass ich auf das Land blickte, das auch die Phönizier und die Griechen gesehen hatten.

Drei Jahre später wurde ich in meinem Glauben an die Handelskontakte zwischen dem Mittleren Osten und Südamerika bestärkt. In der Landkartenabteilung der New Yorker Stadtbibliothek stieß ich auf eine andere Kopie der Karte von Ptolemäus, mit den gleichen Kaps, und der gleichen Küstenlinie. Und auf einen See, auf der selben Breite wie der Titicacasee, das Gewässer des Jaguars, die Heimat des Sonnengottes!

32
Callao!

Die Reise gegen den Wind und den Strom, von Salinas nach Callao, dauerte vom 6. November bis zum 24. Dezember 1973. Achtundvierzig Tage mit Kälte, Nebel, Nässe, und achtundvierzig Nächte mit Kälte, Nebel, Nässe. Ich glaube, ich habe auf der gesamten Reise nie länger als zwei Stunden am Stück geschlafen. In diesen achtundvierzig Tagen und Nächten segelte mein kleines Schiff, mit nur fünfeinhalb Meter Wasserlinie über zweitausend Seemeilen durchs Wasser, obwohl die Luftliniendistanz zwischen den beiden Häfen nur ungefähr siebenhundert Seemeilen beträgt.

Nur an ein paar einzelnen Tagen war ich in der Lage, durch den Nebel hindurch die Sonne zu sehen, um die Mittagsbreite zu bestimmen. Jedes Mal wurde mir bestätigt, dass ich nur sehr langsam und mühsam in Richtung des Hafens von Callao voran kam. Einige ermittelte Standorte brachten mich fast zum Verzweifeln, denn sie zeigten, dass *Sea Dart* auf einer nördlicheren Position stand als am Tag zuvor. Der gnadenlose Humboldt hatte sie wieder zurückgeworfen. Es war wie auf einer Rolltreppe, die sich schneller abwärts bewegt, als man selbst hinaufsteigen kann. Ein- oder zweimal, in Momenten der völligen Erschöpfung, wenn sich Depressionen einstellten, war ich versucht, den Kampf aufzugeben. Dann dachte ich, wie einfach es doch wäre, in den pazifischen Ozean hinauszulaufen. Dort war das Segeln viel angenehmer, ich würde auf warmes blaues Wasser treffen und sonnigen Himmel, fünftausend Seemeilen weit. Hier war nichts, nur der kalte, graue, neblige, schnelllaufende, bösartige Humboldt, mit dem ich ringen musste, die raue See und die trostlose, riffübersäte Küste.

Manchmal, wenn der Nebel sich lichtete, konnte ich über der öden leeren Wüste die frostigen, erhabenen Anden sehen. Ich schaute auf die arme kleine, tapfere, geprügelte *Sea Dart* und ärgerte mich über das, was ich ihr zumutete. Mit ihrem kleinen schwachen Rumpf forderte ich die Mächte der Natur heraus! Aber dann erinnerte ich mich daran, wie es damals auf der anderen Seite der mächtigen Gipfel war, am Amazonas, und wie der Fluss es *lässig* geschafft hatte, mich vom Kurs abzubringen und zur Seite zu schieben. Und ich knirschte mit den Zähnen und dachte: Also gut, du Saukerl von Humboldt, willst' mich zum Aufgeben zwingen, nicht wahr? Ich blickte auf die Küste, nahm die Fock noch dichter und war entschlossen, dem verdammten Strom keinen Millimeter zusätzlich zu schenken, als er sich sowieso schon nahm.

Je näher ich an Callao heran kam, umso schwächer wurde der Wind. Als ich noch ungefähr dreihundert Seemeilen entfernt war, nahm ich die Windfahnensteuerung weg und steuerte von Hand. So ein automatisches Ruder braucht eine gewisse Windstärke, um gut zu funktionieren, unterhalb von acht Knoten Wind steuert es ruckartig und nicht zuverlässig. Das Schiff über einen Monat lang von Hand zu steuern, ist überhaupt kein Spaß, und es gibt kaum Zeit, andere Dinge zu tun, einschließlich Schlafen. Oft ertappte ich mich dabei, dass ich am Ruder eingenickt war. Ich wartete ab, bis der Wind so viel zulegte, dass das Boot sich selbst steuern konnte, und machte mir dann schnell eine Mahlzeit. Aber manchmal musste ich einen Tag oder länger auf so eine Gelegenheit warten. Aber ich erlaubte dem Schiff nie, in den Wind zu schießen und auch nur einen Meter achteraus zu treiben. Ich weigerte mich, dem Humboldt auch nur einen Millimeter mehr zu schenken, als er sich selbst schon stahl!

Ein paar Mal, in der Nähe von Callao, schlief der Wind komplett ein, und ich war in der Flaute. In der Zwischenzeit hatte ich mich an die Anzeichen des Wetters im Humboldt gewöhnt und konnte kurzfristige Voraussagen machen. So bemerkte ich auch, dass eine Flaute kommen würde. Deshalb lief ich, so lange es noch Wind gab an die Küste heran, und suchte nach einer flachen Stelle. Dort ankerte ich in der Dünung und wartete auf den Wind.

Bei einer dieser Gelegenheiten kam mir etwas zu Gesicht, von dem ich hoffe, dass ich es nie mehr sehen werde, besonders nicht auf einem so kleinen Schiff wie *Sea Dart*. Ich hatte vor den Guanape-Inseln geankert, in Lee einer der schroffen Klippen. Ausnahmsweise hatte die Sonne den Nebel überwunden. Als sich der Anker eingrub, ging ich sofort in die Koje, denn ich war fast vier Tage und Nächte lang wach geblieben. Plötzlich wurde ich durch ein Geräusch aufgeweckt, das sich anhörte, als würde das Schiff auf Sandboden aufsetzen. Ich sprang nach oben und dachte, der Anker wäre geslippt und *Sea Dart* würde an die Küste getrieben. Ich schaute über die Seite und dann unter das Schiff. Da war die größte Qualle, die ich je gesehen hatte. Sie bewegte sich mit fächelnden Bewegungen unter dem Kiel und versuchte, das Schiff hochzuheben. Sie war bestimmt acht Meter im Durchmesser und scharlachrot.

Ich schnappte nach der Ankerkette. Nie im Leben habe ich einen Anker schneller an Bord gebracht! Wie durch ein Wunder glitt *Sea Dart* über die Qualle hinweg, und wie der Teufel machte ich mich aus dem Staub. Trotzdem sah ich noch andere Medusen, sogar größere. Einige waren grün, andere blau oder knallrot. So etwas hatte ich noch nie gesehen, und ich möchte es auch nie mehr erleben. Der Humboldt war schon schlimm genug, ich brauchte nicht noch eine Stechqualle mit fünfzig Quadratmetern Oberfläche, die mein Schiff umkippen wollte!

Langsam ging es weiter, ein mühsamer Tag folgte dem anderen. Geduldiges Steuern in schwachen Winden, mit aller Willensanstrengung, die ich aufbringen konnte. Jeder Nerv lag blank, jede Faser meiner Muskeln schmerzte, und ich mobilisierte jeden einzelnen Funken Energie in mir. Nach unendlich lang erscheinender Zeit kam ich in die Bucht von Callao. Ich war ganz alleine in der Bucht, denn die peruanische Sardinenflotte durfte in diesem Jahr hier nicht fischen, um den schwachen Bestand zu schonen. Es war ein Segen für mich, die Navigation war auch so schon kompliziert genug, ohne die Notwendigkeit mich durch die vielen Trawler hindurchzuarbeiten. Meine Aufmerksamkeit wurde auf einen weißen Fleck gelenkt, der sich schnell in eine stattliche Segelyacht verwandelte. Es war die *»Calypso«*, das Flaggschiff des peruanischen Yachtclubs, wie mir die Crew zurief. Sie versammelte sich an Deck und gab mir rauschenden Beifall. Sie war gekommen, um mich abzuholen und in den Hafen hinein zu begleiten.

Sie hatten von meiner Ankunft gehört, und ein paar Mal hatte man mich auch von der Küste aus gesehen. Im Sender der örtlichen Radiostation, hatte es während der letzten Zeit täglich einen Kommentar über meinen Fortschritt gegeben! Ich war sehr erstaunt. Ich hatte keine Ahnung, dass irgend jemand wusste, dass ich in der Nähe von Callao war. Aber nach der langen Zeit tat es gut, wieder in Gesellschaft zu sein und besonders, wenn es Anzeichen dafür gab, dass der Wind bald einschlafen würde und ich einen Schlepp in den Hafen hinein bekommen könnte. Der Vier-PS-Johnson- Außenborder war immer noch in seiner Verpackung, die fünf Liter Benzin unangetastet. Ich hatte ihn einmal getestet und danach wieder verstaut.

Um 18.15 Uhr, am Abend des 24. Dezember 1973, lief ich in den Hafen von Callao ein. Es war das Ende meiner Ozeanpassage vom Toten Meer zum Titicacasee. Ich hatte fast genau drei Jahre gebraucht, um vom Nordende des Roten Meeres nach Callao zu segeln, eine Distanz von 40.000 Seemeilen, wenn man die Suche nach *Sea Dart* mitrechnet.

Der peruanische Yachtclub ist in einem schönen Gebäude untergebracht, ein Überbleibsel aus der Zeit des britischen Einflusses an der Westküste von Südamerika. Es war voll mit Erinnerungen an die Blütezeit der großen Segelschiffe, die von Europa aus Handel mit Peru und Chile trieben. Sie brachten Industrieerzeugnisse aus England und Deutschland herüber und verließen das Land mit Guano, dem Kot von Seevögeln, die sich über namenlose Generationen von kreischenden Seemöwen angesammelt hatte und mit dem die vorgelagerten Inseln geradezu überzogen waren. Nach der Entwicklung von Kunstdünger während des Ersten Weltkriegs verlor dieser Handel an Bedeutung.

Die Aktivitäten des Yachtclubs waren umfangreich. Einige Mitglieder waren Peruaner englischer Abstammung, die mir gegenüber große Gastfreundschaft und Herzlichkeit zeigten. Außer ihrer Gutmütigkeit drückten sie aber auch eine gewisse Bitterkeit über die peruanische Militärregierung aus, die, wie fast überall in Südamerika, sozialistische Tendenzen hatte. Eine Neuverteilung des Agrarlandes an die Bauern war geplant und die Beteiligung der Industriearbeiter am Unternehmensgewinn.

Es waren so düstere Zeiten für die Angehörigen der Mittel- und Oberschicht, dass ich innerhalb einer Stunde bereits drei Angebote für *Sea Dart* hatte. Verschiedene Herren wollten sie kaufen. Alle waren sie erpicht darauf, irgendwie ihr Geld aus Peru hinaus zu schaffen.

Mein Plan, *Sea Dart* über die Berge hinweg in den Titicacasee zu transportieren, rief im Club große Begeisterung hervor, aber es gab auch viele pessimistische Stimmen die bezweifelten, dass ich die dazu notwendige Erlaubnis von der Militärregierung erhalten würde, die extrem Anti-Gringo eingestellt war. In Südamerika wird jeder als »Gringo« bezeichnet, der eine weiße Hautfarbe hat, oder nicht zum kommunistischen Lager gehört. Das Wort *Gringo* hatte hier nichts mehr mit dem ursprünglichen Ausdruck zu tun, mit dem man in Mexiko die Amerikaner bezeichnet, hier in Peru nennt man sie *yanqui*.

Der Commodore des Clubs arrangierte, dass man *Sea Dart* mit einem kleinen Kran aus dem Wasser hob. Als ich nach dem Mittagessen zurück kam, hatten die Angestellten des Clubs das Unterwasserschiff gereinigt und frisches Antifouling aufgebracht. Unterhalb der Wasserlinie war sie wie neu. Es war eine sehr großzügige Geste, und ich werde sie nie vergessen.

In dieser Nacht schlief ich sehr gut, denn das Schiff stand mit seinen drei Kielen fest auf dem Kai von Callao. Ich fühlte mich meinem Ziel nahe und erinnerte mich an den Weihnachtsabend drei Jahre zuvor, als ich in Bethlehem schlief, auf einem anderen Kontinent, aber unter dem gleichen hellen Stern der Hoffnung. Nach den Tausenden von Seemeilen, die ich unter Segel zurückgelegt hatte, war ich bereit, den südamerikanischen Kontinent anzugehen und mein Schiff näher zu den Sternen hinauf zu bringen als jedes andere Ozeanschiff zuvor.

33

Gute Geister

A m ersten Weihnachtsfeiertag früh am Morgen, mit Schädelbrummen vom vorangegangenen Abend im Yachtclub, erhielt ich die Einladung zu einer Party im Haus des britischen Marineattachés. Ich warf mich in meine besten Klamotten und nahm einen kleinen Schluck von dem, was mich am Vorabend gebissen hatte. Dann machte ich mich auf den Weg nach Lima. Commander Stephen, von der britischen Marine und seine Familie, empfingen mich sehr herzlich. Ich verbrachte den Tag in dem sehr englisch anmutenden Garten, beim Swimmingpool. Zuerst fühlte ich mich wie ein Besucher vom Mars, aber eine paar stärkende Schlucke halfen schnell darüber hinweg.

Als der Tag angenehm fortschritt, kamen Diplomaten aus verschiedenen Vertretungen westlicher Länder mit ihren Familien in die Ruhe des Gartens. Ich wurde allen vorgestellt, und die Gespräche kamen immer wieder zum Thema meiner Reise zum Titicacasee. Die einhellige Meinung war, dass ein solches Vorhaben unmöglich sei. Neben den natürlichen Gefahren in dieser Jahreszeit, den beginnenden Regenfällen in den Bergen und den aufgeweichten Pass-Straßen, würde es mindestens sechs Monate dauern, die notwendigen Papiere und Genehmigungen bei der Regierung einzuholen. Sechs Monate und ein kleines Vermögen an Schmiergeldern! Wieder einmal, wie schon so oft bei Leuten aus der westlichen Zivilisation, entdeckte ich in ihren Gesichtern Anzeichen dafür, dass sie mich für total verrückt hielten. Dabei gab es zwei Ausnahmen – bei den Briten, die eine Vorliebe für Exzentriker haben und beim amerikanischen Marineattaché, der, nachdem ihm klar wurde, was ich vorhatte, spontan seine Hilfe anbot. Er versprach, mir sofort nach den Feiertagen Kontakte im Land herzustellen. Aber dass ich hinauf in den See kommen würde, dafür räumte mir keiner eine reelle Chance ein.

Gut genährt und abgefüllt, lud mich ein Wagen der Botschaft am Kai in Callao aus. Ich war durch die entmutigenden Gespräche auf der Party ziemlich verunsichert. Langsam ging ich in Richtung *Sea Dart*. Nach den Kämpfen und der Mühsal bis hier her nach Callao, stand mir jetzt die Schlacht mit der schleimigen Bürokratie bevor, die südamerikanische ist ohnehin die schlimmste. Eine fortwährende Bittstellerei, ein Gewitter aus idiotischen Formularen, ein Marathonlauf in der Hitze von einem stickigen Büro zum andern, von einem nach Knoblauch stinkenden Papierwälzer zum nächsten.

In den meisten Regionen Südamerikas, ist die Siesta eine Art Religion. Sie wird strikt eingehalten, und ganz besonders am ersten Weihnachtsfeiertag. Die unscheinbaren Straßen der Hafengegend von Callao lagen verlassen da, nur ein altes Auto der Militärpolizei fuhr herum. Trotz bedecktem Himmel war es heiß und schwül. Es war der Höhepunkt des südlichen Sommers. Obwohl die Temperatur auf See nur um die zehn Grad betrug, war es an Land um die 40 Grad. Etwa zwei Kilometer weit lief ich über die schlechten, ungepflegten und zerfallenen Straßen. Die Hitze, der Gestank aus den undichten Abwasserleitungen, die geäußerten Zweifel am Erfolg meines Vorhabens und die Gedanken an Weihnachten zuhause in Wales erzeugten eine niedergeschlagene Stimmung in mir. Die Schwingtür einer besonders heruntergekommenen Bar zog mich mit der Verführungskraft von Ulysses Sirenen an. Also ging ich hinein, dem alten traditionellen Spruch der Seeleute folgend: »Wenn's Dich an Land ankotzt, lass' das Schiff auf dem Kai und nimm einen zur Brust!«

Die Höhle war schmutzig, dunkel, und, auf den ersten Blick hin, verlassen. Hinter einem schmierigen Perlenvorhang kam eine alte Frau hervor - abgezehrt, knorrig und offensichtlich sauer, weil man sie in ihrer Ruhe gestört hatte.

»*Buenos dias, Señor, qué quiere?*«

»*Una cervezita, Señora, por el amor de Dios.*« Man benutzte diesen Ausdruck sehr oft an der peruanischen Küste, und auch sonst überall in Peru, Bolivien und Chile.

Sie gab mir eine kleine schmierige Flasche Bier herüber, sie war warm, der Schaum lief an ihr herunter und tropfte auf den Tresen. Nach ein paar weiteren Flaschen, verlor der Raum seine Düsterkeit. Schluck für Schluck verwandelte er sich immer mehr in einen heimeligen englischen Pub – ich stellte mir einen offenen Kamin an der Seite vor, einen Weihnachtsbaum, neben mir ein paar lustige Fischer, die für ihre nächste Reise bunkerten, eine dralle Bardame und einen Penner, der kein Geld für ein Bier hatte.

»Psst ... psst.« Der lateinamerikanische Laut für Aufmerksamkeit! Ich schaute auf das dreckige Ende der Bar, aus dem Dämmerlicht heraus kam eine Figur. Es war ein kleiner Indianer mit einem zerknautschten Hut, einer zerrissenen schwarzen Jacke und einem schmutzigen Hemd. Triefende Augen glitzerten schwarz in seinem Gesicht, das aussah wie aus Mahagoniholz geschnitzt. Es war ein hässliches Gesicht, ein ehrliches Gesicht, das Gesicht eines Mannes.

»*Buenas, amigo. Gringo?*« Er stolperte näher heran und rülpste.

»*Si amigo, Scheiß-Gringo.*«

»*Americano?*«

»No, Scheiß-Britannico.«

»*Marinero* ... Seemann?«

»*Si, marinero.*«

»*Que barco* ... welches Schiff?«

»Hartes Schiff.«

»*Grande?*«

»*Si, amigo*, verdammt gigantico.«

»*Adonde va tu barco?* ... Wo fährt es hin?«

»*Lago Titicaca.*«

»*Cómo? No se puede!* ... Was? das ist unmöglich!«

»Mit meinem Schiff schon. Mit meinem Schiff ist alles möglich!«

»Wie denn? Der See liegt dreihundert Meilen im Land, in den Bergen!« Er schluckte Bier wie ein Grenadier, in großen, böigen Schlucken. »Wie groß ist Dein Schiff?«

»Sieben Meter lang, es ist ein Segelschiff. Ich bin um die halbe Welt herum gekommen, um auf diesem See zu fahren, aber es sieht ziemlich hoffnungslos aus.« Ich erklärte ihm die Situation, Schritt für Schritt. Im Kopf übersetzte ich Redewendungen von Englisch in Spanisch, und er übersetzte sie von Spanisch in Quechua. Plötzlich überzog ein breites Grinsen sein Gesicht aus geschnitztem Mahagoniholz.

»Du hast überhaupt kein Problem, überhaupt keine Probleme!« Er rülpste wieder und kenterte fast dabei. Im letzten Moment hielt er sich an der Stange des Tresens fest. Die Bar erzitterte unter seiner Belastung. »Hör' zu, ich heiße Salomon, und ich komme aus Puno, von droben, vom Ufer des Sees. Ich bin Lastwagenfahrer, der einzige, der sich an die Küste herab traut! Wenn ich es nicht schaffe, schafft es keiner! Und wenn mein *dinero* alle ist, mein Gott, dann fahre ich zurück nach Puno. Wir laden Dein kleines Schiff hinten drauf und fahren zusammen! Du bist mein Freund, Du bist ein guter *hombre*, die Briten halten immer ihr Wort. Wir fahren zusammen, mit *mi novia*, meiner Freundin, und wir werden – *carraco*! Heilige Scheiße! Wir werden eine gute Zeit haben!«

»*Un momento, amigo,* Du hast einen Lastwagen? Du kommst aus Puno? Du fährst nach Hause? Wann?«

»*Mañana*, aber erst versauf' ich noch das hier!« Er knallte ein dickes Bündel schmieriger *sols* auf die Theke. Dann furzte und rülpste er und bekam dazu noch Schluckauf. Er warf seine freie Hand in die Luft. »Wir fahren über die Berge, hinauf in den Himmel, wie Kondore!« Noch ein Hicks.

»Hör' mal, *amigo,* ernsthaft!« Ich fasste nach seinem schmierigen Kragen, mit *chicha*-, Suppen- und Bierflecken. »Hör' zu, wann kannst Du mein Schiff aufladen?«

»*Mañana, mi palabra.*« Er ergriff meine Hand undschlug ein.

»Wieviel?«

»Schau'«, er nahm wieder meine Hand und legte seine andere Hand auf meine Schulter. Sein Gestank war so gewaltig, dass man New York evakuiert hätte, wenn er in einen Umkreis von zehn Meilen gekommen wäre. »Wir sind Freunde ... huh? Wir trinken zusammen, ja? Wir essen zusammen, ja? Du bezahlst das, du bezahlst den Sprit, und dann gibst Du Salomon noch einhundertfünfzig Dollar, *no*? Ja?«

»Abgemacht!« Ich schüttelte kräftig seine Hand und hätte fast seine Knochen gebrochen. Einhundertfünfzig Dollar für einen Transport über siebenhundert Meilen!

»*Palabra Inglés?* Englisches Ehrenwort?« Er sah fast grimmig aus, als der das fragte.

»*Palabra Britannico, en la vida de mi madre*«, sagte ich.

»Dann machen wir's, *amigo, mañana.*« Er nahm wieder einen furchterregenden Schluck Bier, furzte, rülpste und wieder kam ein Schluckauf. Mit einer Hand hielt er sich an der Stange des Tresens fest, mit der anderen juckte er sich am Sack.

»Aber Salomon, was ist mit den Genehmigungen? Ich hab' keine Einfuhrpapiere für das Schiff. Es ist ein ausländisches Schiff. Ich muss zum Zoll, zu den Hafenbehörden, zur Einwanderungsstelle, zur Polizei.«

»*Amigo mio,* alles was Du machen musst – weißt Du, was das für Leute sind? Weißt Du, was das für Leute sind, mein *amigo ingles*? Scheiße durch den Wolf gedreht! Zoll, Hafenbehörde, Einwanderungsbehörde, Polizei, *esos marricones*!« Er rülpste wieder und hob die Arme nach peruanischer Art als Geste totaler Geringschätzung.

»Papiere, Formulare, Stempel, was können die machen, *amigo*? Geben die mir meinen Laster zurück, wenn ich über einen Abhang rutsche? Helfen sie Dir in einem Sturm? Scheiße! Und sowieso,« er guckte verschlagen und machte die entsprechende Handbewegung. »Ich habe einen Cousin bei der Hafenverwaltung. Wir kriegen schon Papiere. *Mañana! Temprano* ... früh!«

Manchmal sendet der Allmächtige schon eigenartige Engel zur Rettung gestrandeter Seeleute aus, aber sicher hatte er vorher noch nie einen wie Salomon geschickt, so besoffen, so schmutzig, so vulgär, so grob, und so beladen mit Schweinereien. Aber er hatte auch noch nie einen geschickt, der so ehrlich war, so anständig und so tapfer.

Und nie zuvor hatte er einen in einem besseren Moment losgeschickt! Salomon, Du Engel der Anden, ich werde noch oft auf Dein Wohl und Deine Gesundheit anstoßen, in den vielen Häfen der Welt.

34
Ein großartiger Empfang

D ie Briten nennen den zweiten Weihnachtsfeiertag »Boxing Day«. Man nimmt an, dass dieser Name vom Auspacken der Weihnachtsgeschenke aus einer Box (Schachtel) kommt, ich jedoch glaube eher, dass er von den alten Kelten stammt, die sich fürchterlich verprügelten, wenn sie an diesem Tag herausfanden, wer mit wem in der Nacht zuvor geschlafen hatte. Also, egal, am Boxing Day 1973 kam ich am Morgen angezogen und mit Schuhen aus der Koje, es war so ein Morgen, an dem selbst die Möwen wie Petrosaurier aussehen.

Meine Zusammenkunft mit Salomon hatte bis in die frühen Morgenstunden gedauert. Man hatte mich in die Genüsse von *chicha* eingeweiht; gegen das Zeug schmeckt polnischer Wodka wie Hundepisse. Wir hatten einen halben Ochsen verschlungen, der in Schüsseln von fettigem Suppenfleisch versteckt war. Wir hatten mit den Damen des horizontalen Gewerbes herumgeplänkelt, Konversation getrieben und was sonst nicht alles, hatten mit der halben Bevölkerung von Callao über Fußball diskutiert, hatten uns bei zwei sehenswerten wilden Wirtshausschlägereien gegenseitig den Rückzug gesichert und waren nur knapp der Verhaftung durch die Geheimpolizei entkommen. Ich hatte zum Schluss noch »Spanish Ladies« gesungen, als wir zu unseren Kojen schlingerten, meine in *Sea Dart* und Salomons im Lastwagen. Jetzt, am Morgen, musste ich dafür büßen, denn ich hatte einen unbeschreiblichen Kater.

Um sieben Uhr tauchte Salomon auf, mit einem Ford-Lastwagen aus dem Jahre 1954, dem man unmissverständlich ansah, dass er in seinen zwanzig Jahren öfters in den Anden unterwegs gewesen war, auf den schlechtesten Straßen der Welt. Es gab nur noch einen Kotflügel, auf dem das Portrait von Che Guevara aufgemalt war. Ein Teil der Windschutzscheibe fehlte, genau wie die Hälfte der Bodenbretter auf der Ladepritsche. Geheimnisvolle schwarze Flüssigkeit tropfte aus der Ölpumpe, und am ganzen Laster war nicht mehr als ein Quadratmeter Farbe übrig. Der Rest war verrostetes Metall und blankes Holz.

Not macht erfinderisch und erfordert besondere Maßnahmen. Mit Hilfe von fünf Dollar in Sols stellte ich temporär einige der Yachtclub-Arbeiter ein, die zwei Drahtseile organisierten. Mit Hilfe des Handkrans hoben wir *Sea Dart* hoch in die Luft. Dann ließen wir sie mit ziemlich ruckartigen Bewegungen unserer Körper (der Kran hatte keine Bremse) auf die Ladepritsche des mit Quietschen protestierenden Lastwagens herunter, der sich prompt um etwa zehn Grad nach Steuerbord neigte.

»Gute Hochzeit-Paar, *no*?« Salomon sah nach, wie es mir ging, und zeigte mir ein Stück Papier – unsere Erlaubnis, die Docks mit dem Lastwagen zu verlassen.

»Hochzeit? Sieht aus wie ein verdammtes Begräbnis! Hey, Du hast ein Papier? Gut gemacht, *amigo*!« Ich nahm es in die Hand. »Aber es ist für einen leeren Lastwagen! Wir kommen nie durch das Tor raus!«

»Ah, *si*, wir kommen durchs Tor. Mein Cousin ist gerade da drüben und macht ihnen die Hölle heiß, damit sie besser kontrollieren sollen, was hinausfährt! Kein Problem, *amigo*!«

Salomons Freundin wurde sicher im Fahrerhaus untergebracht, und ich setzte mich ins Cockpit von *Sea Dart*. Wir verabschiedeten uns von ein paar *socios* vom Yachtclub, die gekommen waren. Sie sahen uns an, als wären wir etwas Fremdartiges; sie waren so erstaunt, dass keiner von ihnen das Wort Importpapiere aussprach. Als wir aus dem Hafentor, durch das uns der Cousin mit einer Verbeugung hindurch winkte, heraus waren, nahm Salomon die Straße, die vom Hafen wegführte. Die Ladung des Lastwagens war so hoch, dass *Sea Dart* hinter Callao mit Weihnachtsdekoration verziert war. Fahnen, Girlanden, elektrische Glühlampen einschließlich Fassung, Kabel und Klemmen. Warum wir keinen elektrischen Schlag bekommen hatten, bleibt ein Rätsel.

Außerhalb von Callao gerieten wir ein eine Straßensperre, nur Minuten später, nachdem ich die Festbeleuchtung und einen Teil des Telefonsystems von Callao über Bord geworfen hatte. Ich besprach mit Salomon eine Signalroutine. Jedes Mal, wenn wir unter etwas hindurch mussten, das mir zu niedrig erschien, würde ich mit einem Besenstiel auf das Dach des Führerhauses klopfen. Und so machten wir's. *Sea Dart* saß verkehrt herum auf der Pritsche, der Bugspriet stand hinten über. Ich machte am Achtersteg die rote britische Nationale fest, die peruanische Gastflagge etwas weiter hinten. Zwischen die Scheuerleisten des Schiffes und die Rungen der Wand hatte ich alte Autoreifen geklemmt und ein paar Latten auf die verbliebenen Bodenbretter der Pritsche genagelt. Die sollten verhindern, so hoffte ich, dass *Sea Darts* Kiele umherrutschten. Einerseits wollte ich so unauffällig wie möglich durch die Städte kommen, andererseits wollte ich aber auch meine Nationalflagge der britischen Handelsmarine führen. Ich dachte, mit ihr gäbe es im Notfall vielleicht eine kleine Chance, dass man die Geschichte als diplomatischen Zwischenfall ansehen würde. Das war natürlich an den Haaren herbeigezogen, denn eigentlich wollte ich nur der Erste sein, der mit der britischen Nationalflagge die Anden überquert.

Lima, die Hauptstadt von Peru, ist nur zwanzig Kilometer von Callao entfernt. Bald waren wir auf der Suche nach einem Weg, durch die engen Straßen aus der spanischen Kolonialzeit. Das wunderschöne Zentrum der Stadt ist beeindruckend. Als *Sea Dart* mit wehenden Flaggen vorbeifuhr, staunten viele Leute und winkten. Salomon winkte von seiner Seite des Fahrerhauses zurück, seine Freundin von der anderen, und ich saß oben drauf und wünschte, man würde uns nicht sehen. Ein Verkehrspolizist salutierte und machte uns sogar die Straße frei.

Nach einer Stunde waren wir durch das verstopfte Lima hindurch und kamen in die Vororte. Wir fuhren auf dem modernen Pan-American-Highway nach Süden, kamen gut voran, und passierten die Städte Pisco und Ita. Salomon fuhr den ganzen Tag. In Ita aßen wir eine Mahlzeit aus Fisch und tranken eine Flasche *chicha* dazu. Das gab Salomon so viel Energie, dass er die ganze Nacht durchfahren konnte, und wir kamen in die Ausläufer der Anden bei Arequipa. Dies ist eine herrliche Gegend, mit der weißen Kolonialstadt, die in einem grünen fruchtbaren Tal zu Füßen des 6000 Meter hohen Vulkans Misti liegt. Am Abend des 27. Dezember fuhren wir nach Arequipa hinein und parkten auf dem Platz im Zentrum, genau vor dem Rathaus.

Wenn der Zoll nach uns suchte, dann sicher nicht an direkt vor der Haustür. Nach einem guten Essen und noch einer Flasche *chicha* schliefen wir ein. Der einfache Teil des

Transports war jetzt vorbei, obwohl es auch hier schon, bei einigen Haarnadelkurven und Abgründen, kritische Momente gegeben hatte. *Sea Dart* war noch gut in Schuss, was man von dem Lastwagen nicht sagen konnte. Die Ölwanne leckte, und wir mussten ständig nachfüllen.

Am Morgen standen schwer bewaffnete Polizisten um den Lastwagen mit dem Schiff herum. Auf dem pittoresken, baumbestandenen Platz im Zentrum, hatten sich ein paar tausend Menschen versammelt. Ich fragte Salomon, was los sei.

»Vielleicht hält der Bürgermeister, *el Alcalde,* eine Rede?« er wischte sich den Schlaf aus den Augen. Seine Freundin saß regungslos im Führerhaus, wie eine indianische Madonna. Sie hatte ihren Melonenhut sorgfältig oben auf ihr mir Bändern verziertes Haar gesetzt.

»Rede? *Nada hombre,* nein Mann!« sagte einer der herumstehenden Polizisten und kickte mit dem Stiefel gegen einen Reifen. »Sie sind wegen Euch gekommen, sie sehen nicht jeden Tag ein Schiff in Arequipa. Der Bürgermeister kommt jeden Moment, um Euch zu begrüßen. *Dios mio,* macht Euch ein wenig präsentabler! Ihr seht ja aus wie hergelaufene Landstreicher!«

Und so kam es, dass uns der Bürgermeister von Arequipa, ein sehr einflussreicher Mann in der Republik Peru, in seiner Stadt willkommen hieß, im Namen »aller Bürger dieser Stadt« zu diesem »historischen Ereignis«, das Erinnerungen weckt, an unsere Vorfahren, die *conquistadores,* im Namen der heldenhaften Arbeiter der staatseigenen Fischereiindustrie, guter peruanischer Tradition folgend, an die wir in dieser Stadt im Binnenland viel zu wenig Erinnerungen haben ...« und so weiter. Er sprach zwei Stunden lang, an einem Stück, leidenschaftlich. Kameras schnurrten, denn wir waren an der Grenze eines kleinen Gebietes, in dem es Fernsehen gab. Salomon hatte sein Haar mit Pomade glatt geschmiert und seine zerrissene Jacke bis zum Hals hinauf zugeknöpft, um sein unbeschreibliches Hemd darunter zu verstecken. Heldenhaft und gleichzeitig unterwürfig blickend, stand er neben dem Bürgermeister. Ich stand auf der anderen Seite und wünschte mir, dass der Bürgermeister endlich aufhören würde, und dass das Schiff, der Lastwagen, Salomon und ich endlich verschwinden könnten. Der Bürgermeister – stolz, arrogant und fast majestätisch in seinem Machtrausch – machte über zwei Stunden weiter – die ganze Zeit hinweg saß *Sea Dart* auf dem Lastwagen, Schmuggelware, illegal, ohne Papiere und vielleicht überall von der peruanischen Zollfahndung gesucht.

Am Ende der unendlichen Rede applaudierten die Zuhörer. Der Bürgermeister, der so schnelles Spanisch gesprochen hatte, dass ich nur den Sinn mitbekam, schüttelte wild meine Hand und klopfte mir auf die Schulter. Dann fragte er mich, ob ich etwas brauche.

»Alte Traktorreifen, *señor* Alcalde, por favor.«

Er schnippte mit den Fingern nach dem nächsten Polizisten hin, und bellte: »Reifen, Traktorreifen will ich!« Er drehte sich zu mir um. »Wie viele, *Señor*?«

»Sechs bitte, *Señor.*«

Er schnippte wieder mit den Fingern, der Polizist nahm Haltung an.

»Sechs, sofort! *Immediamente!*«

Der Polizist rannte zur Ecke des Platzes, schwang sich auf sein Motorrad und röhrte davon. Zehn Minuten später rammte ein eifriger Haufen Polizisten, unter den kritischen Augen des Alcalde, sechs Traktorreifen zwischen *Sea Dart* und die Seiten des Lastwagens. Salomon blinzelte mir zu, und ich musste mich von dieser unbeschreiblichen Komödie abwenden, um nicht zu lachen. Acht seriöse Arequipa-Polizisten, zwängten mit klappernden Pistolen, auf der Pritsche abgelegten Maschinenpistolen, grunzend, grinsend, schiebend, und drückend riesige Reifen hinein, damit man eine seegehende ausländische Yacht sicher und geschützt durch ihr Land schmuggeln konnte.

Später am Abend, wurde ich vom Bürgermeister zum Essen in dem alten ehrwürdigen Festsaal aus der Kolonialzeit eingeladen. Er war mit Erinnerungsstücken aus den Tagen der reichen spanischen Kolonialherren und Zeugnissen des Unabhängigkeitskrieges ausstaffiert. Die ganze Oberschicht von Arequipa war da, wohlhabend aussehende Land- und Fabrikbesitzer, schmuckbehängte Damen, schöne Mädchen und stattliche Männer aus der Stadt. Ich dankte ihnen für den großartigen Empfang und für ihre Unterstützung, erzählte sogar einigeWitze und hoffte die ganze Zeit, dass man die Löcher in meinen Socken nicht sehen würde.

Um Mitternacht schwankte Salomon nach einem guten Umtrunk aus der Bar heraus in sein Führerhaus. Wir fuhren los, um die Anden zu überqueren.

35

Bei den Kondoren

Östlich des Platzes im Zentrum von Arequipa, wo ewiger Frühling herrscht, erhebt sich eine gewaltige Gebirgskette sechstausend Meter hoch in den Himmel. Schneebedeckte Gipfel glänzen in der Sonne, am frühen Morgen sind sie lila, am Mittag silbern und am Abend rosa. Dort oben lag der Schnee, der mich damals vor fast zwei Jahren mit dem Schmelzwasser, das in seiner wilden Wucht sogar den mächtigen Amazonas ansteigen lässt, besiegt hatte. Während wir auf dem Platz in Arequipa gestanden hatten und der Bürgermeister seinen langen Sermon losließ, dem die Menschenmenge gebannt zuhörte, waren meine Augen zu den eisigen Gipfeln in der Ferne hinüber gewandert. Die ganze Zeit, in der spanische Redefluss auf mich nieder- prasselte und sich Salomon in der Nähe des brillanten Bürgermeisters geschmeichelt fühl- te, betete ich im Herzen und wünschte mir, dass wir dem zu erwartenden Regenfällen zuvor kommen würden. Es war der 28. Dezember! Der Regen sollte bereits eingesetzt haben, der Schnee begann zu schmelzen. Ich starrte auf das Band der Anden, sie zogen sich über den gesamten westlichen Horizont hin. Ich beschwor den Regen, nicht zu fallen und den Schnee, nicht zu schmelzen.

Jetzt, als wir auf der primitiven Straße aus der Stadt heraus holperten, begann es, leicht bergauf zu gehen. Nachdem wir die letzten Hütten passiert und den letzten flackernden Schein elektrischer Glühlampen hinter uns gelassen hatten, ging es stetig nach oben in die schwarze regnerische Dunkelheit, durch Schlaglöcher hindurch, so groß wie Miniatur- krater. In der Kabine von *Sea Dart* versuchte ich, nicht aus meiner Koje zu fallen und mich gegen die kalte Nachtluft warm zu halten. Ich fühlte mich wie im Inneren eines heftig geschüttelten Pfefferstreuers. Manchmal neigte sich *Sea Dart* in einem unglaublichen Winkel. Als der Mond wässrig durch die rasch ziehenden Wolken hindurch kam, schaute ich durch den Niedergang hinaus, und sah, dass wir auf einer nur vier Meter breiten Straße waren, die seitlich in den Fels gehauen war. Ich versuchte, hinunter zu schauen, und sah nur ein schwarzes Nichts, es ging senkrecht hinunter in einen unendlichen Abgrund. *Sea Dart* legte sich schief, zum Abgrund hin, bestimmt zwanzig Grad und mehr. Also gut, dachte ich, wenn sie da runter geht, dann geh' ich mit, *kann sie doch nicht alleine lassen!*

Am frühen Morgen, als es hell wurde, befanden wir uns auf einer unglaublich durch- löcherten Straße. Wir waren auf dem Paso Cimbral, 4300 Meter über dem Meeresspiegel. An Backbord ragte der Gipfel des Vulkans Misti auf, 5300 Meter hoch. Wir holperten und ruckten weiter voran, die Flaggen knatterten im kalten Wind. Die Nationalflagge eines Schiffes wehte in noch nie gesehener Höhe! Oben am Himmel zogen Kondore ihre Kreise, außer den Menschen die am höchsten lebenden Kreaturen. Und *Sea Dart* war mit- ten unter ihnen.

Den ganzen Tag über rumpelten wir langsam durch die Schlaglöcher, auf einer Straße, die eine Oberfläche wie Wellblech hatte, nackter Fels, ausgewaschen durch Regen und

Wind. Wann immer wir halten mussten, um Öl nachzufüllen, waren wir entweder an einem steilen, kilometertiefen Abgrund, von dem die Räder des Lastwagens nur ein paar Zentimeter entfernt waren oder neben einem rauschenden Wasserfall, der sich in der Tiefe verlor.

Gegen Mittag erreichten wir den Punkt, der mir nicht geheuer war, den Pati-Tunnel, der unter einem hohen Gipfel hindurch führte. Zuerst sah es so aus, als wäre er zu niedrig für uns. Aber wir kratzten uns hindurch, obwohl an manchen Stellen nur ein Zentimeter Luft blieb, zwischen *Sea Dart* und der nur grob behauenen, welligen Tunneldecke, die direkt aus dem Felsen geschlagen war. Immerhin mussten wir die Luft aus den Reifen lassen, um durch zu kommen, aber das ersparte es mir, das Kabinendach abzusägen. Salomon fuhr weiter, ein Rennen gegen die Zeit. Wenn es jetzt regnete, säßen wir in den Andenpässen fest, vielleicht für Wochen oder Monate. Wir kämen weder vor noch zurück. Während der Regenzeit sind die Straßen unpassierbar, selbst zu Fuß kommt man nicht mehr weiter. Der Regen löst Bergrutsche aus, die Straße ist blockiert, und dann ist das Puna Altiplano, die hohen Täler in den Anden, vier Monate lang von der Straßenverbindung zur Außenwelt abgeschnitten.

Einige der Brücken, über die wir hinweg fuhren, sahen aus, als hätten sie die alten Inkas gebaut, wacklige, klapprige Holzkonstruktionen über tiefe Abgründe hinweg, in denen unten ein Fluss rauschte. Oberhalb der Schneegrenze war das Land völlig öde. Als wir über die westlichen Kordilleren hinüber fuhren, gab es keine Bäume, keine Sträucher und keine Pflanzen mehr, nicht einmal einen Grashalm. Während wir an einer Schlucht entlang fuhren, die bei mir einen Kloß im Hals erzeugte, war Salomon am Streiten mit seiner Freundin. An der Kante der Straße, zur Schlucht hin, standen Hunderte von Kreuzen. Sie erinnerten an manchen tapferen Fahrer, der sich gerade an dieser Stelle mit seiner Freundin gestritten hatte.

Die ganze Nacht hindurch krochen wir über eine Straße, die einen Feldweg in Burma wie eine Autobahn aussehen lässt. Dann kamen wir in das wirkliche Land der Indianer, wir sahen viele Lamaherden, die von Quechuas aus *chorros*, (Wollmützen mit Ohrenklappen) und Ponchos aus Lamawolle gehütet wurden, sie liefen barfuss im Schnee herum. An jedem *pozo* entlang der Straße machten wir Halt, kleine aus Adobe gebaute Kneipen, in denen Indianer im Schneidersitz und alle Arten von Tieren vor dem bitterkalten Wind Schutz suchten. Vor jeder Bar war eine Herde geduldig dreinschauender Lamas festgebunden, beladen mit Lasten, in grellbunt gewebten Decken. Wenn die hier ansässigen Helden sich an *chicha* oder *pisco* blind gesoffen hatten und aufsässig wurden, führte sie der Friedensstifter, üblicherweise der Älteste, zu einem Graben. Dort legte er sie hinein, damit sie ihren Rausch ausschlafen konnten.

In einem solchen *pozo,* als Salomon mal wieder herumtorkelte, getraute ich mich endlich, ihn zu fragen, warum er so viel trinke, denn langsam hatte ich das Gefühl, dass er bei seiner schwierigen Fahrerei nicht so viel Alkohol zu sich nehmen sollte.

»Trinken, *amigo,* trinken?« Er schlurfte wild über den abgenutzten Holzfußboden zur Tür der Hütte, rannte mit Wucht dagegen und fiel durch die Tür hinaus in den Schnee. Rülpsend richtete es sich zu seiner vollen Größe von einmetersechzig auf und zeigte mit einem schmierigen Finger auf die schneebedeckte Bergkette vor uns.

»Siehst Du die Straße da oben, *amigo inglés*? Siehst Du sie?« Er zeigte auf einen felsigen schneebedeckten Grat zwischen zwei Gipfeln, während er in einem Winkel zu dem stürmischen Wind stand, um nicht umzufallen.

Vielleicht ein wenig zu überheblich sagte ich:»Welche Straße? Ich sehe nur den verdammten Berghang!«

Er rülpste, spuckte und furzte gleichzeitig, auf seine unnachahmliche Quechua-Weise
und konnte sich gerade noch fangen, sonst wäre er auf den Arsch gefallen.»Berghang?«
brüllte er,»Das ist die *hijo de puta*, die verfluchte Straße! Jetzt weißt Du, warum ich
chicha trinke! Jetzt weißt Du's. Wenn ich nicht trinke, kommen wir keinen Meter da rauf,
auf dieser Scheißstraße!«

Der Transport ging weiter, den ganzen Tag lang, am 29. Dezember. Dann kamen wir
in besonders schweren Regen und Sturm. Wir hielten an, hängten eine Sturmlaterne hinaus und saßen alle zusammengekauert in *Sea Darts* winziger Kabine. Es schiffte wie aus
Eimern; nie habe ich solch einen Regen erlebt! Als es gegen Morgen endlich aufhörte,
krochen wir langsam und vorsichtig weiter. Salomons Freundin und ich liefen voraus,
prüften die Straße auf Schwachstellen und suchten nach Erdrutschen. Am 30. Dezember
schafften wir genau fünfunddreißig Kilometer, aber am 31. waren die Straßen genug
getrocknet, dass wir wieder mit zwanzig Stundenkilometern über das Hochland hinweg
weiter rasen konnten. An diesem Abend trafen wir auf die Straße, die von Cusco an den
See führt, das Schlimmste lag hinter uns. Von hier aus lief die Straße geradeaus, und wir
kamen mit vierzig Kilometern pro Stunde voran. Hinter uns zogen wir eine Ölspur nach.

Die Nacht war herrlich, ein klarer Himmel und fast Vollmond. Alles war mit eingetrockneten Schlamm bedeckt, ich eingeschlossen. Auf der Pritsche schliefen drei alte
Indianer, und *Sea Dart* war unbeschädigt. Um zehn Uhr am Abend hinkten und schlurften wir nach Puno hinein. Einen unvergesslichen Moment lang sah ich im Mondlicht den
Titicacasee. Ruhig lag er da, sanft und einladend. Unglaublich aber ich war am Ziel! Noch
bevor das Jahr 1973 zu Ende war, genau neunzig Minuten vorher! Ich hatte mich und das
Schiff quer durch Peru geschmuggelt. Ich hatte es geschafft! Was immer jetzt passieren
würde, ich hatte mein Ziel erreicht! Fast, denn wir beschlossen, die Nacht im Zentrum zu
verbringen, umringt von einer Gruppe von staunenden Quechua-Indianern, die es fast
nicht glauben konnten. Ein Schiff vom Ozean!

In dieser Nacht fiel es mir sehr schwer, in meiner Koje einzuschlafen. Es war nicht
Salomons Schnarchen, es war auch nicht die dünne Luft in über viertausend Meter Höhe,
es war die Dankbarkeit gegenüber allen Göttern des Ozeans, die mich an meinem Ziel hatten ankommen lassen, nach so langer Zeit.

36

Ein neues Jahr – eine andere Welt

Neujahrsmorgen 1974! Ich saß auf *Sea Dart*, und sie saß auf einem alten Ford-Laster, der auf dem Platz im Zentrum von Puno geparkt war. Bei Morgengrauen war ich wach, knallte den Teekessel auf den Kocher und stieg hinunter, um meinen Quechua-Freund Salomon zu schütteln, der noch unter den Folgen der Flasche *chicha* litt, die er sofort nach Abstellen des Motors geleert hatte. Ich hatte mich am Abend gar nicht erst aus den Kleidern geschält, selbst im südlichen Sommer fällt die Temperatur hier oben von fünfundzwanzig Grad am Nachmittag innerhalb einer Stunde auf minus zwanzig Grad, sobald die Sonne untergegangen ist. Ich hatte alle Decken zusammengesucht, und meine Klamotten aus der Arktis angezogen. Trotzdem wachte ich mehrmals auf, wegen der Kälte und weil ich schlecht Luft bekam. Das kommt vom Sauerstoffmangel in dieser großen Höhe, vierzig Prozent weniger als auf Meereshöhe. Das zweite Phänomen war die Zeit, die man braucht, um das Teewasser heiß zu machen.

Überall auf dem schlammigen Platz erhoben sich Indianer von ihrem Schlaf im Freien. Sie kommen mit kleinen Bündeln Gemüse nach Puno, um es zu verkaufen, und sie bleiben, bis die letzte Kartoffel oder Bohne verhökert ist. Sie übernachten selbst bei der eisigen Kälte im Freien. Salomon hatte mir erzählt, dass ihre Dörfer oft einhundert-fünfzig Kilometer weit weg liegen. Manche kommen mit Lastwagen, aber die meisten laufen tagelang über die bitterkalten, weit offenen Ebenen des Altiplano.

Nach dem Frühstück merkten wir, dass sich eine große Menge Indianer vor der schä-bigen, aber beeindruckenden Kathedrale versammelt hatte, schweigend, barfuss und sehr schmutzig. Mit ausdruckslosen Gesichtern starrten sie auf *Sea Dart* und den Lastwagen. Ich war sicher, dass wir nicht mehr lange der Aufmerksamkeit der Polizei entgehen wür-den, also fuhren wir los und erreichten, mit einer Ölspur hinter uns, den kleinen Kai am See.

Nachdem ich mein Schiff nach Peru hinein geschmuggelt hatte, dachte ich neben der großen Freude nur noch daran, endlich an meinem so weit entfernten Ziel zu sein, so schnell als möglich aus Puno abzuhauen, bevor der peruanische Zoll merkte, was passiert war. So weit, so gut! Aber die Aufregung, die wir auf unserer Fahrt hervorgerufen hatten, würde sicher über kurz oder lang die Zollgeier auf meine Spur bringen. Wäre ich erst ein-mal auf dem See, war das nicht mehr so wichtig. Dann müssten sie mich erst einmal krie-gen, besonders wenn ich in Nähe der bolivianischen Gewässer wäre.

Wir wanden uns durch die Schlaglöcher hindurch. Es regnete so heftig, dass sich auf den Straßen Bäche bildeten. Ich dachte, dass der Weg vom See zurück in den Pazifik rela-tiv einfach wäre. Von Guaqui, am Südende des Sees, führt eine Eisenbahnlinie über die Anden hinüber nach Chile und endet im Hafen von Antofagasta am Pazifik. Nachdem ich ein paar Wochen auf dem See gefahren war, würde ich das Schiff auf einen Zug verladen und nach Chile hinunter fahren, zurück in den Pazifischen Ozean. Dann würde ich Vorräte kaufen und entweder einen schnellen Törn mit dem Humboldt nach Panama machen, oder wenn mein Geld reichen sollte, über den Pazifik nach Australien segeln. Dann, nach einem Aufenthalt dort, zurück ins gute alte England.

Plötzlich wurde ich aus meinen Gedanken aufgeschreckt. Da war der See! Tiefschwarze Wolken zogen über ihn hinweg, und am fernen Horizont zuckten Blitze herab. Aber selbst in dem trüben Licht des grimmigen Gewitters sah er schöner aus, als jedes andere Gewässer der Welt.

Am Ufer gab es einen kurzen, halb zerfallenen Kai und ein paar armselige Adobehütten am Ende. Das Regenwasser tropfte von den rötlichen Schilfdächern. Dann gab es noch einen uralten dampfbetriebenen Kran und einen Unterstand. Aber für mich sah das alles prächtiger aus, als der Canale Grande in Venedig und war beeindruckender als die Themse nahe der Tower Bridge in London. Die winzige, weißgetünchte Kirche am Ende des Kais kam mir schöner vor als Notre Dame in Paris, und die kleine Flotte vergammelter indianischer Segelschiffchen am Kai entlang im Wasser erschien mir majestätischer als die Flaggschiffe aller Nationen der Welt zusammengenommen.

Ich sprang vom Lastwagen herunter und rannte zum Ufer des Sees, aber der Sauerstoffmangel ließ mich schnell schnaufend stehen bleiben. Salomon kam heran, und schaute mich an, als wäre ich verrückt. »*Bueno, muy bueno*«, rief er. Ich ging weiter bis zum Ufer. Mit all meinen Arktisklamotten am Körper lief ich direkt in das eiskalte Wasser des Titicacasees hinein, bis es mir an die Hüfte reichte. Dann bückte ich mich, nahm beide Hände zusammen, schöpfte und trank das klare erfrischende Süßwasser. Ich dankte Gott, dass er mich all die Gefahren und Mühsale der letzten Jahre hatte überstehen lassen, um diesen Moment zu erleben. Als ich mich wieder aufrichtete, waren die Gewitterwolken in der Ferne am Abziehen, und es entstand ein Regenbogen, so scharf umrandet, bunt und lebendig, wie ich es noch nie gesehen hatte, Er spannte sich über den See, bildete eine Brücke über den Himmel, vom Gipfel des Sorata hinüber zu der silbernen Spitze des Illampu im Süden, mehr als hundert Meilen entfernt. Ein Band aus brillanten Farben spannte sich über den Himmel, es umrahmte die Insel der Sonne.

Ich stand in dem eisigen Wasser und vergaß jedes Kältegefühl in meinen Seestiefeln. Ich war nicht mehr müde von der Anstrengung, war nicht mehr besorgt wegen meiner knappen Kasse, war nicht mehr atemlos vom Sauerstoffmangel. Sonnenstrahlen durchbrachen die Regenwolken, goldene Säulen. Sie ließen die Inseln, die vorher nur graue, verschwommene Schatten gewesen waren, in einem intensiven Grün erstrahlen. Als die Wolken sich zur Seite schoben, gaben sie den Blick frei auf das blauste Wasser der Welt. Darüber hinweg flogen kleine grüne Papageien, wie Smaragde, die man in den Himmel geworfen hatte, Dann taten mir die Beine weh und wurden vor Kälte taub.

Ich schlurfte triefend nass in *Sea Darts* Kabine und zog trockene Hosen und Schuhe an. Dann ging ich hinüber in das Büro des Hafenmeisters und versuchte, gegenüber der Gruppe gaffender Indianer so selbstsicher wie möglich dreinzublicken. Sie standen einfach so da, im Regen, der aus ihren umgehängten Decken tropfte. Salomon war der Einzige, der grinste. »*Bien hecho, amigo inglés!*« rief er, »gut gemacht!«

Eine halbe Stunde später schwamm *Sea Dart* im Wasser des Sees. Salomon half mir den kleinen Großmast zu stellen und die Wanten zu befestigen. Es fing wieder an zu regnen, aber ich schlug die Segel an und setzte den Stander der Royal Navy Sailing Association. Und da waren wir, bereit zum Ablegen, der höchste Stander in der Welt, 4216 Meter über dem Meer!

Ich sah mich am Kai um. Hinter einem eingezäunten Verschlag sah ich zwei graue Schiffe, eines davon hatte eine kleine Kanone am Bug. Ich schnappte Salomons Arm und deutete mit dem Daumen über die Schulter.

»Marine oder Zoll?«

»Marine, *amigo,* aber es gibt kein Problem für Dich. Auf einem Schiff funktioniert die Kanone nicht, und beim anderen ist die Maschine kaputt. Sie sind sowieso zu sehr damit beschäftigt, in der Stadt herum zu paradieren. Es gibt Gerüchte, dass eine Revolution in der Luft liegt.« Wieder brachte er es fertig! Er spuckte, grinste, furzte, rülpste zur gleichen Zeit, und kratzte sich noch dabei am Sack.

Ich packte den Motor aus seiner Verpackung aus, und befestigte ihn am Spiegel, um mit dem Schiff am Kai entlang zu fahren. Leider, durch den Sauerstoffmangel, oder das alte wässrige Benzin, sprang er nicht an. Ich hatte den Außenborder seit Panama dabei, aber benutzt hatte ich ihn noch nie. Jetzt war er nutzlos, und ich packte ihn wieder ein. Ich hatte einen langen Riemen, und ich wriggte *Sea Dart* zu einem Liegeplatz, den mir der Hafenmeister, nach ausreichender Schmierung der Innenseite seiner Hand, angewiesen hatte.

Als Salomon und ich durch reißende Bäche auf den Straßen zu einer Bar wateten, regnete es wieder. Wir waren uns darüber einig, dass *Sea Dart* der Regenzeit in den Anden und der Schneeschmelze, zuvor gekommen war, aber nur um ein paar Stunden! Ich gab Salomon zweihundert Dollar, und er versprach, von dem Überschuss eine neue Ölwanne anzuschaffen, und ein paar Flaschen *chicha* für seine nächste Reise hinunter an die Küste, irgendwann im März, nach der Regenzeit.

Es gab eine bewegende Abschiedsszene, während der Salomon eine komische Bemerkung machte. »Amigo inglés, *cuidado con los Aymaras.* Mein englischer Freund, pass' auf die Aymaras auf!« Einige Wochen später fand ich heraus, was er damit gemeint hatte.

Aber an diesem Nachmittag, ungeachtet des Regens und der Überflutung, waren wir einfach fröhlich. Als ich später in Richtung *Sea Dart* rollte, war ich in Hochform, bereit zum Ablegen am nächsten Morgen.

In dieser Nacht machte ich es mir in *Sea Darts* Kabine gemütlich. Die Petroleumlampe verbreitete einen goldenen Schein, der kleine Ofen sorgte für wohlige Wärme, und ich kochte eine Mahlzeit aus Dosenrindfleisch und Kartoffeln. Ich lag auf meiner Koje und hörte zu, wie der Regen auf das Kajütdach prasselte. Ich hatte keine Karten für den See, denn es gab keine, aber ein paar Informationen hatte ich aus Adolph Brandeliers »Die Inseln des Tititcacasees« gesammelt, damals im Leseraum des Britischen Museums. So Gott wollte, würde ich morgen ablegen und mich vor dem peruanischen Zoll verstecken. Ich hatte noch einhundert Dollar, ich war dreihundert Seemeilen vom Pazifik und dreitausend Seemeilen vom Atlantik entfernt, aber ich hatte 8300 Quadratkilometer Süßwasser unter mir, in denen ich mich verstecken konnte. Außerdem hatte ich Zeit zum Schreiben und für das Auffüllen meiner Schapps.

Man braucht ein paar Wochen, um sich an den Sauerstoffmangel in der Höhe des Sees zu gewöhnen. Ich wachte in der Nacht oft auf und rang nach Luft. Dann dachte ich an all die Mühen, die ich auf mich genommen und erduldet hatte, um diesen magischen See zu erreichen. Es erschien mir manchmal wie ein Traum. Die erste Nacht im Titicacasee fand ich wenig Schlaf. Schon vor dem Morgengrauen war ich hellwach und setzte den Kessel auf den Kocher. Dann ging ich hinaus und warf die Festmacher los. Mit dem langen Riemen wriggte ich *Sea Dart* aus Puno hinaus, in die Dunkelheit des frühen Morgens. Ich wusste noch nicht, dass ich in eine Welt des Aberglaubens und der Angst hineinfuhr, voller schwarzer Magie und Wunder, aus der ich erst nach qualvollen acht Monaten wieder herauskommen sollte. Alles, an was ich dachte war, die ausgedehnten, langen Wasserwiesen aus Totora-Schilf zu erreichen, um mich und mein Schiff dort vor dem peruanischen Zoll zu verstecken.

Als die Sonne im Osten aufging, die Gipfel der Berge grau wurden und sich der See um mich herum im leichten Dunst, der über dem Wasser lag, türkis färbte, war ich bereits ziemlich weit im See draußen. Es gab eine leichte Brise aus Südwest. Ich setzte die Segel und nahm Kurs auf die seltsamen flachen schwimmenden Inseln der Uro-Indianer. Was ich bisher über diese Inseln wusste war, dass sie wie lebende Organismen mit dem sich verändernden Wasserspiegel auf und ab gehen, und dass dort einer der primitivsten und ärmsten Stämme der Erde lebt.

37

Wo Engel
nicht zu laufen wagen

Die spanischen Konquistadoren erreichten im Jahre 1535 zum ersten Mal das Ufer des Titicacasees, nachdem sie die Quechua-Indianer von Ecuador und Peru unterworfen hatten. Pizarro und sein winziger Haufen Leute hatten unverschämtes Glück, denn sie verließen Panama in einem El-Niño-Jahr, in dem der mächtige Humboldtstrom seine Richtung geändert hatte und von Norden nach Süden floss. Sie mussten also mit ihren komischen Schiffen nicht gegen den Humboldt ankämpfen, sondern machten eine schnelle Reise mit El Niño nach Santa Elena, wo sie mit Pferden, Kanonen und Vorräten an Land gingen.

Das Eintreffen der Spanier löste in den Herzen der Inkas großen Schrecken aus. Jahrzehnte vorher, war der mächtige Gott Kon-Tiki-Vira-Cocha, der Schöpfer der Hochebenen und der Berge, durch den gleichen El-Niño-Strom ins Land gekommen. Die periodische Umkehr des Stromes war für die abergläubischen Inkas ein Zeichen für den Zorn Kon-Tikis. Nach den Erzählungen der Inkas war dieser legendäre weiße und bärtige Gott im Ozean verschwunden, nachdem er Licht in die Dunkelheit gebracht hatte, er »lief über die Wasser mit seiner Gruppe von Heiligen«.

Nun kamen diese anderen weißen bärtigen Geschöpfe, vielleicht die Söhne von Kon-Tiki, mit dem gleichen Strom wie damals der Gott selbst. Es war die mächtige Strömung, die sich auf Wunsch Kon-Tikis umkehrte, das Wasser blutrot färbte und alle Fische tötete. Im 19. Jahrhundert nannten die Seefahrer dieses Phänomen »den Schiffsmaler von Callao«, weil es die Rümpfe der Schiffe rot färbte. Die Farbveränderung entsteht durch Millionen toter Organismen im Wasser. Mit der Stromumkehr veränderte sich auch das Klima. Im ganzen Land gab es Erdbeben und Katastrophen, von den heißen Urwäldern Ecuadors bis hinab zu den eisigen Wüsten in Chile. Der Wind und der Regen griffen die Festung der Berge mit schrankenloser Heftigkeit an, überschwemmten die Ebenen im Tiefland, zerstörten die Ernten und brachten sieben Jahre Hunger und Not über das Land. (Eine Verbindung zu Ägypten?)

In seinem Erbarmen befahl Kon-Tiki dem ersten Inka, Manco Capac, den Bau großer Lagerhäuser für Getreide im ganzen Reich. Damit bekam er eine eiserne Kontrolle über alle Stämme im Land. Jetzt stiegen diese weißen Männer mit Bärten, die aussahen wie Kon-Tiki selbst, mit ihren fürchterlichen Donnerkeilen und ihren vierbeinigen Monstern an Land. Wie mir indianische Legendenerzähler später sagten, war es der gleiche Ort, an dem damals Manco Capac an Land gekommen war!

In schrecklicher Furcht, verborgen hinter einem sorgfältig arrangierten Aufzug an Macht und Pomp, wurde der Inka König Atahualpa in prächtiger Aufmachung nach Cajamarca hinab getragen, um die Söhne von Kon-Tiki zu empfangen. Die Nachricht vom

Eintreffen der Götter hatte ihn über das Tausende von Meilen lange Straßensystem der Inkas schnell erreicht. Atahualpa wurde von einer großen Armee Krieger begleitet, den ernsten und disziplinierten Quechua, den schnellsten Läufern des Reiches, den verschlagenen Ururus und den mörderischen Aymaras.

Mit unwahrscheinlichem Mut legte Pizarro die heilige Bibel seines Gottes in Atahualpas heilige Hände, aber der warf das Objekt hochmütig in den Staub. Damit besiegelte er das Schicksal von Südamerika. In diesem Augenblick fielen ganz Ecuador, Peru und große Teile Chiles und Argentiniens in die Hände Pizarros.

Mit seinen zweihundert unerschrockenen Gefolgsleuten hinter sich schnappte Pizarro, der außereheliche Bastard eines andalusischen Bauern, Atahualpa bei seinem goldenen Kragen und zwang dessen versammelte Beschützer zum widerwilligen Rückzug. Nachdem er ihn als Geisel genommen hatte, erwürgte er ihn mit einer Schlinge.

Riesige Bergketten, fruchtbare Täler, Dörfer und Städte und ein halber Kontinent mit reißenden Flüssen, öden Wüsten und schier unglaublichen Goldschätzen fielen so in die gierigen Hände der Spanier. Für die Indianer in den Anden blieb die Zeit stehen, vom Moment der Geiselnahme Atahualpas bis heute.

So ging sie unter, die erste und vielleicht effizienteste faschistische Staatskörperschaft der Welt. Seit Atahualpas Tod wird er von den Indianern der Anden betrauert, die auf seine Wiedergeburt hoffen.

Ich dachte über diese Dinge nach, als ich zum ersten Mal auf dem See segelte. Ich fuhr ins Unbekannte hinaus, denn in ihrem Siegeszug und dem Rausch nach Gold und Silber in Bolivien hatten die Konquistadoren die Inseln im Titicacasee übergangen. Sie ließen sie praktisch unberührt zurück.

Über all die Jahrzehnte hinweg waren sie fast genau so erhalten wie zu der Zeit von Atahualpas Tod.

38
Die schwimmenden Inseln

An vielen Stellen des Sees wächst ein Baum unter Wasser, der *llachon*. Er steht mit einem starken Stamm auf dem Seeboden und wächst nach oben, bis ein paar Zentimeter unter die Wasseroberfläche. In der Trockenzeit, bei niedrigen Wasserstand, schauen die Spitzen der Äste aus dem See heraus. Der Baum wächst in Hainen, wie ein gespenstischer Apfelgarten unter Wasser. Als ich auf die Hauptinsel der Uros zuhielt, wo der Rauch von Indianerfeuern in den frühen Morgenhimmel stieg, segelte ich gerade in solch einen Hain hinein. *Sea Dart* lief bei halbem Wind mit etwa vier Konten. In der frischen Brise zogen das Groß und die Genua wie Brauereipferde. Plötzlich stand sie still, vollkommen unbeweglich. Sie krängte leicht unter der Kraft der Segel, aber sie bewegte sich nicht mehr. Ich sicherte meine Tasse Tee sorgfältig auf dem Boden des Eimers, und dachte an die unsterblichen Worte von Earl Jellicoe, in der Schlacht bei Jütland, nachdem drei britische Kriegsschiffe innerhalb von einer halben Stunde von der deutschen Marine versenkt worden waren. »Heute muss etwas nicht in Ordnung sein mit unseren verdammten Schiffen!« sagte er damals.

Ich nahm gleich die Segel weg und schaute über die Seite. Ich dachte, *Sea Dart* wäre auf Grund gelaufen, irgendwie in weichen Schlamm hineingekommen. Was ich sah, war eine Masse aus festhängenden Ranken, bis zu fünf Zentimeter dick und rund um die Kiele. Das Wasser war klar, ich konnte etwa einen Faden (1,80 Meter) tief hinab sehen. Ich nahm die lange Bambusstange, die ich den ganzen Weg von St. Helena, der Exilinsel Napoleons, bis hier her mitgebracht hatte und begann, die Ranken auseinander zu stoßen. Nach einer Minute begann mein Brustkorb vor Sauerstoffmangel zu schmerzen. Ich rang nach Luft, als wenn man mich strangulieren würde. Ich setzte mich zur Erholung hin. Es war offensichtlich, dass ich mit der Stange nicht weiter kam. Auf diese Weise konnte ich mich und mein Schiff nicht von den lästigen llachon-Ranken befreien und ins tiefe Wasser kommen. Der einzige Weg war, die verdammten Ranken mit meinem Entermesser abzuschlagen. Ich holte es heraus, schärfte es und machte mich an die Arbeit. Ich brauchte für einen Kanal von nur ein paar Metern bis Mittag. Ich lag flach an Deck und schlug mit dem Entermesser zu. Heiß wurde es mir bei der Arbeit, und die dünne Luft brachte mich schnell außer Puste.

Wieder im freien Wasser, steuerte ich das Schiff vorsichtig in Richtung des Dorfes. Ich fand es seltsam, dass keiner zu mir heraus paddelte, um zu sehen, was passiert war. Als ich näher zu dem Häufchen Hütten kam, wurde mir klar, dass diese Leute zu arm waren, um ein Boot zu besitzen. Ich fuhr zu der freien kleinen Gasse im etwa drei Meter hohen Totora-Schilf hin und stakte das Schiff hinein, nachdem ich die Segel geborgen hatte. Die Uros starrten mich an, als wäre ich Gott persönlich. Es gab keine Kommentare, keine Geräusche, als ich an den Hütten längsseits ging und den Danforth-Anker fallen ließ. Alle Kinder waren splitternackt, hatten vor Unterernährung aufgeblähte Bäuche apathisch starrende Augen von Hunger und Elend. Die Männer und Frauen waren spindeldürr und sahen wie lebende Kadaver aus. Sie hatten unglaublich schmutzige Lumpen an.

Später fand ich heraus, dass ihre Insel etwa eine Seemeile lang und eine halbe breit war. Sie war aus geflochtenem Totora-Schilf gebaut, etwa sechzig Zentimeter hoch, auf dessen Oberfläche Erde vom Festland ausgebreitet war. Darauf zogen die Uros normalerweise Kartoffel, Yucca, Oka und Quinua, alles Pflanzen mit essbaren Wurzeln oder Knollen.

In Zeichensprache gaben sie mir zu verstehen, dass der Wind und der heftige Regen der vorangegangenen Tage viel von der Erde fortgewaschen hatten, und die mühsame und harte Arbeit der letzten Jahre umsonst gewesen sei. Ich fragte sie, warum sie nicht auf das Festland zögen, indem ich mit den Armen herumfuchtelte, dann auf sie und aufs Festland zeigte. Sie zuckten entsetzt zusammen. Später fand ich heraus, dass andere Stämme, die Quechua und die Aymara, sie seit Jahrzehnten verfolgten. Aus diesem Grund hatten sie diese eigenartige Lebensweise entwickelt. Sie ernährten sich von Fisch, Kartoffeln, Gemüse und wilden Enten. Sie sind die einzigen Indianer, welche die augenlose riesige Kröte essen, die auf dem Boden des Sees lebt, eine monströse Kreatur, sechzig Zentimeter lang von der Schnauze bis zu den Krallen mitsamt Schwimmhäuten. Ich zeigte zu der Nachbarinsel hin, die etwa hundert Meter entfernt trieb. Der Anführer schüttelte die Schultern, deutete auf *Sea Dart* und gab mir zu verstehen, dass sie keine Boote hatten, denn der Wind hatte sie weggetrieben.

Ich zeigte mit dem Finger auf vier der Männer, die etwas kräftiger zu sein schienen als die anderen. Ich bat sie in Gebärdensprache, mir zu helfen und holte die zweihundert Meter lange Sturmleine heraus, die ich beim Ablaufen in einem schwerem Sturm als großen Bogen achteraus schleppe. Ich wriggte hinüber zu der anderen schwimmenden Insel, zog die Leine um ein großes Stück herum und setzte zwei halbe Schläge drauf. Sie verstanden, was ich vor hatte. Als ich wieder zurück war, zogen sie mit der Kraft dreijähriger Kinder an der Leine. Bald zog der ganze *ayllu*, der Stamm. Langsam aber sicher verringerte sich der Abstand. Am Abend hatten wir die Inseln miteinander verbunden, und die Uros konnten etwa zwanzig Kilo Kartoffeln aus der wiedergewonnenen Erde ernten. Daraus machten sie einen Eintopf mit winzigem Boga-Fisch. Ich spendierte noch drei von Charlies getrockneten Fischen, die ich von den San-Blas-Inseln bis hierher gebracht hatte. Ihre Augen leuchteten, und sie nahmen die Lebensmittel freudig an. Als es dunkel wurde, schliefen sie in ihren dreckigen Lumpen ein. Die Indianer am See, die Quechua, Aymara oder Uros, ziehen ein Kleidungsstück nie mehr aus; es muss schon von selbst herunter fallen.

Nach einer weiteren unbequemen Nacht mit großem Luftmangel segelte ich am Morgen mit zwei Uros aus dem Schilfkanal hinaus zur Nachbarinsel, wo andere Menschen des Stammes ihr karges Leben fristen. Auf dieser Nachbarinsel gab es zwei überflüssige Boote aus Balsaschilf, die wir zu meinen Gastgebern zurück zogen. Sie waren sehr erfreut, denn jetzt konnten sie wieder zum Fischen auf den See hinaus und hinüber zum entfernten Festland segeln, um nach Kröten zu suchen.

Drei Tage blieb ich bei den Uros, aber langsam wurden mir selbst die Lebensmittel knapp. Außerdem war die Kommunikation mit ihnen sehr schwierig. Ich entschied mich zum Besuch von einer der hohen Inseln, die ich weit im Westen gesehen hatte. Ich würde versuchen, Proviant zu bekommen und danach zu dem wenig erforschten Nordufer des Titicacasees zu fahren, dem Territorium der Colla-Indianer.

In der letzten Nacht bei den Uros erlebten wir die Gewalt eines heftigen Sturms. Zwischen Januar und März ist dies eine häufige Erscheinung auf dem See. Der Wind heulte mit der Stärke eines Hurrikans. Es blitzte und donnerte, und der peitschende Regen legte die Felder des Totora-Schilfs flach. Ich hatte zwei Anker draußen und vier Festmacherleinen hinüber zu der schwimmenden Insel ausgebracht, die wiederum durch die Millionen Tonnen Schilf ringsum, große Pflanzen mit sechs Zentimeter dicken Wurzeln, tief im Boden des Sees, am Platz gehalten wurde. Doch als ich mich am Morgen umsah, stellte ich fest, dass das ganze Gebilde, Insel, Schiff und Schilf, etwa eine halbe Seemeile abgetrieben worden war. Ich entschied mich für die Insel Taquila, von der die Uros sagten, es wäre ein guter Platz. Ich nahm die Anker an Deck. Bei leichtem Südwestwind legte ich ab, etwa einhundert Uros winkten, und ich war unterwegs. Sie sahen jetzt nicht viel besser und gesünder aus als vorher, aber bestimmt fröhlicher. Ein paar Kinder brachten es sogar fertig, »goodbye« zu rufen.

Als ich aus dem Schilf heraus kam, herrschte fast Flaute auf dem See, aber der Anblick war phantastisch. Im Westen schien die Sonne auf die silbernen Berge der Cordillera Real und die hohen Gipfel des Illampu und Illimani, die über siebentausend Meter in der westlichen Ferne aufragten. Unter den strahlenden Bergspitzen lagen die Gletscher, sie leuchteten lila und veilchenblau. Wie gewaltige Vorhänge, zogen sie sich hinunter zu den dunstig grauen Vorgebirgen und dem leuchtenden Grün des Seeufers. Und das alles wiederholte sich auf dem Kopf stehend, die ganze Farbenpalette spiegelte sich in dem ruhigen Wasser des Sees. Es war ein unvergesslicher Anblick, so etwas hatte ich noch nie gesehen. Fern im Südosten, hinter der Straße von Chucuito, erstrahlte die Insel der Sonne in einem tiefen Violett, sie schwamm im leichten Dunst über der Wasseroberfläche wie in einem See aus Milchblasen.

Als ich am Ufer der Capachicha-Halbinsel entlang segelte, sah ich Häuser aus Stein, die sich um einen kleinen Hafen herum schmiegten, und gepflegte und gut bestellte Felder an den Hängen der Hügel. Ich sah Jungen, die Herden schmächtiger Bergschafe hüteten und hörte die Musik der *cuenas*, der Flöten, mit denen sie nach abtrünnigen Tieren in den Rinnen riefen. Ich kam an drei großen Quechua-Loggern vorbei mit ihrem einzigen, gewaltigen Großsegel. Die Skipper und die Crews starrten teilnahmslos, als *Sea Dart* mit halbem Wind und einiger Krängung vorüberzog. Ich koppelte die Windfahne ab und steuerte von Hand mit der Pinne. Wenn *Sea Dart* erst einmal aus der Straße von Chucuito heraus wäre, würde mich der peruanische Zoll nie mehr finden. Im Süden lagen Bolivien und die Insel der Sonne. Dort würde ich endlich sicher sein. Es war sehr zu bezweifeln, dass die Indianer irgendwelche Informationen an den peruanischen Zoll weitergeben würden. Die Quechua hegen keine große Sympathie für die Regierung in Lima. Sie leben hier oben in einer anderen Welt; sie haben mit der modernen Politik, dem Theater, der Zurschaustellung und den Intrigen absolut nichts am Hut.

Fünfzig Meter vor dem Ufer der Insel Taquila sah es ziemlich öde aus, aber dann fuhr ich hinein, in den schönsten Hafen der Welt! Die Einfahrt war nur etwa vier Meter breit. Zwischen aufgehäuften Steinwällen hindurch verlief sie in Form einer immer enger werdenden Hundekurve zweihundert Meter lang zu dem felsigen Ufer hin und endete direkt vor einem kristallklaren Wasserfall. Es war kein Mensch in der Nähe, als ich *Sea Dart* hineinarbeitete und festmachte.

39

Segeln
auf dem Dach der Welt

Während der Fahrt von der schwimmenden Insel der Uros nach Taquila, hatte ich den See, so gut es ging, vermessen und eine Karte gezeichnet. An den Stellen, an denen ich wegen der *llacho*-Bäume nicht näher an Ufer heran kam, benutzte ich meinen Sextanten, um die Höhen von markanten Landmarken zu bestimmen und deren Entfernung zueinander. Die Tiefen ermittelte ich mit dem Handlot, einem Bleigewicht an einer Leine, die in regelmäßigen Abständen Knoten oder Lederstreifen hatte.

Die Insel Taquila ragt fast dreihundertdreißig Meter aus dem Wasser des Sees auf, was natürlich bedeutet, dass die Kuppe des Hügels auf der Insel 4660 Meter über dem Meeresspiegel liegt. Ich machte mich bereit, den Hügel am Morgen zu erklimmen, um die Nordhälfte des Sees, den die Indianer Chucuito nennen, zu vermessen. Ich putzte meinen Sextanten, packte ihn in seine Tragetasche und nahm mein Fernglas und den Handkompass zum Peilen verschiedener Landmarken am Festland und auf den Inseln. Dann packte ich noch meine Navigationstafeln ein. Ich wollte sehen, ob ich aus dieser Höhe die Position des Sees ermitteln könnte. Dann noch Notizblock, Bleistifte, und meinen Schirm, der jetzt schon ziemlich vergammelt aussah, weil ich ihn seit seinem Kauf in Äthiopien unzählige Male benutzt hatte. Ich packte noch eine Stoppuhr ein, mein tragbares Kurzwellenradio für die Zeitsignale, ein Bandmaß, falls es etwas Interessantes zum Messen gäbe, eine starke Nylonleine für Notfälle und mein Seemannsmesser. Das große Entermesser band ich an meinen Gürtel.

Am nächsten Morgen, stieg ich auf den zweihundertsechzig Meter hohen Hügel hinauf. Ich stolperte einen felsigen Pfad entlang, der an langen Felsleisten mit Rinnsalen entlang führte. In der dünnen Luft war es eine große Anstrengung! Als ich etwa die Hälfte geschafft hatte, sah ich den ersten Einwohner von Taquila. Er schien etwa siebzig Jahre alt zu sein, und er sprang mit einem strampelnden Schaf auf dem Rücken leichtfüßig von Fels zu Fels an mir vorbei. Er begrüßte mich mit einem fröhlichen »Buenas, Señor!« und war schnell außer Sichtweite. Ich schaute über den Rand eines Felsens hinunter und sah, dass noch ein Schiff in den kleinen Hafen von Maynani gekommen war und es dort einen Menschenauflauf gab. Ich entschied, dass ich im Moment ohnehin nichts tun konnte und ging weiter. Es war sowieso unwahrscheinlich, dass sich jemand an meinem Schiff zu schaffen machen würde. Die Quechua waren viel zu stolz, um zu stehlen, und außerdem hatte ich eine Schlange auf das Schott des Niedergangs gemalt und darüber einen Totenkopf. Wenn es etwas gibt, das einen Indianer der Anden in panische Angst versetzt, dann ist es eine Schlange. Wie sich herausstellte, war das in ganz Südamerika ein gutes Abschreckungsmittel, denn das Schiff wurde nie ohne meine Einwilligung betreten.

Als ich endlich schnaufend auf der Kuppe des steilen, konischen Hügels ankam, bot sich mir ein phantastischer Ausblick. Als sich die Sonne senkte, wurde die Kette der Kordilleren zu glänzendem Gold. Die Gletscher wurden tiefblau wie Saphir, und unterhalb dieser glühenden Farbenpracht leuchtete der See grün wie Smaragd. Um mich herum, auf der felsigen Bergkuppe, standen uralte Ruinen, Wachtürme, Lagerhäuser und ein kleiner Begräbnisplatz.

Totenschädel grinsten aus winzigen Fensterchen, die in den senkrecht stehenden Gräbern eingelassen waren. Die Schädel blickten alle nach Osten. Überall lagen menschliche Knochen und Tonscherben herum. Ohne etwas anzurühren, ging ich weiter bis zur höchsten Stelle und erwartete die Ankunft der Indianer, die auf dem felsigen Trampelpfad herauf kamen, mit schweren Lasten auf dem Rücken. Hier traf ich zum ersten Mal auf Machamachani, den uralten Quipucamayo, einen der hoch respektierten Ältesten am See der Quechuas.

Von den etwa dreißig Indianern, die auf die Kuppe heraufgestiegen kamen, um zu der Siedlung auf der anderen Seite der Insel zu gelangen, war er der einzige, der keine Last trug. Alle anderen, Männer, Frauen und Kinder, waren beladen mit schweren Säcken, bunten Decken und sogar ein paar Kisten mit Lebensmitteln, Getreide, Körnern und Wurzeln. Selbst winzige Knirpse, die von den eiskalten Nächten blaue gerissene Äderchen auf in ihren Puppenwangen hatten, trugen Lasten, wenn es auch nur ein Dutzend Oca-Wurzeln in einer bunten Decke waren.

Die kleinen Mädchen waren barfuss und hatten sechs Petticoats übereinander an; sie waren exakte Abbilder ihrer Mütter.

Machamachani war gebeugt. Er schien so alt zu sein, wie der Hügel, auf dem wir uns trafen. Er kam mit großer Achtung auf mich zu.

»*Buenas, Señor!*« begrüßte ich ihn.

»*Muy buenas, Señor!*« sagte er und kam direkt auf mich zu. Er war etwa 1,60 Meter groß und trug den *chorro*, die spitze wollene Kappe mit den Ohrlappen. Über seinem Oberkörper hatte er eine Ponchodecke in grellen Farben an, darunter ein rot-weißes *unku*, ein kragenloses Hemd. Nach unten hin steckte er in Hosen aus Lamahaut, die bis zu den Knien hochgerollt waren, und an den Füßen trug er Riemensandalen aus Leder. Sein Gesicht war so vom Wetter gegerbt, wie der Fels um uns herum. Es hatte eine tiefglänzende Bronzefarbe. Seine vom hohen Alter gerunzelten Wangen waren so hart und fest wie die eines Zwanzigjährigen, und man sah keine Barthaare. Seine Zähne waren weiß und glänzten, es waren alle seine eigenen. Später beobachtete ich, wie er die Hinterkeule eines Schafs abnagte, als wäre es Papier. Seine Hände waren sehnig und graziös, die Gesten, und die er beim Sprechen machte, waren kontrolliert. Machamachanis Erscheinung war typisch für die Quechuas seines Alters am See. Ich schätzte ihn auf fünfundsechzig, aber ich war mir nicht sicher, ob er selbst wusste, wie alt er war.

Ich sprach ihn in kastilianischem Spanisch an, aber das schien ihn zu verwirren. Er drehte sich zu einem seiner Begleiter um und sprach schnell. Darauf hin warf der seine Last aus *chuño* ab und rannte hinunter zum Dorf. *Chuño* ist der Ursprung für alle »gefriergetrockneten« Lebensmittel. Es besteht aus Kartoffeln, aus denen alle Flüssigkeit herausgepresst wurde und die dann in den kalten Nächten auf geflochtenen Matten ausgelegt werden, damit sie einfrieren. Diese Nahrung ist fade und geschmacklos, aber sie hält sich ewig und sichert den Indianern in den Wintermonaten das Überleben, wenn es sonst nichts zu Essen gibt.

Der Läufer kam nach erstaunlich kurzer Zeit zurück, wenn man bedenkt, dass das Dorf gut drei Kilometer entfernt war und es nur den steilen Trampelpfad gab. Er wurde von einem untersetzten, kräftigen Mann von zirka Zwanzig begleitet, der eine einfache braune Jacke und schwarzgefärbte Wollhosen anhatte. Er war barfuss. Machamachani ging auf den jungen Mann zu, drehte sich dann zu mir um und sagte lächelnd: »Huanapaco, Bolivia, Quechua, kastilianisch!«

Huanapaco sprach klares, aber langsames Spanisch. Er sagte mir, er gehöre zu einem kleinen Häufchen Quechuas, die in Unimarca am Südteil des Sees lebten, auf bolivianischem Boden. Sein Vater war Häuptling der Illacata, vom Stamm der Anan Saya von Cachilaya. Jeder indianische *ayllu* oder Klan ist in zwei Gruppen geteilt, die sich abwechselnd für ein Jahr in der Führung ablösen. Die andere Gruppe spielt die Rolle der »Opposition«. Die nördlicher lebende Gruppe heißt Anan Saya und die südlichere Gruppe Ma-Saya. Sein Vater war der Schutzmann und verantwortlich für die Landverteilung, die jeden Herbst stattfand, wenn sein Klan, der Nordstamm, an der Macht war. Im Frühling überwachte er die Reparaturen an den Gemeinschaftshäusern, das gemeinschaftliche Nähen und Weben, den Bau der Adobehütten, welche die Gemeinschaft jedem neuvermählten Paar zu Verfügung stellte und die Verteilung von Nahrung an Personen, die zu alt oder zu krank zum Arbeiten waren.

Huanapaco war ein kräftiger Bursche, etwa 1,75 Meter groß, mit einer breiten Brust und den großen Lungen der Anden-Indianer, die sicher um ein Drittel mehr Volumen haben als die Lungen der Menschen auf Meereshöhe. Zuerst dachte ich, er wäre fettleibig. Erst später verstand ich, dass dies alles Muskeln waren. Sein Gesicht strahlte vor Intelligenz. Er hatte in La Paz eine kurze Schulzeit absolviert, die ihm ein Grundwissen über die Außenwelt vermittelt hatte. Von den anderen Indianern wurde er offensichtlich als der Mann angesehen, der die Wunder der Weißen erblickt hatte.

Ein Quipucamayo wird so genannt, weil er die Quipo lesen kann, geknotete Schnüre, in denen die Geschichten und Legenden der Bergindianer über Jahrzehnte überliefert sind. Als die Nacht hereinbrach und man ein großes Feuer entfachte, versammelte sich eine Gruppe von Männern und Burschen, während die Frauen sich um das Kochen kümmerten. Mit Huanapacos Hilfe als Dolmetscher konnte ich mich mit Machamachani verständigen, oder vielmehr ich konnte seinen Erzählungen aus der finsteren und fernen Vergangenheit der Quechua folgen. Er berichtete vpn den Tagen des königlichen Reichtums der Inkas und dem Erscheinen von Kon-Tiki-Vira-Cochas und Tunopa, einem anderen ihrer herausragenden Götter.

Er erzählte mir von der Schlacht der Collas unter der Führung des großen Kriegshäuptlings Chari. Während Manco Capac die Städte und Festungen in Peru baute, war er im Norden aus dem abgelegenen Tal Coquimbo bis in die Nähe des Ozeans in Chile gen Süden gezogen. Als sie die Insel der Sonne erreichten, fanden sie, dass auf dieser heiligen Insel eine Rasse grimmiger und kriegerischer weißer Männer mit Bärten lebte. Die Collas besiegten diese seltsamen bärtigen Männer, die aus einem Land kamen, »weit entfernt über dem Ozean, wo sich die Sonne senkt«. Machamachani zeigte nach Westen, zum letzten Glühen des Tages über den westlichen Kordilleren. Ich folgte seiner Bewegung voller Verwunderung.

Wir saßen um das Feuer herum auf dem Boden, aßen Caraca und Yucca und schützten uns mit umgehängten Decken vor dem eisigen Wind. Mit träumerischen Augen erzählte Machamachani weiter, von den Reisen und Taten Tunupas. »Der Weise« und

Tunapac, der »Sohn des Schöpfers«, beide weiß und bärtig, waren lange vor den Spaniern aus den dampfenden Wäldern Brasiliens aufgetaucht. Sie predigten zu der Bevölkerung in Tarija, einer Provinz im Süden von Bolivien. Danach reisten sie nach Norden zum Titicacasee. Dort ertrank Tunupa im Wasser des Sees. Man legte ihn auf ein Balsafloß und ließ ihn treiben, während die Stämme am Ufer trauerten. Tunupas Balsafloß trieb schnell weg in den südlichen Teil des Sees, wo es in den felsigen Uferklippen anstieß. Das Ufer öffnete sich und ließ das Wasser des Sees abfließen. Das Wasser floss nach Süden und riss Tunupa mit sich fort, zu den fernen Salzwüsten in Poopó. Über Berge hinweg fuhr Tunupas Balsafloß weiter bis hinunter in den Ozean, wo es in Richtung Westen verschwand. Das gefurchte Gesicht des Quipucamayo glühte unter dem *chorro*. Wieder zeigte er nach Westen, und wieder folgte ich seiner Geste voller Verwunderung.

»Wie war das mit Kon-Tiki-Vira-Cocha?« fragte ich den alten Mann.

»Kon-Tiki erschien zweimal«, sagte er. »Beim ersten Mal erschuf er die Berge und den Himmel, die Flüsse, den See, die Menschen und die Tiere. Aber er hatte vergessen, Licht zu machen. Für lange, lange Zeit gab es eine Welt voller Leben, aber kein Licht. Alles war dunkel und kalt.«

Im Flackerschein des Feuers trugen die Frauen schlafende Kinder zu den Adobehütten, damit sie sich dort, zwischen den Meerschweinchen und Ferkeln, warm halten konnten.

Machamachani fuhr fort. »Kon-Tiki kam nach sehr langer Zeit zurück, zur Insel der Sonne. Er berührte den Sonnenstein, und die Sonne, der Mond, und die Sterne kamen heraus. Im gleichen Moment erschien Manco Capac aus einer Höhle, marschierte nach Norden, baute Cuzco sowie andere Städte und gründete das Inkareich.«

»Danach zog Kon-Tiki nach Süden. Als er in die Stadt Tiahuanaco kam fand er, dass die Menschen dort unwürdig waren für das Licht, das er geschaffen hatte. Er verwandelte sie in Steine. Dies sind die großen Steine, die Du sehen wirst, wenn Du dort hin kommst. Du wirst sicher dort hin gehen, denn alle Menschen, die von den Göttern berührt wurden, besuchen Tiahuanaco.«

Er lächelte mich an. »Vor langer Zeit hieß diese Stadt der Tempel falscher Götter Taycala, was so viel bedeutet, wie ›zwischen den Steinen‹. Sie ist eine Gedenkstätte an den furchtbaren Fluch Kon-Tikis, der die versteinerten Menschen dazu verurteilte, zwischen Himmel und Erde zu schweben, für immer in Stein verwandelt, so hart und kalt, wie sie in ihrem sündhaften Leben waren.«

»Unabhängig davon, was andere Leute erzählen, wurde Manco Capac nicht in dem Augenblick geboren, in dem die Sonne unter dem Bann von Kon-Tiki aufging. Er kam von einer Insel vor der Küste von Ecuador, ganz oben im Norden. Ihr Name war Guaya, und dort war sein Schiff zerschellt.

Nachdem er sich ans Ufer gerettet hatte, marschierte er nach Süden bis in die Stadt Ica, wo man sich heute noch viele Geschichten, von den Wundern, die er vollbrachte, erzählt. Von Ica aus stieg Manco Capac in die Berge hinauf (genau wie *Sea Dart*) und kam mit vier seiner Begleiter am See an. Er sagte seinen Begleitern, sie sollten weiter nach Norden ziehen und versteckte sich in einer Höhle auf der Insel der Sonne, bis Kon-Tiki erschien und ihm das Zeichen zum Erscheinen gab. Dann wurde er der erste allmächtige Inka.«

»Das ist die wahre Geschichte von Manco Capac«, erklärte Machamachani, »aber den gewöhnlichen Menschen wird sie nicht so erzählt, weil sie es nicht verstehen würde. Viele von ihnen kennen den grenzenlosen Ozean nicht, der über die Welt hinüber reicht bis zum Geburtsort der Götter. Sie denken, Manco Capac wurde auf der Insel der Sonne geboren!« Machamachani sprach bis in die späte Nacht hinein, und Huanopaco kämpfte um die spanischen Worte, während ich gespannt zuhörte. Später erzählte mir der Quipucamayo, dass er nie weiter gewesen sie als La Paz, das im Süden des Sees hoch oben in den Anden liegt. Er konnte weder lesen noch schreiben, und sein Spanisch war zu unvollkommen, um viel zu verstehen.

Als ich den sternenbeschienenen Pfad vom Hügel Amantini zum Dorf hinunter ging, schwirrte mir der Kopf. Unruhig schlief ich ein, immer noch verwundert über die Geschichte von Kon-Tiki, der »Wasser aus den Felsen springen ließ« und ein weißer Mann gewesen war. Kannte er die Möglichkeiten der Wasserumleitung und benutzte seine Fähigkeiten, um die primitiven Wilden zu beherrschen? War Tunupa,»der Weise«, dessen Balsafloß auf so magische Weise den Fluss Desaguadero durch die südlichen Berge gebrochen hatte ein Ingenieur, der einen Kanal gebaut hatte, um den See vor seiner jährlichen Überflutung zu bewahren?

Machamachani hatte gesagt, dass der Name der großen Tempelstadt Taycala, in Tiahuanaco geändert worden sei, was in der Quechua-Sprache so viel wie »trockenes Ufer« bedeutet. Waren die Wasser des Sees vor dem Bau des Kanals bis zu dieser Stadt hinauf, mit ihren vielen Einwohnern, angestiegen? Hatte man den Kanal gebaut, um das Lager des Feindes um seine Wasservorräte zu bringen und sie so zu besiegen? Das wäre eine Erklärung für die Legende, nach der die weißen, bärtigen Götter alle Menschen der Stadt in Steine verwandelten. Als ich später den Fluss Desaguadero besuchte schien es mir, als könne er von Hand gemacht sein, obwohl die Zeit und die Milliarden Tonnen von Wasser, die hinab in die Salzseen von Poopó fließen, um »die Sonne zu suchen«, also zu verdunsten, alles verwischt haben.

Machamachanis Version von der Ankunft Manco Capacs, zusammen mit der Ankunft von Pizarro, und außerdem die Legende vom Verschwinden Kon-Tikis, all diese Geschichten haben sich dem gleichen Gebiet der Ozeanküste abgespielt. Es schien mir, als hätte es dort regelmäßigen Besuch gegeben, von irgendwo her, zu den drei Kaps an der Küste von Ecuador und ganz besonders zum Kap Santa Elena. Dieses Irgendwo war vielleicht Asien oder der Mittlere Osten. Von wo her sonst sollten weiße bärtige Männer an der Pazifikküste Südamerikas aufgetaucht sein, um dann wieder zu verschwinden? Mit solcher Regelmäßigkeit?

Später fand ich nach alten Berichten in der Bibliothek von La Paz heraus, dass es nach dem Eintreffen der Spanier am Titicacasee im Jahr 1600 in der Nähe von Copacabana einen großen Vulkanausbruch gegeben hatte, der den Himmel über dem See tagelang verdunkelte. Es ist gut möglich, dass Jahrzehnte vorher andere weiße Männer ein ähnliches Phänomen benutzt hatten, um Macht über die extrem abergläubische, unwissende und primitive Bevölkerung zu gewinnen.

Mit all diesen Fragen im Kopf schlief ich ein, und das Schiff rollte leicht im Nachtwind.

Am folgenden Tag stöberte ich in den Ruinen der Insel herum. Huanapaco agierte als mein Führer. Er erklärte mir, dass viele der Gebäude zum Speichern von Getreide erbaut worden seien. Er zeigte mir auch den alten Friedhof, auf dem die Körper gut präpariert in Körben sitzen, mit angezogenen Knien unter dem Kinn. Als wir zum Dorf der Quechua zurück gingen, war ich von seiner Intelligenz beeindruckt.

In dieser Nacht, in der Machamachani und die Ältesten um das Feuer herum saßen, erzählten sie Geschichten von ihren vergangenen Abenteuern beim Jagen und Fischen. Ich bat Huanapaco zu mir herüber. Er kam durch den Kreis der mit Decken behängten Männer, und der flackernde Schein des Feuers spiegelte sich in ihren Gesichtern.

»*Si, Señor?*«

»Möchtest Du mit mir segeln, so lange ich auf dem See bin?«

Seine Augen begannen zu leuchten. Er fiel vor dem Quipucamayo auf die Knie und fragte ihn in Quechua. Der alte Mann lächelte und nickte. Huanopaco stand auf, ergriff meine Hand, drehte sich zum Feuer um und rief »*Mi capitán!*«

Und so wurde es mit Machamachani arrangiert, dass Huanapaco mich zum See Chucuito begleiten würde, der Nordseite des Titicacasees, weiter durch den Archipel bis zur Insel der Sonne und dann hinüber nach Bolivien. Dort würde er seinen Vater besuchen und um Erlaubnis bitten, ein Jahr mit mir zu fahren, bis ich wieder in den mächtigen Wassern des großen Ozeans gelandet war. Die ganze Nacht hindurch gingen unter dem glitzernden Sternenhimmel die Reden des Quipucamayo und von Huanopaco weiter, bis der Mond langsam über den fernen Bergen der Cordillera Real aufging, über dem Gipfel des Sorata, den die Quechuas Achacilla nennen, den »Großvater des Schnees«. Ich schlief zufrieden in der Abobehütte von Machamachani. Morgen würde ich den Nordteil des Sees vermessen, von der günstig gelegenen Höhe des Hügels von Taquila aus.

Die erste Nacht, die ich in einer indianischen Hütte schlief, lernte ich, dass es außer Vicuña, Lama, *titi*, und Jaguar noch andere Tiere gibt, die unterwegs sind. Ununterbrochen wurde ich durch die klappernden Zähne der Meerschweinchen geweckt, die von den Quechua als Haustiere in ihren Hütten gehalten werden, bis man sie schlachtet. Dann waren da noch der Pulex irritans, der Menschenfloh, und die äußerst aktiven Bettwanzen, während die Läuse einfach über mich hinwegkletterten.

Bevor ich auf *Sea Dart* zurückkehrte, wusch ich mir den Kopf und die Schamhaare mit Benzin, rasierte überall die Haare ab und schrubbte mich eine Stunde, oder gar länger, unter dem Wasserfall, bis ich sicher war, dass ich keine Lebewesen mehr am Körper hatte. Ich bestand darauf, dass Huanapaco es mir nachmachte, und das tat er, wenn auch nur widerwillig. Normalerweise waschen sich die Indianer nach der Geburt nicht mehr, bis sie sterben. Wann immer ich in ihrer Gesellschaft war, versuchte ich in Luv zu sitzen, denn der Gestank hätte selbst einen Ochsen zum Umfallen gebracht.

Aber trotz meiner Vorkehrungen wimmelte das Schiff, nach einem Monat bei den Indianern vor Flöhen und Ungeziefer. Sie verschwanden erst neun Monate später, als das Schiff von dem brasilianischen Armeeposten in Coimbra rigoros desinfiziert wurde. Am Anfang war das Ungeziefer eine lebende Folterkammer, aber nach Monaten der Entbehrungen, Hunger und Kälte verlor es an Bedeutung und war nur noch eine kleine Unbequemlichkeit.

Nach einer gründlichen Vermessung aller Landmarken, die ich von der Bergkuppe aus sehen konnte, kam ich zufrieden zu *Sea Dart* zurück. Der Aufwand hatte sich sicher gelohnt, denn ich hatte jetzt einen guten Überblick über die Lage und Form des Sees. Am nächsten Morgen würden wir aufbrechen, um die vielen Inseln und Buchten in der Nordhälfte des Titicacasees zu erkunden, den am wenigsten bekannten Abschnitt, in den Europäer fast nie kommen.

Im frühen Morgenlicht, bevor der tägliche Südwestwind einsetzt, arbeiteten wir *Sea Dart* von Hand aus dem kleinen Hafen hinaus, durch die abgenutzten zeitlosen Steine der

Einfahrt. Dann wriggten wir weiter nach Norden. Zum Frühstück aßen wir Trockenfisch, kalten Reis und Tee. Wie sich herausstellte, war Huanapaco ein sehr neugieriger Bursche. Er wollte alles über das Segeln mit *Sea Dart* wissen. Mit Indianerschiffen war er schon oft auf dem See gesegelt und kannte sich aus, aber es faszinierte ihn, dass ein Schiff tatsächlich gegen den Wind kreuzen kann. Was ihn ebenfalls begeisterte, war die Windfahnensteuerung. Er schaute oft stundenlang zu, wie sie auf die Windrichtung reagierte und das Schiff auf einem geraden Kurs hielt.

Sechs Wochen lang kreuzten wir im nördlichen Teil des Sees umher, loteten Tiefen aus, suchten sichere Ankerplätze, erkundeten tiefe Fjorde und redeten mit Hilfe von Huanapaco mit den Indianern. Das schönste Segelrevier der Welt tat sich vor uns auf. Für die Nacht, segelten wir oft mit vollem Schwung in ein Schilffeld hinein, und die Pflanzen hielten das Schiff fest, unabhängig davon, wie stark der Nachtwind aus Nordwesten war. Wenn man einmal in einem solchen Schilffeld lag, gab es keine Geräusche mehr, nur den Ruf des *choca,* ein schwarzer Tauchvogel mit metallisch glänzenden Federn, oder des *alka mari,* ein haselnussbrauner Bussard mit hellgelben Stelzen, der am Ufer entlang stolzierte, als wäre er ein Inka. Am Tag zogen hoch oben graue Adler und Kondore ihre Kreise und spähten nach Beute. Vor verlassenen Indianerdörfern, die sich am Ufer entlang schmiegten, gab es den *tanta,* einen grün gefiederten Storch, der sein Nest auf den Dächern der leeren Hütten baut. Am Abendhimmel sah man oft schneeweiße *hallatas,* Wildgänse, die als exakte Flugstaffel nach Hause zogen.

Aber nach sechs Wochen, wurde ich unruhig. Ich dachte, irgendwann würde die Anwesenheit von *Sea Dart* bis zu den peruanischen Bürokraten in Puno durchdringen. Ich wollte weiter nach Süden, in bolivianische Gewässer. Auf unserer Reise dorthin, besuchten wir noch einmal Taquila, tranken an Neumond eine erinnerungswürdige Flasche *chicha* und beobachteten, wie Machamachani unter dem Mond, mit Hilfe von Coca Blättern, die ums flackernde Feuer herum verstreut waren, die Zukunft voraussagte.

»Alles wird gut werden, für Dich, *Maccu Cuito*«, übersetzte Huanapaco. Ich hatte einen neuen Namen, der in Aymara und in Quechua das Gleiche bedeutet – Dorniger Busch – er kam von meinem Bart!

40
Die Insel der Sonne

E s war jetzt Mitte Februar 1974, und die Hälfte der Regenzeit war vorbei. Während unserer Erkundung der Colla Küste und der Inseln Soto, Amanti und (weil es keine anderen Namen gab) Alpha, Baker und Wright, wurden Huanapaco und ich abwechselnd in den bitterkalten Schauern durchnässt und von der brennend heißen Sonne geröstet. Wir verließen Taquila, um zur Insel der Sonne zu segeln. Alle Menschen des Stammes, die noch irgendwie laufen konnten, waren an den Kai gekommen. Die Männer trugen ihre besten Mützen, die aussahen wie Strümpfe mit einer Bommel an der Spitze. Sie hatten ihre Festtagskleider an, knallbunt gewebte Gürtel aus Lamawolle und schwarze Hosen aus dem gleichen Material. Sie schlugen Tamburine, stellten sich am Kai des Miniaturhafens auf und spielten auf ihren Kena-Flöten, was das Zeug hielt. Die Frauen und Mädchen hielten sich in diskreter Distanz, lachten und machten Späße untereinander. Ein sehr hübsches Mädchen sah Huanapaco mit ernsten Augen an, aber der tat so, als würde er es nicht bemerken. Die Frauen trugen schwarze Umhänge, *llicas* genannt, die über der Brust von einem mit Ornamenten verzierten Stift zusammen gehalten wurden. Dieser Stift, der *putu*, ist ihr wertvollster Besitz, denn er ist aus Gold oder Silber. Nur ein einziges Mal in acht Monaten am See erlebte ich, dass die Indianer tatsächlich ihre Kleider wechselten. Selbst bei den öfter stattfindenden Fiestas zogen sie ihre geschnitzten Teufelsmasken und die farbenprächtigen Tanzkostüme mit Zubehör direkt über ihre alte Lumpen an.

Bald kam die Morgenbrise auf, und *Sea Dart* zog tanzend durch den kurzen Hack des Titicacasees nach Süden, mit Kurs auf die Insel der Sonne. Während wir vor der Colla-Küste unterwegs gewesen waren, hatten wir ein paar wilde Stürme erlebt, in denen der Wind von den eisigen Gipfeln der Anden herunter in den sonnenerwärmten Altiplano heulte. Die Temperaturdifferenz zwischen Sonne und Schatten betrug manchmal bis zu fünfundzwanzig Grad. Ich war froh, dass ich den Mast gebogen hatte und der Wind frühzeitig aus dem Segel ablief, denn manchmal kamen diese teuflischen Winde direkt aus einem tiefblauen Himmel heraus, ohne jede Vorwarnung. In einem Moment dümpelte *Sea Dart* in einem leisen Windhauch dahin, und im nächsten Moment kamen Böen mit fast achtzig Knoten. Es war eine aufregende, lebhafte Segelei, trotz des dauernden Mangels an Sauerstoff, der mich schon beim Kurbeln an den Winschen außer Atem brachte. Wenn der Wind stetig blies, war das Segeln eine Freude. Zur Verwunderung Huanapacos jodelte ich dann manchmal und sang aus voller Brust, aus lauter Freude über das herrliche freie Segeln vor dem Wind, hier oben auf dem Dach der Welt, mit Kurs auf die Insel der Sonne, dem legendären Geburtsort der Inkas.

Es gibt verschiedene Arten Fische im Titicacasee. Die *bona*, ähnlich wie eine Sardine, sind winzig und grätenreich, daneben sahen wir *suchez* und *amanto*, die beide etwas größer, aber viel seltener sind. Dann gibt es noch stattliche Regenbogenforellen, bis sechzig Zentimeter groß, aber die sind nicht häufig zu finden. Es lohnte sich also nicht, Angelleinen nachzuschleppen. Außerdem hatte der Regen viel Kraut in den See gewaschen, auch Zweige des *kenua*, des wilden Olivenbaums, der eine bittere Version dieser Frucht trägt, die von den Indianern zu einem Eintopf aus Wurzeln des Totora-Schilfs, grünen Paprikaschoten und Boga-Fisch gegessen wird. In den Eintopf kommt auch noch *mancha* hinein, Erde, eine Art rote Kreide. Ein widerlicher Fraß, aber er sättigt, wenn man Hunger hat. Dieser improvisierte Eintopf wird, zumindest bei den Aymaras, auf einem Feuer aus *taquia*, getrocknetem Lamadung, gekocht. Den Gestank bei den Kochstellen muss man sich vorstellen. Dazu kommt noch, dass weder Männer noch Frauen sich besonders weit vom Feuer entfernen, um sich zu erleichtern.

Als *Sea Dart* näher an die bolivianischen Gewässer und die Insel der Sonne heran kam, fühlte ich mich besser. Als wir über die unsichtbare Grenzlinie segelten, fühlte ich mich zum ersten Mal frei ums Herz, seit wir das Schiff, fast zwei Monate zuvor, in Callao auf Salomons Lastwagen verladen hatten. Ich fühlte auch einen kleinen Triumph, war ich doch der Erste, der Bolivien mit einem seegehenden Schiff erreichte! Oder besser gesagt, seit hundert Jahren wieder in einem Ozeanschiff, nachdem Bolivien damals 1879 seine Seeküste im Vogelscheißekrieg an Chile verloren hatte.

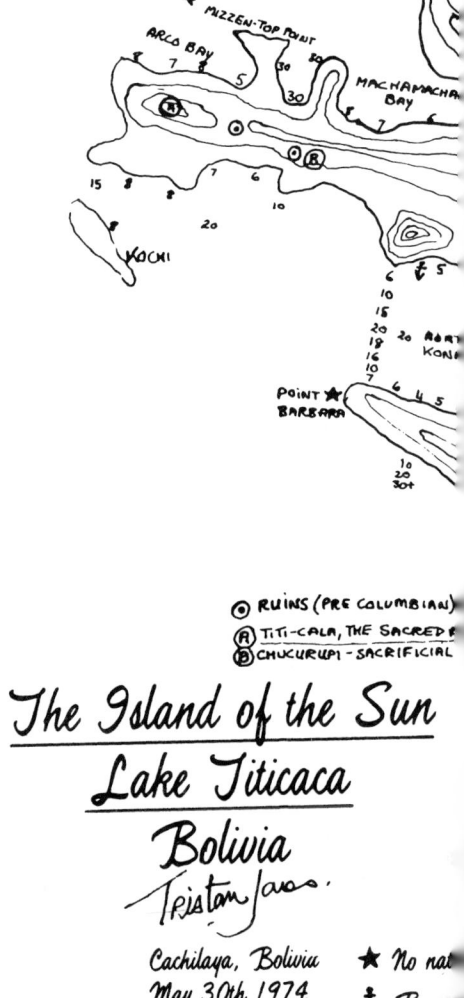

Am Abend schlief der Wind vollkommen ein. Huanapaco und ich paddelten das Schiff in die Kona-Bucht an der Südseite der Insel der Sonne hinein. Hier lagen wir geschützt vor dem rauen und bitterkalten Nachtwind und waren nur fünfzig Meter von der Stelle entfernt, von der die Indianer behaupten und schwören, dass dort Kon-Tiki an Land ging.

Als der zunehmende Mond blass und silbrig über dem hohen Eingang der Bucht von Kona hing, sahen wir leuchtende Feuer an der Seite des Yumani-Hügels, von dem Dorf der Aymara her. Wir setzten das mit der Schlange bemalte Schott in den Niedergang und

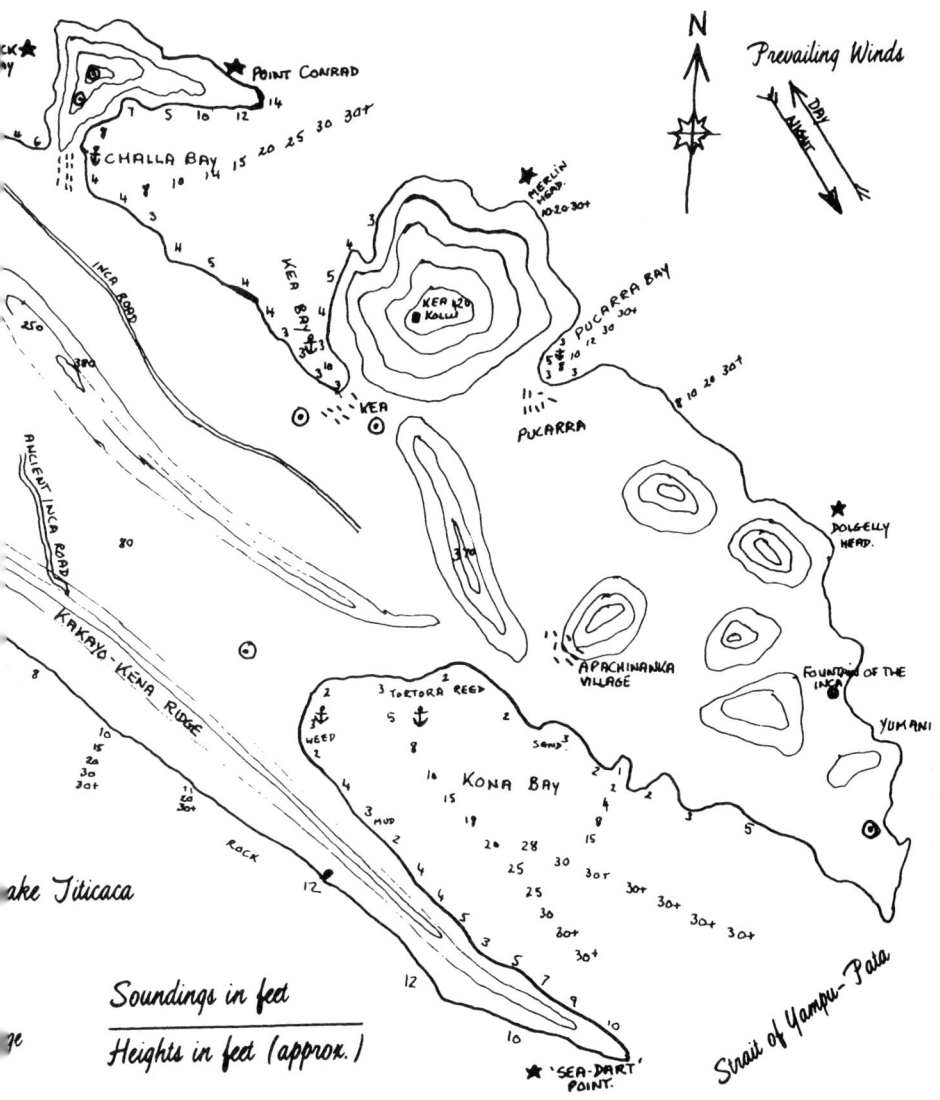

gingen schlafen. Der kleine Petroleumofen erwärmte die Kabine. Bevor er einschlief, sagte Huanapaco leise und ernst: »Macchu Cuito, ich kenne diese Insel. Lass mich zuerst mit den Aymaras reden. Lass' mich mit ihnen reden, bevor Du an Land gehst. Es ist besser so! Sonst lassen sie Dich nicht die Dinge sehen, die Du sehen willst.«

»In Ordnung, mach' das«, sagte ich im Halbschlaf. Ich träumte bereits von grünen englischen Kricketfeldern, schäumendem Bier, Roast Beef und Yorkshire Pudding. Jetzt war es fast Frühling in England, und alle Leute freuten sich auf den April und die erwachende Blütenpracht. Und ich war hier in dem abgelegensten Segelrevier, das man sich vorstellen kann, umgeben von fremdartigen, primitiven Kulturen und Mentalitäten und fürchtete den kommenden Winter. Aber immerhin hatte ich die Insel der Sonne erreicht und würde eine Seekarte ihres Ufers anfertigen. Der Ruf des *choca*, eines Nachtvogels, lullte mich in den Schlaf. Das Schiff rollte sanft in der Bucht von Kona.

Nach einem Frühstück, aus gebratenem *oca* und Boga-Fisch, den wir über Nacht auf Grund gefangen hatten, paddelte Huanapaco mit dem Gummibeiboot an Land. Unter den misstrauischen Augen einiger Aymaras erklomm er den steilen Pfad, der zum Hauptdorf führte. Apachinaca war ein Haufen weit auseinander liegender Adobehütten, mit Dächern aus Totora-Schilf. Ich beobachtete seinen Weg mit dem Fernglas. Er sprang von Fels zu Fels, sicher wie eine Gemse, bis er schließlich hinter einer Böschung verschwand, und mir nur noch die sauren Gesichter der Aymara blieben, die sich am steinigen Ufer versammelt hatten und das Dutzend umherlaufender Schweine, die den Boden um die Hütten herum aufwühlten.

Nach einer unbestimmten Zeit tauchte Huanapaco wieder auf. Er stand auf der Böschung und winkte, dass ich an Land und zu ihm hinauf kommen sollte. »So ein Dummkopf«, dachte ich, »er denkt, ich kann über das Wasser laufen!« Schließlich erinnerte er sich an das Beiboot, kam herunter und paddelte zu *Sea Dart* hin. Er grinste.

Am Ufer erzählte er mir dann, dass der *alcalde*, der Chef des Clans, mich zu einem Besuch eingeladen hatte. Huanapaco sagte, dass der *alcalde*, obwohl er nicht arm aussehe, sicher ein Geschenk erwarte, denn die Aymara hätten nur drei Triebfedern – Habgier, Alkohol und Blutrünstigkeit, exakt in dieser Reihenfolge. Es lag noch vor mir, herauszufinden dass, obwohl es intelligente Leute waren, sie den größten Teil ihres Verstandes dazu gebrauchten, etwas Böses auszuhecken. Es gab auch unbestrittene Ausnahmen unter ihnen, aber die bestätigten nur die Regel über die Aymaras im allgemeinen. Ich glaube nicht, dass ihre Bösartigkeit eine Folge der schlechten Behandlung durch die spanischen Eroberer war, weil die Quechuas diese speziellen teuflischen Künste nicht haben. Auch nicht die anderen Stämme, die Chibcha, die Collos und die Uros. Es muss etwas mit ihrer genetischen Abstammung zu tun haben, mit ihrer Rasse.

Die Annahme, dass die Spanier in Südamerika Millionen von Indianern getötet haben, kommt nicht aus historischen Quellen. Um das Jahr 1500 herum haben die Jesuiten stichprobenartige Volkszählungen vorgenommen. Legt man mit diese Zahlen zugrunde, dann stellt man fest, dass sich die Bevölkerungszahl der Andenindianer seit diesen Tagen stark erhöht hat. Sicher, sie wurden in den Minen von Potosi durch das Economienda-System der Spanier ausgebeutet, und sie wurden von den reichen kreolischen Hacienda-Besitzern wie Sklaven gehalten, aber die alten Berichte erwähnen keine Fälle absichtlicher Brutalität oder gar Ausrottung. Es wäre auch sehr zum Nachteil der Spanier gewesen, denn in den Ländern der Anden gab es neben den Indianern nur sehr wenige Weiße oder Angehörige anderer Rassen. Sie hätten sich selbst um starke, billige Arbeitskräfte gebracht. Der Bevölkerungszuwachs kann auch nicht einfach nur durch eine hohe Geburtenrate erklärt werden, denn bei den Indianern sind große Familien eher die Ausnahme und nicht die Regel. Aber vorher sorgten die Naturgewalten, Krankheiten und Seuchen, denen sie ausgesetzt waren, für eine Begrenzung auf ein natürliches Maß.

In großen Teilen der Anden ließen die Spanier die Indianer einfach in Ruhe, sie hatten eine große Freiheit und Selbständigkeit, wie das zum Beispiel am Titicacasee der Fall war. Das ist der Grund dafür, dass heute die *ayllus*, die Clans, noch genau so existieren wie damals vor 1532, unter den Inkas. Die meisten Aymaras hatten die volle Autonomie ihres Stammes. Die Behauptung, dass ihre Feindseligkeit gegenüber Fremden, ihr Geiz und ihre trunkene Brutalität eine Reaktion auf die Ausbeutung durch die Spanier seien, zieht nicht. Die Ausbeutung der Aymara durch die Aymara selbst ist viel größer, als alles, was von außen auf sie einwirkt. Die *llacas,* die Medizinmänner, halten die meisten Mitglieder des Clans in einer Zange des Terrors gefangen und profitieren davon. Obwohl sie für den Reisenden arm und elend aussehen, pittoresk und malerisch primitiv, hat man mir gesagt, dass es sich einige von ihnen leisten könnten, morgen schon nach La Paz zu ziehen. Aber sie leben lieber mit Lumpen, Flöhen, Schmutz, Ungeziefer und Krankheiten.

Der *alcalde* war ein schwerer Mann mit Hängebacken und einem machtbesessenen Blick. Er schaute mich an, als könne er aus meinem Aussehen auf mein Vermögen schließen. Er sprach schnell mit den gutturalen Lauten seiner Sprache. Es ist schwer, zuzuhören, ob man es versteht, oder nicht. Huanapaco sagte, dass ich den *ayllu* dafür bezahlen müsse, wenn ich den heiligen Platz sehen wollte. Ich sagte ihm, dass ich ein armer Mann und von weit her gesegelt sei, um diese Insel zu besuchen, dass ich nur die heilige Stätte sehen wolle und ich dazu keinen Führer nötig hätte, weil mein Freund Huanapaco die Insel kenne und mich führen würde.

Der Chief sagte, das wäre nicht genug. Viele Gringos (er war der einzige Indianer am Titicacasee, den ich je dieses Wort gebrauchen hörte, und der es aussprach wie ein Sklavenhalter das Wort »Nigger«), wären auf die Insel im Titicacasee gekommen und hätten dem *ayllu* nichts gegeben. Er sagte das in seiner Sprache zu Huanapaco, aber ich konnte mir nicht vorstellen, dass er kein Spanisch verstand. Er war gerade in einem längeren Palaver mit Huanapaco, ich schaute ihm gerade und direkt in die Augen und sagte: »*Entonces no quiero ver esta isla de mierda!* – Dann will ich Deine Scheißinsel gar nicht sehen!« Er brach mitten in seiner Rede ab und sagte. »*Qué dices?* – was sagst Du?«

»Ich sagte, dass Du kein ehrlicher Mann bist, *Señor,* weil Du behauptet hast, kein Spanisch zu verstehen. Wie soll ich jetzt irgend etwas glauben, was Du sagst? Wenn Du mich nicht vorbei lässt, um Titi-cala zu sehen, den heiligen Fels, dann werde ich Präsident Banzer davon berichten, wenn ich ihn in La Paz treffe, und auch von Deinem Verhalten und von Deiner Einstellung.«

Sein Gesicht verzog sich, und er sprach schnell zu Huanapaco. Er fragte ihn, ob ich wirklich den Präsidenten treffen würde. Huanapaco, der schnell von Begriff war schwor, dass ich ein persönlicher Freund von Präsident Hugo Banzer Suárez sei, dass ich zur Zeit als Ehrengast in Bolivien weile und es alle Arten von sehr unangenehmen Konflikten gäbe, wenn man mich nicht mit der gebührenden Achtung behandele. Der Gesichtsausdruck des Chiefs verwandelte sich in kriecherische Unterwürfigkeit. Er drehte sich zu mir um und sagte:»*Señor,* ich selbst werde Sie zu dem heiligen Felsen Titi-cala führen. Nicht nur das, ich werde Ihnen auch die heilige Fontäne der Inkas am Ort Yumani zeigen und die alte Inkastraße auf der Klippe Kakao Kena!« Und so wurden wir von einem Experten über die Insel geführt, der uns in jeder nur erdenklichen Art zufrieden stellen wollte. Den ganzen Tag hindurch besichtigten wir die Wunder der Inka-Legenden. Als wir zu *Sea Dart* zurück kehrten, waren wir mit Geschenken beladen, mit Oca, Kartoffeln und einer große Forelle.

Nachdem *Sea Dart* aus den peruanischen Gewässern heraus war, war sie auch von der Importsteuer in Höhe von fünfzig Prozent ihres Wertes befreit, die sich die stempelnden Bürohengste in Lima ausgedacht hatten. Obwohl sie vor der Insel der Sonne in bolivianischen Gewässern vor Anker lag, war sie noch nicht offiziell in Bolivien, denn es gab keine

Stelle zum Einklarieren, vor der Stadt Tiquina.

Bevor wir durch die Straße von Tiquina segelten, die den Titicacasee wie eine Sanduhr in zwei ungefähr gleich große Hälften teilt, den Chucuito und den Unimarca, wollte ich noch die Uferlinie der Insel der Sonne vermessen. Die Regenschauer waren jetzt weniger häufig. Am Tage strahlte die Sonne, die Winde waren leicht und wir hatten noch genügend Vorräte an Bord, um bescheiden zu leben.

Acht Tage lang arbeiteten wir uns um die Insel und ihre Nachbarn herum, Kochi, Pallaya, Chuyu und Lauassani, eine kleine Insel, auf der es nur Vögel gibt, hauptsächlich *chocas*. Am frühen Morgen, von fünf bis neun Uhr, wenn es noch windstill war und der See spiegelglatt wie eine Glasscheibe da lag, ein leichter Dunst über der Oberfläche schwebte und die anderen Inseln in der Ferne in der Luft zu hängen schienen, wie auf einem chinesischen Gemälde, loteten Huanapaco und ich die Tiefen aus. Huanapaco warf das Blei und rief die Werte aus, während ich das Schiff nach der althergebrachten Flächensuchmethode in alle Richtungen wriggte. Wenn ich aufschaute, konnte ich oft in der Ferne des Nordens Inseln sehen, Soto und Amantani, die scheinbar verkehrt herum am verschwommenen Horizont in der Luft hingen. Es war nicht auszumachen, wo der Himmel sich mit dem See traf. Das ist das Fata-Morgana-Phänomen, das durch Temperaturdifferenzen hervorgerufen wird und zu einer Ablenkung der Lichtwellen führt. Diese Erscheinung hatte ich zum letzten Mal vor Madagaskar und vor Sizilien gesehen.

Ab zehn Uhr am Morgen kam üblicherweise Wind auf, und dann gingen wir vor Anker, meist dicht unter Land. Die Insel der Sonne fällt sehr steil in den See ab, und das Wasser ist bis zum Ufer hin tief. Dann ging ich mit dem Sextanten und dem Peilkompass an die Arbeit, vermaß die Kaps und Berggipfel in ihrer Lage zueinander und zeichnete sie in die Karte ein. Ich rief Huanapaco die Zahlen zu, und er notierte sie sauber auf dem Kartenblatt.

Wenn wir vor Anker lagen und in den steilen Wellen des Sees auf und ab sprangen, wechselten wir uns bei der Zubereitung des Mittagessens ab. Ich machte üblicherweise Fisch und Bratkartoffeln, und Huanapaco versuchte sich an seiner Quechua-Eintopfspezialität aus Schilfwurzeln, grünen Paprikaschoten und Oca. Mittlerweile war mir der Tee ausgegangen, bis auf einen winzigen Rest, den ich versteckte und für den Fall einer Katastrophe aufhob.

Von zwei Uhr nachmittags bis gegen vier segelten wir zu unserem nächsten Ankerplatz. Der war normalerweise nicht weit entfernt, und wir kamen in der Hitze der herunterbrennenden Sonne dort an. Am Ufer gab es üblicherweise einen Wasserfall oder einen Bach, in dem wir baden konnten. Die Viehherden auf dem Kopf und am Körper wurden immer größer, und wir mussten ihnen zu Leibe rücken. Die besuchenden und manchmal schmuggelnden Indianer schleppten sie ein. Es gab keine Möglichkeit, sie nicht an Bord zu bitten, denn sie waren sich der Regeln der Gastfreundschaft wohl bewusst, und Gerüchte verbreiten sich schnell am See. Manchmal hatten wir interessante und oft komische Gespräche mit den Schmugglern, die unter Segel durch die Straße von Tiquina fuhren, direkt vor der Nase der bolivianischen Marine vorbei. Sie transportierten Fleisch, Mehl, Coca und Zucker nach Peru und fuhren mit Textilien, *chicha,* Bier und Radios zurück. Man schätzt, dass 1973 siebzig Prozent aller Importgüter illegal nach Bolivien hereinkamen und fünfzig Prozent der Exportgüter hinausgeschmuggelt wurden. Viele von diesen Geschäften wurden auf den Grenzgewässern des Sees abgewickelt, unter Segel! Oft sahen wir ein größeres Segelschiff am Horizont auftauchen, das am frühen

Morgen in der Flaute lag. Die Crew arbeitete sich heran, kam längsseits und begrüßte uns wie alte verlorene Freunde, besonders die Quechua aus dem Norden. Sie hatten von dem komischen »Gringo« gehört und seinem noch seltsameren Schiff, das wie ein Vogel gegen den Wind segeln konnte. Sie kamen heran und riefen meinen Quechua-Namen, Maccu Cuito. Dann saßen wir üblicherweise zusammen und palaverten mit Huanapacos Hilfe im klaren transparenten Licht des beginnenden Tages, das der See wie ein goldener Kelch in seinen flüssigen Händen hielt, bis die Sonne über der Halbinsel Copacabana aufging und uns in den Schatten zwang.

Am Abend nahmen wir eine weitere Mahlzeit zu uns. Der Wind schlief ein, es wurde still um uns herum, und nur das Schilf raschelte leise. Huanapaco wickelte sich in seinen Poncho ein und schlief. Ich zündete die Petroleumlampe an, arbeitete an der Karte, schrieb mein Logbuch oder verfasste Artikel für Zeitschriften, die ich abschicken würde, wenn wir wieder im 20. Jahrhundert angekommen wären. Gegen neun Uhr, nachdem ich die Nachrichten aus der Welt draußen und unter uns über Radio gehört hatte, wärmte ich die Kabine mit dem Petroleumofen an und ging in die Koje.

An einem sicheren Ankerplatz bestiegen wir manchmal am Nachmittag die Hügel einer benachbarten Insel. Oft geschah das, um die umliegende Gegend zu vermessen, aber meist kam ich bei der dünnen Luft nach dem Aufstieg über die steilen Felsen total erschöpft und außer Puste oben an. Aber der Blick war einzigartig. Wann immer die Sonne schien, und das tat sie jetzt meist den ganzen Tag, sah die Landschaft des Titicacasees von hier oben phantastisch aus. Wir konnten im Norden Berggipfel sehen, die von ihren Brüdern im Süden 350 Seemeilen entfernt waren. Die Berge schienen in der klaren Luft so nahe zu sein, dass man meinte, man könne sie berühren. Zu unseren Füßen breitete sich der blaue See aus und verlief sich in der Ferne. Er war von Inseln unterbrochen, die meist einen Schilfgürtel hatten, der golden und grün leuchtete, wenn eine Brise hindurch zog. Weit unten schaukelte *Sea Dart* in den Wellen. Ihre rote Nationale wehte am Heck und erschreckte die Störche und Tauchvögel, die es liebten, auf der Mastspitze zu sitzen und auf das Deck zu kacken, wenn niemand an Bord war. In dieser Meereshöhe gab es zwei sehr interessante und verblüffende Phänomene. Das erste war die Auswirkung des Sonnenlichts auf die Farben, die verschwand, wenn man in den Schatten kam. Der Unterschied zwischen Sonne und Schatten war viel ausgeprägter als auf Meereshöhe. Ich dachte, dass der Maler van Gogh dieses Phänomen sicher beeindruckend gefunden hätte, vielleicht noch mehr, als das besondere Licht in der Gegend von Arles.

Ein anderer, nicht sofort erkennbarer Effekt, war die Schwierigkeit, in der dünnen klaren Luft Entfernungen zu schätzen. Als erfahrener Navigator auf kleinen Schiffen, kann ich normalerweise Entfernungen, speziell zum Land hin, auf einige zehn Meter genau schätzen, selbst über sechs oder sieben Seemeilen. Aber hier oben, am Titicacasee, wurde ich oft hereingelegt, und zwar um Meilen! Es scheint, dass der ungewöhnliche Einfallswinkel der Lichtstrahlen, zusammen mit der unglaublichen Transparenz der klaren trockenen Luft, wie ein Vergrößerungsglas wirkt. Manchmal musste ich bei meinen Vermessungen eine Strecke zu Fuß ablaufen oder mit dem Schiff die Meilen zwischen zwei Inseln loggen anstelle einer normalen Winkelmessung mit dem Sextanten.

Über dem See gab es den klarsten Nachthimmel, den ich je gesehen hatte. Weit draußen auf dem Ozean, vielleicht tausend Seemeilen vom Land entfernt, ist der Himmel voll mit Sternen. Aber hier auf dem Titicacasee, war kaum Zwischenraum zwischen den Sternen, kein Platz für das Schwarze. Die hellen Planeten und die Hauptsterne erschienen wie kleine Monde, ihre runde Form war klar erkennbar. Die von Menschen geschaffenen Satelliten waren sofort als solche auszumachen, wie Taxis im nächtlichen Straßengewühl. Man konnte bestimmt eine Million Sterne sehen, und ich denke, dass es auf der Welt keinen besseren Platz für eine Sternwarte geben kann. Jedes Mal, wenn ich in einer klaren Nacht an Deck kam, war ich von dem Wunder des Himmels tief beeindruckt, zu majestätisch, um es mit Worten zu beschreiben, ehrfurchtgebietend in seiner Pracht. Wenn der Mond aufging, konnte man jeden Krater erkennen und jede Falte in seinem runzeligen Gesicht.

Am 16. Februar war unsere Vermessung der Insel der Sonne beendet, und ich entschied mich dazu, nach Tiquina zu segeln. Dort gab es eine bolivianische Marinebasis auf einer überhängenden Klippe, von der aus man die wunderschöne, eine Seemeile breite Straße, die den Chucuito See vom Unimarca See trennt, überblicken kann.

Man kann sich darüber wundern, wieso ein kontinentales Land wie Bolivien, ohne Anschluss an den Ozean, eine Marine besitzt. Es hat wenig mit dem Schmuggelverkehr zu tun, der sich in den Grenzgewässern zwischen Peru und Bolivien abspielt. Es hat auch überhaupt nichts mit einer Bedrohung durch die peruanische Marine zu tun, die es hier oben so gut wie nicht gibt. Der Grund dafür ist die Tatsche, dass die Region, die man seit 1825 Bolivien nennt, früher eine pazifischen Küste als eigenes nationales Territorium hatte, wie es nach den Unabhängigkeitskriegen gegen Spanien vertraglich ausgehandelt worden war. Diese lange Küste lag im Nordteil der Atacama-Wüste, in einem Gebiet, das heute zu Chile gehört. An diesem gottverlassenen und öden Küstenstreifen, an dem es jahrzehntelang nicht geregnet hatte, baute man ein Dörfchen, in der Nähe eines sicheren Ankerplatzes, bestehend aus ein paar Hütten zwischen den heißen Felsen und auf glühendheißem Sand. Diesem Kaff gab man den pompösen Namen Antofagasta.

Für Bolivien war dieser Hafen zwei Jahrzehnte lang die einzige Verbindung mit der See. Außer für ein Rinnsal von geschmuggelten Gütern wurde er nie für den internationalen Handel genutzt. Bald, nachdem die Republiken Südamerikas ihre Unabhängigkeit erreicht hatten, gab es in Europa einen unvorhergesehenen starken Bevölkerungszuwachs, hervorgerufen durch die Industrielle Revolution. Man suchte nach Wegen, die Nahrungsmittelproduktion zu steigern, denn in diesen Tagen vor dem Einsatz von Dampfschiffen gab es noch keine Tiefkühlanlagen. Was gab es für einen besseren Weg als guten Dünger. An der Westküste von Südamerika lagen Quadratmeilen öder Küste, Klippen, und vorgelagerte Inseln, die mit einer Schicht von Guano überzogen waren – Vogelscheiße, bis zu einem Meter dick.

Im Jahre 1842 kam der einzige Ozeansegler (außer *Sea Dart* natürlich) nach Bolivien, das heißt, der einzige, der in Büchern verzeichnet ist. Es war die *Hapsburg* mit Heimathafen Glasgow, eine Brigantine mit vier Masten. Sie hatte im Jahre 1841 in Schottland abgelegt, beladen mit Schiefer für Dächer als Ballast. Im November 1841 kämpfte sie sich um Kap Hoorn herum und verlor dabei drei Mann. Einer wurde über Bord gespült, einer stürzte von der oberen Rah des Bramsegels herunter, und einer wurde bei einer wilden Rauferei im Mannschaftsraum erstochen. Im Januar 1842 lag sie auf Reede vor Valparaiso in Chile und entlud ihren Schiefer, den man heute noch auf einigen vornehmen Häusern in Hafennähe sehen kann. Da sie keine Ladung bekam, fuhr ihr Kapitän, mit schottischem Einfallsreichtum, weiter nach Norden. Hier, in Antofagasta traf er auf chilenische Vogeldrecksammler, und arrangierte, dass die *Hapsburg* mit dem weißen Gold des Atacama beladen wurde. Es wurden keine Ladepapiere ausgefertigt, es gab keine offizielle Einklarierung, und dem bolivianischen Hafenmeister wurde keine

Mannschaftsliste übergeben.

Nach sechs Wochen harter Arbeit, in denen der pulvrige Guano in kleine Lastkähne geschaufelt und an Bord der *Hapsburg* gebracht wurde, ging das Schiff ankerauf mit sechshundert Tonnen Vogelscheißeals Ladung. Die halbe Crew war krank. Sie litt unter Wassermangel an dieser trockenen Küste – ein viertel Liter Wasser, ein viertel Liter Whisky. Das war die Regel im Guanohandel. Mit einer reduzierten Mannschaft segelte sie zum Kap Hoorn, wo sie in den stürmischen Aprilwinden weitere Männer verlor. Sie erreichte Glasgow im August 1842 und arbeitete sich die Clyde hinauf, wettergegerbt, triumphierend und über Meilen hinweg nach bolivianscher Vogelscheiße stinkend.

In der Zwischenzeit war der Diebstahl der bolivianischen Regierung in La Paz zu Ohren gekommen. Es führte zu einer diplomatischen Beschwerde beim britischen Botschafter, der das ungenehmigte Eindringen der *Hapsburg* in bolivianische Gewässer nach London berichtete, und darüber hinaus den Diebstahl von sechshundert Tonnen Vogeldreck. Der Bericht wurde von Reitern nach Argentinien gebracht und gelangte dann mit einem schnellen Getreidefrachter, einem »Windhund der See«, mit drei Masten und direktem Kurs auf die Themse zu der Regierung Ihrer Majestät in London. Der Windhund, mit seinen Wolken von Segeln und seinem raubeinigen Skipper, schaffte die Reise zurück nach England in kurzer Zeit. Der Bericht war längst übergeben und das Schiff lag längst sicher vor der Isle of Dogs, bevor die schwerfällige *Hapsburg* mit ihrer kleinen Crew nach Glasgow hineinkroch. Als das Schiff längsseits festgemacht wurde, standen die Bobbys schon bereit und verhafteten den Kapitän. Die Mannschaft kam ins Gefängnis von Barlinni, und die Ladung wurde dem bolivianischen Konsul in London übergeben. Dieser Herr, dessen Name leider nicht überliefert ist, verkaufte sie prompt an eine deutschen Firma in Hamburg und verzog sich schnell mit der Frau seines Partners nach Paris. In Bolivien blieb die Erinnerung an ihn über Generationen erhalten. Er war bekannt als der Benedict Arnold des Märchenlands, der seine Jahre damit verbrachte, in den eleganten Cafés in Paris an seinem Absinth zu nippen, mit dem Erlös aus sechshundert Tonnen Vogelkacke in der Tasche.

Dreißig Jahre lang versuchte die bolivianische Regierung, die chilenischen Guanodiebe von ihrem Territorium fernzuhalten. Schließlich verlor Chile die Geduld. Man war sich der Unterstützung Englands sicher, da man den englischen Botschafter aus Rache für den gestohlenen Vogeldreck, in seiner Paradeuniform verkehrt herum auf einen Esel gebunden und öffentlich durch die engen winkligen Gassen von La Paz geführt hatte. Chile erklärte Bolivien den Krieg. In einem schnellen Feldzug, der nur ein paar Tage dauerte, verjagte Chile die bolivianische Armee wie Hasen und erklärte das Territorium zur chilenischen Provinz Antofagasta.

Die Nachwirkungen dieser Auseinandersetzung sind im westlichen Südamerika heute noch spürbar. Peru, mit seinen halb verhungernden Bauern, die in die Städte Lima, Arequipa und Cuzco drängen, gibt Millionen für die Rüstung und die Beschaffung von Militärjets aus, Chile ermordet seine gewählten Volksvertreter, und Bolivien rasselt mit einem rostigen Säbel.

41

Noch ein schöner Empfang

Die Landschaft, die wir am südlichen Teil des Sees erlebten, war herrlich. Der Unimarca war noch blauer als der Chucuito. Es gab viele Segelschiffe aus Holz oder Schilf, Hunderte davon, manche in Fahrt, andere zum Fischen beigedreht. Ihre Segel glänzten in der Sonne. Viele kleine grüne Inseln lagen vor dem Horizont, und darüber ragten die drei majestätischen Gipfel des Sorata, Illampu und des Illimani auf, alle über sechseinhalbtausend Meter hoch. Wenn man mit den Augen den Gletschern zu den dunstigen Vorgebirgen herunter folgte, veränderten sich die Farben von lila über blau zu graugrün.

Wir hatten besprochen, dass Huanapaco auf der Ostseite der Straße in dem winzigen Hafen Tiquina an Land gehen würde. Von dort war es für ihn einfacher, sein Heimatdorf zu erreichen, um seinem Vater, dem *illacata* der Anan Saya von Cachilaya, die Situation zu erklären. Während er weg war, würde ich über die Straße segeln und *Sea Dart* und mich bei der Marinebasis offiziell einklarieren.

Als Huanapaco an Land war, setzte ich das Groß und die Genua. Mit halbem Wind war ich im Nu über die Straße hinweg und schaukelte vor dem überschwemmten Steinkai der Marinebasis. Mehrere uniformierte Figuren, barfuss und in grobem Drillich, aber bewaffnet, starrten mich an, als ich längsseits kam. Ein fetter, plumper Mestize, mit dem Rangabzeichen eines Sergeanten, zeigte mit seiner Maschinenpistole genau auf meine Brust.

»*De donde estás?* – wo kommst Du her?« Seine Augen leuchteten bösartig, und er sah aus, als wäre er das letzte Mal bei seiner Taufe mit Wasser in Berührung gekommen.

»*Inglaterra* – England.«

»Das kann nicht sein! Liegt das in Peru?«

»Nein, es liegt auf der anderen Seite von Peru, über dem Ozean.«

»Das kann nicht sein! Sie haben eine rote Flagge – eine rote Flagge!« Er drückte mir die Mündung seiner Maschinenpistole in den Bauch. »*Vamos, communista!*«

»Ich bin kein Kommu ...«, aber ich hatte keine Gelegenheit für eine Erklärung. Ich war von grimmig dreinblickenden Burschen umringt, keiner älter als achtzehn, alle barfuss und mit lehmverschmierten Uniformen. Ich wurde in eine winzige Adobehütte mit vergitterten Fenstern geworfen. Dort verbrachte ich die ganze Nacht bei bitterer Kälte, denn ich hatte nur mein Segelhemd und Hosen an. Zitternd rollte ich mich auf einer Schilfmatte zusammen, die vor Ungeziefer wimmelte. Durch das Hochwasser war der Seespiegel angestiegen, und die Brühe schwappte nun über den Fußboden in meine Zelle. Durch die Gitterstäbe des Fensters konnte ich *Sea Dart* sehen und war erleichtert, dass niemand an Bord ging. Ein bewaffneter Wachposten stand die ganze Nacht über am Kai. Außer dem Hunger und der Kälte machte ich mir nicht allzu große Sorgen. Ich dachte, dass der kommandierende Offizier am nächsten Morgen erscheinen würde, um das Missverständnis aufzuklären. Als der Morgen endlich kam, stiegen meine Erwartungen. Am Abend, am nächsten Tag und in der darauffolgenden Nacht, ließen sie wieder nach. Frierend und elend wartete ich, aber es gab kein Anzeichen von einem Offizier. Alles was ich hörte, waren der Wind draußen und das Brüllen der Soldaten bei der Wachablösung. Sie sprachen einen Dialekt, den ich nicht verstand. Später fand ich heraus, dass sie aus Tarija und Potosí kamen, weit weg, im Süden von Bolivien. Immer wenn ich versuchte, mit ihnen zu sprechen, ignorierten sie mich einfach hartnäckig oder knallten ihre Gewehrkolben gegen die Metalltür des *calabozo*. Am Abend des zweiten Tages in der Zelle, dachte ich ernsthaft über einen Ausbruch nach, aber alles, was ich machen konnte war, meinen frierenden Körper in dem einzigen Sonnenstrahl, der durch das vergitterte Fenster herein kam, etwas zu wärmen.

Am dritten Tag, in der Morgendämmerung, begann es zu schneien. Etwa gegen zehn Uhr wurde ich durch die Hufe eines Pferdes und das Klappern und Klingeln von Metall aus meinem Dösen geweckt. Ich spähte durch den Spalt zwischen der Zellentür und dem hölzernen Rahmen der Einfassung hinaus. Was ich sah, verschlug mir fast den Atem, aber ich musste trotzdem lachen.

Draußen im Schnee stand Huanapaco, immer noch barfuss und führte ein schwarzes Pferd am Zügel, auf dem ein bolivianischer Marineoffizier mit Stiefeln und Sporen saß. In einer Hand hielt er einen richtigen ehrlichen Säbel und auf dem Kopf hatte er den vorn und hinten spitz zulaufenden Hut eines Kommandeurs, komplett mit Federn und Kinnriemen. Er brüllte aus vollem Hals die Gruppe der verlotterten barfüßigen Soldaten an, den Sergeanten eingeschlossen. Mit einigen Schwierigkeiten kletterte er vom Pferd. Sein Umhang verfing sich auf der Leeseite des Tieres, während er versuchte, auf der Luvseite abzusteigen. Die Soldaten standen nicht nur steif da, sie waren vor Angst eingefroren! Er legte dem Sergeanten seinen Säbel flach auf die Schulter und brüllte ihn an, die Zellentür zu öffnen. Einen Moment später, blies der kalte, mit Schnee durchsetzte Wind herein, und ich war ein freier Mann.

»Commander Raimundo Antonio de Valdez, bolivianische Marine, zu Ihren Diensten, *Señor*!« Er nahm meine steife Kralle und schüttelte sie heftig.

»Kapitän Tristan Jones, Trambahnfahrer Club, Liverpool, zu Ihren!« antwortete ich, ehe ich zusammenbrach, und Huanapaco mich auffing.

Minuten später, als ich mich einigermaßen erholt hatte, sprach mich der Offizier wieder an. »Im Namen der Marine der Republik Bolivien, ist es mir eine große Ehre, sie an unserer Küste begrüßen zu dürfen, als erstes Ozeanschiff, das sie besucht.« Und so machte er weiter und weiter ... »unser Recht auf den Zugang zur See ist unbestritten« ..., aber dann kam eine Phrase, die mich die Ohren spitzen ließ ... »würden Sie uns die große Ehre erweisen, heute Abend im Offizierskasino mit uns zu speisen?« Ehre? Speisen? Wenn wir noch länger in diesem Wind stünden, würde ich sein verdammtes Pferd fressen! Ich nahm die Einladung so ruhig und so höflich wie möglich an. Er führte mich zu einer Baracke, die mit Öllampen beleuchtet war, denn Elektrizität gab es hier nicht.

Commander de Valdez stieg vor mir in seinen glänzenden Reiterstiefeln die hölzerne Treppe hinauf. Ich folgte ihm halb ohnmächtig, hungrig und verlaust. Ich sah auf Huanapaco hinunter. Der stand breitbeinig und barfuß im Schnee, die Hosen unter seinem Poncho bis an die Knie hochgerollt und die Arme vor der Brust verschränkt. Seine spitze wollene Kappe ließ ihn aussehen wie einen Kobold aus Bronze. Er blinzelte mir zu, brach in Lachen aus, blinzelte wieder und machte dann etwas, das er von mir gelernt haben musste. Er hielt den Arm ausgestreckt vor sich hin, machte eine Faust und zeigte mit dem Daumen nach oben. Dann drehte er sich um und schlenderte zu *Sea Dart*.

Der Anblick, der mich in der Offiziersmesse empfing, war phantastisch! Ein langer Tisch stand da, mit einem blütenweißen Tischtuch bedeckt, mit silbernem Besteck und drei gewaltigen Kandelabern beschwert, und es gab bestimmt hundert brennende Kerzen. Da saßen etwa fünfzig Offiziere am Tisch, alle in voller Uniform. Dampfende Suppenterrinen standen auf dem Tisch, und an der Seite spielte eine Gruppe von Seeleuten Gitarren. Andere tanzten die *quenas,* einen Rundtanz, bei dem in einer Hand ein Taschentuch geführt, während die andere Hand an der Hüfte abgestützt wird. Die Tänzer hatten alle kahlgeschorene Köpfe. Sie sahen wie sibirische Seeleute aus, richtig harte Brocken. Sie sprangen in ihren schäbigen blauen Drillichuniformen herum, als wären sie die Royal Ballet Company. Ich bekam den Ehrenplatz zugewiesen, am Kopf des Tisches. Jeder Gedanke in meinem Gehirn und jeder Nerv meines geschundenen Körpers konzentrierte sich auf die dampfenden Suppenterrinen und den Geruch von heißem, gekochten Essen. Als das Essen begann, hieb ich in jeden Gang, Suppe, Fisch, Fleisch und Kuchen hinein wie ein verhungerter Seevogel. Nach dem Essen, mit vorzüglichem chilenischen Wein hinuntergespült, wurden Reden zu diesem »historischen Ereignis« gehalten, Die Bolivianer waren »geehrt, mich nach meiner großartigen Reise willkommen zu heißen.« (Sie hatten von meiner Ankunft gehört, nachdem die Zeitungen in La Paz durch die Agentur Reuters in Lima informiert worden waren, überraschend, wie es scheint). Dann verhallten die Willkommensreden langsam, und es wurde mir klar, dass man eine Antwort von mir erwartete.

Ich stand ein wenig benebelt auf und sagte ihnen, wie dankbar ich für Ihr Willkommen und für ihre Gastfreundschaft sei. Und wie ich mich darüber freute, dass das erste Seeschiff, das sie besuchte, ein britisches Schiff sei. Und dass ich mich sehr darauf freute, ein paar Monate lang in ihrem schönen Land zu segeln, bevor ich wieder zurück an den pazifischen Ozean gehen würde. Ich schloss mit dem Spruch »Lang lebe Bolivien«, und bekam Applaus, als ich mich wieder setzte.

Der Kommandant kam auf mich zu und fragte, ob ich etwas brauche.

»Ja, *Señor,* ein heißes Bad, und fünf Liter Desinfektionsmittel.«

Das war eine Herausforderung für ihn. Der Commander schnippte mit den Fingern nach einem der Seeleute, der sofort herbeigerannt kam. Zehn Minuten später saß ich in einer kohlenbeheizten Badewanne, einem original englischen Stück, sicher aus Birmingham, und weichte in heißem Wasser ein, das mit großen Kesseln direkt vom Küchenherd herbeigeschafft worden war. Als ich nach meinen Waschungen wieder im Kasino erschien, kam der Kommandant noch einmal auf mich zu. »Kapitän, wegen der Sache mit dem Pazifischen Ozean. Sie müssten dann durch Chile reisen. Ich denke, das wird nicht möglich sein. Wissen Sie, die politische Situation dort ist sehr gespannt seit dem Rücktritt von Allende.« Ich nickte. »Also, die Grenze ist bereits seit zwei Monaten geschlossen, und ich kann mir nicht vorstellen, dass man sie in diesem Jahr wieder öffnet. Sie gehen besser über Peru zurück, auf dem gleichen Weg, wie Sie gekommen sind.«

Peru! Wo man mich vielleicht wegen Schmuggel suchte, wo man vielleicht dreitausend Dollar Einfuhrzoll von mir wollte! Wo man mich vielleicht in eine Zelle einschließen und den Schlüssel wegwerfen würde! Mein Gott! Das war eine Wendung, wie im Bilderbuch! Ich konnte nicht weiter, und ich konnte nicht zurück! Ich saß im Titicacasee fest, und in fünf Monaten kam der Winter, der bitterkalte Winter des Altiplano in den Anden, viertausend Meter über dem Meer und zehntausend Meilen Luftlinie bis nach England. England, mein England, murmelte ich, als ich ziemlich benebelt zu *Sea Dart* stolperte. Jetzt England, im April! Ich fühlte mich total beschissen und fiel in die Koje.

42
Seltsame Begegnungen

Am Morgen nach meiner Begrüßung durch die bolivianische Marine wurde ich durch komische, unmelodische Geräusche geweckt. Plötzlich setzte ein Höllenlärm ein, und ich dachte, der Teufel selbst würde auf den Unimarca-See hernieder fahren. Immer noch verschlafen und mit schwerem Kopf vom Wein, schoss ich den Niedergang hinauf. Ich starrte durch den Nieselregen und sah etwas Unglaubliches.

Dort, auf dem Kai, in den Wellen des leichten Hochwassers, stand die Blaskapelle der bolivianischen Marine, barfuß und genau so verlottert wie die Soldaten. Es war alles vorhanden: Trompete, Posaunen, Hörner, Pauken und Trommeln. Sie bliesen und paukten, was das Zeug hielt.

Als ich auftauchte, nickte der Dirigent, nach hinten über die Schulter schauend, zur Begrüßung so heftig mit dem Kopf, dass ich dachte, seine Schulterklappen an der Uniform würden abfallen. Die Mitglieder der Kapelle, unter denen ich auch die Leute entdeckte, die mich eingelocht hatten, spielten ohne Melodie, aber so laut, wie es der Sauerstoffgehalt der dünnen Luft hier oben zuließ.

Ich vergaß den Regen, vergaß den Mangel an Tee zum Frühstück, ich brach im Cockpit zusammen, halb vor Lachen und halb wegen dem höllischen Lärm, der aus den Instrumenten kam. Sie sahen aus wie eine gut erhaltene Sammlung alter deutscher Armeeinstrumente aus dem Ersten Weltkrieg. Mit dem üblichen unbeweglichen Gesicht tauchte Huanapaco im Niedergang auf und starrte teilnahmslos auf die Vorführung am Kai. Aber dann musste auch er lachen. Ich schnappte ihn am Arm und bedeutete ihm, dass wir abhauen sollten. Während die Kapelle den »Totenmarsch aus Saul« spielte, oder auch die »Washington Post«, ich war mir nicht sicher, glitten wir vom Kai weg und nahmen Kurs auf den verwaschenen Horizont, wo sich Himmel und Wasser trafen. Ich schaute zurück und sah, dass die Band immer noch unberührt weiter blies und trommelte, und der Taktstock des Dirigenten auf und nieder ging, wie der Schnabel eines Kormorans, der auf einer schlammigen Sandbank Würmer aufpickt – auf und ab, auf und ab, ummpapa, ummpapa. Wir lachten noch am Mittag, als wir auf dem Weg in die südlichen Ausläufer des Sees waren zum Hafen von Guaqui, wo es ein Büro des bolivianischen Zolls gab, *sechzig Seemeilen* hinter der Grenze. *Sea Dart* war wieder legal, zumindest vorübergehend, denn auf der Marinebasis hatte mir der wachhabende Offizier im Dienstzimmer, beim Licht einer einzelnen Kerze und mit einem Federkiel, eine handschriftliche Erlaubnis zum Befahren bolivianischer Gewässer vorübergehend ausgestellt, bis ich den Zoll anlaufen würde.

Drunten in den wimmelnden Städten gab es Millionen von blinkenden Neonlichtern, dort klapperten Computer, da waren Linienflugzeuge und Telefone, da gab es Hähne, aus denen Wasser kam, da gab es U-Bahnen, Telegrafen und Telexsysteme, Abwasserrohre, eine Müllabfuhr und andere Wunder des 20. Jahrhunderts, gut oder schlecht. Und hier oben, wurde das permiso, *das Permit* für das erste Seeschiff, das Bolivien besuchte, *mit einer Vogelfeder bei Kerzenlicht geschrieben.* Als die Sonne höher stieg, hörte es auf, zu regnen. Rasch lief *Sea Dart* mit halbem Wind von Steuerbord an den Inseln Anapia, Taquiri, Suana, Suriqui und Quebraya vorbei. Sie überholte schwere, mit Gemüse beladene Segelfrachter mit Kurs auf Tiquina, dem Hauptmarkt der Inselwelt.

Wir passierten die hohe Landspitze von Santa Rosa, wo die Konquistadoren eine hübsche kleine Kirche gebaut hatten, eine der wenigen am See, die heute noch in guten Zustand ist. Am Ufer entlang, konnten wir die schneebedeckten Anden durch Eukalyptusbäume hindurch sehen. Die Eukalyptusbäume sind nicht einheimisch. Sie wurden von draußen ins Land gebracht und sind die einzigen fremden Bäume, die den extremen Temperaturunterschieden des Altiplano-Klimas widerstehen können. Als wir die Bucht von Guaqui erreichten, verließ uns der Wind. Auf den neun Seemeilen bis zum Hafen mussten wir abwechselnd pullen. Für mich war das eine lungenzerreißende Angelegenheit, aber es befreite meinen Körper von den Auswirkungen der letzten Nacht.

Neben Puno, drüben in Peru, ist Guaqui vom Land her der zweite Zugang zum See. Hier gab es den gleichen zerfallenen Kai, die gleichen verlotterten Hütten, die gleichen ausgefahrenen Schlammwege, und doch gab es einen Unterschied! Denn das hier war Bolivien, also war der Kai noch mehr zerfallen, die Hütten waren noch mehr verlottert und die Schlammwege noch mehr ausgefahren. Die Stadt lag in der Siesta. Der Hauptplatz im Zentrum war verlassen, und die Fahne des Rathauses, das aussah, als wäre es zum letzten Mal während des Vogeldreckkriegs geweißt worden, hing leblos herunter. In verschiedenen Eingängen schliefen Indianer, verlumpt wie immer, und riesige Fliegen brummten um Haufen von Pferdeäpfeln auf der Straße herum.

Das Büro des Zolls war offen, aber alle Leute schliefen. Also legten Huanapaco und ich uns auf Fensterbänke und beteiligten uns an der Siesta. Schließlich, nach gut zwei Stunden totaler Stille, krähte in der Ferne ein Hahn, ein Hund bellte, ein Mann hustete, und ein betrunkener Indianer krakeelte von irgendwo her auf der Straße. Die Siesta war vorbei. Alle acht Leute im Büro, uns eingeschlossen, räkelten sich, rieben die Augen, streckten die Arme und nahmen ihre Arbeit wieder auf, um mit frischer Kraft das Lebensblut durch die pulsierenden Adern von Guaqui zu treiben.

Der große fette Mann hinter seinem Tisch war offensichtlich der Boss, denn nur Bosse setzen auf dem Altiplano Fett an. Er starrte mich volle zwei Minuten lang an und säuberte sein Ohr an der Steuerbordseite, bestimmt mit der Absicht, besser zu verstehen, was wir vorzubringen hatten. Dann schweifte sein Blick zu Huanapaco hinüber, der mit seinem üblichen Holzgesicht den Blick so stoisch zurück gab, wie es nur ein Quechua kann. Es gab wieder eine Pause von zwei Minuten oder so, in der Stille hörte man nur das Brummen der Fliegen auf den Pferdeäpfeln draußen und ein leises Rascheln, als der Boss sein Streichholz von einem Ohr in das andere beförderte und mit der Reinigung der Backbordseite begann. Dann spuckte er. Nicht so eine schlappe Gringospucke, nein ein richtiger großer bolivianischer Machoklumpen, der einen seiner Untergebenen, der bei der Tür saß, nur um Zentimeter verfehlte und über das Trottoir hinüber schoss, wobei er zwei Fliegen in der Luft erwischte. Um die eigene Achse rotierend, glänzte er grüngelb in der Sonne und landete exakt im Zentrum eines Haufens Pferdeäpfel der bolivianischen Armee.

Fast wie hypnotisiert starrte ich dem Klumpen Spucke nach. Meine Annahme, dass die Pferdeäpfel von der Kavallerie stammten, wurde augenblicklich bestätigt, denn es kam ein Zug Reiter um die Ecke. Sie bewegten ihre Hintern im englischen Stil und hielten ihre Säbel wie Deutsche; sie blickten wild, grimmig und raubgierig. Nachdem er ein paar Papiere durchwühlt hatte, schnarrte der Boss los.

»*Qué quieres?* – was willst Du?«

»Eine Einreiseerlaubnis für ein englisches Schiff, Señor, zum Befahren bolivianischer Gewässer.« Ich hielt ihm mein *permiso* der Marine unter die Nase. Er schlug es mit seiner Pranke auf dem Tisch glatt, um es zu lesen. Dann kritzelte er sein Zeichen in eine Ecke.

»Alles gut, Señor, sie können gehen!«

»Aber was ist mit einer Einreiseerlaubnis, Señor?« Er sah mich fragend an.

»Was ist mit einer Einreiseerlaub ...«

»Ich sagte, SIE KÖNNEN GEHEN !!!« Er zeigte auf die Tür. Wir schlurften hinaus.

»Also, Du hast es gehört, amigo, er sagte, wir können gehen. Du bist Zeuge, in Ordnung?«

»Ugh«, sagte Huanapaco, was so gut wie alles bedeuten konnte. Aber ich hatte immer noch den Freipass von der Marine, besser als nichts.

Von unserem schwindenden Geldvorrat kauften wir Kartoffeln, Fisch, winzige Tomaten und sogar eine Zwiebel. Dann gingen wir zu *Sea Dart* zurück, denn ich wollte wieder in den Unimarca-See hinaus, um einen sicheren Ankerplatz für die Nacht zu finden. Im Hafen von Guaqui wollte ich nicht bleiben, weil der Wind direkt herein konnte, und bei entsprechender Stärke einen unangenehmen Schwell aufbauen würde. Wir legten ab und begannen, über die neun Seemeilen breite Straße nach Santa Rosa hinüber zu rudern. Es war jetzt halb fünf und nur noch eineinhalb Stunden bis Sonnenuntergang. Das war nicht besonders schlimm, denn der Mond würde bald danach aufgehen, und es gab keine Klippen oder Untiefen hier.

Gegen sechs Uhr waren wir etwa fünf Meilen vorangekommen, als wir das Geräusch einer starken Maschine hörten. Es war das Zollboot, und es kam direkt auf uns zu. Nach ein paar Minuten war es längsseits, und der fette Boss brüllte vom Ruderhaus her:

»Nehmen Sie die Segel runter! Werfen Sie eine Leine herüber! Sie fahren zurück!«

Verwirrt schaute ich auf Huanapaco. »Mach' was er sagt, *amigo*«, sagte ich ihm. Schnell waren die Segel geborgen, und wir hatten eine Leine an den grimmig blickenden Henkersknecht auf dem Zollschiff übergeben. Mit seiner starken Maschine und Vollgas brauste es mit *Sea Dart* im Schlepp davon. Alles, was ich tun konnte war, mein Schiff in der Heckwelle zu halten. Ich hoffte, dass sie mir nicht das Deck des Vorschiffs abreißen würden. »Für was, zum Teufel, werde ich diesmal verhaftet?« fragte ich mich.

Fünfzehn Minuten später waren wir wieder in Guaqui. Das Zollboot warf die Leine los, und wir legten am Kai an. Dann saßen wir an Deck und erwarteten das Schlimmste. Mit schweren Schritten kam der Boss mit vier seiner großen Henkersknechte auf uns zu. In Bolivien ist das ein alarmierendes Zeichen, wo eher ein ziellos schlendernder Gang die Regel ist. Der Boss schaute auf uns herunter, und wir schauten zu ihm hinauf. Dann brach ein breites Grinsen in seinem Gesicht aus.

»*Señor,* ich bitte tausend Mal um Verzeihung. Ich habe nicht gewusst, dass sie auf einem Schiff sind. Und den ganzen Weg von England herüber, Du meine Güte! Sie müssen heute Abend mit uns essen, und wir werden auf Ihre Ankunft trinken, *carraco –*

Scheiße!« Er tippte sich mit dem Zeigefinger an die Stirn und wiederholte *carraco, carraco.* Dann stellte er sich und seine Assistenten vor. Als wir zu seinem Büro zurück gingen, legte er seinen Arm um meine Schulter. Er erklärte mir, dass hier das Hauptquartier der bolivianischen Kavallerie war, einer feinen Armee, die unglücklicherweise alle fünf Kriege, in die das arme Bolivien verwickelt war, verloren hatte. »Aber verstehen Sie, *Señor,* eine Armee ist nicht nur zum Kriegführen da, *no?*« Er grinste, als wir durch den eingetrockneten Schlamm zu seinem Büro stapften.

Dort spielte einer seiner Assistenten auf der Gitarre, während der Boss, Huanapaco und ich Bier und *chicha* in uns hineingossen. Wir machten freundliche Konversation und gingen dann alle zum Essen zu einem nahegelegenen schmierigen Restaurant, in dem die Farbe von den grauen Wänden abblätterte. Der Empfang ging die ganze Nacht hindurch weiter. Er endete mit Toasts auf unsere beiden Länder, und der Versicherung, dass wir uns um Papiere, oder »*esta mierda*« in Bolivien keine Gedanken zu machen brauchten. War er denn etwa nicht der Boss hier?

Mir rang er das Versprechen ab, am nächsten Tag noch nicht abzulegen, sondern ihn noch weitere vierundzwanzig Stunden lang mit unserer Anwesenheit zu beehren. »Außerdem«, sagte er geheimnisvoll, »haben wir noch ein Geschäft zu machen, Du und ich!« Das Schiff sprang in einer steilen See auf und ab, ich schlief ein und wunderte mich, was zum Teufel das für ein »Geschäft« sein könnte.

Am nächsten Tag führte mich der Boss zum Lagerhaus des Zolls. Mitten unter verschimmelnden Kartoffeln, Kisten mit Bier und Säcken von Zucker, die man auf einem Schiff beschlagnahmt hatte, das von Bolivien nach Peru schleichen wollte, zeigte er mir eine nagelneue Dieselmaschine eines amerikanischen Herstellers. Er fragte, ob ich dieses spezielle Fabrikat kenne. Glücklicherweise hatte ich vor meiner Abreise aus Connecticut an so einem Ding gearbeitet. Daher konnte ich ihm ein paar Tipps geben, wie man die Maschine einbauen und warten sollte. Das entzückte ihn, und er hörte so gut zu, wie es ihm sein spanisches Blut erlaubte. Er sagte mir, dass er die Maschine in sein eigenes Schiff einbauen wolle. Er hatte es aus dem Erlös beschlagnahmter Schmuggelwaren gebaut, und er würde damit fischen gehen. Als ich ihn fragte, wie viel er für die Maschine bezahlt hätte, sagte er: »Ach, die habe ich nicht hier gekauft, ich habe sie von Peru herüber geschmuggelt.«

Später am Abend, als wir gerade unser Abendessen aus gebratenem Boga-Fisch und gekochtem Yucca zubereiteten, kam einer der Henkersknechte vom Zoll an Bord. Er trug ein Tablett, auf dem, unter einem Tuch, mit dem üblichen Hygienestandard des Altiplano, zwei Mahlzeiten aus gebratenen Hühnchen und Kartoffeln lagen. Es war das einzige Mal in den fünfundzwanzig Jahren meiner Reisen durch hundert verschiedene Länder, dass mir der Zoll mein Essen an Bord brachte!

Bevor wir am nächsten Morgen in Guaqui ablegten, kam der Boss noch einmal herunter. Im Rahmen seiner langen Abschiedsrede, empfahl er mir, nach Huatajata zu segeln, der Basis des Yacht Clubs von Bolivien. Ein Yachtclub, viertausend Meilen hoch in den Bergen? Das musste ich sehen! Es blies ein guter steifer Südwestwind, *Sea Dart* lief wieder in den Unimarca-See hinaus und segelte an den vielen schönen Inseln im strahlenden Sonnenlicht vorbei, nach Osten. In Puerto Perez machte ich zum Mittagessen fest und lud Huanapaco aus, der über Land zu seinem Vater Huanameni wollte. In den gleichen Klamotten, die er schon in der Nacht des Schneesturms auf Tiquina getragen hatte, verschwand er über dem Hügel.

Nach dem Mittagessen hatte ich große Mühe, alleine den Anker an Deck zu bringen, denn er hing in einem großen Klumpen aus versunkenem Schilf. Der Schlag nach Huatajata und zum »Yacht Club« war kurz und schnell. Mit achterlichem Wind kam ich bald zu einem kleinen Steg, der hinter einem dicken Feld aus Totora- Schilf lag. Es gab eine freigeschnittene Einfahrt, breit genug, um ein kleines Schiff durchzulassen. Nur mit der Fock und dem Fall in der Hand, das ich in der Nähe des Stegs jederzeit loslassen konnte, lief ich durch die Gasse im Schilf hinein. *Sea Dart* machte ein perfektes Anlegemanöver unter Segel. Ich stieg auf den Steg und versuchte betont lässig auszusehen, denn es gab eine Gruppe weißer Männer, die mir zuschauten. Einer von ihnen stand auf dem Steg, half mir mit den Festmachern und schüttelte dann meine Hand. Mit einer Verbeugung stellte er sich vor, in Spanisch, aber mit einem unverkennbar deutschen Akzent.

»Dr. Böhm. Im Namen der bolivianischen Yachtfreunde, willkommen im Club! Wir haben durch den Zoll in La Paz erfahren, dass Sie in Guaqui waren, und wir haben den Zollchef dort überredet, sie zwei Tage lang, bis heute, aufzuhalten. Heute ist Samstag, und wir wollten, dass möglichst viele Mitglieder kommen, um Sie zu begrüßen. Bitte kommen Sie hier entlang!«

Er führte mich zu einer Holztreppe, die mit Unkraut überwuchert war. Ich ging an dem rohen Geländer aus Zedernholz hinauf, und schaute herum. Oben, am Ende der Treppe standen etwa dreißig Männer, die alle ziemlich deutsch aussahen, mit kurzgeschorenen Haaren, randlosen Brillen und sauberen Yachtklamotten. Jeder hatte die blaue Prinz-Heinrich-Mütze auf, die von den Teutonen so geliebt wird. Sie standen alle in einer Reihe, der Größte am Anfang, der Kleinste am Ende. Um das mit Gras bewachsene Areal und das Clubhaus mit seinen vergitterten Fenstern herum war etwas, das ich seit der Kanalzone in Panama nicht mehr gesehen hatte – ein Zaun. Am oberen Teil waren sechs Stacheldrähte gespannt. Die Siegfried-Linie wurde von zwei Männern mit Schäferhunden an verchromten Ketten patrouilliert. Die Männer trugen Reithosen, Schildkappen und Kanonenstiefel. Ihr Kostüm wurde durch Riemen über der linken Schulter ergänzt, an ihrem Gürtel hing eine Scheide mit Dolch.

Verblüfft schritt ich die Reihe der »Clubmitglieder« entlang. Dr. Böhm, an meinem Ellenbogen, stellte mich jedem vor. Bei der Vorstellung verbeugte sich jeder steif und knallte die Hacken zusammen. Alle hatten einen schweren deutschen Akzent, und manche hatten einen Schnurrbart, der an Rudolf Hess erinnerte. Am Ende der Reihe, schnarrte ein besonders arisch aussehender Kerl in englisch:

»Britische Marine, ja?«

»Ja, Sir, es ist mir eine Freude, Sie kennen zu lernen, und Englisch zu sprechen.«

»Ich habe viele Engländer versenkt«, sagte er.

»Ach ja? Auf welchen Schiff waren Sie?«

»*Scharnhorst*«, er stand noch steifer.

»Aha, ich verstehe, ich selbst war auf *H.M.S. Chieftain*, einen Augenblick, wir haben Euch 1942 versenkt, richtig?« Einen Moment lang zeigte sein Gesicht einen so hasserfüllten Ausdruck, dass selbst ein Aymara hätte neidisch werden können. Ich ging weiter zum nächsten Clubmitglied.

Als ich am Ende der Reihe angekommen war, hielt Dr. Böhm eine Rede in Spanisch. Er sprach davon, dass sie mich willkommen hießen als das erste Schiff aus Europa, das sie im See hier besuchte, wie geehrt sie sich fühlten und dass ich jederzeit im deutschen

Club in La Paz eingeladen sei, und so weiter. In meiner Antwortrede, dankte ich Ihnen für den Empfang und sagte, dass es mir eine große Ehre sei, so bald nach meiner Ankunft so viele bolivianische Yachtleute kennen zu lernen, in einem Land ohne Anschluss an die See, und dass ich ihnen wünschte, dass ihr Land bald wieder Zugang zum Ozean bekäme, das ihnen ihr aggressiver Nachbar Chile, in so ungerechter Weise abgenommen hätte. Dass der größenwahnsinnige Diktator dort die friedlich lebenden Bolivianer ohne Vorwarnung angegriffen hätte und auf der heiligen bolivianischen Erde mit Kanonenstiefeln und Bajonetten herum getrampelt wäre. Warum musste sich ein Land wie Chile so benehmen, wie ein anderes Land in Europa, das wie ein Wolf im Schafspelz dreißig Jahre früher seine Nachbarn belästigt hatte?

Die Gesichter der »Mitglieder« wurden rot, aber ich machte noch gute zehn Minuten weiter, zum Vergnügen der bolivianischen Clubangestellten, die sich im Vorraum versammelt hatten. Ich beendete meine Rede, mit der Hoffnung, dass wenn Bolivien jemals wieder Zugang zur See hätte, es dieses Privileg nicht dazu missbrauchen werde, Elend, Tod und Verderben über ehrliche Seeleute zu bringen, wie vordem ein anderes Land in Europa.

Ich verließ das Panzerbatallion und schaute in die tiefe Stille hinter mir. Herr Dr. Böhm begleitete mich die Treppe hinunter, aber jetzt, im Gegensatz zu vorher, war er sehr ernst und schweigsam. Ich dankte ihm für seine Gastfreundschaft, kletterte auf *Sea Dart* und legte ab. Als ich die Segel setzte, sah ich die »Mitglieder« in einer Reihe stehen, sie hörten der Strafpredigt von Dr. Böhm zu.

Später fühlte ich mich etwas schuldig wegen meiner Breitseite. Ich hatte meine Beherrschung verloren wegen der blöden Bemerkung über die *Scharnhorst*. Ich habe viele geschätzte und liebe Freunde in Deutschland. Ich habe das Land oft besucht und wurde von meinen Yachtkollegen immer freundschaftlich behandelt, und die Deutschen waren insgesamt stets freundlich und nett zu mir. In Deutschland selbst wäre ein Benehmen, wie es der Mann hier gezeigt hatte, undenkbar. Diese alten Wunden sind heute in Europa längst verheilt, zumindest bei den Seeleuten, die ich kenne.

Später fand ich heraus, dass viele von diesen Männern Überlebende des deutschen Schlachtschiffes »Graf Spee« waren, das man im Rio de la Plata absichtlich versenkt hatte, anstatt es mit drei kleineren britischen Schiffen aufzunehmen. Am Wochenende fuhren die »Mitglieder« mit ihren Motorschiffen auf dem See herum, in voller Maskerade, mit Reithosen, Kanonenstiefeln und Schildmützen, wie Angehörige der deutschen Kriegsmarine, Jahrgang 1941.

Ich arbeitete *Sea Dart* in ein kleines Flüsschen hinein und war erstaunt, dass dort so viele Indianer waren, am Ufer und auf Schiffen vor Anker. Es mussten fast tausend sein. Männer barfuß in ihren *chorros*, *ukus* und Ponchos, Frauen in bunten Decken mit Melonenhüten auf dem Kopf und Kinder, die genau wie ihre Eltern angezogen waren. Kleine dralle Puppen, mit blauen Äderchen auf den Wangen.

Es gab eine Riesenaufregung, als ich in einen Schilfbusch hineinpaddelte. Im Vordergrund bei einer Gruppe der Ältesten konnte ich Huanapaco erkennen, stoisch, mit gespreizten Beinen, die Arme vor der Brust verschränkt und grinsend, genau wie er ausgesehen hatte, als mich der Offizier der bolivianischen Armee aus dem ungeziefer wimmelnden Zellenloch in Tiquina herausgeholt hatte. Ich dankte Gott für den auflandigen Wind, bei so vielen Indianern auf einem Haufen! Dann kam Huanapaco mit den Ältesten in einem Boot zu mir herübergepaddelt.

43
Tänze und Gerippe

Huanapaco kletterte als erster an Bord. Nach Quechua-Art nickte er zum Gruß mit dem Kopf und fasste mich beim Unterarm. »Kapitän, das sind die Häuptlinge meines Stammes, Manco Chenua ist der Alcalde.« Ein Mann von etwa fünfundvierzig kam an Bord und lächelte. Er trug ein Jackett westlicher Art, etwas mitgenommen, aber ziemlich sauber, und darunter das übliche grob gewebte Unku-Hemd. Um seine Hüften trug er eine Schärpe, einen gewebten Gürtel aus Lamawolle in einem Dutzend Farben. An einem Finger der Hand, die er mir zur Begrüßung hinstreckte, war ein Goldring, in der anderen Hand hielt er eine kurze Peitsche. Einer seiner Zähne war ebenfalls aus Gold. »Señor«, sagte er mit sanfter Stimme, »wir haben viele Geschichten über Sie gehört und Ihren Flug, wie ein Seevogel vom Ozean über die Berge hinweg zu unserem See. Willkommen in unserem *ayllu*.«

»Willkommen *Señor*, mein Schiff ist auch Ihr Schiff«, antwortete ich.

Dann stellte Huanapaco seinen Vater vor. Huanameni war ein wenig älter als der Alcalde. Er trug einen Poncho aus Lamawolle, dicke Baumwollhosen, und Sandalen. Er schüttelte meine beiden Hände, lächelte und schaute erwartungsvoll auf Huanapaco. »Mein Vater ist der *illacata* hier«, sagte sein Sohn. »Er ist verantwortlich für die Organisation der Gemeinschaftsarbeit, für die Verteilung der Lebensmittel und die Versorgung der Alten, Kranken, und Waisen. Er denkt, sein Spanisch ist nicht gut genug, um Dich anzusprechen, aber er will Dir sagen, dass Du sein Bruder bist.«

Der Dritte war der Medizinmann. Auf seinem Kopf saß ein vielfarbiger *chorro* mit Ohrenklappen, an deren Enden kleine Silberfiguren, winzige Männer, Tiere, Vögel und Fische hingen. Um seinen Hals trug er eine Art Rosenkranz mit den gleichen Fetischen. Unten dran hing ein Lederbeutel, ähnlich wie der Sporran eines Schotten mit Pferdehaar, das bis zu seiner Hüfte reichte. Er hatte keinen Poncho an. Um die Hüfte trug er eine Schärpe mit gewebten Mustern, die tanzende Männer, Fische und Tiere darstellten. Er trug Hosen aus Schafwolle, so schien es jedenfalls, denn die Struktur den Gewebes war für Lamawolle zu grob. An seinem Schärpengürtel hingen eine Flöte, ein Dolch, ein Trommelschlegel und andere Dinge.

Alle Drei setzten sich und nahmen eine Tasse Tee an. Sie waren überwältigt vor Neugier über die Ausrüstung des Schiffes, das Echolot, den Kompass, den Kocher und die Öllampe. Mit glänzenden Augen schauten sie herum, fassten alles mit sanften Fingern an, wie Aladin in der Schatzhöhle.

Als ich ihnen die Karte des Sees zeigte, an der ich arbeitete, waren sie verblüfft. Dann lachten sie, als ich ihnen die verschiedenen Inseln auf der Karte zeigte, die sie kannten, und deren Namen sagte. Wie Huanapaco es später ausdrückte, es war wie der Blick eines Kondors vom Himmel herab auf die Erde. Und der Kondor hatte aufgezeichnet, was er sah.

Als die drei Häuptlinge sich verabschiedeten, drückte mir Huanapaco einen Korb in die Hand. Er sagte, es wäre ein Geschenk des *ayllu*. Als ich ihn auspackte, fand ich heraus, dass er halb voll war mit gekochten Kartoffeln und Fisch. Dann sagte er mir, dass der ganze Clan morgen eine Fiesta abhalten und den Chacu-Ayllu, den Jägertanz des Stammes, und den Regentanz der Quechua aufführen würde, Rituale, so alt wie die Zeit selbst.

Am Morgen wachten wir durch das Gequake der Kröten und das Zirpen der *chocas* im Schilf auf. Der Himmel war strahlend und klar. Die Sonne erhob sich wie eine Königin über den Schultern des Illimani, dem Gipfel der weißen Wasser. Im Schatten des Morgens saß er wie ein Gespenst am östlichen Ende des Daches der Welt. Als wir die Reste unseres Festmahls vom letzten Abend zum Frühstück verspeisten, wurde die Stille des Morgens plötzlich durch das Geräusch eines Motors unterbrochen. Am Ufer kam ein uralter Lastwagen den steinigen Weg herunter geholpert. Er war mit Kisten beladen, und oben drauf saßen einige von Huanapacos Kollegen aus dem Clan. »Bier aus La Paz«, war alles, was er sagte.

»So früh?«

»Ja. sie sind gestern morgen losgefahren, als ich ihnen die Nachricht brachte, dass Du kommst.«

»Aber diese Ladung muss ein Vermögen gekostet haben!«

»Wir sind keine armen Leute, wir haben unsere Methoden.«

Die Schatten der Berge veränderten sich jetzt zu Silber und Lila. Alles Bier wurde auf einen Streifen zwischen dem Dorf und dem Strand ausgeladen. Eine halbe Stunde später begannen die Tänze. Es gab eine Band aus Flöten und Trommeln, Trompeten, Tamburinen, Glockenspielen und einem großen Gong. Der Medizinmann, den man selbst noch unter seiner Maske erkennen konnte, rasselte mit Lamaknochen.

Die meisten Männer des *ayllu* hatten eigenwillige Kostüme an, aus Satin und mit Spangen dran, und kniehohe Lederstiefel, die schönsten, die ich je gesehen hatte, aus weißem Kalbsleder. Ihre Masken stellten Drachen, Teufel und einen Inka dar. Einige der Masken schauten wie Spanier aus, kleine rote Gesichter mit Bärten und Perücken. Einer oder zwei hatten eine Pfeife am Mund festgemacht, unter riesigen runden starrenden blauen Augen.

Die ersten Tänze waren eine Art Quadrille, mit den Männern in Reihe auf der einen Seite und gegenüber die Frauen. Sie tanzten zu einer monotonen Musik vor und zurück, aber berührten sich nie. Dann, als der Tag fortschritt, ging man zu Rundtänzen über, den Liebestänzen. Dabei besteht für einen jungen Mann die Chance, das Mädchen zu berühren, das ihm gefällt. Danach ist er für immer an sie gebunden!

Während die Jungen tanzten, schütteten die Alten flaschenweise Bier und *chicha* hinunter. Die Frauen saßen ernst und sittsam an der Seite, beobachten die Mädchen und händigten Essen aus. Am frühen Nachmittag begann der Regentanz. Der Medizinmann, der *llaca,* verhöhnte in einem sehr komplizierten Tanz den Teufel. Er endete erst nach zwei Stunden, nachdem der Teufel »tot« auf dem Boden lag, der Medizinmann triumphierte und alle anderen Tänzer zelebrierend um ihn herum wirbelten. Es war die anstrengendste Gymnastik, die ich je gesehen hatte, Stunde um Stunde wilde Drehungen. In der Abenddämmerung, waren alle Männer stockbesoffen, mit Ausnahme des Alcalde, der eine unglaubliche Aufnahmekraft für *chicha* hatte. Sie schwankten alkoholselig herum. Als der Tanz zur Begrüßung des Mondes begann, der *mamula,* waren aber erstaunlicherweise alle wieder in einem gewissen Stadium der Nüchternheit. Sie tanzten die komplizierten Schritte in gemeinsamer Formation. Aber zwei Stunden nach Einbruch der Dunkelheit, hörte man keinen Laut mehr außer dem Schnarchen der Junggesellen, die auf der Lichtung herum lagen – die Frauen hatten ihre Männer nach Hause geschafft.

Besoffen wateten Huanapaco und ich zu *Sea Dart* hinaus und zogen uns an Bord. In den folgenden Wochen kreuzten wir auf dem Unimarca See, loteten Tiefen, erforschten abgelegene Buchten und besuchten verschiedene Dörfer. April und Mai vergingen. Auf der Insel Quebraya, in einer schwer zu erreichenden, flachen Bucht, die mit Schilf zugewachsen war, entdeckten Huanapaco und ich eine alte Begräbnisstätte mit Steingräbern. Die Insel ist etwa drei Kilometer lang und einen halben Kilometer breit, sie ist übersät mit uralten Zeugnissen aus der Vergangenheit. Die Gräber waren aus präzis geformten Steinen zusammengefügt, ohne Zuhilfenahme von Mörtel. Sie hatten drei Stockwerke, und darin standen die Toten aufrecht. Die meisten blickten durch kleine Fensterchen hinaus, die sehr genau und direkt nach Osten ausgerichtet waren.

In den Gräbern waren Überreste von Kleidern, die das sehr trockene Klima erhalten hatte. Es gab kleine Körbe, in denen Bronzefiguren lagen; in anderen waren Muscheln aus dem Meer. In vielen Gräbern gab es Bögen, Pfeile und andere Waffen wie kleine Äxte und Keulen.

Am Eingang zu den Gräbern standen Tongefäße. In manchen gab es noch Überreste von etwas, das wie Mais oder Yucca aussah. Ich machte Peilungen, um die Position der Insel und ihrer Schätze, festzuhalten. Huanapaco ging nur sehr widerwillig hier an Land, denn die Indianer fürchten sich vor Geistern. Später erzählte er mir, dass seit undenklichen Zeiten niemand diese Insel betreten hatte. Persönlich denke ich, dass die Überreste hier alt genug sind, um aus der Zeit der Tiahuanaco-Zivilisation zu stammen, denn dort gibt es um den mächtigen Steintempel herum keine Anzeichen für Begräbnisstätten.

Als ich später La Paz besuchte und dort die Direktorin des Nationalmuseums traf, fragte ich sie nach der Insel Quebraya. Sie hatte nie davon gehört, auch nicht von der Begräbnisstätte. Durch meine Berichte neugierig geworden, stellte sie ein Team von Archäologen und Historikern zusammen, um den Ort zu besuchen und die unbezahlbaren Schätze und Ruinen dort unter den Schutz der Regierung zu stellen. Obwohl die Insel Quebraya nur ungefähr acht Seemeilen Luftlinie von La Paz entfernt ist, war sie der Stadtbevölkerung völlig unbekannt. Eine Insel von eineinhalb Quadratkilometern, voll mit Schätzen aus der Vor-Inka Zeit (ich nahm nur eine kleine Bronzefigur mit). So weit ich weiß, ist es die einzige Begräbnisstätte in Südamerika, in der die Toten aufrecht stehen, in militärischer Haltung, zumindest bis man die »Yachtclubmitglieder« von Huatajata zur letzten Ruhe bettet.

44

Eine Reise in die Stadt

Während der Zeit, in der ich mit *Sea Dart* durch die Inseln des Unimarca segelte, von Mitte Februar bis Ende Juni, war ich damit beschäftigt, abgelegene Buchten und Durchfahrten zu vermessen. Ich schrieb Artikel und verschickte sie in neun Länder der Erde. Diese Werke begannen ihre Reise nach England, Australien, Deutschland oder die USA auf Schilfbooten, die von Indianern in *chorros* und Ponchos nach Cachilaya gepaddelt oder gesegelt wurden. Von dort aus rasselten sie mit dem klapprigen wöchentlichen Bus, unter der schwachen Wintersonne, die nur eine verschwommene Scheibe Licht war, über die felsigen Straßen des Altiplano nach La Paz, achthundert Meter unterhalb des Seespiegels. Und von dort aus gelangten sie in die Außenwelt.

In der Zwischenzeit hatte ich eine brauchbare Möglichkeit ausgearbeitet, wieder an den Ozean zu gelangen. Die Grenze zu Chile war immer noch geschlossen, und die dortige Militärregierung vermittelte Anzeichen einer gewalttätigen Reaktion. Jeder Fremde, egal, mit welchen Absichten er nach Chile kam oder welche politische Couleur er hatte, lief Gefahr, in das nächste Konzentrationslager eingeliefert zu werden. Chile war also out, ebenso Peru. Wenn ich *Sea Dart* in den Ozean zurück bringen wollte, dann müsste ich nach Osten gehen, quer durch den Kontinent.

Ich studierte die Karte, es gab zwei mögliche Routen, aber beide schlossen irgendwie einen Transport über die hohen und mächtigen Berge der Cordillera Real ein. Wenn ich über diese Barriere hinüber käme, gab es drei Möglichkeiten. Eine davon war, den Oberlauf des Rio Beni zu erreichen, um von dort über Tausende von Meilen über den Madeira-Fluss in den Amazonas zu gelangen. Nach einer Weile,verlor sich diese Idee, denn keiner wusste etwas über die Stromschnellen in diesen Flüssen und ob sie befahrbar waren.

Alles, was ich in Erfahrung bringen konnte war, dass der Beni und der Madeira zu den schlimmsten, wildesten und am meisten mit Insekten verseuchten Flüssen im ganzen südamerikanischen Dschungel gehörten.

Die zweite Alternative war ein Transport nach Santa Cruz, einer 800 Meilen weit entfernten Stadt auf der anderen Seite der Anden, am Rande der Chaco Wüste. Von dort aus weiter mit der Bahn, nach Süden, bis Buenos Aires. Aber das musste ich ebenfalls ausschließen. Es würde mehr kosten, als ich in der kurzen Zeit vor Einbruch des Winters verdienen konnte.

Die dritte Alternative gab mir eine kleine Chance, um mit vernünftigen Mitteln an mein Ziel zu kommen. Diese Möglichkeit war, das Schiff mit der Bahn von Santa Cruz durch die Chaco-Wüste an die brasilianische Grenze zu bringen, in die Provinz Mato Grosso, um dann den Rio Paraguay flussabwärts zu fahren. Dann würde ich nach zweitausend Meilen das Plata-Delta erreichen.

Keiner konnte mir sagen, ob das eine praktische Möglichkeit war, denn keiner hatte das vorher gemacht. Keiner wusste, was hinter Santa Cruz lag, es gab nur Gerüchte. Eines dieser Gerüchte besagte, dass die Eisenbahnlinie aus Santa Cruz direkt am Fluss endete, und dass es dort einen kleinen Hafen mit Kai und einen Kran gab. Als ich diese Dinge mit Botschaftsmitgliedern diskutierte oder in den Büros der Eisenbahngesellschaft fragte, in La Paz, oder sonst wo, bekam ich immer nur höfliche, aber ausweichende Antworten. Alle schauten mich an, als wäre ich total übergeschnappt.

Als mein Plan, die Mato-Grosso-Route zu versuchen, einmal fest stand, machte ich mich an die Arbeit, um die ungefähr notwendigen fünfhundert Dollar für den Transport zusammen zu schreiben. Tröpfchenweise kam das Geld in die Bank von La Paz herein.

In der Zwischenzeit sparte ich am Essen und anderen Notwendigkeiten. Als der Winter anfing, sparten wir auch das noch ein, mit Ausnahme der Bissen und Happen, die Huanapaco von den kleinen Vorräten seines Stammes mitbrachte. Aber so wenig es auch war, es brachte uns durch. Kartoffel, Yucca, und sehr selten, weil es am See bitter kalt war, winzige Boga-Fische oder ein paar Bohnen. Meist waren es nur Kartoffeln und Yucca, eine Wurzel, die einem Kohlrabi ähnlich ist und die ein Struktur wie das Innere eines Golfballs hat und auch so schmeckt.

Wir saßen im Schiff, mit umgehängten Decken und versuchten, uns mit der kleinen Öllampe warm zu halten. Ich schrieb, und Huanapaco döste. Ab und zu gingen wir nach draußen in die frostige Luft, um nach den Angelleinen zu sehen, die über die Seite hingen, aber die meisten Fische waren jetzt in tieferem Wasser. Oft lag bis zu einem Meter Schnee, aber der war uns willkommen, denn er hielt den bitterkalten Wind von *Sea Darts* Rumpf aus Marinesperrholz ab.

In der letzten Woche des Juli entschied ich mich dazu, nach La Paz zu fahren, um zu sehen, was auf meinem Konto war. Es war schneller, die mühsame Straße entlang zu gehen, als einen Brief zu schicken, denn die Antwort würde mich vielleicht nie erreichen.

Wir ließen Huanapacos Vater zur Bewachung des Schiffes zurück und machten uns auf den Weg zur Straße, sieben Meilen im Landesinnern. Dort warteten wir auf einen der seltenen Lastwagen, die vorbeikamen. Bei dem herumwirbelnden Schnee, gab es nur eine geringe Chance, dass uns einer mitnehmen würde. Wir warteten einen Tag lang. Als es dunkel wurde, gingen wir wieder die sieben kalten Meilen nach Cachilaya zurück. Am Morgen wateten und schlurften wir wieder durch den dicken Schnee zur Straße und warteten den ganzen Tag, aber es kam nicht ein einziger Lastwagen vorbei. Am dritten Tag hatten wir Glück! Um die Mittagszeit kam ein Wagen vorbei, voll mit Soldaten mit Gewehren in den Händen. Der kommandierende Offizier war Commander de Valdez, der gleiche, der mich damals auf so dramatische Art und Weise aus dem Ungezieferloch der Marinebasis befreit hatte.

Er sprang aus dem Fahrerhaus des Lastwagens heraus, und begrüßte mich herzlich. »Natürlich können wir Dich nach La Paz mitnehmen, Tristan, kein Problem, steig' auf, *vamos!*« Er erzählte mir aufgeregt, dass er sein kleines Bataillon von Seeleuten zu dem kleinen Hafen Trinidad hinunter führte, am Rio Mamoré, tief im bolivianischen Dschungel auf der anderen Seite des Amazonas. Dort würden sie eine Woche lang Manöver abhalten. Natürlich würde er uns nach La Paz mitnehmen – waren wir denn nicht alle Seeleute, Kameraden des Ozeans? *Vamos!* Er sprang wieder in das warme Fahrerhaus, heraus aus dem eiskalten Wind. Huanapaco und ich kletterten auf die Pritsche, die dick mit Pulverschnee bedeckt war.

Unsere Mitfahrer waren etwa fünfundvierzig Jahre alte, barfüßige, kahlgeschorene und verlauste Marinesoldaten. Ihr Anführer war mein alter Freund, der fette Sergeant, der mich so gehässig wie immer ansah. Ich nickte ihm zu und grinste. Er furzte und spuckte über die Seite des Lastwagens.

Wenn wir an den wenigen bewohnten Plätzen auf der Mondlandschaft des Altiplano vorbei kamen, brüllten die Soldaten jeden an, der bei dieser Witterung draußen im Schnee war. Sie fuchtelten mit ihren Flinten herum.

Ich nahm die Ohrenklappen meiner Panzerfahrermütze herunter und wickelte mir den Schal um Gesicht und Nase. Aber ich fror immer noch erbärmlich. Wenn der Lastwagen in Bewegung war, stach der Wind durch meine drei Pullover und die norwegische Segeljacke, die ich anhatte, wie tausend Segelmachernadeln hindurch. Huanapaco hatte seinen *chorro* herunter gezogen und sich in seine Decke gehüllt, seine Beine und Füße waren nackt. Er schien unbeeindruckt. Das verwunderte mich keineswegs, denn oft hatte ich ihn und seine Freunde beim Fischen stundenlang im kalten Wasser stehen sehen. In so kaltem Wasser, dass ich kaum die Hand länger als eine Minute lang hinein halten konnte. Durch das Leben in diesen großen Höhen und in der dünnen Luft haben die Indianer der Anden eine Widerstandskraft entwickelt, wie ich es noch bei keiner anderen Rasse erlebt habe, die Eskimos eingeschlossen.

Als der Laster den Abhang erreichte, von dem aus man La Paz überblicken konnte, fuhr er im Schritt-Tempo weiter. Auf den Kreuzungen bewegten sich Massen von Indianern durcheinander. Huanapaco drückte sich näher an mich heran. »Ich denke, der Commander hat nicht die Wahrheit gesagt, Kapitän.«

»Über was?«

»Die Soldaten.«

»Wieso nimmst Du das an?«

»Wenn sie in den Dschungel gingen, hätten sie viel mehr Gepäck dabei, Proviant, Ausrüstung und Kleider.« Er zeigte auf den Stapel Munitionskisten zu unseren Füßen.

»Vielleicht haben sie ein Depot in La Paz, Huanapaco, wo sie die Sachen holen, bevor sie nach Trinidad weiter fahren.«

»Ja Kapitän, und vielleicht wird das Lama tanzen, und die Kröte wird singen.«

Als wir zum Airport kamen, dem höchstgelegenen Verkehrsflughafen der Welt, brach die Hölle los. Hinter Hütten hervor und aus Gräben heraus feuerte die Luftwaffe auf uns. Der Lastwagen sauste los, und die Soldaten feuerten ziellos nach achtern, auch noch, als wir schon weit vom Airport entfernt waren. Wir lagen flach auf dem Stapel von Munitionskisten. Der Sergeant stieß den Soldaten, die immer noch feuerten, seinen Gewehrkolben in die Rippen, damit sie aufhören sollten. Ich sprach zu Huanapaco. »Sobald der beschissene Laster anhält, mein Freund, sind wir auf und davon. Du gehst über das Heck, ich über die Seite. Dann nichts wie weg!«

»In Ordnung«, flüsterte er. Wir knüppelten über die Pflastersteine von La Paz, dann endlich kam der Lastwagen zum Stehen. Ich sprang mit einem Satz über die Seite der Pritsche und rutschte auf dem vereisten Trottoir aus. Als ich zu der nächsten Nebenstraße rannte, bemerkte ich, dass wir auf dem Hauptplatz von La Paz waren. Aus dem Ministerium der Luftwaffe, ein paar hundert Meter entfernt, kam heftiges Gewehrfeuer. Die Marinesoldaten schossen nun methodischer, denn der Commander war auf die Pritsche des Lastwagens geklettert mit einem Revolver in der einen Hand und einem Säbel in der anderen. Er brüllte: »*Hijos de putas, caracho!*«

Ich rannte eine enge kopfsteingepflasterte Gasse zwischen einstöckigen Hütten entlang. Wie ich in der dünnen Luft von La Paz diese Geschwindigkeit erreichte, blieb mir ein Rätsel, aber die Querschläger, die an den nahegelegenen Wänden entlang pfiffen, steigerten sicherlich meine Motivation. Huanapaco war dicht hinter mir. Obwohl ich dachte, Huanapaco wäre der schnellste Läufer, den ich je gesehen hatte, schlug ich ihn auf der Strecke bis zum Gipfel des Hügels. Wir fielen in eine indianische Chicha-Bar hinein und lachten wie verrückt, obwohl ich kaum Luft bekam.

Später fanden wir heraus, dass die bolivianische Luftwaffe eine Revolution gegen den Präsidenten, General Hugo Banzer Suárez, angezettelt hatte. Aber als couragierter Mann war er alleine mit dem Fallschirm in die Luftwaffenbasis abgesprungen und hatte die Revolution niedergeschlagen. So ein Aufstand war in Bolivien keine Seltenheit, Revolutionen waren schon seit der Unabhängigkeit des Landes eher an der Tagesordnung. In den letzten 200 Jahren gab es *über 200 Regierungen*, und im Jahre 1946 hängten sie ihren Präsidenten nackt an einem Laternenpfahl auf.

Diese Revolutionen sind üblicherweise Konflikte zwischen kleinen Gruppen der führenden Klassen und berühren die Indianer kaum, nur dann, wenn sie zum Kämpfen eingezogen werden. Aber selbst dann wissen sie kaum (und es ist ihnen auch egal), auf welcher Seite sie sich beteiligen müssen.

In dieser Nacht schliefen wir auf den Bänken der winzigen, schmutzigen Indianer-Bar, zusammen mit anderen, die vor dem bitter kalten Wind und vor der Unsicherheit draußen Zuflucht suchten.

Am Morgen ging ich zur britischen Botschaft, um meine Post abzuholen. Unter den wenigen Briefen aus London, Sydney und Boston war eine Nachricht. Der Präsident der Republik hätte durch die Kommission für Marineaktivitäten erfahren, dass ich vielleicht bald mit meinem Schiff durch La Paz kommen würde. Ich möchte bitte die genauen Details meiner Reise übermitteln, damit man einen entsprechenden Empfang vorbereiten könne. Würde ich! Einen Mann, der allein mit dem Fallschirm in ein Nest mörderischer Rebellen hinein sprang, den musste ich treffen!

Die Botschaft hatte auch ein lang erwartetes Paket für mich, einen Karton mit Kricketausrüstung – zwei Schläger, ein halbes Dutzend Bälle, Knieschützer, Tore, und eine Mütze für den Schiedsrichter. Alles frei und franko von meinen Freunden in England, als Antwort auf meine dringende Anfrage. Droben am See, hatte ich den Indianern gezeigt, wie man Kricket spielt. Sie machten ihre Sache gut, wenn sie auch ab und zu den groben Schläger, den wir gemacht hatten, dazu benutzten, dem Werfer auf den Kopf zu schlagen. Aber langsam und sicher gewöhnten sie sich an die Regeln des Spiels, und die Idee von Fairplay sickerte im Schneckentempo in ihre Köpfe ein. Jetzt hatten wir die notwendige Ausrüstung.

Auf der Bank fand ich heraus, dass ich jetzt genug Mittel für den Transport zum Mato Grosso hatte, ich ging zurück nach Cachilaya. Dazu brauchte ich drei eiskalte Tage, aber ich hatte einige Post, ich hatte das Geld, wir waren unverletzt und ich hatte die Kricketausrüstung!

45

Um Haaresbreite

Bei meinem Aufenthalt in der Inselwelt des Titicacasees erfuhr ich, wie man die Schilfboote baut. Das Schilf wird zu Wulsten zusammengebunden, die dann in die Form einer zusammengelegten Hängematte geschlagen werden. Drei solcher Wülste werden dann mit Kordel aus *pala*, einem festen Gras, das direkt am Ufer wächst, verflochten. Für ein solches Balsafloß braucht man eine erstaunlich große Menge an Schilf, manchmal bis zu einer Tonne. Drei Männer arbeiten etwa drei Wochen daran, aber danach ist es eines der stabilsten Wasserfahrzeuge, das man sich denken kann. Ich habe oft gesehen, wie solche Boote im Sturm draußen waren, mit zwei oder drei Männern an Bord. Es bleibt immer aufrecht, unabhängig davon, wie grob der Seegang ist – und der Titicacasee kann eine See aufbauen wie im englischen Kanal bei einem steifen Südwest. Eine Geschichte, die man mir erzählte, besagt, dass ein Balsafloß von einem bolivianischen Kanonenboot, das bei Nacht mit hoher Geschwindigkeit durch die Straße von Tiquina pflügte, in zwei Teile zerrissen wurde. Die Indianer hielten sich nur an einem der drei Hängemattenwulste fest und wurden am Morgen lebend und sicher aufgefischt.

Während man das Floß baut, macht ein anderer »Balsa-Spezialist« die Netze zum Fischfang, hauptsächlich für boga, der zu den Grundnahrungsmitteln am See gehört. Einige Frauen arbeiten an der Abdeckung, die den Fischern vor Regen und Wind Schutz bietet und die ebenfalls aus Totora Schilf besteht. Andere machen die Festmacher und die Leinen für den Steinanker aus *pacha,* einer anderen Faserpflanze, ähnlich wie Hanf. Die Balsaflöße haben eine Lebensdauer von sechs Monaten, danach saugen sie sich mit Wasser voll. Wenn die Kordeln und Leinen noch gut sind, werden sie wieder zum Bau eines neuen Bootes verwendet. Das unbrauchbare Material lässt man am Strand verrotten und verwendet es später als Dünger.

Angetrieben wird ein solches Fahrzeug von einem Gittersegel, einem rechteckigen Windfang, der ebenfalls aus Schilf besteht, oder mit einem einzelnen Riemen, der in einer geschnitzten Dolle geführt wird. Ein guter Skuller kann damit eine beachtliche Geschwindigkeit erreichen.

Interessanter und lehrreicher war dagegen ein Besuch auf der Insel Suriqui, wo man die Segel-Lugger baut. Ich ankerte dort in der wunderschönen Bucht und brachte eine lange Leine zum Ufer aus, um Vorkehrungen gegen den *supay* zu treffen, den Teufelswind, der mit enormer Geschwindigkeit von den Höhen herabkommt. Ohne Sicherheitsleine kann er leicht den Anker ausbrechen und das Schiff über den halben See blasen. Die Aymara haben die seltsame Angewohnheit, oder vielleicht ist sie auch gar nicht so seltsam, einen ihrer Clanleute mit einer Trompete oben auf dem Hügel, der fast ihre gesamte hübsche Insel einnimmt, zu postieren. Wenn er in der Ferne Supay-Wolken ausmacht, bläst er auf der Trompete, um die Teufel weg zu jagen oder wenigstens eine Richtungsänderung zu erwirken.

Ich war mehrere Male auf Suriqui und hatte beim Bau der Sloops zugeschaut. Sie sind etwa siebzehn Meter lang und werden mit Zedernholz auf Eukalyptusspanten beplankt. Das Zedernholz kommt aus dem Dschungel im östlichen Bolivien und ist gut abgelagert. Es ergibt ein bewundernswertes Baumaterial.

Die Spanten werden mit dem Breitbeil in die richtige Form gebracht. Es sieht alles sehr roh aus, aber die Form der fertigen Schale ist sehr elegant, außer dem Spiegel, der ist ein angenagelter zusammengezimmerter Mist. Trotz der sauertöpfischen Unfreundlichkeit der Aymara kam ich öfter hierher. Mit Hilfe von Huanapaco sprach ich mit Quispe, ihrem Schiffsbaumeister, der kein Spanisch verstand. Ich zeigte ihm, wie man die Riggs ändern sollte, damit die Schiffe am Wind laufen könnten. Danach kamen wir einigermaßen gut miteinander aus.

An einem Tag, kam ich von Quispes Hütte herunter zu *Sea Dart* und merkte, dass meine lange Festmacherleine fehlte, die ich gegen den *supay* ausgebracht hatte. Jemand hatte sie gestohlen! Das ist etwa das schlimmste Verbrechen, das man gegen einen Seemann verüben kann. Man kann ihn im Hafen ausrauben, man kann ihm den doppelten Ladenpreis für seine Vorräte berechnen, ihm mit einer Flasche auf den Kopf schlagen, ihn von vorn bis hinten bescheißen, aber man stiehlt ihm nie die Festmacher!

Meine Wut kam zum Kochen, Aymara hin oder her, Wilde oder nicht, das würde ich nicht hinnehmen! Ich ging auf das Schiff und holte mein Entermesser. Als ich am Ufer zurück war, ging ich ins Dorf. Huanapaco war besorgt, er ergriff meinen Arm. »Kapitän, das sind böse Leute, und es sind sehr viele!«, bat er.

»Die Schweinehunde haben meine Leine gestohlen – *hijos de putas!*«

»Unternimm' nichts, Kapitän! Um Gottes Willen! Lass' mich gehen und den *ayllu* zusammenrufen, por favor!«

»Scheiß auf den *ayllu*, ich will den Kerl haben, der meine Leine gestohlen hat!«

»Aber sie werden Dich schlagen, und dann gibt es Krieg zwischen Cachilaya und Suriqui«, rief er mir nach.

»Zum Teufel, also gut! *carracho!* Aber sag dem verdammten Arschloch von Häuptling, Manco Quispe, dass ich jetzt sofort eine Versammlung des Clans haben will! Es ist mir scheißegal, ob die Sonne untergeht oder nicht. Ich will den verlausten *hija de mariconita*, den Sohn einer Hure, hier an diesem verdammten Ufer haben. Ihn, den *illacata*, den *corregidor*, die ganze gottverdammte Bande. Aber nicht den verfluchten *llayca*, den Medizinmann. Er kann sich seine idiotischen Fetische in den Arsch schieben! Er soll' sich aus der Sache raushalten!«

»Aber Kapitän, ohne den *llayca* werden sie kein Meeting abhalten!«

»Huanapaco, geh' auf diesen Idiotenhügel hinauf und hol' sie hier runter! Wenn nicht, dann geh' ich da rauf und schnapp' mir diesen Sauhund, der meine Leine geklaut hat! Ich fresse seinen Arsch zum Frühstück!«

Widerwillig zog Huanapaco los. Auf der Lichtung versammelte sich eine Gruppe, alle lachten und fanden die Sache lustig.

Fünf Minuten später kam Huanapaco mit dem *corregidor* zurück, dem Dorfschutzmann.

»Was wünschen Sie, *Señor?*« fragte er mit winselnder Stimme.

»Du sollst zurück gehen und Manco Quispe sagen, dass ich ein Meeting will. Ich warte hier. Und sag' ihm, dass jemand meine Festmacherleine gestohlen hat, und ich will, dass der Dieb gefunden und bestraft wird!«

»Es ist meine Aufgabe, mich um die Diebstähle auf dieser Insel zu kümmern, ich bin vom *ayllu* gewählt.«

»Dann bring' mir entweder den Dieb, oder den Alcalde!«

Er drehte sich um und ging den Hügel hinauf. Ich wusste, dass er Zeit gewinnen wollte. Er hoffte wohl, dass er mich bis Sonnenuntergang hinhalten konnte. Danach würde keine Versammlung mehr einberufen.

Minuten später kam der Alcalde mit einem Gesicht wie ein Regentag in Schottland. Streitsüchtig fragte er, was ich wolle. Ich erklärte ihm, was passiert war.

»Keiner meiner Leute hat Deine Leine gestohlen«, grunzte er.

»Ich will eine Versammlung. Ich will ein Versprechen von dem *ayllu*, wie sie in Zukunft Fremde behandeln werden, die auf diese Insel kommen!«

»Unmöglich!« antwortete er und stampfte mit dem Fuß auf den Boden.

Ich bestand darauf, ich krakeelte, ich drohte, dass ich zu der Regierung in La Paz gehen würde, ich schwor, diese Sache nie zu vergessen, selbst wenn ich bis zum Ende meiner Tage daran arbeiten müsste. Zum Schluss gab er nach!

Die Aymara versammelten sich formell auf der Lichtung, gemäß ihrer Rangordnung, es waren etwa fünfhundert. Viele von ihnen blickten uns finster an, als wir in die Mitte zu dem Versammlungsstein schritten, von dem aus der Chief sprechen würde. Manche von ihnen trugen die bevorzugte Kampfwaffe der Aymara, eine Art Peitsche, mit einem Beil im Stiel, das sie drohend schüttelten. Als ich in den Ring hinein kam, zitterte ich, halb vor Angst und halb vor Wut – diese Sache musste ich durchstehen! Auf der freien Stelle inmitten des Rings standen wir vier – der Chief, der *illacata*, Huanapaco, und ich. Ich sprach sehr langsam, damit Huanapaco meine Worte übersetzen konnte. Ich sagte ihnen, dass ich in friedlicher Absicht auf diese Insel gekommen sei, dass ich mir ansehen wollte, wie sie ihre Schiffe bauten. Ich hatte nichts berührt auf der Insel, und ich hatte nichts mitgenommen. Huanapaco war mein Freund, und er hatte ebenfalls nichts getan, was zum Nachteil der Aymara sei. Wir hatten das Eigentum der Aymara noch nicht einmal lüstern angeschaut. Wir hatten ihre Frauen nicht belästigt, wir waren nicht nach Sonnenuntergang herum gelaufen, wir hatten ihre Bräuche respektiert, wir hatten zwei ihrer Männer das Leben gerettet, als ihr Boot kenterte. Warum also hatte man meine Festmacherleine gestohlen, den Schutz meines Schiffes gegen den Teufelswind? Warum lachten Sie? Warum beleidigten sie uns? Wenn es ein Einzelner mit mir aufnehmen wolle, dann sollte er nur hervortreten. Ich schüttelte mein Entermesser, und sie schüttelten ihre Beile.

Danach war Stille. Ich schaute wild um mich und hoffte inbrünstig, dass keiner aufstehen würde, denn sie waren eine schlimmere Bande von Halsabschneidern, als man sich vorstellen kann. Stille. Ich wartete. Dann verlangte ich, dass der Chief vortreten sollte. Keine Antwort. Ich nannte den Chief einen Feigling, der nicht einmal würdig sei, bei den Weibern zu sitzen. Ihre Gesichter hellten sich auf, einige begannen zu grinsen. Ich machte weiter, und schaute nach der Gruppe der Frauen, die ganz am Rand zuhörten.

»Vielleicht war es eine Frau, vielleicht wollte sie ihre Röcke hochbinden?« Manche begannen zu lachen.

»Vielleicht wollte sie einen Mann an sich anbinden, der ihr sonst weglaufen würde?« Jetzt lachten sie laut. »Vielleicht wollte diese verrückte Frau auch gleich zwei Männer anbinden, weil sie einen unersättlichen Appetit hatte? Weil einer ihr nicht genug war?« Huanapaco konnte vor Lachen kaum noch die Worte herausbringen, die ganze Versammlung brüllte und wieherte.

Plötzlich gab es eine Bewegung in der versammelten Menge, und ein Mann wurde grob herein gestoßen. Zu den Füßen des Alcalde fiel er hin und lag auf seinem Gesicht. Er wimmerte und grunzte im Staub. Der Alcalde sprach mit dem Dieb, und dann trat er ihm mit einem so gewaltigen Tritt gegen den Kopf, dass er auf die Seite rollte. Dann sagte er mir, dass der Mann gestanden habe, meine Leine gestohlen zu haben, und dass er für immer von der Insel verbannt würde. Ich fragte nach seiner Familie. Der Alcalde sagte, der *ayllu* würde sich um sie kümmern.

Die Sache war haarscharf ausgegangen. Huanapaco und ich gingen durch die bewaffnete Meute hindurch zum Schiff. Ich setzte mich an die Schreibmaschine, und setzte den letzten Vertrag auf zwischen amerikanischen Indianern und einem Weißen Mann aus der westlichen Hemisphäre:

»Die Gemeinschaft der Insel Suriqui, wie heute hier versammelt, legt hiermit das Versprechen ab, nie mehr den Bürger eines fremden Landes auf dieser Insel zu belästigen.

Die Gemeinschaft bestätigt durch die nachfolgende Unterschrift ihrer gewählten Vertreter, dass sie alle Menschen, die nicht von dieser Insel stammen, freundlich behandeln wird.«

Unterzeichnet vom Generalsekretär dem *corregidor* und dem Sekretär der Gemeinschaft.

Sie unterschrieben, und wir segelten zurück nach Cachilaya. Ich fragte, was der Alcalde zu den Aymara gesagt hatte, nach dem Geständnis des Mannes. »Er hat gesagt, Du wärst ein richtiger Mann. Seit seiner Kindheit hätte er viele Fremde kommen sehen, Böse und Gute, einige in Lumpen, andere in schönen Kleidern, mit Gold an den Händen. Aber keinen von denen hätte er je respektiert. Du wärst in Lumpen gekommen, hättest nichts genommen, nur gegeben. Du hättest eine Reise gemacht, von der sie nicht einmal träumen könnten, durch viele Gefahren hindurch und Bedrohungen. Und Du hättest keine Angst gehabt, vor seinen vielen Kriegern, obwohl sie Dich ausgelacht hätten und Dich zornig anblickten. Du wärst ein Kapitän, und er hoffe, dass Deine Füße nie von Suriqui weggehen würden.

»So ein Scheißkerl, einen Mann so gegen den Kopf zu treten«, knurrte ich.

Teil 4: Und durchhalten!

»Dear Mam,   (»Liebe Mutti,*

Life is a bastard.   das Leben ist ein Bastard.*

Dear Son,   Lieber Junge,*

So are you.   das bist Du auch.*

Dear Mam,   Liebe Mutti,*

I didn't know.   hab's nicht gewusst.*

Dear Son,   Lieber Junge,*

Nor does your father.«   Dein Vater auch nicht.«)*

Auszug aus einem Monolog, der üblicherweise über vierzig Minuten ging. Er wurde immer vom ältesten Mann vorgetragen, der bei improvisierten »Sod's Parties« (Seifenopern) auf den Schiffen der Royal Navy anwesend war. Er ging etwa wie folgt:

Sprecher: *»Und hier, meine Herren, haben wir den Fukawi-Stamm.«*

Publikum: *»Den Fukawi-Stamm?«*

Sprecher: *»Ja, meine Herren, den Fukawi-Stamm. Er lebt im tiefsten Urwald Südamerikas. Keiner von ihnen ist größer als ein Meter. Und das Gras, in dem sie leben, ist zwei Meter hoch. Sie laufen auf einem Trampelpfad schnell im Kreis herum. Und manchmal steckt der Häuptling seinen drei Meter langen Speer in den Boden, und klettert daran hinauf. Er hält die Hand über die Augen, und er blickt über die Weite des zwei Meter hohen Esparto-Grases, und ruft ...«*

Publikum: *»Was ruft er denn?«*

Sprecher: *»Er ruft: Wir sind die Fukawi.«*

Publikum: Stöhnen, dann singen:
*»Gott, was ein für ein blöder Song,
was für ein blöder Song, was für ein blöder Song,
Gott, was für ein blöder Song,
und was für blöde Sänger!«*

46

Ein Rennen
gegen die Natur

A
m 18. Februar 1974 legten wir mit *Sea Dart* in einem wütenden Schneesturm aus Osten ab. Trotz des schlechten Wetters hatte sich der gesamte *ayllu* der Quechua von Cachilaya am Ufer versammelt, um uns zu verabschieden. Sie hatten sich alle um das Scheißhaus herum gruppiert, das ich mir am Strand gebaut hatte – ein tiefer Graben mit drei Adobewänden, und einer Tür. Es war winzig, aber es hatte sogar eine Holzplanke als Sitz, und man hatte einen herrlichen Blick über den blauen See hinweg auf die Anden. Es war nicht die beste Klempnerarbeit, aber ich denke, es hatte eine bessere Aussicht als jedes andere Scheißhaus der Welt. Bevor wir ablegten, sah ich, wie die Indianer grüne Zweige um die Wände herum legten, Äste von Oliven- und Eukalyptusbäumen. Ich fragte Huanapaco, was das bedeuten sollte. Er antwortete, dass die Quechua dachten, ich hätte den Ort zum Meditieren benutzt, um Gott zu bitten, dass Schiffe gegen den Wind kreuzen können. Jetzt betrachteten sie das Haus als eine Art Schrein und dachten, der Platz wäre magisch. Keiner würde mehr hinein gehen oder auch nur über die Tür schauen. Sie hängten sogar ein Schloss dran, und die Frauen durften nicht in die Nähe kommen. Das stimmte anscheinend, denn als wir ablegten, standen die Frauen abseits der Männer, die ihre Courage zeigten, indem sie sich bis auf ein paar Meter an den »Tempel« heranwagten, um ihm Zweige und Blätter zu opfern.

Unter den Abschiedsrufen der Quechua glitten wir davon. Der Schnee wirbelte in der Luft, und der Wind von achtern schob uns über die zirka vierzig Seemeilen nach Guaqui. Ich koppelte mit dem Kompass, denn durch den Schnee hatte man keine Sicht. Es war ein bitterkalter Schlag, der die Hände, die Lungen und das Herz taub werden ließ. Aber gegen Abend klärte sich der Himmel auf, und wir erreichten Guaqui im Licht der Sterne.

Am Morgen besuchte ich den Zollboss. Ich erklärte ihm, dass ich einen Lastwagen von La Paz herauf bestellt hatte, um das Schiff nach Santa Cruz zu bringen, von wo aus ich mit der Eisenbahn über die Chaco-Wüste an die brasilianische Grenze und zum Mato Grosso wollte.

»*Y?*« fragte er in bolivianischer Manier, »und?«

»Ich brauche Papiere, um durch Bolivien zu reisen. Rein technisch gesehen, führe ich das Schiff während der Reise nach Bolivien ein.«

»*Carracho!* Kein Problem, *amigo.* Schau', ich kenne Dich! Du bist mein Freund! Wozu brauchst Du Papiere, eh? Ich bin der Boss hier. Papiere sind für Idioten! Und außerdem hast Du Deine Schiffszertifikate, die sind schon gut genug! Wenn jemand Schwierigkeiten macht, soll er sich an mich wenden. Hah! Ich werde ihm in den Arsch treten lassen! *Hijo de puta! Carracho!* Stell' Dir vor, jemand behandelt meine Freunde schlecht!«

Er legte seinen riesigen Arm um meine Schulter, sein Knoblauchatem warf mich fast um. Wieder versuchte er, wie vorher schon, auf die Straße zu spucken, nur war diesmal die Tür wegen der bitteren Kälte geschlossen. So sehr ich auch bat, er verwarf die Idee von einem Einfuhrpier, das war sozusagen unter seiner Würde. Nachdem wir eine halbe Flasche *chicha* geleert hatten, redeten wir nicht mehr über Papiere.

Am Nachmittag kam der Lastwagen aus La Paz. Er war mit Zinnbarren beladen, die er aus Oruro, von La Paz aus etwa zweihundertfünfzig Kilometer Luftlinie, aber auf den Straßen etwa die doppelte Distanz, heraufgebracht hatte. Der Fahrer, der aus Cochacamba stammte, hatte wegen der vereisten Straßen und Schneeverwehungen acht Tage für die Strecke gebraucht.

Im Vergleich mit Salomons altem Lastwagen drüben in Peru war der hier ziemlich modern, ein japanischer Suzuki. Er war in viel besserem Zustand als der alte Ford. Ganz lustig, dachte ich, ein englisches Segelschiff, das die bolivianischen Anden in einem japanischen Lastwagen überquert. Der Name der Fahrers war Chanko, er war ein Mestize, ein Halbweißer, und ein Abstinenzler. Chanko schätzte, dass wir zur Überquerung der Berge etwa fünf oder sechs Tage brauchen würden, wenn das Wetter gut wäre. Am späten Nachmittag des nächsten Tages, dem 19. August, hatten wir *Sea Darts* Mast gelegt und das Schiff mit Hilfe des antiken Dampfkrans auf den Wagen geladen. Wir tranken ein letztes Glas *chicha* mit dem Zollboss und seinen Untergebene. Dann fuhren wir langsam die vereiste Straße entlang, die an den Ruinen von Tiahuanaco vorbei nach La Paz führt.

Unglücklicherweise kamen wir schon nach dreihundert Metern hinter dem Hafen wieder zum Halten. Der Lastwagen rutschte von der eisglatten Straße ab und landete in einem Graben voller Schneematsch und Schlamm. Mit einer Schieflage von achtzig Grad stand er zwei Tage dort, bis ein Traktor von La Paz heraufkam und ihn heraus zog. Glücklicherweise hatten die Taue, die *Sea Dart* auf der Ladepritsche fixierten gehalten, und es war kein Schaden am Schiff entstanden. Aber es war verdammt ungemütlich, bei diesem Winkel im Schiff zu schlafen. Deshalb schlief ich im Büro des Zollbosses, auf der gleichen Fensterbank, auf der wir bei unserer ersten Ankunft Siesta gehalten hatten, vor so vielen Monaten, noch in der Hitze des Sommers.

Während ich darauf wartete, dass Huanapaco durch die Schneewehen nach La Paz gelangte, um mit dem Traktor zurück zu kommen, hatte ich Zeit, die Situation zu beurteilen. *Sea Dart* hatte, von der Karibik aus eine weite Reise unternommen, und ihr Ziel, den Titicacasee, erreicht. Zusätzlich hatte sie etwa tausend Seemeilen auf dem See zurück gelegt. Da sie jetzt von hier aus nicht an den pazifischen Ozean gelangen konnte, musste sie quer durch den Kontinent zum Mato Grosso und dann über zwei unbekannte wilde Flüsse, den Paraguay und den Paraná, eine lange Fahrt! Anhand meiner kleinen Nachforschungen über diese beiden Flüsse in der Universitätsbibliothek von La Paz und den Aussagen von vielen Leuten, die ich getragt hatte, schien es, dass ich ein Problem hatte. Die Regenzeit in den ausgedehnten Dschungelgebieten von Zentralbrasilien, an den Oberläufen der drei großen Flüsse, dem Xingu, dem Tapajós, und dem Madeira, beginnt im Februar und endet in den letzten Wochen des Mai. Das wusste ich schon aus meinen bitteren Erfahrungen am Amazonas. Also, wenn im Mai der Wasserstand am höchsten war, würde er bei meiner Ankunft am Paraguay im August oder September sinken! Würde der Fluss genug Wasser führen, so weit im Oberlauf? Von dort aus waren es tausend Seemeilen bis zur Mündung in den reißenden schäumenden Paraná, den die Argentinier El Bravo, den Wilden, nennen. Schon jetzt hatte ich ziemliche Verspätung, erst musste ich genug Geld für den Transport zusammenkratzen, und jetzt fragte ich mich, ob der Schnee *Sea Dart* noch mehr aufhalten würde.

Alles was ich machen konnte, war hoffen und beten. Für besseres Wetter, unvereiste Straßen in den Bergen und dafür, dass der Fluss genug Wasser führte, wenn wir dort ankamen – falls wir das jemals schaffen sollten, über tausend Meilen rauer Bergstraßen und Eisenbahnlinien. Es war ein verrücktes Spiel, aber ich war in einer verrückten Situation. Durch die großen Temperaturunterschiede am See, zwischen Tag und Nacht, zeigten sich an den Stoßstellen bereits Risse in *Sea Darts* Schale aus Marinesperrholz. Noch ein paar Monate in diesem Klima, und sie wäre hinüber und unreparierbar!

Schließlich kam der Traktor an, Huanapaco kauerte auf einem Kotflügel. Langsam, aber sicher, wurde der ganze Zirkus aus dem Graben herausgezogen.

Huanapaco brachte Nachrichten aus La Paz mit. Die Acción Maritima, die Marinekommission, wartete auf *Sea Darts* Ankunft in der Hauptstadt. Sie planten einen Empfang für das erste seegehende Schiff, das in ihre Stadt kam. Die Acción Maritima ist eine spezielle Aktionsgruppe, die sich für einen Ozeananschluss Boliviens einsetzt und die Hoffnung auf Rückgewinnung der ehemaligen Seeküste aufrecht erhält, die Bolivien damals im Vogeldreckkrieg an Chile verlor.

Jetzt wollten sie den Anlass von *Sea Darts* Durchreise für ihre Propaganda ausschlachten. Also, danach gäbe es bestimmt keine Ausreise durch Chile mehr, selbst wenn man die Grenze wieder öffnen würde!

Huanapaco sagte, die Anführer der Acción Maritima wollten auf dem Hauptplatz der Stadt Reden halten, es gäbe eine Kapelle, die Sache stünde in allen Zeitungen, und es gäbe sogar ein offizielles Festessen. Aber trotzdem war ich nicht allzu sehr begeistert. Erstens mussten wir erst einmal nach La Paz kommen, und zweitens kannte ich jetzt schon Südamerika zu gut, um auf jede Art von Absichten oder Versprechungen hereinzufallen.

Als alles fertig war, gab es noch einmal eine rührende Abschiedsszene mit Beschwörung ewiger Freundschaft, und der pathetischen Beteuerung, dass wir keine Einfuhrpapiere brauchten. Ab ging's, unter lauten Rufen der ganzen Mafia von Zollbeamten in Guaqui, Klängen einer Gitarre und unter den stoischen Blicken eines Haufens zerlumpter Indianer.

Diesmal war die Straße in besserer Verfassung, das Eis war weggetaut. Bessere Verfassung? Anstelle der eisigen Todesfallen gab es jetzt schlammige Todesfallen! Die meiste Zeit steckte der Laster bis zu den Achsen im Dreck. Als wir am Haupttor der Tempelruinen der Stadt Tiahuanaco ankamen, rutschte der Wagen wieder in einen Graben. Es war das erste Mal, dass ein Ozeanschiff unter den Augen dieser erhabenen antiken Bauwerke kenterte, die so alt schienen wie die Geschichte selbst. Während eine Gruppe Indianer für einen Preis von zwei Dollar den Wagen wieder auf die Straße hievte, gingen Huanapaco und ich durch die reich verzierten Tempelruinen, begeistert über die künstlerische Aussagekraft und die Ingenieursleistungen dieses unbekannten Volkes, das seine Tempel in der öden Steinwüste des Altiplano errichtet hatte.

Als der Lastwagen wieder auf der Straße war, schlichen und schlitterten wir in Richtung La Paz. Mit bangen Herzen saßen wir oben auf dem Schiff, als der Wagen über die Kurven in den Schlund hinabkroch, in dem die Stadt liegt und sich an die steilen Ufer der kleinen Flüsse schmiegt, die herunter schäumen, um letztendlich zu meinem alten Feind zu gelangen, dem Amazonas.

47
Große Komödie

Jede größere Stadt in Bolivien hat ihre eigene Eingangs- und Ausgangskontrolle. Jedes Auto, jeder Bus, jeder Lastwagen und jedes Lama, das hinein oder hinaus will, muss an diesen *aduanas* stoppen und wird durchleuchtet, abgetastet und durchsucht. Eine undefinierbare Gruppe von Männern in Zivilkleidung, mit zwei Tage alten Bärten und Pistolen, kommt in Begleitung schwerbewaffneter Soldaten in Uniform an Bord. Die paar Autos, die direkt durchfahren können, haben »wichtige« Insassen, das heißt in Bolivien, dass sie anständige Kleider anhaben und reich aussehen.

Auch die Busse kommen ungehindert durch, wenn sie einen oder mehrere Gringos an Bord haben. Aber die Lastwagen und ihre Ladung Indianer, die mit Säcken und Körben voll Gemüse zum Markt wollen, müssen Zoll bezahlen. Bei den drei Abstechern, die ich nach La Paz machte, und bei denen ich, in eine Decke gehüllt, zusammen mit Quechuas und Aymara zwischen der Ladung auf der Pritsche eines Lastwagens saß, kamen die *aduaneros* mit langen spitzen Spießen an Bord, stachen in die Kartoffelsäcke und öffneten alle Kisten und Kartons. Jedes Mal nahmen sie ein paar Hände voll Sachen mit, egal, was es war, und beschlagnahmten es. Die Indianer schauten mit unbeweglichen Gesichtern zu, und sagten nichts. Geschockt über diese dreiste Art des Diebstahls, fragte ich sie, was sie dagegen machten. Sie zuckten mir den Schultern als wollten sie sagen: »Was kann man gegen die höhere Gewalt Gottes, den Krieg, die Pest, Feuer oder die *aduaneros* schon machen.«

Der Lastwagen mit *Sea Dart* oben drauf kam am Nordtor von La Paz zu einem quietschenden Halt. Die örtliche Banditenbande kam aus ihrer Hütte heraus wie die Kohorten von Dschingis Khan. Der Anführer hatte einen langen grünen Mantel an, extrem schmutzig und mit einem Pelzkragen. Da er keine Knöpfe mehr hatte, war er vor der Brust mit grober Kordel zusammen gebunden. Ich sprang vom Laster herunter, auf den hartgefrorenen Schlamm vor der *aduano* Hütte. Drinnen brannte es prasselndes Feuer in einem uralten Herd. Der Geruch von Essen beleidigte mich.

»Was ist das?«

»Ein Schiff, ein englisches Schiff, auf der Durchreise über La Paz, nach Santa Cruz, *Señor,* und dann weiter nach Brasilien«, antwortete ich.

»Ich sehe, dass es kein Flugzeug ist! Carracho! Es sieht auch nicht nach einer Eisenbahnlokomotive aus, *mierda!* Wo sind Ihre Papiere?«

»Der Zollchef in Guaqui sagte mir, dass ich nichts weiter brauche, als diese Erlaubnis der bolivianischen Marine.« Ich übergab ihm das Dokument, das unter so schwierigen Bedingungen bei Kerzenlicht in Tiquina angefertigt worden war.

Der *aduanero* schnappte es mit schmierigen Fingern. »*Este no vale nada, hombre!* Das ist nicht gültig, Mann! Wo sind die Einfuhrpapiere für das Schiff? *Madre de dios* – Sie sitzen in der Scheiße!«

»Sehen Sie, *Señor*, der Zollchef in Guaqui sagte mir, dass ich keine weiteren Papiere für die Durchreise brauche. Er sagte, wenn ich Probleme hätte, solle man sich an ihn wenden.«

Die Augen des *aduanero* wurden zu Schlitzen. »Was hat der gesagt? Dieser *hijo de puta!* Er macht Guaqui, ich mache La Paz! Dieser verdammte Hundscheißefresser, was glaubt er denn, wer er ist? Du gehst wie der Blitz zurück nach Guaqui und sagst ihm, dass ich, Pedro Francisco Dominguez Lopez, Papiere brauche!« Bei jedem seiner Namen schlug er sich auf die Brust.

»Aber einen Moment, *Señor* Lopez, wir müssen morgen früh in La Paz sein! Die Acción Marítima organisiert einen Empfang für dieses Schiff, damit Bolivien wieder seine Seeküste bekommt. Die Armee hält eine Parade ab, eine Menge wichtiger Personen wird kommen, vielleicht kommt sogar Präsident Banzer persönlich!«

»Es ist mir scheißegal, ob Donald Duck oder Pancho Villa kommen. Hier kommst Du nicht durch!« Er war knochenhart. Ich fuhr mit der Hand in die Innentasche meine Jacke, und er folgte ihr mit glänzenden Augen. Ich zog einen Hundertpesoschein heraus, und seine Pranke schloss sich darüber. »Also, wenn man die besonderen Umstände berücksichtigt ...« Er drehte seinen Kopf zu Huanapaco und Chanco um, die gespannt zuhörten, ebenso wie eine Gruppe Indianer, Männer, Frauen und Kinder. »Wenn man die speziellen Umstände bedenkt, und die Tatsache, dass *el jefe* Sie persönlich empfangen wird, dann lasse ich Sie dieses eine Mal durch. Aber das nächste Mal, wenn sie mit einem ausländischen Schiff hier auftauchen, dann müssen Sie Papiere haben, verdammt noch mal!«

Wir sprangen auf den Lastwagen, und schossen los, bevor der *aduanero* seine Meinung ändern konnte. Wir rumpelten über die steilen Straßen mit Kopfsteinpflaster hinunter zum Prado, der Hauptstraße der Stadt. Ich fragte mich, wie lange es wohl dauern würde, bis das nächste ausländische Schiff an diesem speziellen *aduanero*-Posten vorbei kommen würde.

Ich saß da, halb ärgerlich, halb erleichtert, als plötzlich das Vorderteil des Lastwagens zusammenbrach. »Mierda«, brüllte Chanco. »Carraco«, spuckte Huanapaco. Die Feder der Vorderachse war gebrochen, mitten auf der Hauptstraße der höchstgelegenen Stadt der Welt. Quietschend und stöhnend kroch der Laster an den Straßenrand, genau vor die wunderbaren alten Pfeiler der spanischen Kathedrale aus der Kolonialzeit. Schnell hatte sich die übliche Menge schweigend zuschauender Indianer gebildet, und es kam noch eine Gruppe durcheinanderschwatzender Stadtmenschen hinzu.

»Wir müssen die Nacht über hier bleiben, Kapitän«, sagte Chanco und wischte sich die Hände mit einem Lappen ab, nachdem er unter dem Chassis herausgekrochen war. »Ich kann nicht mehr fahren, ich würde die Achse ruinieren. Ich gehe zum Haus meiner Verwandten, und schlafe da. Du bewachst den Laster, eh?«

»Wenn ich das Schiff bewache, muss ich wohl auch den Laster bewachen, eh, Chanco?«

»Ah, *si*, also wir sehen uns morgen, Señor Capitán, amigo, Huanapaco, *buenas noches, hasta mañana!*« Er schüttelte unsere Hände nach bolivianischer Art, und weg war er. Er ließ uns mit einem zusammengebrochenen Lastwagen zurück, auf dem *Sea Dart* mit fünfzehn Grad Lage zur Oberfläche der miserablen, Straße stand, die aussah, als hätte sie Pizarro selbst gepflastert.

Ich drehte mich zu Huanapaco um, die Menge starrte und hörte angestrengt zu. Die Pazenos, sind vielleicht die besten Zuhörer der Welt. »Huanapaco, wenn Du Deinen

Onkel hier besuchen willst, kannst Du ruhig gehen. Ich bleib' auf dem Schiff, aber bitte geh' auf dem Rückweg bei der britischen Botschaft vorbei, und schau' ob irgendwelche Briefe für mich angekommen sind, ja, amigo?«

»*Si, mi Capitán.*« Vor der Gruppe der Zuschauer stehend, salutierte er, indem er die Hand an seinen *chorro* legte. Vor einer Zuschauermenge, war er ein gemachter Schauspieler, und speziell, wenn es Indianer waren. Barfuß, mit einer eleganten Pose, drehte er sich in seinem zerrissenen Poncho um und legte noch einmal die Hand an den *chorro.*

»*Buenas noches, dios bendiga, Capitán!*«

Die Menge war sichtlich beeindruckt und schaute ihm nach, als er den steilen Hügel, der im leichten Nieselregen glänzte, hinauf ging.

Nach einer Stunde, in der ich die Fragen der neugierigen Leute von La Paz beantwortete, ging ich ins Schiff. Die Fragen der Kreolen waren immer die gleichen, sie fragten wie einstudiert. Erstens, wo ich herkäme, wo das Schiff herkäme. Ob ich verheiratet wäre, ob ich eine Familie hätte. Ob ich mich einsam fühle, ob ich krank werden würde. Wo ich hin wolle. Ob ich katholisch sei. Wie ich mein Geld verdienen würde. Ob ich reich wäre.

Eine halbe Stunde, nachdem ich in meine Koje gegangen war, klopfte es oben an Deck. Ich stand auf und sah einen Jungen von etwa fünfzehn, einen Indianer, der auf einem Hinterrad des Lasters stand und über die Seitenwand spähte. Er war barfuß, hatte einen *chorro* auf dem Kopf und einen Poncho an.

»*Que quieres, amigito?*« fragte ich ihn.

»*Buenas noches, Señor.* Mein Onkel hat mich her geschickt, um auf den Lastwagen aufzupassen, ich darf im Fahrerhaus schlafen.«

»Wer ist Dein Onkel?«

»Chanco.«

»Wie soll ich das wissen?«

Er holte ein zerknautschtes Stück Papier unter seinem Poncho hervor. Mit einer schmierigen, dreckigen Hand, gab er es mir herüber. Es war das verdammte Permit der bolivianischen Marine, mein einziger Schutz in diesem verrückten chaotischen Land! Chanco musste es eingesteckt haben. Dann erinnerte ich mich, dass ich es auf das Armaturenbrett gelegt hatte, als wir von dem *aduano*-Posten abgehauen waren. Mein Gott, ich sollte besser aufpassen! Diese dünne Luft hier brachte meinen natürlichen Abwehrinstinkt durcheinander!

»Richtig, *amigo,* rein mit Dir, ins Fahrerhaus! Brauchst Du eine Decke?«

»Nein, ich schlafe normalerweise im Freien. *Buenas noches, Capitán!*« Er kletterte in die Fahrerkabine. Es war schon nach Mitternacht, und die Temperatur war unter dem Nullpunkt.

Früh am Morgen waren wir auf. Ich machte Tee für mich und den Jungen, und wir aßen *empanada,* kleine fleischgefüllte Pasteten, die an Ständen auf der Straße verkauft wurden, mit einem Hygienestandard, der in den USA eine Epidemie ausgelöst hätte. Im Schein der Morgensonne saßen wir im Cockpit. Ich erspähte Huanapaco, der sich durch die quasselnde Menge von Frauen mit Melonenhüten auf dem Kopf, Männern mit umgehängten Decken und schweigenden, puppengesichtigen Kindern hindurchdrängte. Er kletterte über die Seite des Lastwagens und ließ sich schwer ins Schiff fallen.

»*Buenas,* Huanapaco, was gibt's Neues?«

»*Buenas, mi Capitán,* schlecht, schlecht!«

»Was, um Gottes Willen, ist jetzt schon wieder los?«

»Der Zoll sucht uns! Der *aduanero* am nördlichen Kontrollpunkt muss ihnen gesagt haben, dass wir keine Papiere haben. *Caracco! hijo de puta!*«, spuckte er.

»Was soll's? Schau, *amigo*, bitte geh' hinunter in das Büro der Acción Marítima und sag' wir brauchen ihre Hilfe. Viele ihrer Mitglieder sind hohe Bonzen, die können an ein paar Fäden ziehen und den Zoll von uns fernhalten, *no*?«

»Gute Idee, Capitán, ich mache mich auf den Weg!« Er sprang hinunter aufs Pflaster. Ich würde nicht vom Schiff weg gehen. Was würde passieren, wenn es der Zoll beschlagnahmte? Wo *Sea Dart* hin ging, würde auch ich hin gehen! Vielleicht beobachten uns die *aduaneros* schon in diesem Augenblick?«

Nach einer Stunde kam Huanapaco wieder an den Platz der Kathedrale, zusammen mit einem Sekretär der Acción Marítima, einem langweiligen Kerl, der wie Noah aussah. Er starrte kurzsichtig auf den Lastwagen, dann auf *Sea Darts* Bugspriet. Er schaute über die Bugklappe, dann auf mich, und murmelte leise: »*Maravilla, maravilla, el océano, el océano!*«

Dann ging er zurück in die Menge und schob die Indianer mit seinem Spazierstock zur Seite.

»Was jetzt, *mi Capitán*?« fragte Huanapaco.

»Wir warten, *amigo*!«

Und das machten wir – *fünf* Tage lang, bis Chanco zurück kam. Er erzählte uns aufgeregt, dass er mit dem Bus nach Cochabamba in seine Heimat gefahren war, über vierhundert Meilen über die Anden und zurück, um Geld für Spielzeug und Kleider zu holen, die er nach Hause schmuggeln wollte, um sie zu verkaufen.

Wie der Zoll nie heraus fand, dass wir mitten in der Stadt fest saßen, direkt auf dem Platz vor der Kathedrale im Zentrum, bleibt mir unergründlich. Aber es gab während der fünf Tage auch keine Anzeichen dafür, dass die Acción Marítima etwas unternehmen würde.

Als Chanco zusammen mit einem Mechaniker an der Reparatur der Vorderachse arbeitete, tauchte plötzlich eine komplette Blaskapelle der Armee auf. Während der Kühler des Lasters angehoben wurde, und man die fettige gebrochene Achsfeder ersetzte, rackerte sich die Band im schwachen Sonnenschein des Augusts ab. Marineoffiziere in voller Ausgehuniform hielten Ansprachen, und Präsident Banzer, ein kleiner Mann mittleren Alters, der mit Ausnahme seiner stechenden Soldatenaugen wie ein Bankangestellter aussah, übergab mir, noch etwas geschockt, das einzige Exemplar der bolivianischen Marineflagge. Es war riesig, aus Seide, mit roten, grünen und gelben Streifen. In großen schwarzen Buchstaben stand darauf »Bolivia Mayllcu« – Kondor von Bolivien.

In meinem Schockzustand fragte ich einen hohen Marineoffizier, ob er mir ein Dokument geben könne, damit mir der Zoll eine Bescheinigung ausstellen würde, mit der ich quer durchs Land bis hinüber nach Brasilien käme. Natürlich, kein Problem. Nach einer Minute war das erledigt! Händeschütteln ringsum, und weg waren sie, um sich dem zu widmen, was Präsidenten und Marineoffiziere in Bolivien so machen.

Ich schickte Huanapaco zusammen mit Chancos jungem Neffen zum Hauptzollamt. Die Wagenheber wurden entfernt, und der Laster stand wieder auf seinen Rädern. Ich bezahlte den Mechaniker. Das war meine Angelegenheit, so war es halt in Bolivien. Jetzt waren wir zum Angriff auf die Anden bereit. Der Schnee war geschmolzen, und wir hatten eine gute Chance, Cochabamba, das vierhundert Meilen östlich in einem breiten Tal zwischen zwei Reihen schneebedeckter Gipfel liegt, in zwei oder drei Tagen zu erreichen. Zufrieden rauchte ich eine Zigarette.

Innerhalb einer Stunde kam Chankos Neffe mit wehendem Poncho, und schief sitzendem *chorro* zurück auf den Platz der Kathedrale gerannt und riss mich fast um. Völlig außer Atem rief er »*Capitán, Capitán!*«

»*Que pasa, amigito?*«

»Die *aduaneros* haben Huanapaco verhaftet! Sie sind jetzt auf dem Weg zum Schiff und wollen Dich holen! Wann könnt ihr losfahren?«

»*Madre de dios*«, murmelte Chanco und bekreuzigte sich.

Ich schnappte ihn. »*Vamos*, Chanco! Setz' diesen verdammten Zirkus in Bewegung! Sie sollen sich ihr verfluchtes Geld verdienen müssen!«

»Und Huanapaco?« fragte er leise.

»Gott hilft denen, die sich selbst helfen, amigo! Er ist OK, es ist nicht das erste Mal, dass sie ihn einlochen, wette ich! Außerdem ist es meine Pflicht, das Schiff zu schützen – er kommt allein zurecht, *Sea Dart* nicht!«

»Richtig *Capitán,* auf geht's! Aber, *mierda*! Was passiert, wenn die *hijo de putas* das Spielzeug und die Kleider finden? *Carracho! Esos maricones tan grodes, tan feos!* Diese fetten schwulen Schweine!«

Wir kletterten an Bord, und der Laster röhrte davon. Blauer Dieselqualm wehte in die dunstige Luft des Platzes vor der Kathedrale. Er rumpelte über die holprige Straße und hinaus auf den Prado. Am Ende dieser schön angelegten Prachtstraße, mit Parkflächen zwischen den Fahrbahnen, konnten wir das gigantische Massiv des schneebedeckten Illimani sehen, der die Stadt überragte, sechseinhalbtausend Meter hoch. Wir flitzten über die schönste Hauptstraße der Welt und hofften, dass uns niemand sehen würde.

Als wir aus der Stadt heraus fuhren, knurrte Chanco: »*Dios mio, esperamos que el control al sur no sabe nada!* – Lass' und hoffen, dass der südliche *aduana*-Posten nichts weiß!«

48
Durch die Wolken

Als der Suzuki-Laster am Fuße des steilen Hügels außerhalb von La Paz um die Kurve kam und vor der *aduana*-Hütte quietschend anhielt, sahen wir etwas Erstaunliches! Da stand ein Lastwagen der bolivianischen Marine, und Marinesoldaten hielten mit Gewehren die *aduanero*-Bande in Schach. Das Kommando führte Commander de Valdez, in einer Hand die Pistole, in der anderen den Säbel, wie es sich für einen *hildago*, einen Nachkommen der Konquistadoren, gehört! Er lächelte großzügig!

Noch bevor der Lastwagen ganz zum Halten kam, sprang ich hinunter und ging auf ihn zu. Er steckte seine Pistole weg, und schüttelte mir die Hand. »Wir haben gehört, dass Sie gewisse Schwierigkeiten hatten, und so wollten wir Ihnen einen kleinen Dienst erweisen«, erklärte er. »Wer weiß, vielleicht treffen Sie einmal ein bolivianisches Schiff auf See, das Ihre Hilfe braucht. Ich weiß, dass Sie dann ohne zu überlegen handeln würden, und darum sind wir hier! Sie können unbehindert nach Cochabamba weiter fahren. Wenn Sie dort ankommen, besuchen Sie bitte meine Freundin, die britische Botschafterin. Sie hat die meiste Zeit ihres Lebens in diesem Land verbracht, eine gewaltige Lady. Die *aduaneros* werden Sie in Ruhe lassen, sie haben ziemliche Angst vor ihr!«

Ich erzählte dem Commander von Huanapaco, und er versprach, alles zu tun, um ihn aus dem Zollgefängnis heraus zu holen. Über meine Schulter hinweg konnte ich meinen alten Freund, den fetten Sergeanten, sehen, der diesmal nicht mich anknurrte, sondern die *aduaneros*, die wiederum in meine Richtung knurrten. Ich bedankte mich höflich bei dem Commander, und kletterte ins Cockpit von *Sea Dart* zurück. Der Motor des Lasters sprang an. Als wir uns langsam in Bewegung setzten, kam der Commander längsseits. »Wir haben gehört, was Du auf Suriqui gemacht hast! Bravo! Wir sehen uns in London!« Er klatschte mit den Händen über dem Kopf. Dann erinnerte er sich an seine Soldaten, nahm sie schnell herunter und salutierte. Wir fuhren weg.

Ich winkte zurück und schwenkte die bolivianische Marinefahne, bis sie achteraus nicht mehr zu sehen waren. Wir fuhren auf der modernen Straße, die dem alten Silberweg der Inkas von La Paz nach Oruru folgt. Wir waren frei, zunächst einmal bis Cochabamba.

Bis zu der Stadt Yaco war die Straße gut, und wir rollten im Sonnenlicht des kalten Tages dahin. Die Fahrt war so ruhig, dass ich auf *Sea Darts* kleinem Kocher ein Essen für Chanco und mich zubereiten konnte. Sein Neffe war mit der Marine nach La Paz zurück gefahren. Aber sobald wir auf die Straße nach Cochabamba abbogen, waren wir wieder auf schlechten Bergwegen. Wir holperten, stolperten, schüttelten, schlugen, wanden, schlitterten und schlängelten uns voran. Wir rutschten in Schlaglöcher und Felsspalten hinein, die der Regen und die Schneeschmelze ausgewaschen hatte. Es ging hinauf und hinauf, auf schmalen Wegen, die in die senkrechten Felswände gehauen waren. Manchmal mussten wir unseren Aufstieg unterbrechen, um auf andere Lastwagen zu warten, die man von tief unten heraufkommen sah. Es sah aus, als würden sie an der steilen Felswand in der Luft hängen.

Je höher wir kamen, umso kälter wurde es. Bald hatte ich drei Decken umgehängt und drei Pullover an, darüber noch meine immer noch ungezieferverseuchte norwegische Segeljacke. Ich hatte zwar in La Paz ein Insektenvertilgungsmittel gekauft und es auch fünf Tage lang angewendet, aber ohne großen Erfolg, denn sobald meine Freunde an Bord kamen, brachten sie lebendigen frischen Nachschub mit.

Die Reise über die erste Bergkette hinweg dauerte zwei Tage. Die Aussicht war prachtvoll, aber die Kälte raubte die Kräfte. Ich ging in die Kabine von *Sea Dart* und dachte über meine Situation nach.

Die Frachtkosten hatte ich bereits in La Paz bezahlt, insgesamt 180 Dollar. Die Kosten für den Lastwagen bis zur Bahnstation in Cochabamba waren ebenfalls bezahlt, auch 180 Dollar. Das Schmiergeld für den *aduanero*, um nach La Paz hineinzukommen, und der Mechaniker, hatten mich zusammen 80 Dollar gekostet. Das bedeutete, dass ich im Augenblick noch 40 Dollar hatte. Das musste reichen, bis ich Asunción, die Hauptstadt von Paraguay erreichen würde, 1400 Meilen flussabwärts von meinem Ausgangspunkt im Mato Grosso. Da der Wasserstand im Fluss immer mehr abnahm, konnte ich nicht herumhängen und auf das Eintreffen von Geld warten. Ich musste alleine weiter, denn im Moment sah es so aus, als hätte ich Huanapaco verloren. Ich konnte niemanden als Hilfe anheuern, und mein Vorrat an Proviant, Reis und Corned Beef reichte höchstens noch für fünf Wochen, zehn, wenn ich alleine wäre.

Chanco hatte mir erzählt, dass die Straße, auf der wir fuhren, erst 1968 angelegt worden war. Vorher gab es nur einen Bergweg nach Cochabamba, das damals fast abgeschnitten war.

»Bergweg! Wie, zum Teufel, nennt er denn das hier?« dachte ich, als wir entlang holperten. »Wenn er meint, das wäre eine Straße, wie hat denn dann der verdammte alte Bergweg ausgesehen?« Das sollte ich auf der anderen Seite von Cochabamba noch herausfinden.

Nach zwei haarsträubenden Tagen ging es endlich bergab ins Tal von Cochabamba, das nur noch 2200 Meter über dem Meeresspiegel liegt. Wir kamen in das fruchtbare Tal mit seinem herrlichen Frühlingsklima, die Straße wurde besser, und bald fuhren wir in die Stadt mit ihren Häusern im Kolonialstil hinein. Wir wurden von den *aduana* nicht belästigt, denn es war Siesta, und nur ein paar räudig aussehende Hunde lagen in den sonnendurchfluteten Straßen herum. Wir fuhren auf den Platz im Zentrum,und hofften, dass eine Bar offen hatte. Wir fanden eine und hielten an. Drinnen saß Huanapaco an einem Tisch und fingerte an einer Tasse Kaffee.

»*Buenas, Capitán.*« Er passte irgendwie nicht zu diesem Ort und dem fast tropischen Klima. In seinem *chorro* und dem Poncho sah er wie ein Panzerfahrer aus, der zu einem Empfang ins Weiße Haus eingeladen war. Ich ergriff seine Hand.

»*Huanapaco, buenas,* was im Namen aller *hijos de putas* ist passiert?«

»Die Schweine der *aduana* haben mich eingesperrt, aber ich war nur ein paar Stunden drin. Commander de Valdez kam mit einer Bescheinigung vom Präsidenten höchstpersönlich, dass sie mich freilassen sollten, also mussten diese *hijos de putas* mich gehen lassen, aber das wollten sie nicht! Zum Glück hatte der Commander ein paar ziemlich wild aussehende *marineros* draußen.« Er grinste, und sein Bronzegesicht hellte sich auf.

»*Carracho, hombre!* Komm', lass' uns auf die bolivianische Marine anstoßen!«

Huanapaco hatte den Expressbus genommen, der in der Nacht, in der wir abfuhren, seinen wöchentlichen Abstecher nach Cochabamba machte. Er hatte auf den Suzuki aufgepasst, aber irgendwann war er eingeschlafen, und der Bus hatte uns auf der Bergstraße überholt.

»*Bueno,* wir sind in der Siesta in die Stadt gekommen, und in der Siesta fahren wir auch wieder hinaus, *no, amigo?*« sagte ich, und leerte mein Bier.

»*A buen seguro!*« sagte er, »aber sicher!«

Ich rief die britische Botschafterin an, und sie schenkte mir einen riesigen Union Jack (britische Flagge), mit dem ich das Schiff dekorieren konnte. Sie sagte auch, ich sollte sie sofort verständigen, wenn mich die »*aduana*-Bande« noch einmal belästigen würde, am besten schon vorher. Nach einem lebhaften Abend mit ihr verabschiedete sie uns mit einem dicken Kuss. Im Mondlicht schlenderten wir durch den Hain, in dem wir *Sea Dart* versteckt hatten, zum Lastwagen. In der Hitze der Siesta, am nächsten Tag, würden wir an den *aduana* vorbei schleichen. Ich schlief jetzt besser, ich war nicht mehr alleine. Ich hatte wieder meinen treuen Freund bei mir, der mir helfen würde, wenn das auch die Lebensmittelvorräte halbierte.

Am nächsten Morgen überprüften wir die Keile und Reifen, die *Sea Dart* auf der Pritsche des Lastwagens festhielten. Nach dem Mittagessen waren wir bereit für den Spießrutenlauf durch den schlimmsten Zoll der Welt. Wir fuhren aus dem Schatten der Bäume heraus und winkten der Botschafterin zu, als wir an ihrem Haus außerhalb des Stadtkerns vorbeikamen. Unser gigantischer Union Jack flatterte im Wind, zusammen mit der sogar noch größeren bolivianischen Marineflagge. Es war drei Uhr am Nachmittag, und, wie erwartet, war keine Menschenseele an dem *aduana*-Posten. Chanko stellte den Motor ab, und wir rollten leise vorbei, nur die neue Feder quietschte ein wenig. Hundert Meter hinter der Zollhütte gab Chanko Gas, und wir donnerten davon wie der Blitz. Ich war mir nicht sicher, aber ich dachte, dass jemand aus der Hütte herauskam, als wir uns in knochenbrechendem Tempo davon machten und über die schnurgerade Straße holperten, wie in einer Pfeffermühle.

Die Straße von Cochabamba nach Santa Cruz war mit Abstand die schlechteste, die *Sea Dart* bei ihren drei Andenüberquerungen aushalten musste. Die Straße bestand aus Furchen, die sicher noch von den Ochsenkarren der Spanier herrührten. Über Kilometer gab es nichts als nackte, blanke, durchlöcherte Bergfelsen. Die Höhenunterschiede wurden größer, die Straße, die in unmöglichen Winkeln am Hang empor führte, wurde immer schmaler, die engen Haarnadelkurven, die in den Fels der Abhänge geschlagen waren, wurden immer enger, und die Schluchten, in die man hinab sehen konnte, immer tiefer. Die Straße schlängelte und wand sich in die Höhe, einmal waren wir oberhalb der Schneegrenze, dann wieder darunter. Manchmal konnten wir mit dreißig Kilometern pro Stunde fahren, manchmal auch nur im Schritt-Tempo, oder noch langsamer, und dann mussten wir oft stundenlang warten, bis ein bergab fahrender Konvoi von Lastwagen vorbei war. Manchmal schaltete Chanco den Rückwärtsgang ein, und fuhr mit dem Heck voran kilometerlange Steigungen aus nacktem Fels hinauf, auf so schmalen Straßen, dass kein anderes Fahrzeug an uns vorbei konnte. An jeder Kurve standen ein paar hölzerne Kreuze und markierten Stellen, an denen ein Lastwagen oder ein Bus über den Rand der Straße in ein felsengespicktes Flussbett tief unten abgestürzt war.

Der höchste Punkt, den wir erreichten, war der erinnerungswürdige Paso Siberia, mehr als fünftausendzweihundert Meter über dem Meeresspiegel. Erst wand sich die

Straße immer weiter in die Höhe, und dann waren wir plötzlich in den Wolken, die mit verdunstetem Wasser aus dem Dschungel des Amazonasbeckens vollgesogen waren. Die Straße führte über einen Grat, der von einem Berggipfel zum anderen lief. Etwa acht Kilometer verlief die Straße auf dem Bergsattel entlang, sie war an keinem Punkt breiter als vier Meter, und die Kanten waren durch kleine weißgetünchte Felsbrocken markiert. Auf beiden Seiten fiel der Fels über einen Kilometer weit steil ab. Huanapaco lief vor dem Laster her, auf einer Seite, so dass Chanko ihn sehen konnte, denn durch den Nebel betrug seine Sichtweite nur etwa vier Meter. Ich lief auf der anderen Seite, manchmal musste ich auch auf allen Vieren kriechen, den Rand der Straße ertasten und dann dem Lastwagen zuwinken. Es war bitter kalt, und die Wolken zogen mit etwa zwanzig bis dreißig Knoten über den Sattel.

Wenn die Wolken ab und zu aufrissen, bot sich uns ein haarsträubender Anblick. Zu beiden Seiten, eineinhalb Kilometer weiter unten, schäumten Flüsse über riesige Felsbrocken, weiß und wild. Hin und wieder sah man den Farbfleck eines abgestürzten Autos, Lastwagens oder Omnibusses. Indianer mit ausdruckslosen Gesichtern, zogen Lamas an dem langsam voran kriechenden Suzuki vorbei, auf dem ein seegehendes Schiff saß und der Union Jack im Wind knatterte. Fünftausendvierhundert Meter über dem Meeresspiegel – der Ort ist so abgelegen und nebelverhangen, dass man seine genaue Höhe bisher nie vermessen hatte.

In der eisigen Kälte, vom Regen aufgeweicht und voll mit Dreck, krochen wir langsam vom Paso Siberia die sich windende Straße hinab, bis wir endlich die Ausläufer der Berge, und die Ebene der Chaco-Wüste erreichten, die nur noch zweihundertdreißig Meter über dem Meer liegt. Zum ersten Mal seit acht Monaten konnte ich meine Lungen mit normaler Luft füllen, obwohl es brütend heiß war. In nur zwei Stunden waren wir aus einem Arktisklima in eine Hitze von achtundvierzig Grad im Schatten gekommen.

Als wir die flache Straße nach Santa Cruz entlang holperten, ohne Steigungen, aber immer noch voller Schlaglöcher, warfen wir unsere dicken Klamotten ab. Bald hatte ich nur noch ein paar Hosen, ein Unterhemd und meine Deckschuhe, oder besser das, was noch davon übrig war. Huanapaco zog alles aus, außer seinem *chorro*, seinem Poncho und seinen Hosen. Alles, von was er sich zu meiner Verwunderung trennte, war sein Hemd! Droben, im Frost des Paso Siberia, hatte es keine Anzeichen gegeben, dass er fror, obwohl er nichts unter seinem Baumwollhemd angehabt hatte.

Auf dem Weg in die Stadt Santa Cruz gab es keine *aduana*-Hütte, vielleicht lohnten sich hier die Einnahmen nicht. Wir sahen wie zerlumpte Bettler aus, als wir durch die Vororte ins Zentrum rollten, mit Dreck überkrustet, verwanzt und verlaust, voller Insektenbisse und vom Hals aufwärts und den Ellenbogen abwärts fast schwarz gebrannt.

Dann, nur sechs Kilometer vom Bahnhof entfernt, fuhr der Suzuki wieder in einen Graben, und die Vorderachse brach. Aber wir waren immerhin fast auf Meereshöhe!

49

Aus der Bratpfanne...

Es war keine einfache Sache, den Lastwagen aus dem Graben zu holen. Zum Schluss zogen sechs Pferde mit Hilfe meiner Festmacherleinen am Fahrzeug, während Chanco es im Rückwärtsgang versuchte. Einige Minuten lang drehten die Hinterräder im heißen Sand durch, bis sie endlich griffen. Huanapaco und ich gesellten uns zu den Pferden und zogen. Als wir den Wagen endlich aus dem Graben heraus hatten, war er ziemlich beschädigt, und die Vorderachse war klar durchgebrochen. Chanco stand in der sengenden Sonne und kratzte sich am Kopf. Huanapaco saß erschöpft und schwitzend am Straßenrand, und versuchte einen Schwarm Fliegen wegzuschlagen.

Ich ging zu Chanco und legte meinen Arm um seine Schulter. »Amigo, Trauern hilft nichts. Gib' mir Deinen Wagenheber. Ich versuche, das Schiff abzuladen, und Du gehst in die Stadt, und schaust nach einem Mechaniker. Vielleicht findest Du einen Traktor.« Niedergeschlagen fuhr er auf einem der Bauernwagen mit. Meine größte Sorge war im Moment, wie ich das Schiff bis Sonntagnacht zum Verladegleis bringen könnte, wenn der wöchentliche Zug nach Corumbá im Mato Grosso Brasiliens losfuhr, eine sechshundert Meilen lange Reise quer durch die Chaco-Wüste. Es war Freitag, der 6. September, und wir hatten also zwei Tage oder achtundvierzig Stunden, um die Sache zu erledigen.

Wären wir nicht auf dem Zug, dann würde man Geld für die Verzögerung verlangen, und ich müsste wieder Schmiergelder zahlen, um auf den nächsten Zug zu kommen. Außerdem würden wir wieder eine Woche verlieren, und der Wasserspiegel würde weiter sinken.

In der Sonne des Nachmittags hoben wir *Sea Dart* mit Hilfe des Wagenhebers langsam auf der Ladefläche des Lasters an, zuerst vorn und dann hinten. Zwischen die Kiele und die Pritsche legten wir mittschiffs drei kurze Holzbalken, die Chanco glücklicherweise dabei hatte. In einem nahegelegenen Bauernhaus kaufte ich acht Baumstämme, die mir die Leute zuschnitten. Als wir die Stämme endlich hatten, stapelten wir sie kreuzweise aufeinander, so dass sie eine Plattform bildeten. Wir schlugen lange Stangen in den Sandboden, um sie zu sichern. Dann zogen wir, mit der Hilfe eines Muli, das Schiff von der Ladefläche auf die Baumstämme der Plattform. Schließlich hatten wir *Sea Dart* vom Lastwagen herunter und oben auf der freistehenden Plattform. Der Trick war nun, sie auf den Boden abzusenken. Als Chanco zurück kam, hatten wir sie fast unten. Zug um Zug hoben wir sie mit dem Wagenheber auf dem unteren Baumstamm an, nahmen das Holz heraus und ließen sie wieder herunter. Am Ende stand *Sea Dart* mit ihren drei Kielen auf den untersten Stämmen, rollfertig.

Chanco brachte schlechte Nachrichten. In der Stadt gab es keinen Kran und und auch keinen Traktor. Morgen war Samstag, und vor Montag war kein Mechaniker zu bekommen. Die gute Nachricht war, dass er einen anderen schweren Wagenheber mitgebracht hatte, einen »Klick-Klick«, wie er ihn nannte.

Ich machte ein Geschäft mit ihm. Ich hatte das Schiff abgeladen, was eigentlich im Preis eingeschlossen war, also hatte er die Ausgaben für den Kran gespart. Ich bezahlte ihm zehn Dollar für den »Klick-Klick«, die er für die Reparatur der Achse gut gebrauchen konnte, denn dafür war ich nicht verantwortlich, das war seine Schuld, er hatte den Wagen selbst in den Graben gefahren. So machten wir es ab. Huanapaco und ich rollten *Sea Dart* mit Unterstützung von zwei Mulis sehr langsam, aber sicher, über die Wüste in Richtung Bahnstation. In der Abenddämmerung, setzte ein ausgewachsener Sandsturm ein, den man hier *surazzo* nennt. Trotzdem arbeiteten wir die Nacht über durch und machten nur eine kurze Pause für das Abendessen und das Frühstück.

In der sengenden Hitze, am Samstag, kamen wir in Sichtweite des Bahnhofs. Um vier Uhr am Nachmittag hatten wir uns durch die mit Flugsand gefüllten Straßen hindurch gearbeitet und waren am Tor. Am Abend saß das Schiff auf dem Eisenbahnwagen des einzigen Zuges, der Bolivien mit Brasilien verbindet. Mit Muskel- und Mulikraft hatten wir das drei Tonnen schwere Schiff sechs Kilometer weit gerollt, durch einen Sandsturm hindurch, über unebenes Terrain, in vierundzwanzig Stunden! Vorher hatten wir sie mit eineinhalb Meter Höhenunterschied auf den Boden herunter gebracht, und dann wieder einen Meter hinauf, auf den Eisenbahnwagen. Alles mit Hilfe von zwei Mulis, acht kleinen Baumstämmen und einem Wagenheber. Wir sicherten *Sea Dart* an den Rungen des Eisenbahnwagens und verkeilten sie gut und fest. Dann fielen wir fix und fertig auf die Ladepritsche und schliefen. Bevor wir einschliefen, drückte ich Huanapacos Hand.

Wir hatten die Anden überwunden – zwei ihrer Bergketten. Was jetzt kam, war eine lustige Reise auf dem Eisenbahnwagen zum Fluss, nach Ladário im Mato Grosso. Dort würden wir das Wasser finden, das zum Ozean floss und nach England führte.

Gegen zehn Uhr am nächsten Morgen tauchte der Chef des Bahnhofs mit seiner Mannschaft auf. Er kam zu uns herüber.

»*Qué es eso?*« fragte er, »was ist das?«

»Ein Schiff, geht nach Brasilien, nach Ladário!«

»Gut, aber eine Sache ist falsch, *Señor ingles!*« antwortete er.

»Und die wäre, *Señor Maestro?*«

»Ihr seid auf dem falschen Zug – der da geht nach Argentinien!«

»*Dios Mio!* Kannst Du nicht den Wagen abhängen und an den anderen Zug ankoppeln?« beschwor ich ihn.

»Unmöglich, *amigo,* es ist ein ganz anderes Eisenbahnsystem. Die zwei Linien sind nirgendwo miteinander verbunden.«

»Wo ist dann das andere Gleis, *Señor Maestro?*« fragte ich schwach, »wo geht es nach Brasilien?« Ich versuchte die Niedergeschlagenheit aus meiner Stimme heraus zu halten.

»Der Zug ist noch nicht da, er kommt gegen Mittag – da drüben!« Er zeigte zu einem Gleis in etwa fünfhundert Meter Entfernung, über dem brennendheißen Wüstenboden. Dahinter flimmerten die Gleise der Linie nach Brasilien in der Hitze. Ich erschlug einen Moskito und drehte mich zu Huanapaco um.

»Amigo, geh' zum Lastwagen und hol' wieder den zweiten »Klick-Klick«. Ich fange hier schon mal mit dem anderen an.«

»*Muy bien, mi Capitán.*« Er ging niedergeschlagen davon, und war bald mit dem »Klick-Klick« wieder da. Aber dieses Mal hatten wir keine Mulis. Wir schafften das Schiff hinüber, indem wir den Anker voraus an einer langen Leine ausbrachten und ihn im Sand des Bahnhofs eingruben. Über einen improvisierten Flaschenzug aus Blöcken zogen wir sie mit der Fockwinsch voran über die Baumstämme, die zum Glück noch herum lagen.

Um drei Uhr waren wir in der sengenden Hitze halb tot. Das Thermometer in der Kabine zeigte 52 Grad an. Aber wir hatten *Sea Dart* wieder auf einem Eisenbahnwagen sitzen, genau wie vorher – nur dieses Mal auf dem richtigen Zug.

Ich schaute Huanapaco an, mein Gesicht war mit festgebackenem Sand verkrustet. Er grinste, wie damals in Tiquina, und zeigte mit dem Daumen nach oben. »Komm', *amigo*, wir trinken ein Bier! Scheißegal, das haben wir uns verdient!«

»*Es verdad, no?*« antwortete er.

Es war das letzte kalte Bier, das wir für die nächsten 2000 Seemeilen zu sehen kriegten. Als wir nach einer halben Stunde wieder zum Zug kamen, war er vollgestopft mir Menschen. Die wenigen antiken Wagen sahen aus, wie zu viktorianischer Zeit: es gab nur hölzerne Sitzbänke, und alle Wagen, außer einem, hatten keine Scheiben mehr in den Fenstern. Überall waren Leute, sie standen, hingen aus den Fenstern und saßen sogar auf den Einsteigetreppen und auf dem Dach. Sie beanspruchten Plätze auf unserem Güterwagen, und richteten sich häuslich ein. Es waren Leute aus Bolivien; viele kamen aus Chuquisaca, der Gegend die an der Grenze zu Argentinien liegt. Aber es gab auch Bauern aus dem nördlichen Argentinien, die in die brasilianische Stadt Corumbá wollten, um dort Lebensmittel, wie Zucker, Mehl, Butter in Dosen und Fleischkonserven einzukaufen. Das Zeug schmuggelten sie dann über die Grenze zurück, nach einer mühsamen heißen Reise mit der Eisenbahn, über tausend Seemeilen, unter unerträglichen Bedingungen – zwei Wochen lang rüttelndes knochenbrechendes Elend, in den Schwärmen von Moskitos.

Hätten wir nicht gerade die haarsträubende Fahrt über die Anden hinter uns gebracht und die Tortur, ein drei Tonnen schweres Schiff achteinhalb Kilometer weit durch eine Hölle von Sturm und Sand zu rollen, dann wäre die Reise durch die Chaco-Wüste ein Alptraum gewesen. Das Schiff schaukelte und rüttelte ständig hin und her, andauernd arbeiteten sich die Keile heraus. Die schlingernden Bewegungen des Eisenbahnwagens waren so heftig, dass ich Angst hatte, die Nylonleinen würden brechen. Die Hitze war unerträglich, und wir wurden durch Horden von Insekten angegriffen. Drei erschöpfende Tage lang, war absolut nichts zu sehen außer formlosem Sand und spärlichen Büschen, die sich bis in die Unendlichkeit erstreckten. Huanapaco und ich hielten auf der schlingernden Ladepritsche unter dem Schiff abwechselnd Wache, Tag und Nacht, jederzeit bereit, die Keile, die sich losgearbeitet hatten, wieder hinein zu schlagen. Am Tag reparierten wir den Schaden am Spiegel von *Sea Dart*, der entstanden war, als der Laster außerhalb von Santa Cruz in den Graben gerutscht war.

Aber es gab auch Ausnahmen in diesem Elend, und das waren die vielen hübschen Mädchen, die mit dem Zug fuhren. Obwohl unser Äußeres sie eigentlich hätte abschrecken müssen, entkamen sie doch manchmal der Aufsicht ihrer schlafenden Mütter und betrunkenen Väter. Sie kamen, wie in einem Wildwestfilm, über die schwankenden Dächer der Waggons gelaufen, um uns hinten auf dem Güterwagen zu besuchen. Dann lachten und schäkerten sie in der Kühle des Abends. Manchmal kamen auch ihre Brüder nach hinten, brachten warmes Bier mit und machten coole Musik auf ihren Gitarren. Der Heimathafen von *Sea Dart* war Liverpool, und sie redeten stundenlang über die Beatles.

Der Zustand der Eisenbahnlinie war unbeschreiblich. Die Hitze des Chaco verbog die Gleise so sehr, dass der Zug oft warten musste, bis eine Gruppe Schienenleger ausgestiegen war, um die Schienen zu richten oder die Holzbrücke über ein ausgetrocknetes Flussbett zu reparieren.

Schließlich erreichten wir Puerto Suárez, die bolivianische Grenzstadt. In meinem Handbuch für Südamerika stand, dass sie »weder für Tiere, noch für Menschen bewohnbar ist«. Ich kann dem nur beipflichten und hinzufügen, dass sie der Arsch von ganz Nord- und Südamerika ist. Die Stadt besteht aus ein paar unbemalten verrotteten Hütten zwischen den Bahndämmen, das Ganze ist vom Dschungel überwuchert und wimmelt von Moskitos.

An beiden Seiten des Bahndamms breitet sich ein dampfender Sumpf aus, und das faulige Wasser in den matschigen Tümpeln stinkt zum Himmel. In der Dämmerung kommen die Moskitos heraus. Sie hängen so dichtgedrängt in der schwülen Luft, dass zwischen ihnen kaum noch Platz ist für die riesigen Motten, die in jede Art von Licht hinein fliegen. Darüber hängt die feuchte neblige Hitze wie eine Glocke. Es war ein Erlebnis, als wenn man seinen Kopf in einen Ofen mit verfaulenden Rattenleichen stecken würde.

Hier kamen wir am 10. September an, und hier mussten wir den Zug verlassen. Der Bahnhofsvorsteher, der aussah, als wäre er gerade aus dem Urwald gekrochen, bestand darauf, dass wir nach Ladário gebucht hatten, nicht nach Corumbá. Aber jetzt gab es keinen Zug mehr nach Ladário, die Gleise waren längst herausgerissen, wir sollten sehen, wie wir selbst dahin kämen.

»*Señor Maestro*, gibt es eine Straße dahin?«

»Hah, Straße! Was glaubst Du, wo Du hier bist, Gringo?«

»Sehen Sie, Señor, ich komme mit dem Segen des Presidente hier her. Er hat mir gesagt, alle Leute in Bolivien würden mir helfen!«

»*El presidente*? Was bedeutet der für mich? Der ist tausend Kilometer weg, in La Paz. Was hat dieser Ort hier mit La Paz zu tun?«

Er war knochenhart. Es gab keine Möglichkeit, mit ihm zu argumentieren. Wir hatten weder Geld, noch hatten wir Zeit, denn der Wasserspiegel des Flusses nahm ab. Das hatten wir auch schon aus Gerüchten aus Corumbá erfahren, der Wasserspiegel würde schnell abnehmen. Die Kosten für einen Transport von Puerto Suárez nach Corumbá waren fünfzig Dollar, und ich hatte, in Teufels Namen, nur noch fünfunddreißig.

»*Vamos, amigo*, hol den »Klick-Klick« raus!« sagte ich zu Huanapaco.

Wir machten mit dem Abladen des Schiffes weiter und benutzten ein paar starke Lianen, die am Gleis herumlagen anstelle der Baumstämme, um das Schiff von dem Eisenbahnwagen herunter zu schaffen. Die Lianen waren mit Teer getränkt und voller Schmierfett. Aber wir brachten *Sea Dart* auf den Boden herunter, der mit einer fünf Zentimeter hohen Schicht aus toten Motten bedeckt war. Dann begannen wir damit, das Schiff über die *fünfundzwanzig* Kilometer des zugewachsenen alten Gleisbetts ohne Schienen bis an den Fluss zu rollen.

50

...direkt ins Feuer

Am 11. September begannen wir damit, das Schiff zum Rio Paraguay zu rollen, und am 2. Oktober kamen wir dort an. Sechzehn Tage lang, schwitzen wir, rollten, hoben, schoben, drückten und zogen das Schiff voran, bis es uns vorkam, als hätten wir nie im Leben etwas anderes gemacht. Einundzwanzig Tage lang schlugen und hackten wir an den dornigen Schlingpflanzen, die uns den Weg entlang der ehemaligen Eisenbahntrasse mit ihren Dämmen und Einschnitten versperrten. Ich fragte mich, wie viele Männer wohl beim Bau dieser einsamen Eisenbahnlinie ums Leben gekommen waren, die Bolivien an ein Gewässer führen sollte, das vielleicht, oder vielleicht auch nicht, einen Zugang zur See ermöglichte. Bevor wir losrollen durften, nahm mir der *aduanero,* in prächtigem Zusammenspiel mit dem Bahnhofsvorsteher, noch zwanzig Dollar ab für ein wertloses Stück Papier, eine Erlaubnis, zum Überqueren der Grenze. Auf dem Weg, den wir einschlugen, gab es keine Grenze und das wusste er auch. Der verdammte Sauhund schickte uns mit dem Rest von fünfzehn Dollar in die grüne Hölle der Welt hinein, und nur noch genügend Lebensmitteln für einen Monat! Dafür bekam ich für meine zwanzig Dollar weder eine Quittung, auch kein Dankeschön, nur ein Winken seiner fetten verschwitzten Hand, dass wir verschwinden sollten. Die Absicht, das unverschämte Benehmen des *aduanero* in der Welt bekannt zu machen, war bestimmt eine große Motivation, die nächsten Wochen durchzuhalten.

Als wir uns von der Station entfernten, indem wir die Kiele über die schmierigen Lianenstämme abrollten, kamen wir in Gebüsch. Zuerst hackten wir eine Gasse frei, etwa dreieinhalb Meter breit und vielleicht hundert Meter lang. Dann zogen wir meine gute alte Sturmleine zu einem dicken Busch voraus und winschten dann mit dem improvisierten Flaschenzug. Gleichzeitig mussten wir ständig das Gras abklopfen, um die Schlangen zu vertreiben. Wir trafen auf viele *cascabels,* tödliche große Klapperschlangen, und *frailesca,* kleine giftige Vipern, die im hohen Gras leben. Über Schuhe und Hosen wickelten wir abgerissene Streifen von Decken, um uns gegen eventuelle Bisse zu schützen. Die Qual, bei der Hitze in diesen dicken Decken herumzulaufen, kann man kaum beschreiben, aber wir behielten sie lieber an, bis wir in der brutzelnden, aber sicheren Kabine des Schiffs waren. Wir hatten alle Luken und die Ventilationsöffnungen dicht geschlossen, um das Eindringen von Schlangen und den zahlreichen Fledermäusen zu verhindern.

Wir hackten weiter, Huanapaco und ich, mit der Axt und dem Entermesser, vom frühen Morgen an bis um zwei Uhr nachmittags, wenn das Gestrüpp dicht war. Dann rollten wir das Schiff voran, immer auf der Hut vor Schlangen. Im Vergleich zu den Schlangen waren die Insekten nur eine harmlose Unbequemlichkeit, obwohl sie durch mehrere Lagen Kleidung hindurch stachen!

Manchmal kamen wir zu einem relativ freien Stück, und dann dachten wir, dass wir ganz gut voran kämen. Ich getraute mich nicht, die Wassertanks im Schiff zu leeren, bis wir näher am Fluss waren. Ich wusste nicht, wann wir wieder auf Trinkwasser stoßen würden. Auf der ansteigenden Strecke, zum Glück gab es nur eine davon, etwa drei Kilometer lang, kamen wir nur im Schneckentempo voran. Selbst mit einem Vierfach-Flaschenzug, mussten wir uns Zentimeter um Zentimeter voran arbeiten, obwohl die Trassensteigung der ehemaligen Eisenbahn nicht besonders groß war. Aber endlich, nach einer Kurve im Oberteil der Steigung, ging es abwärts.

Da war er, etwa acht Kilometer Luftlinie. Der Fluss schimmerte silbrig im dunstigen Grün des Mato Grosso. Er schien so breit zu sein, dass er sich bis zum Horizont hin erstreckte, aber es war mir klar, dass wir in Wirklichkeit auf eine Anzahl Flüsse schauten, die parallel liefen. Der Anblick gab uns neue Kraft, und wir arbeiteten doppelt so hart wie vorher. Als wir näher zum Fluss kamen, machte ich mir Sorgen wegen der Jaguare und Anakondas, denn beide lieben einen Schluck frisches Wasser. Wir bekamen keine Jaguare zu sehen, aber manchmal hörten wir in der Ferne ein Fauchen und danach die Todesschreie von Tieren.

Das Hinunterrollen war genau so anstrengend wie das Heraufschaffen, wenn nicht noch anstrengender. Neben dem Flaschenzug, mit dem wir das Schiff nach vorn zogen, mussten wir noch einen zusätzlichen Block am Heck anbringen, um *Sea Dart* zu sichern, wenn sie ins Rutschen kam.

Ab etwa zehn Uhr am Morgen bis gegen vier Uhr am Nachmittag war die Hitze erstickend. Einmal versuchten wir, in der Nacht zu arbeiten, aber ohne Lampen war das wirklich zu gefährlich. Und so ertrugen wir lieber die Hitze, als Gefahr zu laufen, über eine Anakonda zu stolpern oder einem hungrigen Jaguar als Fraß zu dienen, der Lust auf saftiges Menschenfleisch hatte.

Huanapaco wollte auch nicht nach Einbruch der Dunkelheit arbeiten. Die Bergindianer sind sehr abergläubisch und hassen die Dunkelheit. Bevor ein Indianer einschläft, jagen jede Menge dunkle Dämonen in seinem Kopf herum.

Am 30. September waren wir ziemlich nahe am Fluss, und das Unterholz wurde dünner. *Sea Dart* war mehr oder weniger in freiem Terrain, nur an beiden Seiten des ehemaligen Bahndamms standen vereinzelte Büsche. Während Huanapaco den Anker eingrub, machte ich mich zum Fluss auf, um das Land auszuspähen oder vielmehr das Wasser. Ich brauchte etwa vier Stunden, um ans Ufer zu kommen. Wir waren die letzten Tage auf magerer Kost gewesen, jeder nur eine Handvoll Reis und eine halbe Dose Corned Beef. Huanapaco fand ein paar weiße Raupen unter einem vermoderten Busch. Er briet sie in der Pfanne, mischte sie unter sein Corned Beef und sagte, sie wären ausgezeichnet. Einen Tag lang, ekelte ich mich davor, aber als er nicht davon starb und sich nicht auf dem Boden krümmte, überkam der Hunger meine Empfindlichkeit. Danach aßen wir die Raupen jeden Tag. Sie waren zirka fünfundzwanzig Millimeter lang und einen Zentimeter dick. Nach dem Braten schmeckten sie ungefähr wie Scampi – für mich jedenfalls. Auf jeden Fall waren sie sehr gut für unsere Versorgung mit Protein.

Was ich am Ufer des Flusses vorfand, brach mir fast das Herz. Zum ersten Mal in drei Jahren, hätte ich mich am liebsten hingesetzt und geweint. Der Steg war komplett zerstört, von Ameisen weggefressen. Am Ende stand ein uralter britischer Dampfkran, der sich kaum selbst noch aufrecht halten konnte. Er war von der Firma Gateshead on Tyne gebaut worden, auf einem gusseisernen Schild an der Tür stand: 1878. Es war ein solider Block aus Rost. Drinnen im Kesselraum hatten hunderte von Vögeln ihren Nistplatz eingerichtet. Im schweigenden Dschungel des Nachmittags machte ich mich vorsichtig auf den

Rückweg vom Kran und versuchte, nicht auf die morschen Planken zu treten, von denen aus ich zwölf Meter tief in das gurgelnde Wasser gestützt wäre. Hinsetzen konnte ich mich auch nicht. Ob ich geweint hätte oder nicht, wenn ich mich hätte setzten können, ist unwesentlich. Denn hätte ich mich hingesetzt, wären die Horden von Ameisen millionenfach über mich hergefallen und hätten das Weinen sowieso überflüssig gemacht.

Auf dem Rückweg zum Schiff arbeitete ich an einem Plan, um *Sea Dart* über die steile Uferböschung hinab zu bringen. Als ich ankam, hob Huanapaco seinen verschwitzten Kopf, seine mandelförmigen Augen waren ausdruckslos und trübe vor Erschöpfung.

»*Buenas, Capitán*«, keuchte er – immer ausgesprochen höflich, die Quechua.

»Die gute Nachricht! Ich bin mir sicher, dass es genug Wasser gibt, damit *Sea Dart* darin schwimmen kann! Zumindest dort, wo wir hin wollen.«

Sein Gesicht erhellte sich, seine weißen Zähne leuchteten.

»Jetzt die schlechte Nachricht, *amigo*. Der Steg ist unbrauchbar, der Kran auch. Wir müssen so schnell als möglich da runter und eine Trasse am Ufer hinunter graben, um das Schiff ins Wasser zu bringen.«

»Wie lang muss die sein, *mi Capitán*?«

»Zwölf Meter.« Ich brachte es nicht übers Herz, ihm zu sagen, dass wir nicht direkt senkrecht nach unten konnten, sondern dass wir eine schiefe Ebene in das Ufer hinein graben und schlagen mussten, etwa achthundert Meter lang!

Wir brauchten weitere drei Tage, um das Ufer zu erreichen. Am Morgen des 2. Oktober, war *Sea Dart* nur noch zweitausend Meilen vom Ozean entfernt, aber davon getrennt durch zwei unbekannte wilde Flüsse und eine zwölf Meter hohe Böschung. Da unten rauschten die wirbelnden Wasser zum Plata Delta hin. Der Fluss war wie eine lange braune Narbe, durch die am Ende die Hälfte des Wassers auf dem südamerikanischen Kontinent fließt.

Zuerst dachte ich, man könne das Schiff direkt hinunterlassen, durch Blöcke und Flaschenzüge gesichert. Aber die Beanspruchung des Rumpfs würde zu groß sein. Dann dachte ich an Scherenbalken, eine Art Kran, den man aus geraden Baustämmen hätte bauen können, um sie über das Wasser hinaus zu heben und dann herabzulassen. Aber der Bau einer solchen Konstruktion würde mehrere Tage dauern, und ich war mir nicht sicher, ob meine Blöcke, die jetzt schon durch das ständige Hieven einiges hatten erleiden müssen, das noch aushalten würden. Es gab nur eine Möglichkeit, das Graben einer schiefen Ebene entlang des Ufers!

Wir schlugen, gruben, brannten, schnitten und hackten acht Tage lang. Manchmal hing das Schiff in einem solch verrückten Winkel zum Fluss hin, dass ich dachte, es würde jeden Moment kentern. Ich sicherte *Sea Dart*, indem ich ein schweres Tau um ihren Rumpf herum legte und an einem eingegrabenen Anker befestigte.

Acht Tage lang arbeiteten wir wie geisteskrank. Wir bemerkten, wie der Wasserstand im Fluss abnahm. Wir hatten keine Zeit mehr zu verlieren. In Santa Cruz hatte ich erfahren, dass der Fluss am Südende des Mato Grosso über eine Stromschnelle mit felsigem Untergrund schießt – den Paso de Moros. Wenn wir nicht über den Paso de Moros kommen würden, wären wir im Mato Grosso gefangen. Dann gab es nur noch drei Alternativen: durch eine Krankheit zu sterben, zu verhungern oder am lebendigen Leib von den Insekten gefressen zu werden.

Langsam arbeiteten wir uns am Ufer hinunter, kamen vom Gebüsch oben auf eine glitschige Rutschbahn unten. Beim Schaufeln warfen wir die Erde mit Absicht weit in die

Büsche hinein, um die Schlangen und andere Gefahren zu vertreiben, damit ersparten wir uns das mühselige Abklopfen mit dem Stock.

Am Ende unserer Rampe achteten wir mit aufmerksamen Augen darauf, dass keine Alligatoren in der Nähe waren. Ich fuhr mit dem Beiboot in den Fluss hinaus und versenkte beide Anker. *Sea Dart* glitt über die nassen Schlingpflanzen hinweg und plötzlich schwamm sie. Der wirbelnde Strom packte sie, und trieb sie flussabwärts, aber die Anker hielten. Und, es war kaum zu glauben, es kam kein Tropfen Wasser ins Schiff!«

»*Maravilla!*« sagte Huanapaco.

»Verdammt phantastisch!« sagte ich.

51

Die Grüne Hölle

Seit wir am Rio Paraguay angekommen waren, oder besser an einem der vielen kleinen Arme, die zusammen den sogenannten Fluss bilden, ein sich windender Irrgarten stinkender schlammiger Kanäle, umgeben von vermoderndem Dschungel, hatten wir wieder Protein – wir hatten Fisch! Sicher, es waren hauptsächlich Piranhas, aber es war Nahrung. Aus den Tagen am Amazonas wusste ich, wie man sie fängt, also machten Huanapaco und ich jeden Morgen den Trick mit dem Tropfen Blut und dem Eimer. Die Piranhas im Rio Paraguay waren kleiner, schmächtiger und grätenreicher als ihre Cousins im Amazonas, aber für unsere hungrigen Augen waren es herrliche Lachse. Sie waren auch viel wilder, sprangen manchmal drei Meter in die Luft, und man musste fünf Minuten warten, bis sie ruhig genug waren, um ihnen auf den Kopf zu schlagen.

Als wir den Mast stellten und die Segel anschlugen, bemerkte ich, dass das Tierleben hier vielfältiger als am Amazonas war. Am Tag hingen riesige Fledermäuse in den Bäumen, die von den Guaicuru-Indianern *andiras* genannt werden. Manche von ihnen waren fünfundvierzig Zentimeter groß, wenn sie ihre knochigen Flügel ausbreiteten, bösartig aussehende Monster, blutsaugende Vampire. In der Nacht hörten wir das Klicken ihrer kleinen Füße und das Schleifen ihrer Flügel an Deck über der muffigen Kabine, als suchten sie nach einem Eingang durch die Luken oder Fenster. Im Schein der winzigen Öllampe konnte man ihre gierigen Fratzen und funkelnden Augen vor den Bullaugen sehen, mit ihren Krallen kratzten sie am Plexiglas.

Es gab auch viele Vögel, Tausende von *horneros*, die hängende Nester bauen, ähnlich wie Wespennester, die an den Bäumen schaukeln, und den *uratau*, der das traurigste Lied pfeift, das ich je von einem Vogel gehört habe, eine Art leises, geflüstertes Klagelied. Als wir uns durch das Unterholz am Ufer durchgeschlagen hatten, hatten wir die eigenartige Verhaltensweise des *macagua* bemerkt, der mutige Schlangentöter. Der *macagua* greift jede Schlange an, die er sieht. Wild greift er mit einem Flügel an und hält den anderen vor seinen Kopf. Der spitze, lange Bajonettschnabel schaut durch das Gefieder hindurch und sticht zu. Wenn er von der Schlange gebissen wird, läuft er zu einem der Büsche und pickt an Beeren, die ebenfalls *macagua* heißen und die ein Gegenmittel gegen Schlangenbisse enthalten.

Die Bäume am Ufer waren im allgemeinen nicht so groß, wie am Amazonas, aber die wenigen wirklich großen, waren höher als alles, was ich im Norden gesehen hatte. Der *lapacho* ist riesig, er wird bis zu achtzig Meter hoch, und hat am Boden einen Umfang von fünfzehn bis zwanzig Meter. Es gab wilde Ananas im Unterholz und Passionsblumen, deren herrliche Blüten die alten Konquistadoren an die Kreuzigung Jesu erinnerten. Die Blüten sind blutrot und haben gelbe Samenstände in Form eines Kreuzes. Direkt am Ufer wuchs eine Art Trauerweide, der *Izpa*-Baum, der einen pinienartigen Duft verbreitete.

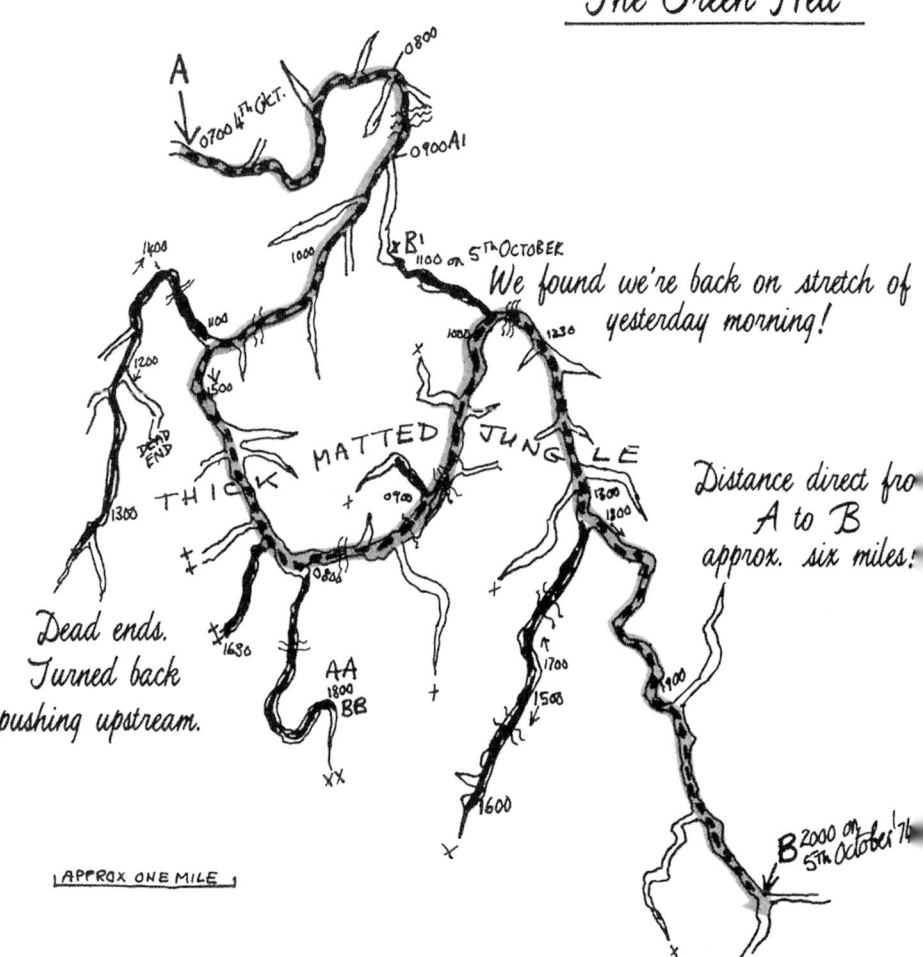

"The Green Hell"

A

0700 4TH OCT.

0800

0900 A1

1400

1000

B' 1100 on 5TH OCTOBER

We found we're back on stretch of yesterday morning!

1100

1200

1000

1236

1500

DEAD END

THICK MATTED JUNGLE

0700

Distance direct fro A to B approx. six miles!

1300

1800 1800

0800

Dead ends. Turned back pushing upstream.

1650

AA 1800 BB

1700

1500

1700

XX

APPROX ONE MILE

1600

B 2000 on 5th October '74

An attempt to show the course
downstream on River Paraguay
side stream in the Mato Grosso
4th and 5th October 1974.
Subsequently only very rough log was kept.

Tristan Jones

258

Course of "Sea Da

Wrong entries into
dead-ends, boat had
to be pushed back by
hand against curren

≋ Jungle growth block

XX Dead ends

Der Rest der Flora war mir unbekannt und bestand meist aus toten oder halbtoten Bäumen, die von den Schlingpflanzen erwürgt wurden. Die Äste der Bäume hingen oft über den engen Flussarm hinüber, und wir mussten entweder den Mast legen oder in den Mast klettern, um sie abzuhacken. Von Ladário aus, unserem elenden Ablegepunkt, war die Entfernung zum Paso de Moros nur etwa zweihundert Meilen Luftlinie, aber durch die Windungen des Flusses waren es in Wirklichkeit sechshundert Meilen. Oft folgten wir dem Strom um eine riesige Schleife herum, vielleicht einen ganzen Tag lang, um dann festzustellen, dass wir um eine Halbinsel herumgefahren waren, die an ihrer Verbindung zum Festland nur ein paar Meter breit war und an der wir am frühen Morgen vorbeigekommen waren.

Die Hitze war unerträglich und erstickend, obwohl die Sonne nur schwach durch den von der Vegetation Tag und Nacht erzeugten Dunst hindurch dringen konnte. Der Dunst bildete Wolken am Himmel, die mit dem Wind zu den Anden hinüber zogen, um ihre Regenfracht abzuladen. Aber unten, versteckt im engen Kanal des Flusses, zwischen hohen Bäumen und Gräsern, die bis zu fünf Meter hoch waren und vor Schlangen wimmelten, konnten wir keinen Lufthauch spüren. Am Oberlauf, wo wir anfingen, flussabwärts zu segeln oder besser zu treiben, sahen wir viele Kaimane. Oft schwammen Hunderte von ihnen im Wasser. Wenn sie auf eine Schule Fische trafen, begann das Wasser zu brodeln, ihre hässlichen Kiefer öffneten sich, und ihre gierigen Augen kamen über die Oberfläche. Manche waren drei Meter lang, von den Nasenlöchern bis zur Schwanzspitze.

Sehr oft, und das hassten wir mehr als alles andere, teilte sich der Fluss in zwei oder drei Arme. Wenn wir den falschen wählten, dann merkten wir das erst, wenn wir einige Meilen weiter getrieben waren und an einem toten Ende ankamen, an dem uns Buschwerk und dicke Äste den Weg versperrten. Dann mussten wir über die Seite ins Wasser, manchmal eineinhalb Meter tief, manchmal tiefer, und oft so tief, dass man nicht mehr stehen konnte. Abwechselnd musste einer ins Wasser schlagen, um die lauernden Piranhas, Kaimane und Wasserschlangen fernzuhalten, während der andere das Schiff gegen die Strömung schob oder zog.

In gewissen Zeitabständen kletterten wir dann an Bord und entfernten mit einem petroleumgetränkten, brennenden Tauende, das wir über den Körper zogen, die großen schleimigen schwarzglänzenden Blutegel; manche waren zwölf Zentimeter groß. Ich weiß nicht, wie viel Blut wir in jener Zeit auf diese Weise verloren haben, zusätzlich zu dem, was die Piúm-Fliegen, die Moskitos, und *bichus* uns abzapften. Es muss recht viel gewesen sein, denn als wir am Paso de Moros herauskamen, waren wir beide so schwach wie Kinder. Ich wog noch 36 Kilo, normalerweise bin ich 55 Kilo schwer, und Huanapaco hatte noch 45 anstelle seines Normalgewichts von 80 Kilogramm.

Als die qualvollen Tage fortschritten, wurden wir gelber und gelber. Wir hatten inzwischen eine Sorte Blätter gefunden, die man ohne Gefahr essen konnte, ich dachte an Vitamin C, aber ich denke, sie haben uns nicht viel geholfen. Am Ende eines Tages, angeschwemmt an eine Bank aus hohem Sumpfgras, waren wir zu erschöpft, um etwas anders zu tun, als die Eingänge zur Kabine zu verschließen, auf die Kojen zu fallen und die Nacht hindurch zu schwitzen.

Am Ende gingen unsere Frischwasservorräte in *Sea Darts* Tanks zur Neige, und wir mussten Flusswasser verwenden, das viel schlammiger war als im Amazonas. Wir filterten es, wie schon vorher, durch ein feines Baumwolltuch. Trotzdem schluckten wir mit

Sicherheit eine große Sammlung von Tierarten hinunter, für die man an der Schule für Tropenmedizin der Universität von London dankbar gewesen wäre. In meinen Erinnerungen verschmilzt die Zeit der Reise zum Paso de Moros zu einem Ganzen. Drei Wochen lang kämpften wir jeden Tag um unser Leben, mit vollem Einsatz. Jede Sekunde in jeder Minute arbeiteten wir uns voran – wenn wir anhalten würden, wären wir so gut wie tot. Daran gab es in unseren Köpfen absolut keinen Zweifel. Gegen den Strom von zwei Knoten, kämen wir niemals zurück, wir konnten nur flussabwärts treiben, und bei dem Windhauch mit den Segeln kaum unseren Kurs halten. Für den Motor hatten wir kein Benzin. Aber auch mit Benzin und dem kleinen Außenborder, wären wir nicht gegen die starke Strömung angekommen. Wir hätten auch in einer Woche eine Tonne Treibstoff gebraucht, und wie soll man so eine Menge explosives Benzin in einem 20-Fuß-Schiff unterbringen, bei einer Temperatur von fünfundfünfzig Grad in der Kabine?

Jetzt, wenn ich meine Erinnerungen an diese Zeit, in der Bequemlichkeit und Sicherheit von Manhattan, zu Papier bringe, kann ich die einzelnen Tage nur sehr schwer auseinander halten. Mein Logbuch in dieser Zeit ist lückenhaft, denn ich hatte keine Energie übrig, um mehr aufzuschreiben, als die Distanz, die wir an einem bestimmten Tag »gesegelt« waren. Alle meine Gedanken, mein ganzer Wille und meine nachlassende Energie, waren darauf konzentriert, das Schiff flussabwärts zu bewegen. Ich erklärte Huanapaco, dass wir uns so hart wie möglich voran arbeiten mussten, um zu überleben. Glücklicherweise war er von Anfang an ein starker Kerl, der in einem der lebensfeindlichsten Gebiete der Erde, hoch droben auf dem erbarmungslosen Altiplano, aufgewachsen war, und außerdem war Huanapaco stoisch und gelassen. Er machte einfach stur weiter, bis zum Umfallen. Zusätzlich zu seinem Sinn für Humor, hatte er die Geduld, einen Job zu Ende zu bringen – er kannte nichts anderes als den ewigen unendlichen Kampf gegen die Natur. Er war sein ganzes Leben lang darin verwickelt. Hätte ich einen jungen Mann aus der sogenannten Fortschrittsgesellschaft in Huanapacos Alter bei mir gehabt, hätte ich längst aufgegeben, lange bevor wir endlich doch heraus kamen.

Immer und immer wieder, Tag für Tag, nass, verschwitzt, stinkend, elend, hungrig, und in einer unbeschreiblichen Hitze wünschte ich mir, ich wäre wieder im Eis der Arktis, selbst in einem Sturm der Stärke zehn, selbst vor einer auflandigen Küste. Die See konnte niemals so grausam sein, wie dieses faulende, verrottende, bösartige, teuflische Inferno, in dem jede Stunde Millionen von Insekten über uns herfielen. So wahr mir Gott helfe, ich wünschte mir sogar, ich wäre wieder im Amazonas und würde das Schiff von Baum zu Baum ziehen. Im Vergleich zu dem hier, war der Amazonas wie ein Wochenende am Strand von Coney Island!

An den überstehenden Bäumen hingen Anacondas herunter. Ihre hässlichen Köpfe tauchten ins Wasser, und schluckten Fische hinunter, ohne sie zu kauen. Wir sahen ein großes Biest, in dessen Bauch die Fische noch zappelten, während sie verdaut wurden. Ein anderes Mal sahen wir eine sterbende Anakonda. Sie hatte einen großen Fleischklumpen verschlungen, vielleicht ein *capybara*, eine große Wasserratte, die im Fluss geschwommen war. Die Schlange hatte zur Verdauung so lange auf einer Schlammbank gelegen, dass sich Maden durch ihren Bauch zu dem halb verdauten Fleisch des *capybara* durchfraßen. Die Anakonda schlug wild um sich.

In den drei Wochen im Mato Grosso sahen wir keine Anzeichen für menschliches Leben. Es war, als ob die Natur hier verrückt spielte – ein geisteskranker biologischer

Aufstand. Wir hätten genau so gut auf einem anderen Planeten sein können, in einem anderen Universum oder auf der Erde vor fünf Millionen Jahren. Es war entsetzlich, in der wahrsten Bedeutung des Wortes, und sehr, sehr beängstigend. Es war, als würde jeder unheilbringende Geist der Welt seine teuflische Intelligenz auf uns konzentrieren. Die Pflanzen am Ufer standen so dicht, dass man keine dreißig Zentimeter hinein sehen konnte. Selbst jetzt, fast ein Jahr später, habe ich Schwierigkeiten, in die Nähe einer Zimmerpflanze zu gehen, und es fällt mir schwer, das Schaufenster eines Blumenladens anzuschauen. Wenn ich ein Arrangement von Pflanzen auf dem Fensterbrett einer Wohnung sehe, läuft mir ein Schauer über den Rücken. Ich habe Probleme, Gräser oder Bäume anzuschauen, es sei denn, sie sind irgendwo in einer Stadt. Ein Zoo, wenn ich mich entschließen könnte hineinzugehen, würde mich in einen Schock versetzen.

Tag um Tag hackten wir uns durch den Fluss, unzählige Male legten wir den Mast, um unter den überhängenden Bäumen hindurch zu kommen. Zweimal am Tag schlangen wir rohes Piranhafleisch und Baumblätter hinunter, zusammen mit von Maden durchsetztem Mehl aus unserem Notvorrat. Einmal in der Woche geiferten wir über einer Sonntagsmahlzeit aus kaltem Corned Beef, von dem wir bei unserer Abfahrt in Ladário noch vier Dosen hatten. Wir konnten nicht mehr kochen, denn wir mussten das Petroleum für das Einreiben der Ankerleine und der Festmacher aufheben, um die Schlangen und die Ameisen fern zu halten, die das Marinesperrholz des Schiffes unter unseren Füßen weggefressen hätten. In der Hitze verdunstete auch das Petroleum schnell. Als wir endlich in Forte Coimbra ankamen, hatten wir nur noch ein paar Tropfen übrig. Wir versuchten auch, Piranhas auf einen Blechteller in die fahle Sonne zu legen mit der Idee, sie zu trocknen, aber wir hatten ohnehin Bandwurmbefall. Der eine, den man mir in Buenos Aires entfernte, war 1,20 Meter lang und hatte sich rund gefressen.

Als wir in das Hauptwasser des Rio Paraguay kamen, waren wir in dem Zustand wilder Tiere. Der Schliff, den man uns durch unsere jeweilige Erziehung beigebracht hatte, war praktisch verschwunden. Ich schnappte einen Piranha und fing an, daran zu kauen, Kopf, Flossen, Augen, Schwanz, alles. Wir nahmen eine Handvoll des madigen Mehls und schluckten es hinunter. Huanapaco spähte nach allem, das sich bewegte, selbst nach mir. Wenn es sich bewegte, war es Nahrung. Wir trafen sogar eine gegenseitige Abmachung: Im Fall, dass einer von uns sterben sollte, könnte der andere sich den Bauch voll schlagen. Zu jener Zeit wären sogar die harten Muskeln eines Quechua willkommen gewesen. Wer am Verhungern ist, kennt keine Moral!

52

Das Tal der Schatten

E ine der großen Schwierigkeiten im Mato Grosso war, herauszufinden, wo wir waren. Nach dem Kompass und der Sonne, konnte ich feststellen, dass wir mehr oder weniger in eine südliche Richtung trieben, aber es gab auch Zeiten, in denen *Sea Dart* sich mit dem Strom direkt nach Norden bewegte. In unserer Not, desperat und hungrig, war das furchtbar entmutigend. Dem Kompass konnte ich ohnehin nicht trauen, denn es gab Ablagerungen von Eisenerz im Fluss und andere magnetische Ablenkungen. Ich verließ mich besser auf die Sonne, die fahl über dem ewig wachsenden Urwald am Himmel vorbeizog.

Als wir wieder einmal unseren Weg durch Hindernisse hackten, überlegte ich, dass genau die gleiche Sonne, die jetzt fast senkrecht über uns stand, auch zu Hause in Wales zu sehen war. Dort, in einer anderen Welt, in einem anderen Leben, gingen die Menschen von ihrer Arbeit nach Hause, das Leben war einfach und bequem, und keiner dachte wohl über die Todesgefahren in der Natur nach. Vor vielen Millionen von Jahren hatte sich die Menschheit aus dem Dschungel der Vorzeit herausgehackt und herausgeschlagen, herausgekämpft und herausgewürgt, herausgeträumt und herausgeweint, genau so wie wir es machten. Und die damaligen Menschen hatten mit Nichts angefangen, sie hatten keine Erfahrung, die sie leitete und keinen Ort der Rückkehr.

»Warum?« fragte ich mich, während ich wieder die in den Fluss hängenden Schlingpflanzen abschlug. *»Warum machen wir das? Warum lehnen wir uns gegen die brutalen Kräfte der Natur auf?* Warum sollten wir uns nicht einfach hinlegen, und auf das Unausweichliche warten?« Tagelang gingen mir diese Fragen durch den Kopf, wir waren jetzt am Verhungern, denn seit dem Ende der zweiten Woche, gab es keine Piranhas mehr. Auch unser wurmiges Mehl war alle. Wir hatten den letzten Reis gegessen, den wir im schlammigen Flusswasser eingeweicht hatten, um ihn weich zu machen. Jede essbare Sache an Bord war weg, selbst das Olivenöl, das Segelmacherwachs, das Leinöl, die Kerzen. Wir weichten den präparierten Lamakopf, den ich als Souvenir in die Kabine gehängt hatte, in Wasser ein und tranken die »Suppe«.

Warum machten wir weiter? Alle Chancen standen gegen uns!

Als mir schließlich die Antwort einfiel, war sie ganz einfach: Wenn wir uns nicht gegen die Natur auflehnten, wäre das unnatürlich! Wir waren auf der Welt, um in der Natur zu *überleben*, weil uns die Natur selbst dafür geschaffen hatte! Es war die Aufgabe der Menschheit! *Zu suchen, zu finden und nicht nachzugeben!* Und nicht, um in Gefühlsduselei oder Sentimentalität zu verfallen, der Versuchung nachzugeben, oder gar nach einer Begründung zu suchen. *Die Natur braucht keine Begründung für ihr Verhalten!* Der Mensch darf sich nicht in einer geistigen oder spirituellen Höhle verkriechen, während die Natur um ihn herum Amok läuft! Du bist *hier*! Das ist Deine Situation! Sie gefällt Dir nicht? Dann, in Gottes Namen, fang' endlich an, kämpfe, hacke, beiße Dich heraus! Von selbst passiert gar nichts! So sind die Spielregeln, Du kannst spielen oder untergehen!

Ich schaute Huanapaco an, als er starrköpfig den Weg frei hackte, fest entschlossen zum Überleben. Er war auf eine schreckliche Art hager, seine indianischen Augen waren trübe, er sah nichts mehr anderes als die Hindernisse vor sich. Nur wenn er die Axt oder das Entermesser zum Angriff auf die Schlingpflanzen hochschwang, kam Leben in seine Augen. Als wir auf eine verhältnismäßig freie Strecke kamen, nahm ich die Kombüse auseinander, in der Hoffnung, doch noch etwas Essbares zu finden. Hinter dem Kocher traf ich auf einen Goldschatz, eine Handvoll Bohnen lag zwischen den Spanten, hart, schwarz, angekeimt. Ich stolperte an Deck, wo Huanapaco sich erschöpft hingesetzt hatte und auf die nächste Attacke der Schlingpflanzen wartete. Das Schiff lag mit dem Bug in der Strömung und trieb mit dem Heck voran. Ich schlug ihm mit der Hand schwach auf die Schulter und gab ihm die Bohnen. »*Vamos a comer, hombre*! Lass' uns essen, Mann!«

Er schaute auf, der Schweiß lief an ihm herunter, sein *unku*-Hemd war nur noch ein kleiner Fetzen, er war nackt bis auf seinen *kuana*, einen langen Schal, den sich die Quechua um die Lenden binden. Er grinste schwach, dann streckte er die Hand aus und zeigte mit dem Daumen nach oben.

Fünf Minuten später sahen wir den Kaiman. Er trieb in der Mitte des Stroms, vielleicht hundert Meter vor uns, er schwamm nicht, er trieb. Er musste das Ufer verlassen haben, weil er keine Fische mehr fand. Hier, auf dieser offenen Strecke, gab es etwas Wind, genug, um das Schiff zu steuern. Ich ließ mich ins Cockpit fallen und nahm das Ruder und die Schoten in die Hand. *Sea Dart* drehte, und das Großsegel füllte sich mit Wind. Huanapaco schnappte die Axt und den vierzehn Kilo schweren Vorschlaghammer, den er mit dem Entermesser neben sich legte. Ich nahm direkt Kurs auf den Kaiman, der immer noch ruhig in der Strömung trieb. Als wir näher kamen, sahen wir, dass er etwa 1,60 m lang war. *Sea Dart* rammte ihn direkt mittschiffs mit ihrem Bug. Er warf sich herum, schlug mit dem Schwanz und riss seine grässlichen Kiefern auf. Der Schlag auf das Schiff war so stark, dass das Messerschapp aus der Kombüse heraus flog. Vom Bug aus schlug Huanapaco die Axt direkt in den Bauch des Kaimans hinein, so heftig, dass sie stecken blieb. Der Kaiman drehte sich auf den Bauch, Blut und Eingeweide kamen an die Oberfläche. Mit einer erstaunlichen Schnelligkeit in seinem geschwächten Zustand, fummelte Huanapaco einen Moment lang herum, schnappte den Hammer mit seinen braunen Händen und traf, nach sorgfältigem Zielen, den Kopf des Kaimans genau in der Mitte. Ich steuerte vom Cockpit aus vorsichtig mit der Pinne, schaute über die Seite und versuchte den Kaiman am Bug zu halten. Ich hörte das Geräusch, als Huanapaco seine Gehirnschale mit einem Schlag zertrümmerte. Nach einem letzten gewaltigen Aufbäumen seines Körpers, trieb er tot im Wasser.

Ich warf Huanapaco den Enterhaken zu, den er mit einiger Mühe in den Bauch des Kaimans schlagen konnte. Wir ließen sofort den Anker fallen, das Schiff kam mit einem Ruck zum Stehen und drehte sich in die Strömung und den Wind. Wir brachten den Kaiman längsseits und würgten mit einem Messer unsere Axt aus seinem Bauch heraus. In seinem Magen fanden wir vier nur halb verdaute Fische, wir machten kurzen Prozess damit! Das Blut des Kaimans war kalt und schmeckte fischig. Mit unseren Messern kamen wir nicht durch seinen Panzer hindurch, also schnitten wir aus dem Bauch heraus, nach hinten zum Schwanz hin. Wir bekamen etwa vier Pfund sehr zähes Fleisch, das wir erst in Wasser spülten und dann zum Trocknen in die Sonne hängten. Wir waren in verhältnismäßig freien Terrain und suchten am Ufer nach einer kleinen Lichtung, auf der wir ein Feuer machen könnten, um das Fleisch zu rösten. Nachdem wir einige Stunden flußab getrieben waren, fanden wir eine Stelle auf dem Stamm eines riesigen Baumes, der ins Wasser gestürzt war. Es wimmelte vor Ameisen dort, aber das war uns egal. Wachsam nach Schlangen Ausschau haltend, machten wir ein Feuer und zelebrierten ein Festessen mit Alligatorfleisch. Es war so zäh wie altes Tauwerk und mit meinem wunden Zahnfleisch bereitete mir das Kauen viel Mühe, aber es war eine der besten Mahlzeiten, die ich je zu mir genommen hatte! Und es gab uns wieder neue Kraft, um ein paar Tage vorwärts zu hacken, zu schlagen und zu kämpfen.

Am Ende der dritten Woche kamen wir zum Ende des Dschungels, allerdings wussten wir das noch nicht. Langsam wurden die Schlingpflanzen und die überhängenden Bäume am Ufer weniger. Allmählich wurde der Fluss breiter, und die Strömung nahm ab. In der letzten Nacht im Dschungel, bevor wir in das Sumpfland hinaus kamen, hatten wir ein furchteinflößendes Erlebnis. Der Fluss war ziemlich frei, und wir hatten für die Nacht in der Mitte des Stroms geankert, weit weg von der Vegetation. Zum Schlafen hatten wir das Moskitonetz über den Niedergang gespannt, die Schotten hatten wir ins Cockpit gelegt. Es war das alte Moskitonetz von der britischen Armee, das ich aus der Karibik mitgebracht hatte. Wir hatten die Idee, dass so mehr Luft in die stickige Kabine käme. In den frühen Morgenstunden, als der Vollmond blass und bleich über dem Dunst des Dschungels stand, wurde ich durch ein lautes Geräusch geweckt. Es hörte sich an, als würde ein Außenbordmotor oder ein Motorrad im Cockpit laufen. Ich schreckte hoch und schüttelte Huanapaco. Als ich zum Niedergang hin schlurfte, sah ich zu meinem Schrecken, wie das Moskitonetz aufgefressen wurde! Durch das Gewicht Hunderter Motten beschwert, hing es ins Schiff herunter, jede Motte war etwa vier Zentimeter groß. Ich war wie gelähmt und schaute entsetzt zu, wie ihre Mäuler das Netz aus Kunststoff auffraßen.

Als ich zu Verstand kam, schnappte ich die Bratpfanne aus der Kombüse und schlug zu. Huanapaco, entsetzt und noch halb im Schlaf, drosch mit einem Kricketschläger auf sie ein. Vier Stunden lang bearbeiteten wir das Netz, bis die Morgendämmerung den Überfall beendete. Am Morgen waren nur noch vier dieser riesigen Insekten übrig, und wir sahen, dass das gesamte Deck zehn Zentimeter hoch mit toten Motten bedeckt war.

Am 22. Oktober sahen wir in der Ferne den Rauch eines Feuers. Das war sicherlich kein Waldbrand, der Dschungel ist zum Brennen viel zu feucht und nass. Der Rauch bedeutete Lagerfeuer, Menschen! Die Frage war nur, welche Art von Menschen. Ich wusste, dass im südlichen Mato Grosso Guaicurus lebten, ein uralter Stamm primitiver Eingeborener, sehr wild, sehr aggressiv, und sehr, sehr gefährlich – vielleicht die gefährlichsten Wilden in Südamerika, allesamt Krieger. Also, das war uns eigentlich egal, so lange sie nicht uns bekriegen würden.

Trotzdem hob der Rauch unsere Stimmung, wir waren in der Nähe von Menschen! Selbst wenn sie gefährliche Leute waren, sie aßen zusammen, sie schliefen in Gruppen, sie sprachen miteinander, sie sangen, machten Musik, und selbst wenn diese nur aus dem Zusammenklopfen menschlicher Kieferknochen bestand. Sie hatten die vage Idee eines übergeordneten Geistes, den sie auf ihre Art anbeteten, sie liebten sich auf ihre Art, und sie träumten! Sie waren von unserer Art, sie waren Menschen!

Ich legte die Seenotpistole und die Harpune griffbereit neben mich in Cockpit, während wir weiter flussabwärts trieben. Außer dem Entermesser, dem Vorschlaghammer und den Messern waren das unsere einzigen Waffen, aber wir waren entschlossen, sie im

Notfall anzuwenden. Wir hatten das ausreichend diskutiert, es würde auf unserer Seite keine Verzögerung und keine Zweifel geben. Der erste Wilde, der in feindlicher Absicht auf ein paar Meter an das Schiff herankommen würde, bekäme die Harpune in die Brust, und wenn ihn das nicht aufhalten würde, hätte er eine Seenotrakete im Gesicht, einen großen Klumpen Phosphor. Dann käme der Vorschlaghammer dran, um ihm auf den Kopf zu schlagen, und mit dem Entermesser würden wir ihm den Bauch aufschlitzen. Um unsere eigenen Leben zu retten, fand ich das keine zu harten Maßnahmen, Wilde oder nicht. Wir hatten im Dschungel um unser Leben gekämpft, wir hatten uns das Recht zu leben *verdient!*

Als wir um eine Kurve des etwa zweihundert Meter breiten Flusses herum kamen, sahen wir den ersten Menschen seit Puerto Suárez, oder besser eine fast menschliche Kreatur. Er stand in einem Einbaumkanu, das vielleicht vier Meter lang war. Er balancierte auf dem Einbaum und sah aus wie die Statue von Eros auf dem Piccadilly Circus. Er hatte Pfeil und Bogen in der Hand und zielte ins Wasser. Die Überraschung war auf beiden Seiten komplett. Bevor Huanapaco noch die Harpune in die Hand nehmen konnte oder ich die Seenotpistole, waren wir vorbei und um die nächste Flussbiegung herum, außer Sichtweite. Der Wilde war ebenfalls wie gelähmt, er stand in einem Zustand ungeheuren Erstaunens unbeweglich da, wie eingefroren. Sein Kopf war mit so etwas wie roter Farbe bemalt, und er schien keine Haare zu haben, auch nicht an seinen Lenden, denn er war splitternackt, bis auf einen Kranz aus gelben Federn an seinen Oberschenkeln.

Wie ich später heraus fand, war die rote Farbe in Wirklichkeit Blut, tierisch oder menschlich, das mit Erde und Dung vermischt wird. Die erwachsenen Männer schmieren sich am ganzen Körper damit ein. Die Guaicuru zupfen sich alle Haare aus, selbst die Augenbrauen. Vor ihrem vierzehnten Lebensjahr bemalen sie sich mit blauer Farbe, von vierzehn bis sechzehn, oder bis sie den ersten Menschen getötet haben, ist rote Farbe dran, und danach das Blut, mit der Erde vermischt, auf dem Kopf. Wenn sie nicht gerade damit beschäftigt sind, irgendwas oder irgendwen zu töten, dann zupfen sie sich gegenseitig die Haare aus.

Die Guaicuru waren seit jeher gefürchtet. In dem riesigen Gebiet von der Ostseite des Mato Grosso über tausend Meilen und mehr bis zum Rande der Chaco-Wüste waren sie stets eine große Gefahr. Später erzählte man mir, dass sie lange vor den Konquistadoren die brennendheiße wasserlose Chaco-Wüste durchquert hatten, um Tahuantinsuyu und das ganze Inkareich anzugreifen. In der Provinz Chuquisaca in Bolivien, hatten sie der bis dahin unbesiegten Inka-Armee, eine schwere Niederlage bereitet. Im Jahre 1974 waren sie immer noch im gleichen Stadium ihrer bösartigen Wildheit, immer noch unbesiegt, und kämpften mit allen Mitteln, in jedem Zentimeter ihres sumpfigen Dschungels, für das Recht, andere totzuschlagen.

Nachdem wir den Guaicuru-Krieger gesehen hatten, passten wir noch besser auf, bis wir endlich in den Hauptstrom des Rio Paraguay kamen, tief und eine halbe Seemeile breit. Aber wir hatten immer noch den Paso de Moros mit seinen Stromschnellen vor uns. Mit blutendem Zahnfleisch und lockeren Zähnen trieben wir weiter. Am 25. Oktober sahen wir vor uns, in der vor Hitze dunstenden Ferne, weißes Wasser.

Es verlief über die ganze Breite des Flusses, und als wir näher heran trieben, sahen wir, dass der Fluss über ein Felsband hinwegschäumte. Gischtend, kochend, gurgelnd und spuckend zwängte sich das Wasser eines halben Kontinents über eine Rippe im Leib Südamerikas. Wir fuhren mitten hinein, in diesen brodelnden Hexenkessel.

53
An grünen Wiesen

Ich suchte die weiße Wand des schäumenden Katarakts mit den Augen ab. In dreihundert Metern Abstand flussaufwärts sah ich eine ruhigere Stelle. Mit der Pinne zwang ich *Sea Dart* zum Kurswechsel und hoffte, dass wir genug Geschwindigkeit liefen, um diesen Spalt rechtzeitig zu erreichen. Aus den Augenwinkeln heraus sah ich einen großen einsamen Hügel, mit Grün bewachsen, wie ein Berg auf einem chinesischen Gemälde, an dessen Fuß der Nebel des Katarakts in der Luft hing. Das war der Pâo de Azucar, der Zuckerhügel, und er sah auch so aus. Einsam, umgeben von nur ein paar vorgelagerten Bodenwellen, ragt er aus dem brasilianischen Mato Grosso auf wie ein schlimmer Daumen. In den Millionen Quadratkilometern des umliegenden flachen Sumpflandes mit Buschvegetation, ist er die einzige Erhebung und Landmarke. Bis hierher, oder fast bis hierher, drangen damals die Portugiesen in das südwestliche Hinterland Brasiliens vor.

Wir wurden in die Stromschnellen hineingezogen, plötzlich waren wir in dem Spalt. Es passierte alles innerhalb einer Minute, aber uns kam sie wie ein Jahr vor. Einen Moment waren wir noch in ruhigem Wasser, und dann plötzlich in einer dichten Schaumwolke, die uns die Sicht nahm. Die brutalen und entschlossenen Wirbel packten das Ruder und versuchten, in dem fünfzehn Knoten laufendem Strom das Schiff seitwärts zu drehen. Von Gischt und Schweiß durchnässt, versuchten Huanapaco und ich, die kleine *Sea Dart* mit der Pinne auf Kurs zu halten. Ich betete, dass das Ruder oder besser die Aufhängebolzen des Ruders, halten würden. Wenn wir in diesem Sog querschlagen sollten, hätten wir keine Chance, wir wären so gut wie tot, denn wir waren beide Nichtschwimmer. Außerdem waren wir schwach bei Kräften, wir hatten nur noch drei Viertel unseres Normalgewichts, und nur mit Willenskraft allein war gegen die Strudel nichts auszurichten. Wenn das Schiff quer in den Strom hineinkäme, quer zu dieser Wand aus reißendem Wasser, würde es in die Luft geworfen wie ein Papierschiffchen im Rinnstein, und dann würden wir kentern.

Über die zweihundert Meter im Katarakt schlugen wir bestimmt zwanzig Mal mit den Kielen auf dem Grund auf. Manchmal schwammen wir nicht mehr, sondern wurden von dem schäumenden Wasser über den Fels geschoben. Wir schlitterten auf den drei Kielen entlang, und das Ruder knarrte und zitterte erbärmlich. Jedes Mal, wenn *Sea Dart* auf dem felsigen Grund aufschlug, fuhr mir der Schock durch die Füße in die Beine, und durch mein Rückgrat hindurch bis in die ohnehin schon lockeren Zähne.

Die letzten drei Aufsetzer waren die schlimmsten – das ganze Schiff erzitterte und erbebte, der Rumpf, der Mast, die Kiele und das Deck. Jeden, der mir vorher erzählt hätte, dass ein kleines Schiff eine solche Beanspruchung aushalten kann, hätte ich für verrückt erklärt. Aber *Sea Dart* steckte das weg! Als wir an der schlimmsten Stelle waren, dachte ich an nichts mehr, ich wollte nur noch, dass sie durchkommt, ich wollte sie mit meinem

Willen hindurchbringen, mit jeder meiner Gehirnzellen, jeder Faser meines Herzens, meiner Seele, meines Geistes, meines Körpers. Ich kann mich nicht erinnern, dass ich auch nur einen Moment lang ans Ertrinken dachte oder die Gefahr, an den Klippen erschlagen zu werden. Alles an was ich dachte war, dieses verfluchte letzte Hindernis auf unserem Weg zu überwinden. Dann waren wir plötzlich hindurch, wie durch Zauberei. Eine Sekunde vorher waren wir noch in der nassen Falle mit ihren mörderischen Bewegungen, und jetzt trieben wir in ruhigem, tiefer werdendem Wasser und bewegten uns sanft in Richtung des südlichen Endes des Mato Grosso, der Grünen Hölle.

Als uns nur noch ein paar Minuten bis zum Einbruch der Dunkelheit blieben, kamen wir um eine schnellströmende Kurve herum und sahen das brasilianische Armeefort Coimbra, alt und weiß. Es sah genau so aus, wie es damals die hartgesottenen portugiesischen *bandairas* vor zweihundert Jahren erbaut hatten.

Die brasilianischen Soldaten dachten, sie sähen ein Wunder. Sie trauten ihren Augen nicht, als eine dreckige, verlotterte und geschundene Segelyacht mit dem britischen Union Jack am Mast so elegant und erhaben an ihrem Fluss vorbei segelte, wie es zwei zerlumpte, gelbe, abgemagerte Halb-Skelette noch fertig bringen konnten. Blitzschnell kam ein mit Soldaten und Offizieren bemanntes Boot zu uns heraus. Man half uns an Land, wir wurden gebadet, desinfiziert und mit einem Schlafmittel ins Bett gesteckt. Als wir am nächsten Morgen aufwachten, hatten die Brasilianer das Schiff mit Gas entlaust, und Soldaten schrubbten es innen und außen ab, während wir mit dem *commandante* sprachen.

»Wo, um Himmels Willen, kommt ihr her?« fragte der *commandante*.

»Wir kommen aus Bolivien im Norden auf dem Fluss von Ladário her.«

»Gott Allmächtiger!« Leise sprach er langsam auf portugiesisch, so dass ich ihn verstehen konnte. »Den Weg, den Ihr hergekommen seid – unsere Armee versucht seit vierzig Jahren, in dieses Gebiet vorzudringen. Und wir kamen nie über den Rand hinaus! Die Guaicurus sind eine große Gefahr seit der Zeit, in der das Gebiet zu Brasilien gehört. Senhor Tristan, wenn Sie sich besser fühlen, müssen sie uns die ganze Geschichte erzählen! Sie können sich im ganzen Fort frei bewegen, bleiben Sie im Bett, wenn Sie wollen. Sie haben beide ein offenes Haus hier, sie werden mit mir und meinen Offizieren speisen, sobald Sie dazu in der Lage sind.«

Die paar Tage, die wir in Fort Coimbra blieben, waren wie ein Traum. Wir waren zwar immer noch vom Mato Grosso umgeben, aber wir waren in Sicherheit! Und obwohl noch fast 1500 Seemeilen bis zum Ozean vor uns lagen, schien das ein Kinderspiel zu sein im Vergleich zu dem, was wir durchgemacht hatten. In Coimbra verhätschelte man uns drei Tage lang auf der Krankenstation. Dann, als wir wieder feste Nahrung zu uns nehmen konnten, speisten wir in der Offiziersmesse. Aus seinem spärlichen Vorrat, gab mir der Sanitätsoffizier ein Spray gegen die Moskitos. Man holte den kleinen Außenbordmotor an Land, überprüfte ihn, gab uns zwanzig Liter Benzin und einen Sack voll getrocknetes Rindfleisch. Nach zwei weiteren Tagen juckte es mich, weiter nach Süden zu kommen. Obwohl wir immer noch grünen Schleim schissen, legten wir ab, denn der Wasserspiegel des Flusses ging immer weiter nach unten, und ich fürchtete, dass er bald nicht mehr genug Wasser für *Sea Dart* führen würde. Als eine kleine Geste der Dankbarkeit für die Gastfreundschaft der Brasilianer kletterte ich an dem zwanzig Meter hohen Fahnenmast des Forts vor dem Tor hinauf und reparierte die Leinenrolle.

Siebzig Kilometer flussabwärts von Fort Coimbra berührt ein Finger Boliviens den Fluss. Er besteht aus hundert Meilen gottverlassenem Sumpfland, dampfendem Dschungel, und verläuft bis zum Puerto General Busch am Rio Paraguay. Man kann sich auf die pompöse Namensgebung der Bolivianer für ihre einzige Verbindung zur See nicht verlassen, denn der Hafen besteht aus einem winzigen, primitiven, vor Insekten wimmelnden Camp aus verrottendem Holz um ein kleines Floß herum. Benannt wurde er nach einem Präsidenten, der sich nach einer Nacht wilder Orgien im Palast von La Paz eine Kugel ins Gehirn jagte. Wir machten an dem Floß fest und blieben eine Nacht. Es gab hier nur zwei bolivianische Soldaten. Sie waren genau so angezogen wie die Marinesoldaten, die mich damals am Titicacasee, in der bitteren Kälte des Altiplano, eingelocht hatten. Sie hatten dreckige grobe blaue Uniformen an, die Hosen mit einem Strick zusammengebunden, kahlgeschorene Köpfe und schmierige nackte Füße. Und sie hatten auch den gleichen Charme, behandelten einen Reisenden mit der gleichen Höflichkeit und kamen ihm mit der gleichen *simpatia* entgegen. Dies war der letzte Außenposten Boliviens, und genau so sah er aus. Von hier aus verabschiedeten wir uns von dem Land, das in allen meinen Reiseerinnerungen eine herausragende Rolle einnimmt. Ich führte die Marineflagge Boliviens, die einzige, bis zum Ozcan hinunter.

Ein paar weitere Kilometer flussabwärts, am sumpfigen Ufer, ragt ein Denkmal in den Himmel. Es markiert den Punkt, an dem sich drei Länder treffen, Bolivien, Brasilien und Paraguay. Ansonsten gibt es keine Grenzmarkierungen, keine Zollhütten, keine Panzerstellungen, keinen Stacheldraht, nur den Dschungel und den Zementpfosten. Es ist vielleicht der einzige Ort auf der Welt, an dem man unbehelligt zwischen drei Ländern hin und her segeln kann, ohne Papiere vorweisen zu müssen, keine Zollinspektion und keine der üblichen Vorschriften, die man im internationalen Reiseverkehr eingeführt hat. Zur Zeit meines Großvaters konnte man noch in der ganzen Welt herumsegeln, mit nichts mehr, als einer Fünf-Pfund-Banknote oder einem Sovereign, einer Goldmünze des Königs. Aber das war natürlich vor den Tagen der kleinen »Kaiser der Aktenschränke« mit ihren riesigen Papierbergen und den »Lakaien« mit ihren triefenden Augen hinter randlosen Brillen, die im Schatten, hinter ihren immer größer werdenden Barrieren, in der Bürokratenscheiße herumstochern.

Hinter dem Grenzdenkmal erreicht man nach einem Segeltag den ersten Außenposten Paraguays, eine Reihe netter, kleiner, sauberer Holzhäuser auf einem Unterbau aus Stein. Das macht man, damit ein Hauch von frischer Luft vom Fluss herauf, durch die mit Gittern versehenen Löcher im Fußboden kommt und für Ventilation sorgt. Und außerdem, um Jaguare, Ameisen, Schlangen und alle anderen kriechenden Kreaturen des Chaco fernzuhalten. Hier, in Bahía Negra, gab es kein Bürokratengezeter, keine Papierwühlerei, keine Stempelorgie, keine Lakaien hinter riesigen Schreibtischen, keine stierköpfigen, schmerbäuchigen, eierköpfigen, kurzsichtigen Bleistiftartisten. Vielleicht war ihnen der Ort zu heiß und viel zu gefährlich. Mit einem großen Stapel Papier kann man einen hungrigen Jaguar verdammt wenig beeindrucken!

Ein Marineoffizier war hier zuständig. Als er sich von seinem Schock über unsere Ankunft erholt hatte, behandelte er uns wie Könige. Alle fünfhundert Einwohner des Dorfes tauchten an dem spielzeugartigen Steg auf. Das erste, was mir an der Bevölkerung Paraguays auffiel, war ihre stattliche Erscheinung, ein krasser Gegensatz zu den armen Bolivianern. Es war eine herrliche Abwechslung, von hübschen Frauen und gut aussehenden Männern umgeben zu sein. Die jahrzehntelange Vermischung von Guaraní-Indianern, Spaniern, Deutschen, anderen europäischen Volksstämmen und Polynesiern aus Madagaskar hatte eine Bevölkerung entstehen lassen, die zu den hübschesten der Welt zählt. Es waren auch die fröhlichsten und freundlichsten Gastgeber und die lustigsten, talentiertesten Musikanten der Erde, immer bereit, die Gitarren heraus zu holen und zu tanzen.

Die ganze Bevölkerung des Dorfes feierte am Abend ein Fest – junge Männer machten Musik, und die Mädchen in langen Petticoats tanzten mit zierlichen Schritten. Der *commandante*, Huanapaco und ich aßen wilde Enten, die man an diesem Tag geschossen hatte und tranken dazu warmes süßes paraguyanisches Bier. Hier gab es zwar keine Bürokratenscheiße, aber auch keine Kühlschränke.

Während man tanzte und feierte, gingen die älteren Leute auf dem grasigen Abhang zum Ufer spazieren und wedelten dabei mit großen Taschentüchern, um die Insekten zu vertreiben. Um unser kostbares Moskitomittel zu sparen, schlossen wir uns dieser Abwehrmaßnahme an, und sie wurde von nun an zu einer ständigen Gewohnheit, so sehr, dass ich nach meiner Rückkehr nach England, am Abend automatisch in die Tasche griff, um meinen Moskitowedel heraus zu holen.

Am späteren Abend war das Haus des *commandante* vollgestopft: alte Männer, junge Männer, Frauen, Kinder, Hunde, Hühner, einmal kam sogar kurz ein Pferd herein.

Am Morgen legten wir unter den Zurufen der Leute ab. Die Männer schüttelten uns die Hände, und die Frauen sahen uns schmachtend an, denn Paraguay hat einen großen Frauenüberschuss. Wir warfen die Leinen los und fuhren weiter flussabwärts. Zum ersten Mal benutzten wir unseren Außenborder, seitdem ich ihn in Panama gekauft hatte, vor zehn Monaten und 7000 Seemeilen entfernt. Wir benutzten ihn nur selten, denn die Abgase machten, zusammen mit der Hitze des Chaco, das Leben zu einer Strapaze. Wir liefen auch ohne ihn mit dem Strom vier Knoten über Grund, dazu kamen noch, sagen wir, zwei Knoten, durch die Segel. Wir waren nun auf einem freien breiten Fluss, ohne besondere Hindernisse, und fuhren flussabwärts.

Im Chaco besuchte *Sea Dart* viele Ansammlungen von Häusern und Dörfchen am Ufer, und oft aßen wir mit den Menschen, die dort leben. Eine Menge Männer sind Jäger, die vom Fluss aus weit in den Busch hinein reiten, um Rehe und Hirsche zu jagen. Also lebten wir prächtig von Wild und Fisch. Als wir Asunción, die Hauptstadt von Paraguay erreichten, hatten wir fast wieder unser normales Gewicht, aber wir waren immer noch durch die Hitze ausgezehrt. Als wir aus dem dicken Dschungel des Mato Grosso heraus waren, in dem mit Büschen bewachsenen offenen Land, klarte der Himmel auf und es gab wenig Dunst. Die Sonne knallte so gnadenlos herunter, dass wir nach neun Uhr morgens keine Metallbeschläge mehr an Deck anfassen konnten, ohne uns die Hände zu verbrennen. Es war auch schwer, sich im Schatten zu verstecken, denn der Fluss wand sich in großen Schleifen, und die Sonne stand dauernd in einem anderen Winkel zum Segel. Mit dem Wind war es das gleiche: eine Minute lang hatten wir alle Schoten knüppeldicht, dann hatten wir halben Wind, bei dem der Wind im rechten Winkel zum Schiff seitwärts einfällt, und dann liefen wir raumschots und der Wind kam direkt von achtern.

Das bedeutete für Huanapaco andauerndes Arbeiten an den Schoten, um die Segel nach dem Wind einzustellen, denn ich selbst konnte wegen der Strömung keine Sekunde lang von der Pinne weg. Die braunen Wirbel des Wassers würden *Sea Darts* Kiel zu fassen kriegen, sie umdrehen wie einen Korken, und die Segel würden bis zum Reißen beansprucht.

Es war harte Arbeit, jeden Tag, von der Zeit an, wenn die Sonne im Osten über der Pampa aufging, bis zum Abend, wenn sie mit letzten blitzenden Strahlen im Westen in der brennendheißen, trostlosen Öde der Dornenwüste des Chaco versank.

54
Das gekreuzigte Land

Die Geschichte Paraguays ist faszinierend. Als die ersten Entdecker den Fluss heraufkamen, trafen sie auf die Guraní-Indianer, einen ziemlich entwickelten Stamm aus Jägern und Sammlern auf der Ostseite des Rio Paraguay. Die Westseite mit dem dornigen Gestrüpp des Chaco, eine Fläche so groß wie Texas, beherrschten die grausamen Guaicurus, damals und heute nackt, mit ausgerissenen Körperhaaren, und die Köpfe mit Blut, Dung und Erde beschmiert. Direkt am Fluss lebten die wilden Payaguas, ein Stamm menschenfressender Piraten, die mit großen Kanus aus Stämmen des *lapache*-Baums gehauen den Fluss beherrschten. Manche dieser gewaltigen Einbäume konnten bis zu einhundert Krieger tragen. Sie waren nackt und trugen große Holzscheiben in ihren Ohrläppchen oder besser Ohrlappen, denn die Scheiben waren viele Zentimeter groß. Sie gaben ihnen ein grausames, wildes Aussehen. Die Frauen begleiteten die Männer auf ihren blutigen Raubzügen und trugen silbernen Schmuck, der von der Unterlippe herab hing. Ein armer Kerl, der diesen Weibern in die Hände fiel, musste in einer grausamen, schmerzensreichen Zeremonie sterben. Erst musste er seine eigenen Eier aufessen, die vor seinen Augen geröstet wurden, dann seine Zunge, die Ohren, und dann die Zehen, Hände, Füße und zuletzt seine Augen. Was dann noch übrig blieb, verspeisten diese weiblichen Feinschmecker selbst.

Im nördlichen Teil des Landes leben auch heute noch vereinzelte Gruppen der wilden und aggressiven Chiriguanos, die mehrere Male die öden, wasserlosen Weiten der Chaco-Wüste durchquerten, um das mächtige und pompöse Inkareich anzugreifen. Sie waren so erfolgreich, dass heute noch ein kleines Völkchen ihrer Nachkommen in der Provinz Chuquisaca lebt, tief im Süden von Bolivien. Es gelang weder den Inkas, noch den Spaniern, sie zu vertreiben, auch nicht den Republikanern, nachdem das Land in die Selbständigkeit entlassen wurde. Um Bahía Negra herum, unserem ersten Anlegepunkt in Paraguay, leben heute die Itatines in kleinen Dörfern und haben inzwischen ihre Kopfjägersitten abgelegt, die nur noch bei besondere Gelegenheiten zu Tage kommen, wie man mir sagte. Heute spannen sie sich vor primitive Pflüge und versuchen, sich von der dünnen, staubigen Erde des Chaco zu ernähren.

Tatsächlich war Pizarro nicht der erste Konquistador, der auf das Inkareich traf. Diese Ehre gebührt einem wenig bekannten Portugiesen mit dem Namen Aleixo García, der mit Juan Díaz de Solis gefahren war, dem Entdecker des riesigen Plata-Deltas. Dieser furchtlose Seemann wurde von den Indianern in Uruguay aufgefressen. In einer Entdeckungsreise, die in ihrem Mut und ihrer Ausdauer alle anderen übertraf, bis Shackleton seine großartige Antarktis-Entdeckung machte, folgte García alleine tausend Meilen dem Rio Pananá und den Rio Paraguay hinauf, stellte eine Armee aus Chiriguanos und Itatines zusammen und führte sie durch den Mato Grosso. Vom damaligen Corumbá im Jahre 1525, überquerte Garciá die tausend Meilen der Chaco-Wüste und drang in die östlichen Anden ein, bis nach Chuquisaca, sieben Jahre bevor Pizarro das Inkareich von Norden her erreichte. Das sollte doch Zweifel an der Annahme aufkommen lassen, dass die Inkas ihn als Gott ansahen. Mit seiner Armee aus verbündeten Wilden ging García dreimal in die Schlacht. Die beiden ersten Schlachten gewann er, in der dritten wurde er besiegt. Danach musste er den Rückzug antreten, auf dem gleichen furchtbaren Weg, auf dem er gekommen war. Aber bevor er Tahunantinsuyu verließ, raubte er einige Städte und Tempel aus. Das Gold und Silber aus diesen Raubzügen schleppte er mit nach Paraguay. Nachdem er unter unsäglichen Strapazen am Fluss angekommen war, wurde García prompt von den Chiriguanos geröstet und gefressen, und das Silber wurde unter dem Stamm verteilt. Aus Gold machten sich die Chiriguanos nicht besonders viel, sie warfen es in den Fluss, wo es heute noch unter dem schwarzen Schlamm liegt, den der Fluss aus dem Herzen des wilden Kontinents herunterbringt.

Diese Silberornamente bekam später Sebastian Corbet zu sehen, der die erste Expedition nach Paraguay organisierte. Er dachte, der Schmuck wäre von den Chiriguanos oder einem anderen Stamm hergestellt worden, und schloss daraus, dass es im Land Silberminen geben müsste. Sebastian, ein egoistischer Karrieremensch, gab deshalb dem Fluss den Namen Rio de la Plata – der Fluss des Silbers. Er hoffte, damit zum Gouverneur befördert zu werden, gründete Asunción, die heutige Hauptstadt und ließ die Nachricht von den Silberfunden an Spanien überbringen. Sobald der Name »Fluss des Silbers« die Ohren der habgierigen Spanier erreichte, setzte ein Strom von Einwanderern ein. Sie kamen zu Tausenden und vermischten sich mit den gutmütigen und sanften Guaranís. Später dann kamen Deutsche aus der Gegend der hanseatischen Häfen und aus dem Baltikum herüber, die von den Erzählungen der spanischen Seeleute gehört hatten.

Asunción ist deshalb auch älter als alle anderen Kolonialstädte im Süden des Kontinents. Es war schon eine aufstrebende Stadt, als Buenos Aires erst ein Haufen Knochen war, den die Eingeborenen von den ersten Siedlern nach einem Festmahl übrig gelassen hatten.

Mit der Unabhängigkeit kam *el Supremo,* José Gaspar Rodrígez de Francia, ein größenwahnsinniger Diktator, der das Land sechsundzwanzig Jahre regierte, und der niemals zwei Nächte hintereinander im gleichen Bett schlief. Tausende seiner Gegner warf er in die stinkigsten Verliese, die man sich vorstellen kann, und die anderen schickte er zur Zwangsarbeit in den Chaco. Während seiner Terrorherrschaft waren alle Grenzen geschlossen. Musik war verboten, Tanz war verboten, denn das bedeutete in seinen Augen Versammlung, und Versammlung war gleichbedeutend mit Aufstand. Die Strafe für Zuwiderhandlung betrug lebenslänglich Zuchthaus. Sechsundzwanzig Jahre lang war das Land wie eine Leichenhalle. Als es durch seinen Tod erlöst wurde, konnte es zwei Stunden lang aufatmen, dann fiel es in die Hände der Familie López. Der erste López war gar nicht so übel, zumindest erlaubte er Musik auf Gitarren, aber er ließ die Gefangenen von Francia nicht aus ihren muffigen Zellen unter dem Palast heraus. Aber sein Sohn, der Nachfolger von López Père, der 1862 an die Macht kam, war eine herausragende Figur unter den südamerikanischen Diktatoren. Francisco Solano López – der Napoleon der Pampas! Er war ein Bewunderer Napoleons und studierte Militärgeschichte an der Universität von Paris. Dort traf er eine irische Kurtisane aus Dublin mit dem Namen Eliza Lynch. Später, in Asuncíon, nannte sie sich etwas seriöser Elisia Alicia. In der Zwischenzeit befahl Francisco den Bau eines neuen Postgebäudes, eines neuen Palastes und eines neuen Zollhauses. (Wenn ein armes Land ein großes Zollhaus hat, sollte einem das immer sehr verdächtig vorkommen!) Außerdem baute er, natürlich, ein neues Opernhaus. Dort wedelte die Dame Alicia mit ihrem Fächer den kreolischen Nachkommen der Konquistadoren ins Gesicht, die mit zornigen Augen auf ihren Eintritt warten mussten. Danach baute Francisco ein großes Arsenal für Waffen. Unglücklicherweise verstarb der englische Architekt, der das alles bauen sollte, als man gerade begonnen hatte. Keiner wusste, wie man das Dach auf das neue große Theater setzen sollte, oder wie man die Bogenfenster des neuen gigantischen Bahnhofs mauern könnte. Die Eisenbahnlinie bestand ohnehin nur aus einer geraden Strecke, die nirgendwo hin führte. Mit der Ausnahme des Palastes und des Zollhauses, sind alle diese Gebäude heute noch nicht fertig.

Als nächstes versuchte Francisco, sein Land in die reichen Pampas im Westen, Süden und Osten von Paraguay hin auszudehnen. Dabei gab es ein Problem, oder vielmehr drei Probleme, denn diese Pampas gehörten Brasilien, Uruguay und Argentinien. Also begann Francisco 1865 einen Krieg, der fünf Jahre lang dauerte. Man schickte große Armeen in die Wüsten und den Dschungel. Die Paraguayaner sind geborene Soldaten und erwarben sich eine weltweite Reputation für ihren Mut. Mehr als drei Viertel der männlichen Bevölkerung in Paraguay starb in den Schlachten, und die Gesamtbevölkerungszahl fiel von einer Million auf 221.000. Junge Burschen von dreizehn Jahren und alte Männer über achtzig wurden von den donnernden Kanonen der Dreifachallianz ausgelöscht. Die Armee von Paraguay trat im Stil des 18. Jahrhunderts an, in geschlossener Massenformation, und bot deshalb ein perfektes Ziel für die Verteidiger. Mit Ketten gefesselte Kanonenkugeln rissen breite Schneisen in ihre Reihen, aber sie kämpften tapfer weiter, bis zum Tod. Und alles für den geisteskranken Ehrgeiz eines größenwahnsinnigen Diktators.

Am Ende verlor Francisco. Nach einem letzten verzweifelten Kampf vor den Toren Asuncións floh er mit der Geschwindigkeit eines gejagten Hasen in den Dschungel, mit seinen Schätzen beladen. Die Legende sagt, dass er sie dort vergraben hat, Truhe um Truhe, entlang seines Fluchtweges. Mit der Truhe ging natürlich auch der in den Boden, der sie eingegraben hatte. Bis heute träumen Männer davon, diesen Weg der vergrabenen Goldmünzen zu finden, dessen blutige Spur sich über den Süden des Landes hinzieht, das aber endlich von seinem Peiniger befreit war. Aber bis heute wird López in Paraguay hoch geehrt, der Name findet sich fast an jeder Straßenecke, und überall im Land steht sein Denkmal.

Am Ende der Spur, in einem stinkenden Sumpf nahe der argentinischen Grenze, fanden die Verfolger Franciscos Überreste, angenagt von großen weißen Dschungelmaden. Nachdem sie die Überreste angespuckt hatten, zogen sich die Sieger wieder in ihre Städte und Pampas zurück. Paraguay war seiner Trauer überlassen, ein Land der Witwen und der Waisen, das zwei Generationen brauchte, um sich zu erholen, gerade zur richtigen Zeit, um seine Männer wieder in dem sinnlosen Chaco-Krieg im Jahre 1930 zu verlieren. Aus diesem Debakel kam dann der jetzige Diktator hervor, General Alfredo Stroessner, der mit Hilfe des perfektesten Geheimpolizeisystems der Welt seit dreißig Jahren an der Macht ist. Heute besteht die Haupteinnahmequelle Paraguays aus Drogen, gefälschtem Scotch Whisky, unechten amerikanischen Zigaretten und kopierten japanischen Radios. Das Land ist eine Drehscheibe des internationalen Schmuggels, und fünfundzwanzig Prozent der hier geborenen Bevölkerung lebt im politischen Exil.

Trotz Elend und Blutvergießen führen die Menschen in Paraguay ein couragiertes und humorvolles Leben. Arm, ohne gute Schulen, arbeiten sie als Handwerker, sind höflich, zeigen gutes Benehmen und glauben fest daran, dass sie in einem Paradies der Erde leben. Vielleicht wird es auch eines Tages so sein, ich hoffe es von ganzem Herzen.

55

Wo Ozean und Pampa sich treffen

Wir verließen Brasilien an den dampfenden Ufern des Rio Apa, einem schwarzen Strom aus Schlamm, der sich nahe einer Reihe elender Hütten mit Dächern aus Palmwedeln in den Rio Paraguay ergießt. Dieses Kaff mit den am Ufer zusammenbrechenden Hütten heißt San Lazaro. Die »Stadt« war einmal der Hauptstreitpunkt im Krieg Paraguays gegen die Dreifachallianz. Ich schaute auf die verfaulenden Holzhütten, mit Schlingpflanzen des sich ständig ausbreitenden Dschungels überwuchert. Ich schaute auf die im Elend lebenden Bewohner, ohne einen einzigen Hoffnungsschimmer in den Augen, und ich dachte an die 304.000 Männer, die einst auf der blutgetränkten Erde des Dschungels bei Humaita lagen, mit abgerissenen Beinen und aufgeschlitzten Bäuchen. Ich dachte an junge Burschen in Männeruniformen, die viel zu groß für sie waren, mit hochgerollten Hosen über ihren dünnen braunen Beinen, die mit Gewehren, die sie kaum tragen konnten, auf Kanonen schossen, und mit aufgepflanzten Bajonetten direkt in eine Wand des Todes rannten. Ich dachte daran, wie sie zu Hunderten in Stücke gerissen wurden – für San Lazaro! Für dieses stinkende, dampfende, verfaulende, schwitzende Dreckloch, eine Anzahl verrotteter Hütten am Rande des Dschungels.

Und ich dachte daran, welche Arschlöcher so einfach an die Macht kommen (Hitlers Vater war übrigens Zollbeamter), wie diese Scheißkerle ihren Weg nach oben antreten, wie Holzwürmer, die sich durch die Möbel fressen, wie Bohrwürmer durch den verfaulten Kiel eines Schiffes. Hinter ihren anonymen Schreibtischen verborgen, bauen sie Stück für Stück ihr geheimes Reich aus, weben ihre klebrigen Netze aus Intrigen, bis sie plötzlich, bis zur letzten Minute fast unbekannt, an der Macht sind. Dann sind wir unter der verdammten Kontrolle dieser idiotischen Verrückten, Stalin, Mussolini, Hitler, Franco (er war vorher verantwortlich für den Proviant gewesen), Perón, Trujillo, Stroessner, Gadafi und Idi Amin. Und der einzige Grund, warum diese Scheißkerle an die Spitze kommen ist, weil sich ein paar Leute auf die Dächer stellen, und rufen: »Schaut! Schaut, was da passiert! Schaut, wie dieses kleine Arschloch sich nach oben strampelt!«

Wir segelten den immer breiter werdenden Fluss hinunter, der sich durch Paraguay hindurch schlängelt und windet. Das Land auf der Ostseite veränderte sich langsam, von dickem Dschungel hin zu sandiger, dorniger Wüste, dann zu niedrigem Buschland, und schließlich segelten wir durch das sonnenversengte braune Gras der Pampas, dieser riesigen fruchtbaren Ebene, die sich Tausende von Kilometern über Paraguay, Uruguay und das nördliche Argentinien erstreckt. Ein unglaublich weites Prärieland, so groß wie ganz Europa. An einem Tag, bald nachdem wir den nördlichen Rand der Pampa überquert hatten, schaute ich auf den Horizont, viele Kilometer hinter dem glänzenden im Wind wiegenden Gras. Dort, in der Ferne, sah man eine Staubwolke. Zuerst dachte ich, es wäre ein Auto. Das alleine wäre schon bemerkenswert gewesen, denn das letzte Auto hatten wir in Santa Cruz gesehen, zweitausend Seemeilen entfernt, im Chaco. Es war ein alter Ford Modell T.

Allmählich kam der Staub näher, und man hörte das Gepolter von Pferdehufen. Voller Verblüffung starrten Huanapaco und ich auf das Bild, das wir nie mehr vergessen werden. Sechs Männer kamen auf herrlichen Pferden herangaloppiert, arabische Vollblüter, deren Urahnen man von den Mauren in Spanien erobert hatte, und die von den Konquistadoren nach Südamerika gebracht worden waren. Die Männer hatten schwarze Schlapphüte auf, deren Krempen gegen den Wind hochgeschlagen waren. Sie trugen rotweiße Westen mit Silberknöpfen, die in der Sonne blitzten. An den Beinen hatten sie türkisch anmutende Pumphosen, die in ledernen Reitstiefeln mit silbernen Sporen steckten. Sie reihten sich am Ufer auf, als wir vorbei zogen. Wir waren so nahe, dass man ihre sonnenverbrannten ungläubigen Gesichter, ihre strahlenden Augen, ihre dicken Schnurrbärte und die roten Halstücher sehen konnte. Ihre rauen Hände beruhigten die nervösen Pferde.

Die Gauchos! Neben den Seeleuten, die einzig wirklich freien Männer auf der Welt! Herumstreicher auf dem Ozean der Pampa, die im Sattel leben und die riesigen Rinderherden treiben. Männer, die ihre Nahrung auf den Hufen töten, und das Fleisch unter den Millionen Sternen der Nacht braten. Sie schauten erstaunt herüber, als wir ihr Bild mit den Augen aufnahmen: ihre herrlichen Pferde, ihre blitzenden Sporen, ihr wettergegerbtes Zaumzeug und ihre bunten Decken, die hinter den Sattel geschnallt waren. Es war ein Moment des Wunders, als sich unsere Augen trafen, und wir fühlten, dass sie den gleichen Geist der Freiheit in uns erkannten, wie wir in ihnen.

Auf unserem Weg flussabwärts trafen wir auf viele Gruppen von Gauchos; manchmal sahen wir auch, wie sie wilde Stiere mit ihrer *bola* einfingen. Eine *bola* besteht aus drei mit Blei beschwerten Holzkugeln, die mit Leinen untereinander verbunden sind. Sie warfen diese Geschosse nach den Hinterbeinen eines Stieres, der prompt und hilflos, aber unverletzt, zu Boden ging. Es war jedes Mal eine Vorführung aus Können und Reitkunst.

Später fanden wir heraus, was für überaus freundliche, neugierige, und großzügige Leute die Gauchos sind, voller Bewegung und Elan. Sie teilen alles, außer ihren Pferden und ihrem Sattelzeug, das ihnen heilig ist. Als wir bei Sonnenuntergang am Ufer festmachten, trafen wir eine Gruppe von ihnen, die gerade abgesessen war, um ein Feuer zu machen. Sie winkten uns zu sich hinüber.

Wir wateten durch das dicke lange Gras am Ufer und sahen, wie sie eine flache Feuerstelle in den Boden gruben. Sie legten ein paar Brocken trockenes Treibholz hinein und einen Sack mit getrocknetem Kuhmist. Bald hatten sie eine gutes rotglühendes Feuer entfacht. In der Zwischenzeit sahen wir, wie ein anderer einen Stier tötete, indem er ihm einfach ein langes Messer ins Herz stieß, ähnlich wie ein Matador beim Stierkampf. Er schnitt das Fleisch in lange dünne Streifen und spießte es auf kleine Stöcke, die er dann um das Feuer herum in den Sand steckte.

Während sie ihren Wein und *maté* mit uns teilten, wurde das Fleisch von der reflektierten Hitze des Feuers geröstet. Er war ein erinnerungswürdiger Abend! Wir aßen paraguyanisches Fleisch, das eine Stunde zuvor noch auf den Hufen gestanden hatte, teilten uns Wein mit den Gauchos, hörten ihren Geschichten zu und lachten mit ihnen, als der Vollmond über dem Horizont herauf kam und nach oben zu den hellen Sternen am Nachthimmel zog. Wir waren auf der unendlichen See der Pampa, umgeben von sich leise bewegendem Gras, und in der flüsternden warmen Brise des Windes, der aus dem Norden zu uns herabstrich.

Die Gauchos haben einen großen Sinn für Humor, ohne Obszönitäten, dafür sind sie zu sanfte Männer. Normalerweise können sie weder lesen noch schreiben, sie werden mehr oder weniger im Sattel geboren. Ihr Lohn ist armselig, aber das Gefühl der Freiheit und die Möglichkeit frisches Fleisch zu essen, wann immer sie wollen, macht sie zu rundum zufriedenen Menschen. Manche von Ihnen erzählten, sie würden zwanzig Pfund Fleisch am Tag essen – zehn Kilo! Ich glaube ihnen, nachdem ich gesehen habe, wie sie zu sechst ein gutgenährtes Kalb verschlangen. Ich selbst bin kein großer Fleischesser, aber hier, in der Pampa, gab es sonst nichts. Nur Tonnen und Tonnen von saftigen zarten Steaks – und dann noch kostenlos! Während unserer Reise durch die Pampas aß ich so viel Rindfleisch, dass ich danach in Buenos Aires nicht einmal ein Stück Fleisch mehr anschauen konnte!

Zu dieser Zeit wusste ich noch nicht, dass ich einen Bandwurm hatte, aber irgend etwas war offensichtlich nicht in Ordnung, denn mein Bauch tat weh, und ich hatte Fieber. Aber was mir mehr Sorgen machte, war eine kleine Spinne, die durch die Haut in meinen rechten Handrücken eingedrungen war. Dieses kleine Luder, ein weiteres Überbleibsel aus dem Mato Grosso, hatte Klauen oder Haken an den Enden seiner Beine, außerdem trug es einen Giftsack unter dem Bauch. In Forte Coimbra war meine Hand wie eine Kokosnuss angeschwollen und hatte sich tiefrot gefärbt. Wenn ich etwas anfassen oder festhalten wollte, war das extrem schmerzhaft. Ich zeigte die Schwellung dem Sanitätsoffizier und erzählte ihm von dem krebsähnlichen Spinnchen, das ich selbst gesehen hatte, als es sich in meinen Handrücken bohrte und unter der Haut verschwand. Bevor ich es noch herauskratzen konnte, war es schon drin.

Der Doktor sagte mir, wenn der Giftsack der Spinne, er nannte sie *chicuru*, beim Kratzen aufgeplatzt wäre, dann hätte ich nur noch ein paar Sekunden lang gelebt. Er traute sich nicht, daran herum zu operieren, aus Angst, er könne den Giftsack treffen. Die übliche Heilmethode war, das Ding in Ruhe zu lassen und darauf zu warten, dass es stirbt. Danach erlischt aus einem seltsamen Grund, der nur dem Gott der Insekten bekannt ist, die Wirkung des Giftes, und die Schwellung geht zurück.

Die ganze Strecke flussabwärts, die ganzen zweitausend Seemeilen, nagte das Scheißding in meiner Hand und erzeugte ein Jucken, das jeden Mann zum Wahnsinn treiben kann. Außerdem musste ich aufpassen, dass ich nicht mit der Hand irgendwo anschlug, die jetzt nur noch ein verschwollener Klumpen war. Aus dem winzigen Loch, durch das sich der *chirucu* hineingefressen hatte, kam Tag und Nacht gelber Eiter heraus. Neun Monate lang bewirtete ich den kleinen Sauhund, bis er endlich verreckte, vollgefressen mit meinem Fleisch und Blut. Danach ging die Schwellung zurück, und später in Uruguay wurde der kleine schwarze Körper herausgenommen und einer Flasche Alkohol zugeführt.

Unser erstes Auto, nach dem Ford Modell T im Chaco, sahen wir in Concepción. Mit Ausnahme des einen Autos und einem uralten Bus, dessen Hinterteil man abgeschnitten hatte, um daraus eine Ladefläche zu machen, war die Stadt im Entwicklungsstadium einer amerikanischen Westernstadt um 1850. So kam es mir jedenfalls vor. Es gab nur eine einzige Straße, auf der die Gauchos auf ihrem Weg in die wenigen Saloons am Ufer herumhingen und den Mädchen nachschauten. Draußen vor der Tür, banden sie ihre Pferde an Pfosten fest, stampften hinein und schwankten heraus. Die Elektrizitätsversorgung war sehr unterbrechungsreich, das Licht der Glühlampen ging an und wieder aus. Um Mitternacht, als der Generator ganz seinen Geist aufgab, holte man Petroleumlampen hervor. Zwischen dem Kopfsteinpflaster der Straße wuchs Gras, und wenn Pferdefuhrwerke vorbeikamen, flogen Hühner auf. Schweine suhlten sich im Rinnstein und grunzten im Müll, der einfach aus den Fenstern der flachen Hütten mit Palmdächern geworfen wurde. An jeder Ecke stand ein Polizist oder ein Soldat. Draußen, an dem einzigen Ufer der Stadt, rauchten drei bewaffnete Wachen Zigaretten, pfiffen hinter den vorbeigehenden Frauen her und starrten die Männer misstrauisch an. Ab und zu kam ein reinrassiger Guaraní-Indianer vorbei, in einem langen schwarzen Umhang und mit einer Art Zylinder auf dem Kopf, mit bis zu den Knien hochgerollten Hosen, barfuss, groß und breitschultrig.

Die Mädchen waren sehr hübsch, blonde, rothaarige, brünette, nicht unbedingt in dieser Reihenfolge, und sie gehörten zu den lustigsten und freundlichsten Frauen, die ich je irgendwo an Land getroffen hatte. Aber wir waren nicht in einer Verfassung, die einen längeren Aufenthalt in Concepción erlaubt hätte, weder körperlich, noch finanziell. Wir waren aus- und abgebrannt und hofften, dass sich dieser Zustand in Asunción bessern würde.

Mit Gottes Hilfe erreichten wir am 18. November die Hauptstadt Paraguays, nachdem uns unterwegs zwei erstaunliche Dinge begegnet waren. Das erste war ein britisches Handelsschiff mit Heimathafen Liverpool, genau wie *Sea Dart*, ein Ozeanschiff, das über 1000 Seemeilen den Fluss heraufgekommen war. Als wir hinter ihrem Heck vorbei liefen, bekamen wir ein großes »Hurra!« von den Offizieren und der Crew. Und das andere war ein argentinisches Flussschiff. Wir merkten, dass wir uns diesem Land näherten, und damit dem Ende unserer langen, langen Kontinentüberquerung.

Das erste, was ich machte, nachdem wir in Asunción am Zollhaus angelegt hatten war, mich durch eine endlose Reihe von Büros hindurchzuarbeiten, von einem Bleistift-Kauer zum nächsten, zum Zweck der Einreiseformalitäten. Einreiseformalitäten – hah! – wir waren schon seit siebenhundert Seemeilen in ihrem Land! Wir hatten schon ihr verdammtes Rindfleisch mit den Gauchos gegessen, hatten schon wochenlang auf ihren Pampas gesessen. Aber die Papierschauflerbrigade hier war in organisatorischer Bestform. Beim geringsten Protest hätte ich von einem der Bluthunde Stroessners einen Schlag in die Zähne gekriegt: Sie standen an jeder Ecke und in jedem Winkel.

Das nächste, was wir machten, wir gingen zur britischen Botschaft. Ich dachte, dass ich dort die Post vieler Wochen finden würde. Als wir zu Fuß die einhalb Kilometer zur Botschaft gingen, machte ich eine Liste von dem, das mir die Schwindler und Zuhälter alles anboten: Vierzehn Mal Schuhputzen, obwohl ich Sandalen aus Tauwerk anhatte, zwölf religiöse Kalender für 1974, obwohl es schon November war, acht Flaschen Scotch Whisky, hauptsächlich Johnny Walker Black Label, der dem Original durch die sauber gefälschten Etiketten täuschend ähnlich sah, zehn Transistorradios mit einem bekannten japanischen Namen, die in einem Keller am Hafen zusammengeschustert wurden, fünfzehn Flakons mit Parfüm, ungezählte Päckchen Zigaretten in schlecht nachgemachten Schachteln, sechs Tanzpuppen, drei Pakete mit Lockenwicklern aus Plastik, die ich wahrscheinlich für meinen Bart hätte gebrauchen können, drei Eintrittskarten für den Botanischen Garten, das alles durch gerissen aussehende Kutscher der Pferdedroschken, das hauptsächliche Transportmittel in der Stadt, mit Pferden davor, die anderswo sofortige Proteste der Tierschutzorganisationen ausgelöst hätten. Sieben schmierige kleine

Körbe mit verwelkten Blumen, sechzehn Frauen zwischen vierzehn und sechzig, und fünf jugendliche Stricher, aus einem Grund, der ihrer eigenen Phantasie entsprang, aber die bestimmt nicht annahmen, dass ich ihnen das Kricketspielen beibringen würde.

Ich versuchte trotz meiner zerrissenen, aber sauberen, Lumpen wie ein britischer Seemann auszusehen, und nicht wie ein Überlebender des Goldrauschs am Klondike. Ich stieg die Treppe zur Botschaft hinauf.

Es war nur ein einzige Brief für mich da, eine Rechnung der Einkommensteuerbehörde in London. Ich war wieder im 20. Jahrhundert!

56
El Supremo

ährend der nächsten zwei Wochen war *Sea Dart* an einem kleinen Steg in Nähe des Präsidentenpalastes festgemacht, und wir sprachen mit vielen Leuten. Einer davon war ein alter Guaraní-Indianer, ein Pastetenverkäufer. Bei ihm kauften wir unser Mittagessen, denn auf dem Schiff war es zu heiß zum Kochen. Er konnte weder Lesen noch Schreiben, und sein Spanisch war ziemlich schwach. Er war wohl an die achtzig Jahre alt und sah auch so aus. Eines Tages saßen wir in der Hitze der Siesta im kühlen Schatten eines Baumes und sprachen über die Indianerlegenden. Er erzählte mir die Geschichte von Isarki, einem jungen Krieger, vor vielen, vielen Jahren. Isarki war ein unruhiger, rastloser junger Mann, der mit sich und der Welt nicht besonders zufrieden war. Eines Tages, als er durch die Wälder streifte, traf er eine alte indianische Hexe und Medizinfrau, in der Zeit vor den Spaniern eine mächtige Persönlichkeit in Paraguay. Isarki war ein heimtückischer Mensch, und deshalb verehrte er den Jaguar, der noch heimtückischer war als er. Er bat die Hexe, sie solle ihn in einen *yaguarete* verwandeln, wie die Guaranís einen Mann nannten, der in eine Raubkatze verwandelt war. Die alte Hexe tat, um was er gebeten hatte, und viele Wochen lang war er der Schrecken des Waldes, bis ein Fuchs ihn überlistete. Also ging er zu der Hexe und bat sie, ihn in einen Fuchs zu verwandeln, denn der Fuchs war schlauer als der Jaguar. Wieder tat sie, um was er sie bat. Als Fuchs fiel Isarki über die Siedlungen her und tötete das Federvieh, bis er eines Tages auf eine Schlange traf, die ihm entwischte. Also wieder zu der Hexe, und er wurde zur Schlange. Als Schlange wurde er von einer Wespe gestochen, also wurde er eine Wespe.

Als Wespe stach er einen Mann, der seinen Honig stehlen wollte, der Stachel blieb natürlich in dem Fleisch des Mannes stecken, und die Wespe starb. Isarki kehrte in seine menschliche Form zurück, wie alle Menschen das müssen, die in Tierkörpern leben. Traurig ging er wieder zu der Hexe und bat, sie möchte ihn ein Lebewesen verwandeln, das noch grausamer sei als ein Tiger, schlauer als ein Fuchs, ekelhafter und hinterlistiger als eine Schlange und noch bösartiger als eine Wespe. Also verwandelte die Hexe Isarki in einen Spanier!

Über den musste ich wirklich lachen! Der alte Pastetenverkäufer erzählte noch viele andere Geschichten, einige lustige, und andere unbeschreiblich traurig. Er sprach auch von der alten Religion der Guaraní, die keine Tempel kannten, keine Priester, keine Menschenopfer, wie in den »höher« entwickelten indianischen Kulturen der Inkas, Azteken und Mayas. Er erzählte mir, dass Tupan, der Gott des Donners, der Schöpfer aller guten Dinge sei, und Ana alle bösen Dinge erschaffen habe, bevor er im abnehmenden Mond Zuflucht suchte. I-Yara, der Herr der Wasser, der Gott der Flüsse, wurde von Tupan ausgeschickt, um zwei Klumpen Schlamm zu holen. Aus diesen formte er zwei Männer, die er mit einem Strahl aus der Sonne zum Leben erweckte. Es waren Pita, bronzefarbig oder rot, und der weiße Moroti. Aber nach einer Weile beschwerten sich die beiden Brüder traurig bei Tupan darüber, dass sie keine Frauen hätten. Tupan befahl I-Yara, einen Auftrag auszuführen, der für ihn, als Schöpfer aller guten Dinge, zu läppisch war. Er befahl ihm, noch zwei Klumpen Schlamm zu holen und daraus zwei Frauen zu machen. So erzählen sich die Guaraní, die entfernten Verwandten der Indianer in der Karibik, vor der Küste Venezuelas, die Schöpfungsgeschichte.

Als ich eines Tages einen Mittagsschlaf in meiner Koje machte, hörte ich wie jemand zu Huanapaco unter dem Baum sagte:»Ich will auf das Schiff kommen!« Es war eindeutig ein Befehl, keine Bitte. Wie ich es ihm vor langer Zeit am Titicacasee beigebracht hatte, sagte Huanapaco in seinem gebrochenen Spanisch:»Señor, das ist ein in England registriertes Schiff. Der Kapitän schläft unten. Keiner ist ohne seine Erlaubnis berechtigt an Bord zu gehen. Sie müssen warten!«

»Mein Name ist Alfredo Stroessner«, antwortete die Stimme,»und ich gehe an Bord!«

Ich wachte aus meinem Dösen auf, sprang aus meiner Koje und raste zum Niedergang, als hätte ich eine Rakete im Arsch.

»Buenas días Señor, mein Name ist Tristan Jones, was kann ich für Sie tun?«

»Buenas días capitán, ich möchte an Bord kommen, und ihr Schiff sehen.«

Er war ein dünner Mann, asketisch, mit einem ernsten deutschen Gesicht. Acht seiner Geheimpolizisten standen mit Maschinenpistolen um ihn herum. Was für eine Überraschung!

»Ah, sehr gut, Ihre Exzellenz. Bitte steigen Sie an Bord, hier, ins Cockpit!«

Er kletterte an Bord. Eine Wache half ihm dabei und kam hinterher. Ich schaute den Polizisten an, und sagte:»Tut mir leid, aber keine Waffen an Bord, bitte.« Der Mann ignorierte mich und kam weiter an Bord. Ich drehte mich zu Stroessner um:»Es tut mir außerordentlich leid, Ihre Exzellenz, aber ich kann keine Waffen an Bord erlauben, das Schiff ist britisches Territorium. Es verstößt gegen die Gesetze meines Landes, bewaffnete Männer an Bord zu lassen, wenn ich es nicht ausdrücklich erlaube. Außerdem, wenn der ganze Haufen da an Bord kommt, versinkt das Schiff!«

Im ersten Moment blickte er finster und verblüfft, aber dann sah er die Komik der Situation. Er sagte seinen Wachen, sie sollten auf dem Steg bleiben. Er setzte sich ins Cockpit, und wir sprachen miteinander, hauptsächlich über kleine Segelschiffe, die Präsident Stroessner interessierten. Ich erzählte ihm von der Arktis, von Afrika und von dieser Reise; er hörte mir fast eine Stunde lang höflich zu. Dann wünschte er mir eine gute Reise und versprach, mir den Zoll vom Leibe zu halten, wofür ich ihm herzlich dankte. In Paraguay, läuft alles über el Supremo, selbst ein kleines verlottertes Segelschiff!

Bald darauf tauchte die fehlende Post auf und dazu noch zweihundert Dollar! Ein kleines Vermögen! Wir wanderten auf dem Markt von Asunción zwischen den Ständen herum und kauften Luxusgüter wie Konservenfleisch, Dosenmilch und sogar Butter in Dosen. Zwei Tage lang schwelgten wir in frischem grünen Gemüse, tranken gutes abgefülltes Wasser und leisteten uns Eiskrem! Unvorstellbare Genüsse! Außerdem gab es in Asunción noch kühles Bier und hübsche Mädchen. Wie neu geboren legten wir in Asunción ab, fühlten uns wie Riesen, und fuhren weiter den Fluss hinab zur Mündung, dreihundert Seemeilen Luftlinie entfernt, vierhundert, wenn man die Flussbiegungen mitrechnet.

Ich hatte es nun eilig, aus der Hitze der Sonne herauszukommen, denn jetzt, in der zweiten Hälfte des November, erreichte der südliche Sommer, seinen Höhepunkt bezüglich Hitze und Feuchtigkeit. Außerdem wollte ich an Weihnachten in Buenos Aires sein.

Wir kamen an dem sagenumwobenen Rio Bermejo vorbei, wo die Konquistadoren unsägliche Mühen und Gefahren auf sich genommen hatten, um von dem Wasser zu trinken, denn sie glaubten, dass es das Lebenselixier enthalte. Am Ende der ersten Dezemberwoche erreichten wir endlich, endlich das Ende des Rio Paraguay. Wir kamen an den Ruinen von Humaita vorbei, wo der irre Francisco López einst eine Festung gebaut hatte, so gewaltig, dass man sie das »Gibraltar des Dschungels« nannte, und wo die meiste männliche Bevölkerung Paraguays verblutet war, damals vor mehr als hundert Jahren.

Als wir in den Rio Paraná hineingespült wurden, merkten wir augenblicklich, dass er sich sehr vom Rio Paraguay unterschied, der seit der brasilianischen Grenze verhältnismäßig einfach zu befahren war, außer der intensiven Sonnenhitze, den *bichus*, den Moskitos und den schnell laufenden Wirbeln in den Kurven, die überall hinzuziehen schienen, nur nicht in die Richtung, in die wir wollten.

57

Der wilde Paraná

Der Paraná machte seinem südamerikanischen Namen alle Ehre, Paraná Bravo, der wilde Paraná. Er ist viel breiter als der Rio Paraguay bis zur Stadt Paraná, sicher fünf Seemeilen, und dementsprechend flach. Er ist voller Sandbänke und unbekannter Felsen, an denen sich die vom Fluss heruntergespülten Bäume aus dem Dschungel Brasiliens auftürmen. Verrostende Hulks alter Dampfschiffe in jeder Biegung zeigen an, was passiert, wenn ein Kapitän es versäumt, ständig und sorgfältig Ausguck zu halten. Manchmal bläst der Wind in diesem Flussabschnitt mit großer Stärke gegen den Strom und baut eine gefährliche kurze steile See auf, in der ein Schiff leicht kentern kann. Nach der sanften, aber entnervenden Reise auf dem Paraguay war es, als käme man von einem Mühlenteich direkt in die See vor Kap Hatteras in einem Wintersturm.

Als wir in Paraná ankamen, fanden wir mit etwas Glück einen freien Anlegeplatz, an einem alten Frachtschiff im Zentrum der Stadt. Bald nachdem wir festgemacht hatten, versammelte sich eine Zuschauergruppe auf dem Frachter, und starrte auf das Schiff, auf Huanapaco, auf mich und auf unsere rote Heckflagge. Wir räumten das Schiff auf, und warteten auf die Ankunft der Hafenpolizei. Ich machte mir wenig Sorgen wegen der Einreise nach Argentinien, in Asunción war ich zur argentinischen Botschaft gegangen und hatte mir bestätigen lassen, dass wir dieses Mal gültige Papiere hatten.

Nach einiger Zeit erschienen zwei Polizisten und ein argentinischer Marineoffizier.

»*Buenas días, Capitán.* Wo kommen Sie her?«

»Aus Paraguay, Señor.«

»Haben Sie die Ausreisepapiere von Argentinien?«

»Nein, es ist das erste Mal, dass wir in dieses Land kommen.«

»*Cómo*? Sie können nicht nach Paraguay gelangen, ohne vorher durch Argentinien zu reisen, es gibt sonst keinen Weg!« Der Marineoffizier schöpfte offensichtlich Verdacht.

»Wir kamen über Bolivien nach Paraguay, schauen Sie, hier sind meine Papiere.«

»*Dios Mio, carracho!*« der Marineoffizier drehte sich zu dem Polizisten um. »Die sind quer durch den Kontinent gekommen! Es ist unglaublich! Telefonieren Sie sofort mit der Presse!« Dann drehte er sich wieder zu mir um. »*Señor*, Sie sind ein Held! Niemand hat das vorher geschafft. Sie haben sich in die Reihen der Konquistadoren eingefügt!«

Während wir darauf warteten, dass der Reporter der lokalen Zeitung kam, spannen wir ein wenig Seemannsgarn über das Segeln in verschiedenen Teilen der Welt. Der Leutnant hatte an einem Austauschtraining mit der amerikanischen Navy teilgenommen und sprach ziemlich gut Englisch. Er gab mir auch ein paar Tipps für das Nachtleben in der Stadt. Der Reporter kam bald und schrieb unsere Geschichte auf. Er war besonders an Huanapaco interessiert, denn Bergindianer gibt es in diesem Teil Argentiniens nur wenige. Er brachte einen ganz guten Bericht zustande, und er sagte, der Artikel würde am nächsten Morgen erscheinen. Alle waren sehr höflich zu uns, und wir freuten uns darauf, in die Stadt zu gehen.

Am Abend landeten wir in einem kleinen Restaurant und aßen eine Festmahlzeit aus Rindfleisch mit Reis, Salat, und Tomaten für umgerechnet einen halben Dollar pro Nase. Die Lebenshaltungskosten in Argentinien waren extrem niedrig. Isabel Perón war an der Macht, und während sie alles Geld des Landes für sich abzweigte, hielt sie die Massen durch billige und subventionierte Grundnahrungsmittel ruhig. Das Restaurant war voll mit Arbeitern, zur Unterhaltung gab es Gitarren- und Akkordeonmusik, die uns so sehr gefiel, dass wir beschlossen, noch ein paar Bier zu trinken. Alles war so billig, und wir hätten hier in einer Wochen nicht mehr als zehn Dollar ausgeben können.

Als Huanapaco leicht zu schwanken anfing, machten wir uns auf den Weg zum Wasser. Er war immer noch barfuss und trug seinen *chorro* und Poncho. Einmal, in Asunción, hatte er versucht, ein Paar Schuhe anzuziehen, aber nach einer halben Stunde taten ihm die Füße weh, und er gab sie einem Bettler.

Als wir über den Platz im Zentrum gingen, hielt ein Wagen neben uns an. Es war ein schwarzes, unauffälliges Auto, ohne besondere Merkmale. Die Türen flogen auf, und wir waren sofort von vier Männern mit automatischen Pistolen umringt, die auf unsere Köpfe zeigten. Ich war so verblüfft, dass ich keinen Ton herausbrachte.

»Wenn Ihr Euch bewegt, seid Ihr tot!«

Unsere Hände gingen hoch.

»Sicherheitspolizei!« spuckte der Anführer heraus. Wie die anderen auch, hatte er normale Zivilkleider an. Von seinem brutalen Gesichtsausdruck abgesehen, sah er aus, wie all die anderen Männer, denen wir an diesem Abend begegnet waren.

»Papiere!«

»Wir kommen von einem Schiff – er ist Bolivianer.« Ich deutete mit dem Kinn auf Huanapaco, der stocksteif dastand, und die Polizisten aus Augenschlitzen heraus anstarrte. »Ich bin Brite, wir schleppen unsere Pässe nicht mit uns herum, für den Fall, dass wir ausgeraubt werden – aber sie sind auf dem Schiff.« Ich zeigte mit dem Kinn auf den Frachter, hinter dem man *Sea Darts* Mast mit dem müde herunterhängenden Union Jack deutlich sehen konnte.

»*Mierda*, Scheiße!« Der Anführer wedelte mit seiner Pistole in Richtung Auto. »Hinein!«

Wir stiegen langsam ein und schwiegen. Ich fragte mich, ob das wirklich Polizisten waren, oder Terroristen. Was, zum Teufel, ging hier vor? Sie sahen alle vier so nervös und desperat aus, dass ich sicher war, sie hätten mir beim ersten falschen Wort den Kopf vom Hals geschossen. In schneller Fahrt schafften sie uns ins Hauptquartier der Polizei. Dort wurden in einer langwierigen Prozedur unsere Namen registriert, dann wurden wir in ein eine Zelle eingeschlossen, die mit Männern überfüllt war. Die Zelle war etwa sieben Meter lang und vielleicht fünf Meter breit, und es waren zweiunddreißig Männer darin, und noch einer, der auf dem Abort in einer Ecke saß. Sobald die Zellentür hinter uns zuschlug, wurden wir nach Zigaretten gefragt, und ich reichte alles herum, was ich hatte. Das waren genügend Zigaretten für fünfzehn Männer, die ihre Kippen an die anderen weitergaben. Dicht neben mir stand ein Mann von etwa vierzig Jahren, mit einem traurigen Gesicht, sauber angezogenund einer Brille. Er verbreitete ein Gefühl der Resignation, wie aus einem Gemälde von Goya.

Ich sprach ihn an. »*Hola, amigo*. Schau, ich bin Engländer, und mein indianischer Freund hier kommt aus Bolivien. Wir wissen nicht, was hier in Teufels Namen vorgeht, *qué pasa?*«

»Ihr seid für eine Sicherheitsüberprüfung hier eingesperrt. Wie lange seid Ihr schon in Argentinien?«

»Erst einen Tag.«

Er lachte. »Oh, also, wenn Ihr sauber seid, müsst Ihr Euch keine Sorgen machen. Das passiert jedem hier. Sie kommen einfach, und holen Dich von der Straße, halten Dich drei oder vier Tage lang fest, und überprüfen Deine Einträge im Zentralregister. Wenn sie da nichts finden, kannst Du gehen. Es ist Nichts! Es passiert jedem!«

»Wo haben sie Dich erwischt?«

»Vor meinem Haus, ich wollte nur über die Straße, um ein paar Zigaretten zu holen.«

»Was passiert, wenn man nicht sauber ist?«

»Wenn Du vorbestraft bist, kriegst Du vielleicht sechs Wochen Bau in der Stadt.«

»Wofür, ich meine, wenn Du seit Deiner Entlassung nichts mehr angestellt hast?«

»*No importa,* Du kriegst sowieso sechs Wochen, einfach, weil sie Dich festgenommen haben!«

»Und wenn Du ein *político* bist?

Er fuhr mit dem Finger über die Kehle. »Dann wirst Du geröstet.«

»Was ist mit den Richtern? Sagen die nichts?«

»Du bist hier nicht in den Estados Unidos, *amigo.*« Er schaute sich nervös um. »Hast Du irgendwelches Geld?«

»Ein wenig, etwa fünf Dollar.«

»Und Dein Freund?« Er zeigte mit dem Kinn auf Huanapaco, der sich intensiv mit einem verkommenen Jugendlichen auf der anderen Seite der Menge unterhielt.

»Ungefähr das Gleiche.«

»Kannst Du für mein Essen bezahlen, bis ich frei komme, und es Dir zurückgebe? Ich bin Witwer, weißt Du, und meine Kinder arbeiten alle drunten in Rosario.«

»Man kriegt hier nichts zum Essen, eh?«

»Was glaubst Du wohl?« Er lächelte und warf die Arme in die Luft.

»Sicher, Du kriegst was zu essen, wann immer ich etwas bekomme,« ich klopfte ihm auf die Schulter.

»*Dios bendiga, gringito,* ich bin schon seit zwei Tagen hier drin und habe nur sehr wenig gegessen. Wir sind alle arm hier, ich bin nur ein Kellner, weißt Du.«

»Ach wirklich, wo arbeitest Du?«

»Gott vergib' mir, *amigo,* aber das wirst Du mir nicht glauben – im Freizeitclub der *hijo de puta* Sicherheitspolizei!«

»Was? Und sie kennen Dich nicht? Wie lange arbeitest Du schon da?«

»Achtundzwanzig Jahre, aber der *marción,* der mich aufgegriffen hat, ist gerade erst aus Córdoba angekommen, außerdem ist er ein Schwein! Also haben sie mich eingelocht!«

»Leck' mich, da wird der Hund in der Pfanne verrückt!« sagte ich auf Englisch.

»Was sagst Du?«

»Pech, *amigo!*«

»*Seguro*«, er lachte leise.

Früh am nächsten Morgen sammelte der Aufseher Geld ein. Nach einiger Verzögerung kam er mit Essen und Zigaretten zurück, was nur etwa vierzig Prozent des Gegenwerts entsprach. Alles wurde in der Zelle verteilt, die jetzt mit etwa fünfundvierzig Männern belegt war. Alle mussten stehen, mit Ausnahme von dem, der gerade für die

Toilette an der Reihe war. Der ganze Platz stank wie ein Abwasserrohr. Die Insassen gehörten allen Altersgruppen an, von vierzehn bis zu einem armen alten Kerl von etwa achtzig, den Huanapaco unter seine Fittiche genommen hatte.

Um zehn Uhr wurden wir alle zu einem Appell aufgestellt. Als mein Name aufgerufen wurde, mit Paraná-Akzent kaum zu verstehen, wurde ich postwendend ausgesondert, auch Huanapaco und noch zwei andere. Schnell steckte ich mein übrig gebliebenes Geld Ramón zu, dem Kellner aus dem Freizeitclub der Geheimpolizei und trat aus der Reihe. Er murmelte »*Qué hombre tu eres.*«

Wir wurden in das Hauptbüro geführt, wo ein goldquastenverzierter Offizier wartete. Er lächelte mich breit an und schüttelte meine Hand. »*Carracho!* Warum haben Sie uns nicht gesagt, wer Sie sind? Das war alles ganz unnötig! Willkommen, willkommen am Paraná! Wissen Sie, wir sind in ganz Argentinien bekannt für unsere Freundlichkeit, und unsere Gastfreundschaft.«

»Ja«, sagte ich, »das habe ich bemerkt! Können wir nun bitte gehen?«

»Aber ja, natürlich, selbstverständlich, Sie, und auch Ihr Freund hier!« Er klopfte Huanapaco auf die Schulter.

»Ich danke Ihnen vielmals, *Señor*!«

»Bleiben Sie so lange Sie wollen!« rief er uns nach, als wir durch die schmierige Tür hinausgingen.

»Machen wir, *Señor,* machen wir!«

»Gott im Himmel«, sagte Huanapaco.

»Mach' die verdammten Festmacher los, *amigo,* wir sind weg!«

Auf dem Rio Paraná mussten wir vier Mal vor dem heulenden *pampero*-Wind Zuflucht suchen, der stromaufwärts pfiff und das Wasser des breiten Flusses zurückhielt. Er baute grüngraue Seen auf und zerfetzte die Schaumkronen, bis die ganze Oberfläche nur noch aus einer Masse weißen Wassers bestand. Selbst der übliche, fünf Knoten starke Strom, kam zum Stillstand, und bei einer Gelegenheit lief er tatsächlich sogar rückwärts. Er blies aus einer niedrigen, zigarrenförmigen Wolke heraus. Der staubige *pampero* drückte sogar das grau-grüne Gras platt und zwang die Rinder, sich hinzuknien, mit den Köpfen auf dem Boden, wie in Unterwürfigkeit.

Es ist ein kalter Wind, denn er kommt über die ganze Distanz von zweitausend Seemeilen aus Patagonien im Süden herauf. Eine plötzliche Bö, spannungsgeladen, kündigt sein Erscheinen an, die Vögel schweigen, und wilde Pferde galoppieren in den Schutz des hohen Ufers. Dann erhebt sich am südlichen Ende des Kreisbogens aus Wasser und Gras eine lange schwarze Linie in den Himmel. Unter der zigarrenförmigen Wolke, zwischen ihr und der Pampa, lauert ein Band schmutzigbraunes Wetter, dessen Unterseite über dem breiten Fluss silbrig leuchtet. Schnell machten wir Sea Dart mit sechs Leinen an Land fest, mit schweren Pflöcken aus *palo blanco,* dem zähesten Holz der Welt, und brachten zwei Anker im Sand des Uferwassers aus. Bevor wir die Festmacherleinen anschlugen, hatten Huanapaco und ich diese etwa zwei Meter langen Pflöcke in den Boden getrieben, bis nur noch etwa ein halber Meter hervorstand. Wenn der röhrende pampero ankam, verwandelte sich alles um uns herum in Staub und weißes Wasser. Der Sturm war so stark, dass umgefallene Bäume flussaufwärts trieben. Am Ufer lief der Strom rückwärts und veränderte die Form des Grundes, das Wasser wurde sandig gelb und der Himmel war schwarz wie die Nacht. Die Temperatur fiel in vier Minuten um fünfundvierzig Grad Celsius. Auf dem Gras der Pampas bildete sich in Sekunden Reif und

Frost, das noch Minuten zuvor unter der feuchten schwülen Hitze von vierzig Grad gelegen hatte.

Der Paraná ist ein wandernder Fluss. Er ändert ständig seinen Verlauf, teilt sich in flache Ströme auf, und Inseln entstehen innerhalb einer Woche und werden wieder abgetragen. An manchen Stellen ist er dreißig Seemeilen breit und dann wieder nur noch eine. Wir hatten wenig Gelegenheit, uns die Landschaft und die Vogelwelt anzuschauen, denn entweder raste *Sea Dart* im heißen Nordwind nach Süden, oder sie kämpfte gegen den bitterkalten Wind, der gegen den Strom pfiff. Es blieben uns nur kurze Blicke auf den Sumpf am Ufer, hinter dem sich die Pampas über tausend Seemeilen bis zu den Anden hin nach Westen erstreckten.

Santa Fe liegt etwa 250 Meilen flussaufwärts des Deltas, das halb so groß ist wie England. Dort trafen wir auf den ersten echten Seehafen auf unserem Kurs flussabwärts; es gab große Steinkais und Kräne. An den Kaimauern hatten Schiffe, die hier einmal gelegen hatten, ihre Namen hinterlassen, die von der Crew in großen Buchstaben mit Farbe an die Wand gemalt waren, einige Daten waren Jahrzehnte alt. Wir arbeiteten uns an die Wand hinüber, und schrieben: Britische Yacht *Sea Dart*, Liverpool, 17. Dezember 1974, von Callao, Peru via La Paz und Mato Grosso.

Hier gab es auch den ersten richtigen Yachtclub, seitdem wir die Pazifikküste, vor 3000 Seemeilen Segeln und 2000 Meilen Landtransport, verlassen hatten. Unsere Ankunft löste Erstaunen aus. Dann, als man herausfand, wer wir waren, wurden wir herzlich und lautstark empfangen. Die guten Leute von Santa Fe nahmen uns unter ihre Fittiche und behandelten Huanapaco und mich wie Könige, einschließlich eines Empfangs für fünfhundert Leute, an dem ich kurz die Geschichte unserer Reise erzählte. Während der zwei Tage, in denen wir am Steg des Yachtclubs festgemacht waren, kamen immer wieder Mitglieder an Bord und boten uns Fahrten in die Stadt an. Wir besuchten den alten Teil aus der Kolonialzeit, und die herrliche Kathedrale. Es war die schönste Stadt, und wir trafen die freundlichsten Menschen in ganz Argentinien. Junge Leute segelten Jollen, die ersten, die wir in Südamerika sahen, es war eine Flotte von Snipes, und sie nahmen Huanapaco sogar auf einen Schlag mit hinaus, was ihm unendlich gut gefiel. Man muss sich das vorstellen: Ein Bergindianer, ein Quechua, der etwas nur aus reiner Freude macht! Für einen Indianer aus den Anden war das der Durchbruch, denn sonst sind all ihre Anstrengungen ausschließlich auf die Beschaffung von Nahrung oder Schnaps ausgerichtet.

Nach Süden, immer weiter nach Süden, mit Kurs auf den Ozean. Wir segelten vom Morgengrauen an, bis der letzte zuckende rote Sonnenstrahl am Himmel verschwand und die Nacht hereinbrach. Wir ankerten überall, wo wir konnten, denn ich wollte unbedingt vor Weihnachten in der argentinischen Stadt San Nicólas sein und die Feiertage in Buenos Aires verbringen.

Ich hatte ein Geschenk für San Nicólas dabei. Als ich damals 1970 in der Türkei war, hatte ich die Ruinen der Kirche von Sankt Nicholas besucht, oder Santa Klaus, wie er auch genannt wird. Dort soll der gute Schutzpatron der Seeleute, der Kinder, Diebe, Schuhmacher und ganz Russlands, begraben sein. Ich hatte damals ein Farbfoto von seinem Grab gekauft und einen winzigen Steinsplitter von der uralten Mauer der Kirche mitgenommen. Diese beiden Dinge hatte ich sorgfältig aufgehoben, mit der Absicht, sie in die Stadt im fernen Argentinien zu bringen, der die Konquistadoren den gleichen Namen gegeben hatten. Es sollte so eine Art Dankbarkeit ausdrücken, dass ich die lange Reise zwischen den zwei so weit entfernten und so verschiedenen Orten überlebt hatte. In einer kleinen Schachtel verstaut, hatten meine zwei Sachen alle Stürme und Gefahren miterlebt. Jetzt war ich entschlossen, meine kleine Wallfahrt noch vor Weihnachten zu Ende zu bringen.

Wir hielten selten länger als zwei Stunden an einem Ort an, segelten jetzt hart und ausdauernd, während unser Reisefortschritt von den internationalen Zeitungsagenturen verfolgt wurde, was ich aber zu diesem Zeitpunkt noch nicht wusste. Als wir am 21. Dezember in San Nicólas ankamen, waren wir ausgepumpt, müde und schlapp. Mein Bandwurm wuchs, und der *chicuro* nagte immer noch in meiner Hand. Huanapaco litt schrecklich unter der Hitze und der Luftfeuchtigkeit, für den sein Quechua-Körper, und seine großen Lungen nicht konstruiert waren.

Wir ankerten beim Steg des feudalen Yachtclubs, und ich ging mit meinen kostbaren Mitbringseln an Land. Sie wurden vom Commodore des Clubs dankbar entgegengenommen, der eine Einladung zum Weihnachtsessen aussprach, das an diesem Abend stattfinden sollte. Aufgeregt ging ich zu Huanapaco zurück aufs Schiff und erzählte es ihm. Dann verbrachten wir die Zeit bis zum Abend damit, uns und unsere Klamotten so präsentabel zu machen, wie das unter den Umständen möglich war. Wir duschten im Club und machten uns fein, denn die Argentinier achten sehr auf äußeres Aussehen. Sie sind gerade besessen von guter Kleidung – mit zwei Pfennig in der Tasche ziehen sie sich wie Millionäre an.

Lange bevor das Essen anfing, boten wir unsere Dienste für das Arrangieren der Tische und Möbel an und arbeiteten stundenlang, denn die Argentinier essen spät. Dann begannen die Mitglieder und ihre Gäste einzutreffen, man hätte denken können, es sei ein Empfang im Weißen Haus. Sie hatten alle formelle Dinnerkleidung an, man sah nur lange schwarze Roben, an denen Diamanten und Perlen funkelten.

Hinten, in der Küche, halfen Huanapaco und ich beim Stapeln der Teller, und fuhren mit Wägelchen Bestecke und Servietten hinaus. Man sagte mir, der Commodore wolle mit Huanapaco sprechen, und er zog lustig und aufgeregt los.

Als er zurück kam, hingen seine Ohren herunter, als wäre die Welt über ihm zusammengestürzt. Auf seine sanfte Art fasste er mich am Ellenbogen, und er hatte feuchte Augen. »Mi Capitán, ich gehe aufs Schiff zurück. Der Commodore sagt, ich könne nicht am Essen teilnehmen, ich sei zu schmutzig. Zuerst dachte ich, dass er Spaß mache, bis ich in seine Augen sah.«

»Was?« sagte ich, als mich der Schock traf, »Was ist das für eine Scheiße? Ein Witz?«

»No, mi capitán. Er sagt, die Damen tragen alle ihre Ballkleider, und die Herren, *los caballeros*, haben ihre besten Anzüge an, und wenn ich in diesen Kleidern erscheine, wären sie beleidigt. Die Damen tragen alle Parfüm, und ...« eine Träne kam aus seinem Auge hervor, »sie wollen mich nicht, sagt er, aber Du weißt es, *mi Capitán*, Du weißt, *tú sabes*, dass ich mich heute gewaschen habe, um hier her zu kommen! Und weil ich keine eigenen Kleider mehr habe. muss ich dieses Hemd tragen, das wir in Asunción gekauft haben, es ist mir ein wenig zu klein, und diese Hosen. Du weißt, dass ich mir viel Mühe gegeben habe, um gut auszusehen, *aparacer gentil, no*?« Eine weitere Träne lief über sein Bronzegesicht.

Ich stand da, unglaublich aufgewühlt. Huanapaco mit Tränen? Scheiße noch mal! Was, zum Teufel ging hier vor?

Ich schaute durch die Küchentür hinaus, wo sich die Mittelklasse der Argentinier wieder einmal darauf vorbereitete, sich in einer Fressorgie mit dem Fleisch der Rinder voll zu stopfen, die die unterbezahlten tapferen Gauchos aufgezogen hatten. Als ich Kurs auf die Tür nahm, rief Huanapaco leise schluchzend hinter mir her. »Aber weißt Du, *mi Capitán,* darum geht es nicht, *no es por eso, es porqué soy Indio,* es ist, weil ich ein Indianer bin.«

Sobald er das sagte, wusste ich, was kommen würde, ich drehte durch! Jede meiner keltischen Sehnen explodierte, ich fühlte im Gehirn wieder jeden einzelnen verdammten Insektenstich aus dem Mato Grosso, den Schmerz jeder einzelnen Anstrengung, mit der wir das Schiff durch der Grüne Hölle gezogen und gestoßen hatten, jede Strapaze, die dieser Mann auf sich genommen hatte, um mir einen Tod durch Verfaulen zu ersparen. Ich marschierte in den Festsaal und nahm schnurstracks Kurs auf den Commodore.

»Entschuldigen Sie bitte, *Señor,* kann ich Sie bitte eine Minute sprechen?« Geziert lächelnd, verließ er eine Gruppe der Lokalprominenz und kam zu mir.

»Was gibt es, *Capitán?*«

»Was ist mit der Sache, dass mein Freund Huanapaco nicht an dem Essen teilnehmen darf?«

»Also, schauen Sie sich um, das ist heute ein formeller Anlass, es sind einige hochgestellte Leute hier, sogar aus Rosario, und die Damen.« Er zeigte mit seiner beringten Hand auf ein paar altertümliche, mit Perlen behängte Weiber mit Pferdegesichtern. »Die Ladies sind nicht an den Anblick von ..., also wissen Sie, sie haben ihre besten Roben an, sie freuen sich auf diesen Anlass. Wir verstehen, dass das schwierig ist für Sie, und deshalb können Sie auch hier bleiben. Wir können etwas organisieren, Essen zum Schiff hinüber bringen. Oder, wenn es Ihnen lieber ist, kann er auch in der Küche essen.«

Ich konnte das Eau de Cologne riechen, das aus seinem Jackett mit seidenen Aufschlägen kam.

Ich schaute ihm direkt in die Augen, ich starrte ihn an, bis er seine Augen schuldbewusst zu Boden sinken ließ. Dann sagte ich langsam und deutlich, es gab keine Chance, dass er mich falsch verstehen konnte: »Señor Comodoro, Sie sind ein Lügner! Das sind nicht die wahren Gründe, warum mein Freund und Kumpel nicht an dem Essen teilnehmen soll. *Señor,* Sie können sich Ihr Dinner, und die Geschenke, die ich über Tausende von Seemeilen über den Ozean und den Fluss hier hergebracht habe, in ihren hochverehrten Arsch schieben! Bis ganz nach oben!«

Ich warf ihm den Clubstander, den er mir geschenkt hatte, vor die Füße. »Und noch etwas, wir legen jetzt ab und fahren bei Nacht in den Fluss hinaus! Es ist mir scheißegal, ob es dort Sandbänke oder schwimmende Baumstämme gibt, oder sonst etwas! Lieber verrecke ich auf dem verdammten Fluss, als dass ich noch länger in der Nähe von Deinem hundescheißefressenden Club bleibe!«

Ich ging zur Küchentür, und rief Huanapaco zu: »*Vamos, amigo, hay casas de putas in Buenos Aires!* Komm' Kumpel, in Buenos Aires gibt es prima Freudenhäuser!«

Wir gingen hinaus und schauten ihnen allen in die Augen, den schockierten alten Weibern und den fetten Männern. Ich warf die Tür am Eingang mit solcher Wucht zu, dass die Glasscheibe heraus fiel, und auf dem Boden zersplitterte.

Wir gingen sofort ankerauf und fuhren in die Nacht und in den wirbelnden Rio Paraná hinaus. Eine Stunde später ankerten wir in der Einmündung eines kleinen, insektenverseuchten Flusses und aßen paraguyanisches Dosenfleisch. Es schmeckte uns besser als alle Yachtclubdelikatessen zusammengenommen.

Keiner von uns sprach je wieder über diesen Vorfall.

58

Wie ein Korken aus der Flasche

außer der Beleidigung im Yachtclub von San Nicolás wurden wir auf unserer Reise, den Rio Paraná hinunter, sehr herzlich und freundlich behandelt. Ein Flusspolizist von einem Patrouillenboot schenkte mir eine handbetriebene Sirene, und ich gab ihm dafür mein altes Warnhorn von der Schweizer Eisenbahn. Oft wollte man uns die örtlichen Sehenswürdigkeiten zeigen, aber wir nahmen nur wenige Einladungen an, denn wir litten immer noch an der Auszehrung der Hitze, der hohen Luftfeuchtigkeit und dem Kampf mit den starken Wirbeln des Rio Paraná.

Als wir näher an das Delta herankamen, begegneten uns mehr und mehr Freizeitschiffe, und manchmal wurden wir eine Strecke weit begleitet. Ganz Argentinien wusste inzwischen von unserer Ankunft, und täglich berichteten die Presse und der Rundfunk über unseren jeweiligen Standort.

Die Freizeitschiffe waren meistens Boote mit starken Außenbordern. Als wir nördlich von Asunción das erste sahen, starrte Huanapaco voller Staunen, als es vorbeizischte und eine riesige Heckwelle aufwarf. Zwei Minuten lang schaute er ihm nach, bis es verschwand. Dann drehte er sich mit einer Frage im Gesicht nach mir um.

»Es ist ein Gleiter, sehr schnell, gehört vielleicht einem reichen Haciendabesitzer.« Später sahen wir im südlichen Paraguay viele Haciendas, deren Besitzer in einem Prunk lebten, der selbst Aga Khan hätte neidisch werden lassen: große ausgedehnte Landhäuser, mit zwei Flugzeugen neben der eigenen Ladebahn vor dem Haus und ein paar Motorbooten im Fluss am Ufer.

»Warum fährt er so schnell?« fragte Huanapaco nach einem Moment.

»Er ist sicher in Eile, wo immer er hin fährt, er will schnell dort sein.«

Sein Bronzegesicht bekam tiefe Furchen vom Nachdenken.

»Warum will er so schnell dort sein?« fragte er mit Stirnrunzeln.

»Oh, mein Gott, er will halt Zeit sparen«, sagte ich etwas gereizt, die brennende Sonne war für lange tiefgründige Diskussionen über allgemeine Dinge viel zu heiß.

Er schwieg einen Moment, dann sagte er: »Aber was macht er mit der Zeit, die er gespart hat?«

Darauf konnte ich ihm auch keine Antwort geben. Ich sagte ihm, er solle nach vorn gehen und die Ankerleine klar machen.

In den Städten, in denen wir an Land gingen, blickte Huanapaco aufmerksam um sich. Rosario, zum Beispiel, ist viel größer als La Paz. Das höchste Gebäude in La Paz ist etwa fünfzehn Stockwerke hoch und ist eine Ausnahme. Hier, in Rosario, waren die Wolkenkratzer fünfzig oder sechzig Stockwerke hoch. Ich wusste, dass Huanapaco alles was er sah, mit Bolivien verglich, und dass ihn das störte und unzufrieden machte, denn immer wenn er etwas in einem modernen Industrieland wie Argentinien mit seiner geliebten Heimat verglich, kam Bolivien schlecht weg. Er starrte auf die Wolkenkratzer, ich wollte ihn etwas aufmuntern.

»Aber sie sind so groß! In La Paz – *pobre Bolivia*! jammerte er.

»Nix *pobre Bolivia, amigo*! Schau' mal, was meinst Du, wie hoch stehen die über dem Meer?«

»*No sé,* keine Ahnung.«

»Also, lass' mal sehen. Die Ufermauer da, sagen wir mal, die ist 7 Meter hoch, dann die Entfernung zum Meer hinter dem Delta, das sind zirka zweihundert Seemeilen, sagen wir 16 Meter, also sind wir 23 Meter über dem Meeresspiegel.«

»Wenn Du das sagst, *mi Capitán*.«

»Also das Gebäude, auf das Du so neidisch bist, wie hoch ist seine Spitze über dem Meer, was meinst Du?«

Er verrenkte seinen Hals, und schüttelte den Kopf.

»Also sagen wir, es ist 150 Meter hoch, dann ist die Spitze 173 Meter über dem Meer, richtig?«

Er nickte.

»Und wie hoch liegt das verdammte La Paz über dem Meer?« fragte ich ihn.

Das wusste er: »4200 Meter!«

»*Bueno, amigo,* und was ist 4200 minus 173?«

Dafür brauchte er ein paar Minuten, er schrieb die Zahlen auf die Rückseite einer Zigarettenpackung. Dann sagte er lächelnd: »4027 Meter!«

»Und wie hoch ist das? Schau in den Himmel, zeig' mir, wo die Spitze des höchsten Gebäudes in La Paz wäre, wenn Du es sehen könntest.«

Einen Moment lang, sah er zufrieden aus, und grinste. Dann fiel sein Gesicht wieder herunter. »Aber das ist die Höhe der Berge, die hat nicht Bolivien gebaut.«

»Wer hat das Haus da drüben gebaut?«

»*Argentinos.*«

»*Bueno,* und wer hat die Berge in Bolivien gebaut?»

»Gott.«

»Und Du vergleichst die *hija de puta Argentinos* mit Gott?«

Er brüllte vor Lachen und klopfte mir auf die Schulter. Auf dem Weg, zurück zum Schiff, sagte er: »*Mi Capitán,* ich denke die Menschen sind wie die Häuser. Manche fangen direkt oben auf dem Berg an.«

»*Si, amigo,* speziell die Quechua!« Er war ruhig und sehr zufrieden.

»*Y les marineros ingleses*«, sagte er nach einer Pause.

»*Tal vez* – vielleicht«, murmelte ich, als wir an Bord kletterten.

Als wir in das Delta des Rio Paraná hineinfuhren, veränderte sich wieder die Landschaft. Die offenen Grasflächen gingen zurück, machten zunächst Büschen Platz, und dann waren wir von dem niedrigen Dschungel umgeben, der in dem zweihundert Seemeilen langen Irrgarten aus Wasserwegen vorherrscht. An der anderen Seite dieses Hindernisses lag das Mar del Plata, der große Einschnitt im Kontinent, in dem sich die Wasser des Rio Paraná, des Rio Paraguay, des Rio Bermejo, und des Rio Uruguay vermischen, das halbe Wasser des Kontinents. Es kommt westlich von den weit entfernten Anden her, vom verseuchten Mato Grosso im Norden, und sogar noch aus den Regionen weiter nördlich, direkt aus dem Herzen Südamerikas. Auch aus dem Süden Brasiliens kamen reißende Fluten herab, um sich in die Bucht und damit in den Atlantik zu ergießen. Als *Sea Dart* in der steifen Brise voran zog, mussten wir darauf achten, dass wir im tiefen Fahrwasser blieben und nicht auf die vielen Sandbänke, Inseln, versunkenen Bäume, schroffen Felsen oder Wracks gespült wurden.

Endlich, am 23. Dezember, erreichten wir den kleinen geschäftigen Fischereihafen von San Isidro. Wir blieben über Nacht dort, legten aber im frühen Morgengrauen wieder ab, und fuhren über einen Flussarm, der unter dem Namen El Tigre bekannt ist. Um zehn Uhr am Morgen des 24. Dezember, während wir in dem trostlosen Flusslauf unsere Augen anstrengten und uns um die Hindernisse herumschlängelten, sah ich in der Ferne endlich, endlich, einen freien Horizont – das Mar de Plata.

Es leuchtete frei und silbrig unter der aufsteigenden Sonne am Horizont. Eine Stunde später schoss *Sea Dart* aus dem El Tigre heraus wie der Korken aus einer Flasche – was für eine Flasche – was für ein Korken! dachte ich, als wir die Schoten aus Lamahaut dichter nahmen, hoch an den Wind gingen, und Kurs auf Buenos Aires anlegten, die größte Stadt in der südlichen Hemisphäre. Auf eine Einladung hin ließen wir direkt vor dem Yacht Club Argentino den Anker fallen.

Wir waren im Zentrum eines der geschäftigsten Seehäfen der Welt, dutzendweise waren riesige Ozeanschiffe hier festgemacht. Die winzige *Sea Dart* kroch mit der schwachen Abendbrise hinein, ihre schmutzigen, geflickten Segel brachten sie gerade noch voran, ihr abgenutzter Rumpf hatte Blasen von der heißen Sonne, ihr Mast war von den überhängenden brutalen Stacheln des Dschungels im Mato Grosso verkratzt, und sie hatte trotzdem den Ehrenplatz im Yacht Club. Sie kroch hinein wie ein eigensinniges Kind und kam nur Meter von dem arroganten Uhrenturm entfernt, der wie ein warnender Finger im Zentrum der Docks von Buenos Aires steht, zum Halten.

Ich schüttelte Huanapacos Hand, er schaute zu der bolivianischen Flagge hinauf, die unter der Steuerbordsaling hing. Dann streckte er die Hand vor und zeigte mit dem Daumen nach oben. Ich zeigte auf die ehemals rote britische Nationale am Heck, die jetzt ausgebleicht, zerrissen, schmutzig und blassrosa vom Flaggenstock am Heck herunter hing. Ich boxte ihm in die Rippen und hob ebenfalls meinen Daumen hoch. Wir hatten es geschafft! Wir hatten den verdammten Ozean erreicht!

Es war Weihnachtsabend, alles außer ein paar Bars und Restaurants war geschlossen. Die britische Botschaft, die Banken und die Post waren dicht wie Fässer. Der Yachtclub war verlassen. Huanapaco und ich steckten immer noch in unseren zerrissenen Lumpen, aber sauber und sorgfältig geflickt. Wir feierten unseren Sieg mit Corned Beef und sechs Flaschen eiskaltem Bier, das uns der freundliche Barmann im Yachtclub anschrieb.

Wir hatten es geschafft! Zum ersten Mal, seit Geschichte geschrieben wird, war ein Seeschiff direkt durch die Mitte des südamerikanischen Kontinents hindurch gekommen! *Sea Dart* war Tausende von Seemeilen über Gewässer gesegelt, auf denen es noch nie Segel gegeben hatte!

Ich hatte den Ozean nach Bolivien gebracht, und Bolivien zurück zum Ozean! Ich hatte den Höhensegelrekord für Großbritannien gesichert, der nicht gebrochen werden kann, bevor man Gewässer auf einem Stern findet! Ich hatte drei unmögliche Destinationen erreicht, das Tote Meer, den Titicacasee und den Atlantik, durch den lebenden Tod des Mato Grosso hindurch. Langsam, Stück um Stück, war *Sea Dart* in den besiedelten Gebieten von Argentinien flussabwärts gezogen, jetzt war sie eine lebende Legende!

In der heißen, stickigen Kabine, zwischen den verschimmelten Lumpen unserer Kleider, den klebrigen Karten und Logbüchern, lag die grellgefärbte Decke aus Lamawolle, die mir Manco Quispe mitgegeben hatte, um sie »der Ozeansonne« zu zeigen. Damals hatte er mich zum *padrino* von Suriqui gemacht, einem Ehrenhäuptling der Aymara. Ich saß auf der Decke, und das Schiff schwojte leicht am Anker. Ich war fertig, müde, ausgelaugt und mir war kotzelend im Magen. Ich versuchte, mit dem Gedanken klar zu kommen, dass es vorüber war, ich fühlte mich niedergeschlagen und minderwertig vor der mächtigen, schrecklichen Erhabenheit der Natur, die wir erlebt und die wir überwunden hatten.

»Was machst Du jetzt, *mi capitán*?« fragte mein Quechua-Bruder.

»Zurück nach Hause, natürlich, *amigo*.«

»Ich auch!«

»Nach Weihnachten?«

»Ja, nach Weihnachten!«

»*Feliz Navidad,* Huanapaco, *jok'halla*! Frohe Weihnachten, Kumpel!«

»*Feliz Navidad, Capitán Tristan!*« Er kippte sein Bier.

Ich ging vorsichtig den winzigen Niedergang hinauf und pisste ins Wasser, in den Paraná, und zum ersten Mal wieder in den Atlantik. Droben funkelten die hellen Sterne Argentiniens. Acrux blinkte im Süden an der Seite des hellen Nachthimmels von Buenos Aires, einer Reflexion aus Millionen von elektrischen Lichtern. Während ich an Deck stand, hörte ich das Nebelhorn eines großen Schiffes, das seinen Weg hinaus zum Ozean suchte. Sie ging nach London, ihre große rote Nationale war im Schein des Hecklichtes klar auszumachen. Sie flatterte im Wind, und ich salutierte über das schwarze blitzende Wasser hinüber, indem ich mit beiden Daumen hinauf in den Nachthimmel zeigte. Ich ging in die Koje und dachte an den Weihnachtsabend in Bethlehem, vor vier Jahren, und vielleicht vierzig Leben vorher.

59

Triumph – und Desaster

Mit dem Geld, das ich in Buenos Aires abheben konnte, bekamen Huanapaco und ich medizinische Behandlung. In dem modernen Seemannshospital wurden wir gestochen und gepiekt. Der Bandwurm, mein Gast der letzten Monate, wurde entfernt, aber gegen den *chicuru* in meiner Hand konnte man nichts unternehmen. Er lebte bis ins hohe Alter von neun Monaten ein erfülltes Leben und verstarb gutgenährt und fröhlich.

In der ersten Januarwoche verließ Huanapaco *Sea Dart* und kehrte in seine Heimat am See im Himmel zurück. Schweigend fuhren wir mit dem Bus zum Flughafen und verabschiedeten uns.

»Kommst Du zurück nach Bolivien, *mi capitán?*«

»Eines Tages, Huanapaco, eines Tages!«

»Mit einem anderen Schiff? Einem großen?«

»In diesem Scheißleben sicher nicht mehr! Das nächste Mal komme ich in einem verdammten Ballon!«

Lachend schlenderte er in seinen neuen Klamotten zur Tür hinaus, und grinste. Im Türrahmen drehte er sich noch einmal zu mir um, er winkte, lächelte und zeigte noch einmal mit dem Daumen nach oben, wie damals das erste Mal in Tiquina, vor so unendlich langer Zeit, als er mich wie den Graf von Monte Christo aus dem gefrorenen insektenwimmelnden Zellenloch der bolivianischen Marine herausgeholt hatte.

Im Februar zog ich hinüber in den kleinen Hafen Olivos, um das Schiff zu überholen. Hier war es viel friedlicher und ruhiger als im Hafen von Buenos Aires, wo der Schwell der Schlepper und der riesigen Ozeanschiffe jede Art von Arbeit unmöglich machten. Hier begann ich, ganz allmählich, mich besser zu fühlen. Während der feuchtheißen Tage arbeitete ich am Schiff oder schrieb Artikel. In den kühleren Abendstunden, wanderte ich in der Stadt herum. Im Frühjahr 1975 war Argentinien ein billiges Land zum Leben. Nachdem ich meine Dollar oder Pfund auf dem Schwarzmarkt gewechselt hatte, war es fast unmöglich mehr als fünf Dollar in einer Nacht durchzubringen. Dafür konnte man ein Dreigangmenü essen, ins Kino gehen, einen Nachtclub besuchen und hatte immer noch Wechselgeld übrig.

Die politische Situation hatte sich zugespitzt, und die Polizei machte das Leben der Durchschnittsbürger in der Stadt mühsam. Sie wurden einfach auf der Straße festgenommen und in eine stinkende verlauste Zelle eingesperrt, ohne Essen, außer dem was ihnen Verwandte oder Freunde bringen konnten. Nachdem man dann ihre Identität festgestellt hatte, wurden sie dann entweder freigelassen oder in eine andere verlauste Zelle gesperrt. Mir passierte das drei Mal während der fünf Monate in Buenos Aires. Jedes Mal verbrachte ich zwei volle Tage und Nächte zusammengepfercht in Zellen, mit allen Arten von Menschen, von angesehenen Geschäftsleuten bis hin zum Abschaum aus dem Rotlichtmilieu. Es gab viel Brutalität – zwischen den verschiedenen Lagern des Landes herrschte Krieg, und die Polizisten wurden regelmäßig von den Linken verprügelt. Ich konnte das gut verstehen, besonders nachdem ich gesehen hatte, wie ein Polizist einem jungen Kerl von etwa achtzehn das Auge heraustrat, und wie ein achtzigjähriger Mann, der auf dem schmutzigen Zellenboden einen epileptischen Anfall erlitt, brutal misshandelt wurde, bis er blutete. Tatsächlich habe ich mich auch persönlich an den Polizisten vergriffen, speziell an dem blonden schweinevögelnden Polizeisauhund, der in Zivilkleidern, rotem Hemd und grauen Hosen auf dem Polizeirevier 13 von Buenos Aires, am 15. März 1975 um fünf Uhr morgens, dem Jungen das Auge herauskickte. *Hijo de puta* – soll' noch einmal einer etwas gegen Wilde sagen!

Mitte Mai war das Schiff reisefertig für die Passage hinüber nach Montevideo, und Mitte Juli wollte ich Kurs nach Norden nehmen, nachdem ich mich durch ein Netz von Formularen und Papieren hindurchgeschwitzt, hindurchgeackert und hindurchgewundert hatte. Ausreisevisa, Einreisevisa, Rattenkontrollzertifikate. Wie in allen Polizeistaaten waren die Schreibtischdiktatoren hier besonders kreativ und bauten eine Mauer der Hindernisse auf, deren Überwindung den Erfindergeist von Thomas Edison, die Logik von Bertrand Russell und das mathematische Genie von Albert Einstein erforderten. Am Ende gab ich den Kampf auf. Ich bunkerte Vorräte für zwei Wochen und schlich leise aus Olivos hinaus, unter den Nasen der Marinewachen, um zwei Uhr morgens und unter dem Schutz der Wolken, die die Sichel des Mondes verdeckten. Nach allem, was ich erlebt hatte, würde ich lieber das Plata Delta in Angriff nehmen als den Papierberg der argentinischen Zollbehörde und der Hafenkontrollorganisation.

Ich blieb in dem betonnten Kanal und segelte, so gut ich konnte, hinaus in die Dunkelheit, in die leicht brisige Nacht. In der Morgendämmerung war ich in Nähe der Küste von Uruguay und näherte mich Montevideo, dem Haupthafen und der Hauptstadt des Landes. Den nächsten Tag und die folgende Nacht hindurch saß ich am Ruder, denn für die Windfahnensteuerung war die Brise in den engen Kanälen zu unstetig.

Am folgenden Tag, am 16. Juli, lief ich lässig an der Küste von Uruguay entlang, die zu den schönsten in Südamerika gehört: weiße Sandstrände mit herausstehenden Felsen und grüne Hügel dahinter, wie in England. Der Wind wehte frisch aus Nordost, der Himmel war klar und blau, nur der Wind ein wenig kalt, denn es war jetzt Winter im Süden. Ich hatte vielleicht noch acht Seemeilen vor mir bis zum Hafen von Montevideo.

Ich fühlte mich großartig und voller Triumph. Nach der Überquerung des Kontinents war *Sea Dart* wieder im Ozean, in richtigem Salzwasser. Ich freute mich auf die Vorbereitungen für die Reise zum Rio Grande do Sul, etwa achthundert Seemeilen gegen den vorherrschenden Strom und Wind.

Aber das machte mir wenig Sorgen, denn *Sea Dart* lief gerne hoch am Wind, nur ihre Segel sahen ein wenig erbärmlich aus. In Argentinien hatte ich kein Segeltuch aus Dacron bekommen können, und um es durch den Zoll hindurch von draußen einzuführen, oder besser, um irgendetwas ins Land einzuführen, hätte ich mich auch gleich auf offener Straße berauben lassen können. In Uruguay war es genau so, in diesem Land, das hauptsächlich von der Landwirtschaft lebt, gibt es nur vereinzelt Fabriken. In meinem Fall wollte ich zwei oder drei Wochen in Montevideo abwarten, bis der südlich laufende Falklandstrom nachlassen würde und dann nach Norden segeln.

Die Bucht des Rio de la Plata ist eine scheußliche Ansammlung von Untiefen und Wracks, die nicht immer mit Bojen markiert sind. In der Mitte liegen sich verändernde

Bänke aus Schlamm und Sand, und an der Küste Uruguays, in Lee von mir, gab es ein grässliches scharfes Klippengewirr.

»Gehe nie vor eine Leeküste, es sei denn, Du bist sicher, dass Du Dich freisegeln kannst!« lautet die erste Regel der Küstenschifffahrt unter Segeln. »Wenn Du die Küste siehst, ist es schon zu spät«, heißt eine sinnvolle Ergänzung.« Aber das ist alles gut gesagt, wenn man genügend Seeraum hat. Im Plata aber sind die Schifffahrtsstraßen eng und laufen dicht an der Küste entlang. An keiner Stelle kann man sich weiter als zwei Seemeilen von der Küste entfernen, denn zur Mitte hin ist alles durch Sandbänke blockiert.

Das erste Anzeichen von Ärger tauchte am frühen Nachmittag auf. Im Süden bildete sich eine *cigarro*-Wolke, die Wolke eines *pampero* – lang, schwarz wie Rauch, drohend und teuflisch. Ich schaute zur Küste. »Heilige Scheiße«, dachte ich, »und ich habe nur eine Seemeile Raum!« Ich kletterte aufs Vorschiff, nahm die Genua weg und setzte die Fock Nr. 2. Dann schnappte ich die Pinne und versuchte, so schnell als möglich von der Küste wegzukommen, an den Rand einer großen Schlammbank, die dort parallel zur Küste verlief.

Als die ominöse Wolke näher kam, legte der Wind innerhalb von zehn Minuten von zehn Knoten auf siebzig Knoten zu. Ich hatte das Groß bis auf ein Drittel seiner Gesamtfläche herunter gerefft, es zerriss mit einem Knall wie ein Spielzeugballon. Die relativ gut erhaltene Fock stand gut, solange ich raumschots lief. Der flache Rio de la Plata war im Nu ein weißer kochender Hexenkessel über den gesamten Horizont. Die kleine *Sea Dart* sprang herum, wie ein aus dem Wasser gezogener Piranha.

Hätte ich einen freien Kurs auf Montevideo gehabt, wäre ich dort ohne Probleme hin gekommen, aber dazwischen lag ein Klumpen Felsen, der eine Seemeile weit vom Land heraus lief. Auf meinem jetzigen Kurs konnte ich nicht daran vorbei, und mit der Fock alleine konnte ich nicht gegen den Wind kreuzen. Mit dem kleinen Außenborder hatte ich sowieso keine Chance. Bei dem Wind und der steilen See, gegen den wütenden *pampero*, hätte ich das Schiff noch nicht einmal auf der Stelle halten können.

Um diese schmerzhafte Situation noch komplett zu machen, setzte Nebel ein. Dicke Schwaden fetzten um Sea Dart herum, die *cigarro*-Wolke kam aufs Wasser herunter. Da war ich, bei Sicht Null, und in einem Wind mit Sturmstärke. Ich schob mich auf das Vorschiff und ließ den Anker fallen! Ich ankerte! So riskant das auch in der schäumenden See war, was sollte ich denn sonst tun? Das Schiff schlug wie ein wildes Pferd um sich, und ich hatte große Mühe, den vierzehn Kilo schweren Danforth-Anker überhaupt über Bord zu bringen. Daran war mein schweres fünfunddreißig Millimeter langes Tau aus Nylon schuld, vierzig Meter lang, die gleiche Leine, mit der wir damals bei den Ruinen von Tiahuanaco den Lastwagen aus dem Graben gezogen hatten. Dann rutschte ich nach unten, und holte meinen schweren »Hurrikan-Anker« heraus, einen fünfundzwanzig Kilo Koloss, der im Vergleich zu *Sea Darts* Größe aussah, als könne er ein Kriegsschiff halten.

Ich fluchte in vier Sprachen, als ich Anker, Kette, Tauwerk, Reservesegel und zerrissene Hemden herauswühlte. Dann hörte ich oben einen Knall und wusste sofort, dass das Ankertau gebrochen war. *Sea Dart* begann, schnell vor dem Wind auf die Küste zuzutreiben. Drunten brach die Hölle los, als sie die Seen in die Seite bekam. Ich humpelte durch die winzige Kabine und schleppte den riesigen Anker, Kette und Tau, alles auf einmal, und so schnell wie möglich. »Hölle und Verdammnis – sie geht hinüber – Sie schlägt an!« Wie ein Verrückter warf ich das Zeug hinauf, die reine Willenskraft trieb mich an. Dann schlug sie auf!

Mit einer Wucht, die ihren zarten Rumpf bis in den letzten Kielbolzen hinein erschütterte, donnerte sie auf einen soliden Felsen. Nur Gott weiß, wie es mir gelang, die Genua unter ihre Kiele zu ziehen, die auf den unsichtbaren Granitfelsen aufschlugen, die verborgene Faust Südamerikas. Ein Unterwasserungetüm, das hier die ganze Zeit über auf *Sea Dart* gelauert hatte, nur eine halbe Meile vom blauen, tiefen, sicheren Wasser des Atlantiks entfernt.

In der Zwischenzeit war der Wind auf fünfunddreißig Knoten heruntergegangen und *Sea Dart* schlug auf dem glatten runden Felsen auf. Mit der Bambusstange, die ich von St. Helena bis hierher mitgebracht hatte, arbeite ich den Segelsack der Genua unter die Kiele, und die Aufschläge wurden weniger hart. Ich kroch ins Cockpit, und begann zu pumpen. Der Spiegel war zersplittert, und sie machte viel Wasser.

Mir kam nie der Gedanke, sie zu verlassen, das wäre nach allem, was wir zusammen durchgemacht hatten, unmöglich gewesen. Ich würde mein verdammtes Schiff doch nicht auf so einem Scheißfelsen in Südamerika zurücklassen! Ich musste sie hier herunter kriegen, sie gehörte nicht hier her, sie war Britisch, und so wahr mir Gott helfe, dort würde sie auch hinkommen, egal wie! Ihre Bestimmung war, nach Hause zu gehen, und beim verfluchten Papst von Gozo, dahin würde ich sie auch bringen!

Auf See (und an Land!) muss man die Angst und die Verzweiflung ausschalten, aus dem einfachen Grund, weil diese beiden Gefühle keinen konstruktiven Sinn haben. Sie behindern einfach die Suche nach einer geeigneten Lösung. Aber in dieser Nacht, vor Santa Luciá, als der Wind im Rigg mit dreißig verdammten Knoten heulte, im Nebel und in der beißenden Kälte, verlor ich fast den Verstand. Ich war bereit zum Nachgeben, zum Aufgeben. Dann erinnerte ich mich daran, was mein alter Skipper Tansy Lee vor so vielen Jahren zu mir gesagt hatte, als sein Schiff, *Second Apprentice*, in einer stürmischen Nacht auf dem Hailsborough Sand in der Nordsee aufgelaufen war. »Was um Himmels Willen machen wir jetzt?« hatte ich geheult.

»Machen?« hatte er geantwortet, »wir machen jetzt eine verdammte Tasse Tee, Du dumme kleine Nuss – und mach' sie saustark, es könnte Deine letzte sein!« Und so hatten wir es gemacht. Der Sturm hatte sich schnell gelegt, die Tide hatte sie wieder zum Schwimmen gebracht, sie segelte wie eine Möwe davon, und Tansy und ich pumpten bis zurück nach Yarmouth.

Ich pumpte vor mich hin, kalt, müde und hungrig. Ich mußte bei der Erinnerung an Tansy lächeln. Ich wechselte ab, zwischen Wasser aus dem Schiff heraus und Luft in das Beiboot hinein. Dann warf ich das Beiboot über Bord und *belud es mit dem Hurrikananker*, der Kette, und meiner zweihundert Meter langen Sturmleine. Ich ruderte irgendwie mit dem Beiboot gegen die hektische See, ein Teufelsjob, und warf den Anker etwa vierzig Meter vor *Sea Dart* ins Wasser. In der aufgewühlten See wieder zurück zu *Sea Dart*, ein schnelles Pumpen, dann nahm ich die Ankerleine auf die Schotwinsch und kurbelte. Alle Kraft war aus mir heraus, nur der reine Wille bewegte meine Arme, meine Nerven lagen blank bis in die Spitzen.

Zwei Stunden lang schweres Kurbeln, Fluchen, Stöhnen und Pumpen. Endlich bewegte sich *Sea Dart* etwa zwei Zentimeter in Richtung Anker. Sie knallte immer noch auf den Felsen, und ich war durch und durch desperat, kalt, nass und hungrig.

Kurz vor der Morgendämmerung schlief der Wind vollkommen ein, und die scheußliche See legte sich. Ich schaffte die zerrissenen Reste des Großsegels nach unten und schlug das Trysegel an. Dann wartete ich und aß kaltes Corned Beef aus der Dose.

Die Arbeitsfock war noch gut, sie bestand immer noch aus einem Stück. Am frühen Vormittag kam Wind auf, diesmal aus Norden, ablandig. Langsam winschte ich an der Ankerleine und brachte das Ankergeschirr mit großer Mühe an Bord. *Sea Dart* lief hinaus, zögerlich zunächst, aber als ich die Pinne in die Hand nahm, wurde sie schneller. Sie lief gegen die starke Dünung an, und ich steuerte sie ganz vorsichtig, während ich mit der anderen Hand pumpte.

Sie schwamm noch! Sie würde es schaffen! Wenn sie nur noch ein paar Stunden lang durchhielt, würden wir im Hafen sein!

Am späten Vormittag, kreuzten wir mühsam in den Hafen von Montevideo hinein. Sie war in Sicherheit, sie hatte geschafft, was man von ihr erwartete. Ich segelte sie auf eine Bank aus hartem Schlamm hinauf und kickte den Anker über die Seite. Dann fiel ich in den tiefsten Schlaf, an den ich mich erinnern kann.

Am Morgen, nach einer weiteren Runde mit den Zollformalitäten, zog ich Bilanz. Obwohl das notwendige Material in Uruguay erhältlich war, würde ich in den nächsten Monaten nicht genug Geld haben, um das Schiff neu aufzubauen. Ich brauchte ein Jahr der Erholung, und ich musste genug Geld zusammenbringen, um *Sea Dart* zu reparieren. In Südamerika konnte sie nicht bleiben, und ich selbst konnte in Südamerika nicht arbeiten. Es gab nur eine Möglichkeit: ich musste sie nach Hause transportieren!

Nachdem ich die notwendigen Dinge erledigt hatte, wurde sie auf das Deck des britischen Frachters *Hardwicke Grange* gehievt, der nach London ging. Sie saß etwas verloren oben auf dem Deck, aber sie sah keck aus. Ich ging weg, und dachte: »So ein couragiertes Luder mit einem Löwenherzen! Südamerika wollte Dich tausend Mal vernichten, aber Du kleines Biest, Du hast es besiegt! Du hast gewonnen! Gegen den ganzen verdammten Kontinent!«

Ich ging durch den Winterregen der Docks von Montevideo, fühlte mich halb siegreich und halb niedergeschlagen. Ein kalter Wind pfiff über die verlassene Öde aus Kopfsteinpflaster, und der Regen tropfte von den Dächern der nichtssagenden Lagerhäuser. Ich schlenderte zu dem hellen Schein des Wachhäuschens am Hafentor hin; in der Ferne sang eine Schiffssirene ihr Klagelied, leise und tief. Ich wusste, es war die *Hardwicke Grange*, denn sie wollte eine Stunde nach der Verladung von *Sea Dart* auslaufen.

Ich fror und zitterte. Eisiges Regenwasser kam durch die Löcher in meinen einzigen Schuhen herein. Ich drehte mich um und sah hinüber auf das hell beleuchtete Schiff. Ich konnte *Sea Dart* sehen, durch den strömenden Regen hindurch, ein kleiner dunkler Klumpen an Deck. Ich rannte wieder auf sie zu, kletterte über die Geleise der Hafenbahn, die im fahlen Licht glitzerten, fiel über Kisten und aufgeweichte Haufen von Unrat, bis ich endlich atemlos auf der Mole stand. Im Schein der trüben Laternen wartete ich darauf, dass die *Hardwicke Grange* vorbei kam. Durch den Regen hindurch suchte ich mit den Augen nach *Sea Dart*. Als das Schiff majestätisch vorbei zog, sah ich sie, ganz klein, hinter der Brücke. Sie war auf dem Weg nach Hause, am Heck hing die verschlissene rote Nationale herunter.

Vollkommen durchnässt, schaute ich ihr nach, mit Tränen in den Augen, bis der letzte Schimmer des Hecklichts in der Nacht verschwunden war. Verzweifelt ging ich in Richtung Stadt, um mir ein billiges Zimmer zu suchen.

Unter der nächsten Lampe stand ein Hafenpolizist; unter seinem regennassen Cape hielt er ein Gewehr in der Hand. Das Wasser lief an seinem Kinnriemen entlang, und im

Mundwinkel hatte er eine aufgeweichte, triefende Zigarette. Mit seiner freien Hand winkte er mir schlapp zu, als ich vorbei ging.

»*Buenas noches, Señor.* Haben Sie eine Freundin an Bord, die nach England fährt?«

»*Buenas,* ja, sie geht nach England.«

»Sie muss wunderschön sein, wenn Sie wegen ihr die ganze Zeit über im Regen stehen!«

»*Si, Señor,* sie ist das Allerschönste auf der Welt!«

Er grinste. »Manche Leute haben eben Glück!«

Nachwort

onrad Jelinek segelt mit seiner Yacht *Carousa* in der Karibik. Er, und seine Familie fahren mit Gruppen von »Gästen« zu den weniger bekannten Inseln dort, die im tiefblauen Wasser liegen. Jahrelang hatte er mir immer zu Weihnachten geschrieben, dass er im nächsten Jahr in die Karibik gehen würde, bis er es endlich auch geschafft hatte.

Huanapaco ist zurück am Titicacasee. In den kalten Nächten dieser fremdartigen Welt, sitzt er mit den Quechuas um das Feuer herum, in Decken eingehüllt und mit den *chorros* tief über die träumerischen Augen herabgezogen. Dann erzählt er ihnen sicher lange poetische Geschichten von seiner Reise, während sich kleine Kinder und Meerschweinchen auf dem Fußboden aus Totora-Schilf in den Adobehütten zusammenkuscheln. Durch die scheibenlosen Fenster pfeift der bitterkalte Wind der Anden, und droben, am klarsten Himmel der Welt, hören Millionen von Sternen zu und erinnern sich. Der Kondor rasselt im Schlaf sanft mit seinem Gefieder und träumt vom sanften Segeln mit seinen Flügeln. Der uralte Quipucamayo fingert in einer Ecke an seinen verknoteten Schnüren, im Schein des rauchenden Feuers aus getrocknetem Lamadung. Er erinnert sich, lächelt und fügt weitere Knoten hinzu. Alte Frauen mit nussbraunen Gesichtern, rühren *chicha* um. Aus der Ferne weht leise, geheimnisvolle Flötenmusik herüber. Auf dem See, der im Mondlicht glänzt, tanzen

Autor Tristan Jones

kleine Wellen, und das Schilf zittert sanft. Eine Kröte quakt. Ein *choca*-Vogel flattert in der Luft, an den kahlen Berghängen der Anden, die in den mythischen See auf dem Dach der Welt hinabstürzen. Die Geister von Kon-Tiki, Manco Capac, Tupac Amaru, Atahualp, und Pizarro, wandern im Mondlicht umher, zwischen den Mauern alter Tempel, deren Ort nur die Herzen der Quechua, Aymara und Uros kennen. Im Schein einer flackernden Öllampe in den Adobehütten, sprechen sie vielleicht auch von Maccu Cuito, der vom großen Ozean kam und ihnen das Spiel mit dem flachen Stock und dem Ball beibrachte.

Im Mato Grosso und im Chaco ist der Weg, den wir freigehackt hatten, wieder vom Dschungel überwuchert, es ist, als wären *Sea Dart*, Huanapaco und ich nie dort gewesen.

Der Jaguar läuft hungrig herum, die Schlangen winden sich, die Kaimane lauern, und die Wolken von Insekten brummen in der Luft. Die Blüten der Passionsblumen öffnen sich tapfer und warten auf die nächsten armen verlassenen Seelen.

Sea Dart sitzt in einem Schuppen am Hafen, sie ist zu Hause, in Sussex, unter Verschluss der Zollbehörde Ihrer Majestät. Sie wartet darauf, dass jemand den Einfuhrzoll von zwölfeinhalb Prozent ihres geschätzten Wertes bezahlt.

Ich selbst hatte meinen Sextanten, meine Karten, den Außenborder, das Beiboot, und die Leinen in Montevideo verkauft. Der Erlös reichte für meine Fahrkarte nach England, wo ich völlig pleite ankam. Ohne einen Penny in der Tasche und immer noch halb verrückt vom Mato Grosso, konnte ich *Sea Dart* nicht retten. Ich schlief eine Woche lang auf einer Parkbank in Hampstead Heath, bis meine wandernde, trauernde Spur durch ein paar gute Freunde aufgenommen wurde. Dann ging ich wieder zur Arbeit im Kesselhaus von »Harrods«, wo ich damals die Kurse und die Navigationsprobleme für diese unglaubliche Reise ausgearbeitet hatte, sechs Jahre zuvor.

Nach einem Monat kam eine Nachricht über den westlichen Ozean – aber das ist eine andere Geschichte!

Anhang

No.

25/1-71.

Massawa,

IMPERIAL ETHIOPIAN GOVERNMENT
MINISTRY OF NATIONAL DEFENCE
HAILE SELASSIE I' NAVAL BASE

Dear Tristan

Thank you for taking us out to the Dahlak Islands on the
Barbara. We enjoyed the two days very much. Please thank
~~~~~~~~, Conrad, and Jacques for their part in making the cruise
enjoyab'e.

ወዪ ፈታካን ኅሬፈን ኅኩዛኅኚፈትን ኅግዎ ኛሮወኅዓፈ
ኚኅን በገከ በቡካቶ ቀሮ ወኅኛ ኅግዎ ተዳኅተኛ ወኅሮ።
ጋዖ ኃሯፍን በዋዖ ዛ ከ ገኝኩዴኛ ኅኗ ኅ። ኅኅተሷዳዴዓ።

Jr/mp Ahmed DawBaš-
Sr. Ltd TAMENE DJALETA
Midshipman Abdalla Omar
Cadet Abraham Arefaine
Ken Urquhart.

from Officers of
the Imperial Navy, Ethiopia.
We took them to the very
remote DAHLEK IS
Jan 1971.

Das Dankschreiben der Kaiserlichen Marine von Äthiopien. Fünf Offiziere fuhren mit
Barbara das erste Mal überhaupt zur See. Ein Teil des Dokuments ist in der Amharic-
Sprache verfasst. Darüber die Übersetzung ins Englische.

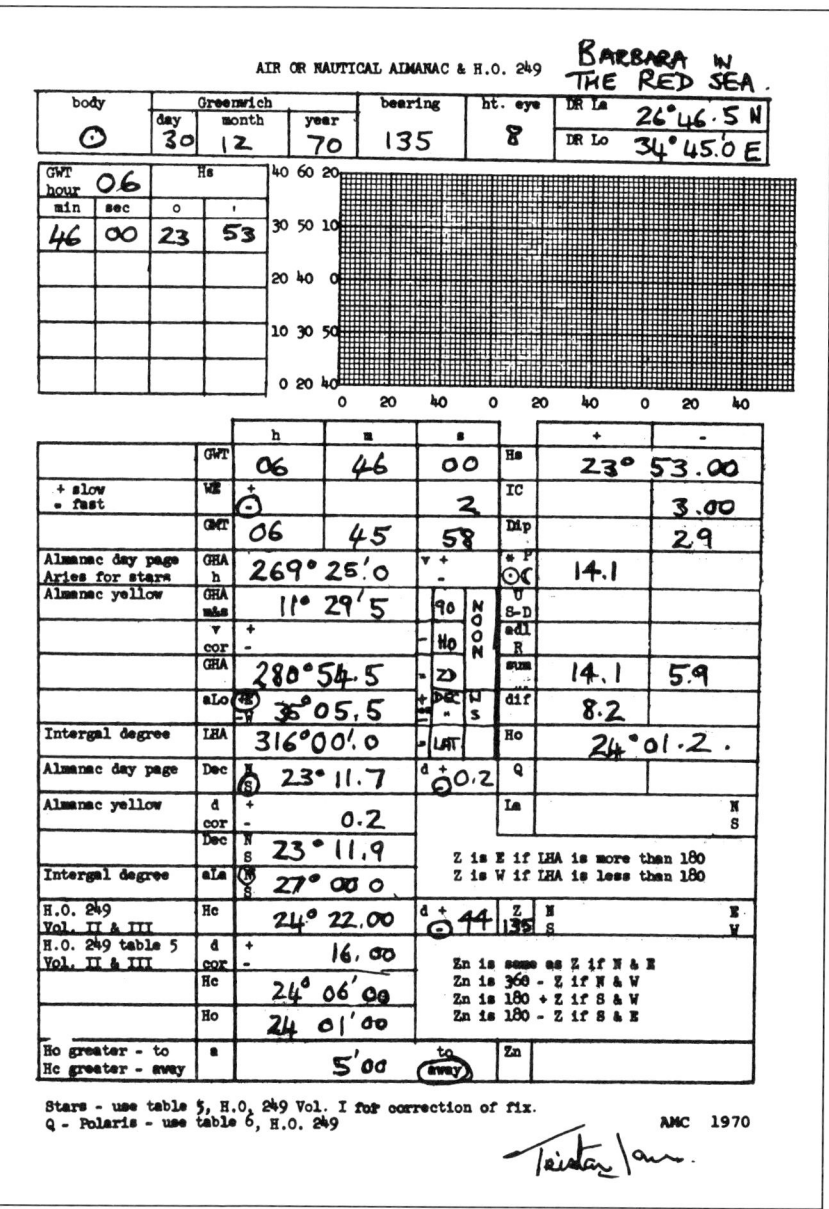

AIR OR NAUTICAL ALMANAC & H.O. 249				BARBARA IN THE RED SEA.			

body	Greenwich			bearing	ht. eye	DR La	26° 46.5 N
☉	day 30	month 12	year 70	135	8	DR Lo	34° 45.0 E

GWT hour	O6	Hs	40 60 20
min 46	sec OO	° 23	' 53	30 50 10
				20 40 0
				10 30 50
				0 20 40

0   20   40   0   20   40   0   20   40

		h	m	s		+	-
	GWT	O6	46	OO	Hs	23° 53.00	
+ slow - fast	WE	⊖		2	IC		3.00
	GMT	O6	45	58	Dip		29
Almanac day page Aries for stars	GHA h	269° 25.0		v + -	* P ⊙☾	14.1	
Almanac yellow	GHA m/s	11° 29.5		90 N O O N	S-D U adl R		
	v cor -			Ho			
	GHA	280° 54.5		20	sum	14.1	5.9
	aLo ⊕ W	35° 05.5		Dec N S	dif	8.2	
Intergal degree	LHA	316° 00.0		LAT	Ho	24° 01.2	
Almanac day page	Dec N S	23° 11.7		d + ⊖ 0.2	Q		
Almanac yellow	d cor + -	0.2			La		N S
	Dec N S	23° 11.9			Z is E if LHA is more than 180 Z is W if LHA is less than 180		
Intergal degree	aLa N S	27° 00 0					
H.O. 249 Vol. II & III	Hc	24° 22.00		d + ⊖ 44	Z N 135 S		E W
H.O. 249 table 5 Vol. II & III	d cor + -	16.00			Zn is same as Z if N & E		
	Hc	24° 06'00			Zn is 360 - Z if N & W Zn is 180 + Z if S & W		
	Ho	24 01'00			Zn is 180 - Z if S & E		
Ho greater - to Hc greater - away	a	5'00		to away	Zn		

Stars - use table 5, H.O. 249 Vol. I for correction of fix.
Q - Polaris - use table 6, H.O. 249

AMC 1970

Tristan Jan.

Typisches Arbeitsblatt von meiner Fahrt mit *Barbara*. Es zeigt die Standlinienbestimmung nach einer Höhenmessung der Sonne am 30. Dezember 1970 im nördlichen Teil des Roten Meeres.

Voyage of the Yacht 'Barbara's May 1969 to May 1972.

Ports visited.

Left Westport, Connecticut, USA.
Bermuda, Hamilton.
St Georges.

Azores, Fayal.
Ponta del Gada.

Portugal, Setubal,
Lisbon,
Portimao

Spain, Cadiz.

Gibraltar. (3)

Spain, Estepona.
Marbella,
Malaga (2)
Motril
Adra.
Almeria (2)
La Garrucha, (2)
Aguilas, (2)
Cartagena, (2)
Alicante, (2)
Ibiza, (4)
Palma, (3)
Formentera,
Port Andraixt,
Calpe,
Torreveija.
Morocco, Tangier
Casablanca,
El Jadida,
Safi,
Mogador, (2)
Agadir,

Canaries, Arrecife. 1970.
Las Palmas (2)
Santa Cruz
Christianos
Gomera

Madeira, Funchal.

Morocco, Melilla.

Spain. Porto Colom,
Port Mahon.

Corsica, Bonifacio.

Sardinia, Madelena.
Olbia

Sicily, Trapani
Marsala,
Empedocla,
Gela.

Malta, Valetta,
Sliema.

Italy. Otranto

Yugoslavia. Dubrovnik (4)
Slano
Korcula

Yugoslavia (cont),
Split, (2)
Merta,
Pula.
Italy Venice.
Yugoslav. Mali Losinge
Jadi
Zadar,
Paman,
Zibenek
Trogir,
Supetar,
Sobra,
Broce,
Ston,
Sumartin,
Loviste,
Cavtat.
Italy Brindisi.
Greece.. Corfu
Paxos,
Atheni,
Patras,
Tristonia,
Aegra Sptia,
Corinth,
Piraeus,
Kithnos,
Mykonos,
Eokanouea,
Astapalia,
Rhodes.
Turkey.. Fethiye,
Kas,
Kekava,
Myra,
Fineka,
Antalya,
Side,
Alanya,
Anamur,
Cyprus Kerenia (refused)
Israel. Haifa,
Acre,
Jaffa,
Ashdod, - eweebi.
Eilat,
Mars el At.
Ethiopia Massawa 1971
Assab.
Edd.
T.F.A.L. Djibouti,
Kenya Mombasa (2)
Malindi,
Masin. (2)
Tanzania Tanga,
Kusa,
Zanzibar
Dar es Salaam.
Kilwa Kivenge,
Kilwa Kisiwani.
Comores. Moroni
Mutsumudu.
Seychelles African Islet,
Victoria(Mahe)(2)
La Digue(2)
Praslin Is.
Cootivy Is.
Madagascar Nosy Vahilia.

Eine Liste der Häfen, die ich mit *Barbara* auf meiner Reise von Westport Connecticut bis in die Karibik angelaufen bin; gefolgt von Notizen zur Suche nach der *Sea Dart*.

302

Madagascar(cont)
Nosy Manarovo - Nosy Kalakajaro
Hellville,
Majunga,

Mozambique.   ~~Inhambane.~~

South Africa.   Durban
Port Elizabeth,
Mossel Bay,
Capetown.

                                    1972.

St. Helena.   St.James.

Brazil.   Recife,
Fortaleza,
Salinopolis,
Belem do Para.
Abetetuba,
Boa Vista,
Breves,
Gurupa,
Almeirim(2)
Aquiaqui,
Prenha(2)
Monte Alegre,
Santarem(2)
Juruti,
Barreirena,
Eva,
Manaus.
~~Itacoatiara~~(2)
Uruourituba,
Juruperi,
Parantins
Obidos,
Paricaratuba,
Santana,
Macapa,
Oure,
Cayenne.

Fr. Guiana.   Ile Royale(Devil's Is)

Brit. West Indies. ~~Grenada.~~ ST VINCENT, ANTIGUA, ST THOMAS (U.S.VIRGINS).

TOTAL MILES SAILED IN 'BARBARA' ~~30,917~~

WESTPORT TO ST THOMAS . . . . . 31,242.

                                    Tristan Jones.

PLUS, IN BANJO II LOOKING FOR "SEADART" 1,420

                    TOTAL   32,662

PORTS OF CALL ON SEARCH FOR SEA DART:-   IN BANJO II

BARBADOS --- BRIDGETOWN	PUERTO - RICO SAN JUAN
ST VINCENT BEQUIA,	ST CROIX
ST LUCIA (2)	ST THOMAS
MARTINIQUE (2)	TORTOLA
GUADALOUPE (2)	ST MARTIN
ANTIGUA (2)	ST BARTS
ST KITTS	~~BASSE TERRE~~
NEVIS .	DOMINICA
ST JOHNS	MONTSERRAT
	BEQUIA.

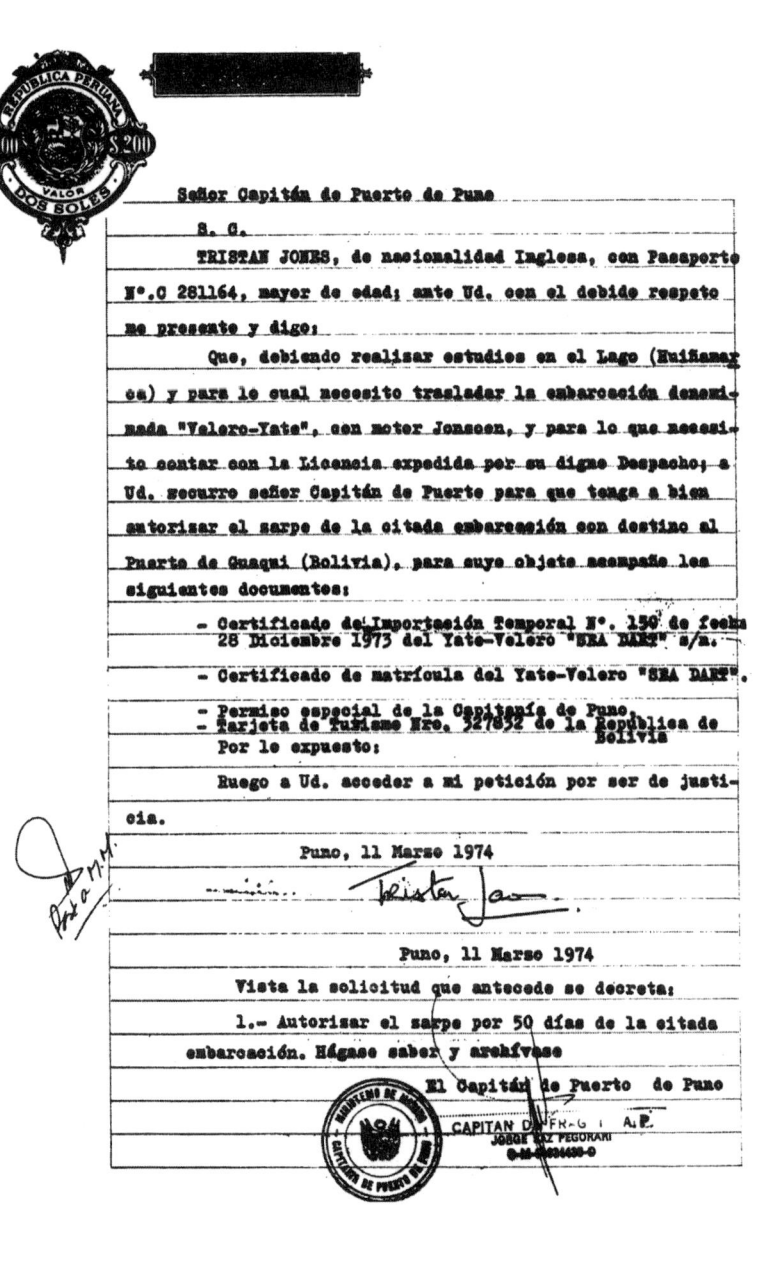

Señor Capitán de Puerto de Puno

S. G.

TRISTAN JONES, de nacionalidad Inglesa, con Pasaporte
N°.C 281164, mayor de edad; ante Ud. con el debido respeto
me presente y digo:

Que, debiendo realizar estudios en el Lago (Huiñamar
ca) y para lo cual necesito trasladar la embarcación denomi-
nada "Velero-Yate", con motor Jonseen, y para lo que necesito contar con la Licencia expedida por su digno Despacho; a
Ud. recurro señor Capitán de Puerto para que tenga a bien
autorizar el zarpe de la citada embarcación con destino al
Puerto de Guaqui (Bolivia), para cuyo objeto acompaño los
siguientes documentos:

    - Certificado de Importación Temporal N°. 150 de fecha
      28 Diciembre 1973 del Yate-Velero "SEA DART". s/n.
    - Certificado de matrícula del Yate-Velero "SEA DART".
    - Permiso especial de la Capitanía de Puno.
    - Tarjeta de Turismo Nro. 527652 de la República de
      Por lo expuesto: Bolivia

Ruego a Ud. acceder a mi petición por ser de justicia.

Puno, 11 Marzo 1974

Puno, 11 Marzo 1974

Vista la solicitud que antecede se decreta:

1.- Autorizar el zarpe por 50 días de la citada
embarcación. Hágase saber y archívese

El Capitán de Puerto de Puno

CAPITAN DE FR-G I A.P.
JORGE DIZ PEGORARI

Vor- und Rückseite der peruanischen Erlaubnis zum Befahren des Titicacasees.

O... ...

Tiquina, 16 de Marzo de 1.974

A la solicitud anteriormente expuesta, el suscrito Alferez Capitán de Puerto de Tiquina, autoriza el zarpe del Velero-Yate "SEA-DART" ...
para cumplir la misión indicada.

Alf. Gonzalo Sanchez Carranza
CAPITAN DE PUERTO TIQUINA.

Guaqui, 19 de Marzo de 1.974

A la solicitud anteriormente expuesta, el suscrito
Alferez Capitán de Puerto Mayor Guaqui, autoriza
el Zarpe del Velero- Yate "SEA-DART" para cumplir
la misión indicada, a las localidades de Huatajata
y Tiquina.

Alf. Juan Lopez Murtaño
CAPITAN DE PUERTO MAYOR GUAQUI

Seite 3 der von der bolivianischen Marine erteilten Erlaubnis.
Sie war am 15. April 1974 mit einem Federkiel bei Kerzenlicht ausgestellt worden.
Darunter ist der in Porto Murtinoh, des aus fünf Hütten bestehenden, einzigen Hafens
im Mato Grosso, erteilte Stempel zu sehen. Es war das erste Mal, dass dieser Stempel
überhaupt benutzt worden ist.

Atropellos del DAS denuncia extranjero

El ciudadano inglés Tristan Jones, escritor y navegante, fue víctima de atropellos propinados por detectives del DAS, luego de haberlo capturado, por no tener papeles, a pesar de haberles explicado que se los habían robado la noche anterior en un atraco.

Tristan Jones, quien desde tiempo atrás se dedica a la navegación, recorriendo los mares del mundo, para luego escribir sus experiencias que son publicadas en varias revistas europeas, llegó en uno de sus tantos viajes a Santa Marta, en donde logró una visa por 3 meses, con la cual se dirigió a Cartagena; allí el motor de su embarcación sufrió averías irreparables, que lo obligaron a trasladarse a Bogotá para comprar uno nuevo.

Sin embargo, no acababa de llegar a la capital de la República, cuando fue atracado, en los alrededores del Hotel San Francisco, en donde se hospedó, por cuatro sujetos que le quitaron 2.000 pesos en efectivo.

Al día siguiente, decidió trasladarse a una oficina de cambios para adquirir más dinero colombiano, pero con tan mala suerte que al salir; lo abordaron tres sujetos que le quitaron 3 mil pesos en efectivo, 250 dólares, cheques viajeros, el pasaporte y un reloj de pulso.

Ante la inseguridad de que estaba rodeado, Tristan Jones, puso en conocimiento de la Policía de Turismo los hechos ocurridos los dos días anteriores, sin que allí le dieran respuesta alguna.

Tristan se puso en contacto con el consulado de su país y allí le expidieron una certificación en la que constaba que había sido víctima de los ladrones y que por lo tanto carecía de los papeles de identificación y de extranjería.

La situación del escritor inglés se agravó por lo que decidió comprar pasajes para viajar a Cartagena, pero cuando salía del edificio de Avianca en la carrera 7ª con calle 16, fue notificado por dos detectives de que debía seguir con ellos por no tener documentos de identificación. Jones, les mostró la certificación del consulado, pero esta no fue razón suficiente para que los detectives desistieran de su propósito.

Manifiesta Tristan Jones que lo llevaron a la "casa pequeña", en donde lo encerraron en unos sótanos por dos horas, más tarde lo llevaron junto con otros extranjeros a la sala de los encapuchados, en donde uno de los policías, dirigiéndose a uno de los norteamericanos, le dijo que lo había visto fumando marihuana.

De allí los sacaron y los hicieron meter en unos calabozos subterráneos, sin permitir que el ciudadano inglés diera explicación alguna, a pesar de haberles solicitado que lo dejaran comunicarse con el consulado de su país.

El escritor y navegante pasó tres días de torturas en los calabozos del DAS, en donde no se le permitió defenderse, ni mucho menos explicar de quién se trataba, ni por qué estaba en Colombia. El viernes en la tarde lo soltaron, permitiéndole únicamente una visa de un mes para abandonar el país, sin que para el efecto haya explicación alguna de parte de las autoridades.

Tristán Jones

Otro Caso de Anti-Turismo

(Continuación de la Pág. 1-A)

abordado por dos agentes del Departamento Administrativo de Seguridad (DAS), que es la policía secreta, quienes lo detuvieron por no tener sus documentos de identidad, a pesar de que les había presentado la certificación expedida por el consulado.

Jones afirmó que en las dependencias del DAS, fue incomunicado y llevado a un calabozo, donde permaneció tres días, hasta que el viernes último fue dejado en libertad, sin que se le diera explicación alguna.

CARTAGENA
10 of MAY 7

Otro Caso de Antiturismo

- BOGOTA, mayo 14. (UPI). El escritor y navegante inglés Tristan Jones denunció hoy aquí que fue víctima de atropellos por parte de las autoridades colombianas.

Jones dijo que entró al país por el puerto de Santa Marta, con visa de tres meses. La semana pasada llegó a esta capital y en dos días consecutivos fue víctima de ladrones que le quitaron sus documentos de identificación y una considerable suma de dinero.

Manifestó que, en estas circunstancias, se dirigió al consulado de su país, donde se le expidió una certificación en la que constaba que sus papeles le habían sido robados.

Sin embargo, cuando se disponía a comprar pasajes aéreos para viajar a Cartagena, al norte del país, fue

(Continúa en la Pág. 13-A Col. 3°

Verschiedene Zeitungsausschnitte über meine Verhaftung in Bogotá, Kolumbien.

A Suriqui.

3 de Mayo I974.

La Comunidad de Suriqui reunida en assemblia
a tomado un acouerdo de compromiterse de no
molestar a todo cuidano extrangero qui estare
en la isla;
esta compromisa le firman el Secretario de Comunidades
Central Senor ㎡ Nestor Salas, Secretario General
Gregario Esteban, el Corregidor Mario Arratia:
el Secretario de Justicia Viguel Suxo y la
Comunidad en total comprometiendo c e a no mblestar
a ningun persona de fuera de la isla,

Der mit den Aymara-Indianern auf der Insel Suriqui am 3. Mai 1964 geschlossene
Vertrag: »Die Gemeinschaft der Insel Suriqui, wie heute hier versammelt, legt hiermit
das Versprechen ab, nie mehr den Bürger eines fremden Landes auf dieser Insel zu
belästigen (...)« Er ist eine unmittelbare Folge des Spektakels um den Diebstahl der
Festmacherleine der *Sea Dart*.

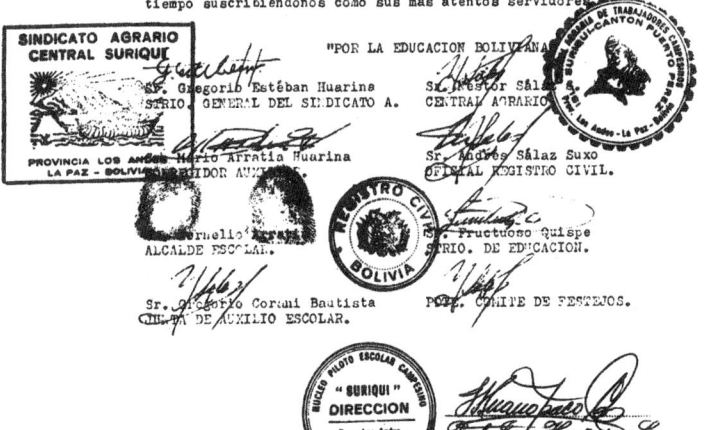

NUCLEO ESCOLAR CAMPESINO
DE ISLA. "SURIQUI"
PROV. LOS ANDES
LA PAZ - BOLIVIA.

Isla Suriqui, 8 de julio de I.974

Al Señor

Tristán Jones

Huatajata.-   Ref: Nombramiento de Padrino.-

Muy Señor nuestro:

Mediante el presente, nos es grato saludarlos muy
cordialmente augurándole éxitos en su trabajo Lacustre.

El propósito único que nos induce a dirigirles a
su distinguida persona, como Autoridades de la comunidad y escuela;
Director del Núcleo, Sindicato Agrario, Central Agrario. Pdte. Junta
de Vecinos, Oficial de Registro Civil, Corregidor Auxiliar, Comité
de Festejos, Junta de Auxilio Escolar y padres de familia, hemos
acordado honrarte con todo respeto, nombrando como:

PADRINO DE 300.oo $b. PARA LOS PREMIOS

Por la buena acogida de nuestros intereses, tendrá
el honor de entregar en presencia del público en un acto cívico, que
se realizará la Segunda Fiesta "DIADEL INDIO BOLIVIANO", en la que nos
visitarán las Escuelas Séccionales pertenentes al Núcleo, que se lle-
vará a cabo el Iro. y dos de agosto, en la Escuela Central.

Con este motivo y esperándole su buena acogida, nos
despidemos reiterándole una vez más nuestros saludos y al mismo
tiempo suscribiéndonos como sus más atentos servidores.

"POR LA EDUCACION BOLIVIANA"

Sr. Gregorio Estéban Huarina   Sr. Nestor Sálaz A.
STRIO. GENERAL DEL SINDICATO A.   CENTRAL AGRARIO

Sr. Mario Arratia Huarina   Sr. Andrés Sálaz Suxo
CORREGIDOR AUXILIAR.   OFICIAL REGISTRO CIVIL.

Sr. Cornelio Arrati   Sr. Fructuoso Quispe
ALCALDE ESCOLAR.   STRIO. DE EDUCACION.

Sr. Gregorio Corani Bautista   PDTE. COMITE DE FESTEJOS.
CIUDAD DE AUXILIO ESCOLAR.

Prof. Juan Huañapaco C.
DIRECTOR NUCLEO ESCOLAR

Ein Einladungsschreiben nachdem ich zum Padrino der Schule auf Suriqui ernannt
worden war: »Wir haben die Ehre, Sie zu einem Festakt einzuladen, den wir zu Ehren
des ›Tages der bolivianischen Indianer‹ begehen, und an dem wir die Schulen auf den
verschiedenen Inseln besuchen, und Preise übergeben. Wir hoffen, dass Sie an diesen
Feierlichkeiten teilnehmen können, und unterzeichnen als Ihre aufmerksamen Diener.«
Die Daumenabdrücke stammen übrigens vom Schuldirektor, der des Schreibens nicht
mächtig war.

CORRIENTES, 29 de Noviembre de 1974.-

AYUDANTE MIEREZ:

El portador de la presente es un escritor ingles TRISTAN JONES, viene navegando desde el lago Titicaca

Como no conoce la zona ni el Rio Paraná traté de atenderlo en la medida de las posibilidades.-

Si podés conseguirle pescado, va a estar aproximadamente un día.-

Desde ya te agradezco lo que puedas hacer por el.-

RICARDO RAMON BASUALDO
Oficial Auxiliar
Jefe Sección Policia Seguridad
Navegación y Comunicaciones

Der Brief des Chefs der Sicherheitspolizei für Schifffahrt und Kommunikation in Corriente, Argentinien, an seinen Freund in der Stadt Paraná:»Lieutenant Mieriez: Der Inhaber dieses Briefes ist der englische Schriftsteller Tristan Jones, der vom Titicacasee her kommt. Da er dieses Gebiet und den Rio Paraná nicht kennt, geben Sie ihm bitte alle Hilfe. Vielleicht können Sie ihm ein wenig Fisch besorgen. Er wird etwa in einem Tag bei Ihnen sein. Von hier aus danke ich Ihnen für alles, was Sie für ihn tun können.«